Hans Joachim Fuchs (Hrsg.)
Jörg Kammerer / Xiaoli Ma / Ina Melanie Rehn

Piraten, Fälscher und Kopierer

Hans Joachim Fuchs (Hrsg.)
Jörg Kammerer/Xiaoli Ma/Ina Melanie Rehn

Piraten, Fälscher und Kopierer

Strategien und Instrumente
zum Schutz geistigen Eigentums
in der Volksrepublik China

Bibliografische Information Der Deutschen Bibliothek
Die Deutsche Bibliothek verzeichnet diese Publikation in der Deutschen Nationalbibliografie;
detaillierte bibliografische Daten sind im Internet über <http://dnb.ddb.de> abrufbar.

1. Auflage März 2006

Alle Rechte vorbehalten
© Betriebswirtschaftlicher Verlag Dr. Th. Gabler | GWV Fachverlage GmbH, Wiesbaden 2006

Lektorat: Maria Akhavan-Hezavei

Der Gabler Verlag ist ein Unternehmen von Springer Science+Business Media.
www.gabler.de

Umschlaggestaltung: Nina Faber de.sign, Wiesbaden, unter Verwendung einer Fotografie
von Dr. Hans Joachim Fuchs, CHINABRAND CONSULTING LTD., München
Druck und buchbinderische Verarbeitung: Wilhelm & Adam, Heusenstamm
Gedruckt auf säurefreiem und chlorfrei gebleichtem Papier
Printed in Germany

ISBN 3-8349-0159-8

Der Geist in der Flasche

 In den hoch entwickelten Volkswirtschaften Europas, der USA und Japans verlagert sich die Wertschöpfung zunehmend auf immaterielle Güter, besonders auf die höherwertigen Dienstleistungen in den Bereichen Forschung, Bildung, Beratung, Kultur und Unterhaltung. Ihr Anteil an den Bruttosozialprodukten nimmt ständig zu. Das Besondere an immateriellen Wirtschaftsgütern ist, dass sie keine Wachstumsgrenzen kennen. Anders als die klassischen Produktionsfaktoren Kapital, Arbeit und Boden sind Information und Wissen beliebig vermehrbar. Deshalb wird den so genannten Intangible Assets ein immer größerer Stellenwert eingeräumt. Ihre Bilanzierungsfähigkeit ist bereits in Sicht.

Wenn Wissen als wertschaffendes und handelbares Wirtschaftsgut nutzbar sein soll, muss es künstlich verknappt und seine Verwendung eingeschränkt werden. Das geht nur mit Hilfe juristischer Einschränkungen der Nutzung. Durch Patente, Marken und Copyrights entsteht für immaterielle Güter ein Markt, der sie mit einem Preis belegt und die Risiken des Handels besser kalkulierbar macht. Weil Informationen, Wissen und Ideen aber leicht zu kopieren sind, müssen sie unter Verschluss gehalten werden. Ist der Geist erst einmal aus der Flasche, hat er keinen Wert mehr.

Verständlich, dass die rohstoffarmen Volkswirtschaften gegen die ausufernde Produkt- und Markenpiraterie auf die Barrikaden gehen. Der Ideenklau geht ihnen an die Substanz und nagt an ihrer Zukunft. Bislang waren im Wesentlichen Luxuswaren, Konsumgüter, Software und einfache technische Geräte oder Ersatzteile vom Counterfeiting betroffen, doch jetzt greift das Phänomen auf immer weitere Branchen und Märkte über.

Das Problem verschärft sich, weil organisierte Fälschernetzwerke ihre billigen Kopien massenhaft auf den Weltmarkt werfen und damit das Exportgeschäft der westlichen Unternehmen auf den Drittmärkten massiv bedrohen. Die exportabhängigen deutschen Firmen sind besonders betroffen. In Deutschland fördern die Piraten deflationäre Kräfte, weil gefälschte Billigprodukte die Kaufzurückhaltung der Konsumenten aufrechterhalten oder weiter verstärken.

Counterfeiting hat viele Gesichter – manche sind hässliche Fratzen. Das Phänomen reicht vom plumpen Nachahmen erfolgreicher Markenprodukte über das Ausspionieren von Hochtechnologie bis hin zur illegalen Überproduktion authentischer Markenware, die ohne das Wissen des Auftraggebers auf dem grauen Markt verkauft wird. Im Zusammenhang mit der Piraterie werden Menschen bedroht, verfolgt und verletzt. Dazu kommt, dass sich die Produkt- und Markenpiraterie immer mehr zur international organisierten Kriminalität entwickelt und auch der Finanzierung des Terrorismus dient.

China ist heute der Dreh- und Angelpunkt der internationalen Produkt- und Markenpiraterie. Der mit Abstand größte Anteil der an den Grenzen der EU beschlagnahmten Fakes kommt aus dem Reich der Mitte, und chinesische Plagiatoren gehören zu den professionellsten der Welt. Sie kopieren inzwischen so ziemlich alles, womit sich Geld verdienen lässt: Medikamente und Chemikalien, Seilbahnen und Fabrikroboter, Chips und Markenhotels. Nicht nur Produkte, Marken und Designs, auch Dienstleistungen und ganze Geschäftskonzepte werden gnadenlos imitiert.

Dennoch wäre es falsch, mit dem Finger auf die Chinesen zu zeigen und diese pauschal zu kriminalisieren. Chinesische Unternehmen und Konsumenten sind selbst massiv vom Counterfeiting betroffen und wehren sich mit aller Kraft. Die chinesische Zentralregierung, die mit ihrer internationalen Reputation milliardenschwere ausländische Investitionen verlieren kann, geht mit aller Härte gegen Piraten vor. Die öffentlichkeitswirksamen Zerstörungen von Plagiaten mit der Planierwalze sind alles andere als Propaganda und taktische Manöver. China spielt kein doppeltes Spiel – es gibt dort nur sehr viele Spieler.

Das Problem ist, dass der gewerbliche Rechtsschutz in der Volksrepublik eine relativ kurze Geschichte hat. Die für das Anti-Counterfeiting verantwortlichen Stellen sind schlicht überfordert, weil es an allen Ecken und Enden an Ressourcen, Organisation und Koordination fehlt. Dazu kommt der Protektionismus vieler Provinzverwaltungen, die ihre lokalen Unternehmen schützen – auch wenn es Piratenunternehmen sind.

Chinas Weg bis zum Schutz des geistigen Eigentums wird also noch lang und steinig sein. Bis dahin sind die deutschen Unternehmen weitgehend auf sich gestellt. Sie müssen schlagkräftige Strategien entwickeln und wirksame Instrumente des Anti-Counterfeiting einsetzen, wenn sie das Spiel gewinnen wollen. Wir wollen mit diesem Buch solche Strategien und Instrumente zur Verfügung stellen.

Das Wissen, das in diesem Band aggregiert ist, resultiert zum großen Teil aus unserer Beratertätigkeit in China, aber auch aus unserem chinesischen Beziehungsnetzwerk. Viele Gesprächspartner und Unternehmen wollten wegen der Sensibilität des Themas nicht genannt werden, ihre Erfahrungen sind aber in anonymer Form berücksichtigt.

Wie viele Bücher ist auch dieses Werk nur deshalb zustande gekommen, weil nicht nur die Autoren engagiert daran mitgearbeitet haben. Mein Dank gilt Morgan Li in Shanghai sowie Carol Paul, Phillip Mayer und Petra Ullrich in München. Auch den internationalen Organisationen, die sich mit dem Counterfeiting befassen und die uns mit aktuellen Daten und Informationen versorgt haben, habe ich zu danken.

Dr. Hans Joachim Fuchs
CHINABRAND Consulting Limited

Der Mensch hat dreierlei Wege, klug zu handeln: Erstens durch Nachdenken,
das ist der edelste. Zweitens durch Nachahmung, das ist der leichteste.
Drittens durch Erfahrung, das ist der bitterste.[1]

Konfuzius

---

1   Das Foto zeigt das originale Mokick „MadAss" der SACHS Fahrzeug- und Motorentechnik GmbH,
    Nürnberg (oben) und das Plagiat der Eastern Motorcycle Co. Ltd., Nanjing, Jiangsu, VR China (unten).
    Foto. Plagiarius

Inhalt

Glossar

ABl.EG	Amtsblatt der Europäischen Gemeinschaften
ACF	Anti-Counterfeiting, Strategien und Maßnahmen gegen die Produkt- und Markenpiraterie
AIC	Administration for Industry and Commerce
AQSIQ	Administration of Quality Supervision Inspection and Quarantine
BB	Betriebsberater
BGBl.	Bundesgesetzblatt
BGH	Bundesgerichtshof
CCC	China Compulsory Certification
CD	Compact Disc
CE	Communauté Européenne
CIETAC	China International Economic and Trade Arbitration Commission
DB	Durchführungsbestimmungen
DIN	Deutsches Institut für Normung e. V.
DPMA	Deutsches Patent- und Markenamt
DV	Durchführungsverordnung
EGBGB	Einführungsgesetz zum Bürgerlichen Gesetzbuch
EPA	Europäisches Patentamt
EU	Europäische Union
EuGH	Gerichtshof der Europäischen Gemeinschaften
EUR	Europäische Gemeinschaftswährung Euro
EuZW	Europäische Zeitschrift für Wirtschaftsrecht
Fn.	Fußnote
F&E	Forschung und Entwicklung
GACC	General Administration of Customs in China
GRUR	Zeitschrift für Gewerblichen Rechtschutz und Urheberrecht
GRURInt	Zeitschrift für Gewerblichen Rechtschutz und Urheberrecht Internationaler Teil
GRUR-RR	Zeitschrift für Gewerblichen Rechtschutz und Urheberrecht Rechtsprechungs-Report
GS	Geprüfte Sicherheit
HMA	Haager Abkommen über die internationale Hinterlegung gewerblicher Muster oder Modelle von 1925 (Haager Musterabkommen)

ICOR	Incremental Capital-Output Ration
IIC	International Review of Industrial Property and Copyright Law
IntPatÜG	Gesetz über internationale Patentübereinkommen
IP	Intellectual Property, geistiges Eigentum
IPR	Intellectual Property Rights, Rechte am geistigen Eigentum
ISP	Internet Service Provider
MarkenG	Markengesetz
MMA	Madrider Abkommen betreffend die internationale Registrierung von Fabrik- und Handelsmarken von 1891 (Madrider Markenabkommen)
MPS	Ministry of Public Security
NCAC	National Copyright Administration of China
NJW	Neue Juristische Wochenschrift
NZA	Neue Zeitschrift für Arbeitsrecht
OLG	Oberlandesgericht
PatG	Patentgesetz
PCT	Patent Cooperation Treaty (Vertrag über die internationale Zusammenarbeit auf dem Gebiet des Patentwesens von 1978)
PRB	Patent Reexamination Board, Patentüberprüfungsausschuss
PVÜ	Pariser Verbandsübereinkunft zum Schutz des gewerblichen Eigentums von 1883
PWC	PricewaterhouseCoopers
QBPC	Quality Brand Protection Committee
RGBl.	Reichsgesetzblatt
RIW	Recht der Internationalen Wirtschaft
RMB	Renminbi Yuan (100 RMB = 10.27533 EUR, Kurs vom 11.01.2006)
SAIC	State Administration for Industry and Commerce
SAR	Special Administrative Region/Sonderverwaltungszone
SBQTS	State Bureau of Quality and Technical Supervision
SchiedsVZ	Zeitschrift für Schiedsverfahren
SIPO	State Intellectual Property Office
SPP	The Supreme People's Procuratorate
TMO	Trademark Office
TRAB	Trademark Review and Arbitration Board, Markenüberprüfungsausschuss
TRIPS	Trade Related Aspects of Intellectual Property Rights, Abkommen über handelsbezogene Aspekte der Rechte des geistigen Eigentums
UrhG	Urheberrechtsgesetz
UrhG-DV	Durchführungsverordnung zum Urheberrechtsgesetz der Volksrepublik China

UWG	Gesetz gegen den unlauteren Wettbewerb
WFOE	Wholly Foreign Owned Enterprise
WIPO	World Intellectual Property Organisation, Weltorganisation für geistiges Eigentum
WTO	World Trade Organisation, Welthandelsorganisation
WUA	Welturheberrechtsabkommen von 1952
zfbf	Zeitschrift für betriebswirtschaftliche Forschung
ZRP	Zeitschrift für Rechtspolitik

1.　Fälle & Fakten – der Status quo

Im August des Jahres 2003 schockierte ein Zeitungsartikel die chinesische Wirtschaft. Wangmazi Scissors, eine mehr als 350 Jahre alte chinesische Traditionsmarke für Schneidewerkzeuge aus der Qing Dynastie, musste Konkurs anmelden. Das 1651 gegründete Unternehmen, in dessen Firmenschild goldene Zeichen blinkten, galt im Reich der Mitte als Inbegriff der chinesischen Kunst, Messer und Scheren allerbester Qualität herzustellen. Auf dem Höhepunkt seiner Geschichte zahlte Wangmazi dem chinesischen Staat jährlich zwei Millionen Renminbi an Steuern. Doch wo Gold ist, da sind die Piraten nicht weit. Es dauerte nicht lange, da traten immer mehr Kopien der Marke mit schillernden Namen wie „Old Wangmazi" oder „True Wangmazi" auf den Markt und machten der Originalmarke Konkurrenz. Zum Schluss waren es dutzende Imitate, die mit jährlich fünf Millionen Paar dreimal so viele Messer und Scheren auf den Markt warfen wie der Originalhersteller. Sie trieben ihn nach mehreren hundert Jahren in den Konkurs.

Bei der Böblinger Werbas AG, einem markenunabhängigen Anbieter von Software für die Werkstattabwicklung, dauerte die Demontage durch Fälscher nur wenige Jahre. Das Unternehmen stieg im Frühjahr 2005 nach einem fünfjährigen Engagement wieder aus dem chinesischen Markt aus. WERBAS entwickelt und vertreibt Software für das Management von Kfz-Werkstätten, das von der Auftragsannahme, der automatischen Warenbestellung und der Lagerverwaltung bis zur Berechnung verschiedener Arbeitswerte und der Erläuterung von Reparaturen an Fahrzeugen aller gängigen Automarken reicht. Zu den Anwendern der Programme zählen nicht nur Autohäuser, freie und markengebundene Werkstätten sowie Pkw- und Nutzfahrzeugbetriebe. Auch Teilehändler, Speditionen, Kommunen und Polizeiwerkstätten, die Post, Feuerwehren und die Flughäfen in Stuttgart und Berlin arbeiten mit Softwarelösungen von WERBAS.

Die schwäbische Softwareschmiede hatte im November 2000 zusammen mit der Firma Sinowest Net e-Commerce Co. Ltd. in Beijing, einem Unternehmen der weltweit tätigen Zhou-Dynasty-Group, die Sinowest WERBAS (China) Software Development Co. Ltd. gegründet. Das Ziel des Joint Ventures war, Softwareprodukte in chinesischer Sprache zu entwickeln und zu vertreiben, die auf die rechtlichen und markttechnischen Bedürfnisse der chinesischen Unternehmen abgestimmt sind. Grundlage des Geschäfts sollte die deutsche Softwarelösung WERBAS sein. Neben der Entwicklung, dem Vertrieb und der Wartung der Softwarelösungen sollte sich das gemeinsame Unternehmen auch mit dem Vertrieb von Ersatzteilen, der Betreuung des After-Sales-Marktes und dem Training von Servicepersonal in der Volksrepublik China beschäftigen. Die Bilanz des fünfjährigen Engagements in China war ernüchternd. Vorsichtigen Schätzungen zufolge gab es mehr als hundertmal so viele WERBAS-Raubkopien, als das Unternehmen in China Lizenzen verkauft hat. Unter diesen Voraussetzungen machte es für das Unternehmen keinen Sinn, den chinesischen Markt weiter zu bearbeiten.

Auch der Rückzug der Obi Bau- und Heimwerkermärkte GmbH & Co. KG aus dem Reich der Mitte ist eine Reaktion auf Nachahmer. Denn Chinas Plagiatoren kopieren nicht nur Produkte und Marken, sondern auch ganze Geschäftsmodelle und Konzepte. Obi etablierte im Juni 2000 seinen ersten Markt in Wuxi bei Shanghai und hatte vor, innerhalb von zehn Jahren im ganzen Land 100 Baumärkte zu eröffnen, von denen jeder im ersten Jahr 30 bis 35 Millionen Euro Umsatz erwirtschaften sollte. Im Jahr 2005 gab die deutsche Baumarktkette das Chinageschäft aber überraschend auf und verkaufte ihre 13 bereits eröffneten sowie fünf im Bau befindlichen chinesischen Märkte an die britische Baumarktkette Kingfisher. Der Grund: Obwohl es im boomenden China an potenziellen Käufern nicht fehlt, kauften die Kunden bei Obi nicht genug. Sie gingen zu chinesischen Konkurrenzbaumärkten wie Home Mart, Home Way oder Orient Home, die das Konzept der neuen europäischen und amerikanischen Baumärkte schnell imitiert hatten und in identischen Märkten die gleichen Produkte billiger anboten. Der Umsatz der deutschen Obi-Kette war in China deshalb geringer als erwartet, die chinesischen Nachahmer erwiesen sich als überlegen.[1]

Chinesische Counterfeiter können ein deutsches Unternehmen auch dann massiv schädigen, wenn es in China gar nicht investiert ist. Ein Beispiel ist die MICOTROL AG, die mehr als 30 Jahre lang im Bereich der Regelung von Antrieben für Aufzüge, Regalsysteme und Lüftungsanlagen tätig war. Das Unternehmen verkaufte weltweit pro Jahr bis zu 2.500 elektronische Regler und Frequenzumrichter, zu den Kunden gehörten ThyssenKrupp, Schindler und Otis. Darüber hinaus lieferte die mittelständische Firma einen großen Teil der Produkte an Unternehmen in Europa, Asien, Australien, Südamerika und im arabischen Raum. Die MICOTROL AG war eine der ersten deutschen Firmen, die einen Großteil des Umsatzes in China generierten.

Einer der wichtigsten chinesischen Kunden war die Firma Deng Feng mit Sitz in Foshan. Zu Beginn der Geschäftsbeziehung lieferte die MICOTROL AG komplette Frequenzumrichter nach China. Doch nach einiger Zeit ordnete Deng Feng keine kompletten Geräte mehr, sondern nur noch die Platinensätze der Umrichter. Als Grund gab das Unternehmen Kostengründe an. Recherchen ergaben jedoch, dass Deng Feng die übrigen Teile der Umrichter wie Gehäuse und Kühlkörperteile in Südchina bauen ließ und den Zusammenbau und die Prüfung der Komplettgeräte selbst vornahm. Zu diesem Zweck hatte Deng Feng ein Prüflabor eingerichtet – mit der Unterstützung von drei Service- und Vertriebsmitarbeitern der MICOTROL AG, die das Unternehmen nach China geschickt hatte, um dort den erforderlichen Service anbieten zu können.

Um gute Geschäfte zu machen, verkaufte Deng Feng seine in China gefertigten Geräte weiterhin als angebliche Produkte der MICOTROL AG. Dazu verwendete das Unternehmen den deutschen Markennamen in der leicht modifizierten Form MICOCONTROL und kopierte den Produktnamen MICOVERT widerrechtlich auf

---

1   Wirtschaftswoche Sonderausgabe China. Nr. 01/2005 vom 27.10.2005, S. 88.

seine chinesischen Geräte. Schließlich firmierte das Unternehmen auch noch um und nannte sich MICOCONTROL. Das Logo der Firma war nur noch für geübte Insider vom Logo der Originalmarke zu unterscheiden. Gleichzeitig informierte die chinesische Firma die Fachwelt über seine Homepage und Prospekte in chinesischer Sprache darüber, dass sie der einzige autorisierte Partner der deutschen MICOTROL AG in China sei und die Geräte nur bei ihr erworben werden könnten.

Im weiteren Verlauf der Geschichte verschwanden beim südchinesischen Zoll angeblich drei Euro-Paletten mit 100 neuen Platinensätzen der MICOTROL AG im Wert von 170.000 DM, die nie wieder gefunden und als Verlust verbucht werden mussten. Als Nächstes kündigte der Entwicklungsleiter der MICOTROL AG, der zu einem deutschen Kunden wechselte. Dieser deutsche Kunde und die chinesische Firma MICOCONTROL wurden von einem Tag auf den anderen Partner und boten auf dem Markt wenig später einen eigenen Frequenzumrichter an, der die gleichen Fähigkeiten wie das MICOTROL-Gerät hatte. Die Folge war, dass die MICOTROL AG weitere wichtige Kunden verlor. Als Restrukturierungsmaßnahmen nichts nutzten, musste die MICOTROL AG im Juli 2003 die Geschäftstätigkeit einstellen.

Heute werden die Produkte der ehemaligen MICOTROL AG von der im September 2003 gegründeten MICOTROL International GmbH gefertigt und vertrieben. Das neue Unternehmen ist durch einen exklusiven Lizenzvertrag dazu autorisiert, die Markennamen MICOTROL und MICOVERT sowie die Produktrechte zu nutzen. Diese deutschen Markennamen leiden nach Angaben der Geschäftsführerin Alice Maria Salber zur Zeit aber unter der Tatsache, dass bei den chinesischen Nachbauten technische Mängel aufgetreten sind, die mit dem deutschen Originalhersteller in Verbindung gebracht werden.

Selbst Unternehmen, die mit China gar nichts zu tun haben, können von chinesischen Produkt- und Markenpiraten ausgehebelt werden. Chinesische Fälschungen, die in den Export gehen, tauchen auf den internationalen Märkten als vermeintlich preiswerte Qualitätsprodukte und damit als Wettbewerber deutscher Markenprodukte auf. So hatten mehrere Discounter und Baumärkte in Süd- und Westdeutschland im September 2004 in großen Mengen fotoelektrische Rauchmelder zum Preis von drei bis vier Euro verkauft, die optisch mit einem bekannten Rauchmeldertyp identisch waren, bei Feuer allerdings stumm blieben.[2] In einer Bremer Lagerhalle stapelten sich Kisten mit 360.000 Geräten, die für den Verkauf in Norddeutschland bestimmt waren, und in Rotterdam lag ein Schiff mit 400.000 weiteren Exemplaren tagelang im Hafen. Die deutschen Einkäufer waren auf billige Imitate eines chinesischen Herstellers hereingefallen, auf denen sogar das Prüfsiegel der Stiftung Warentest gefälscht war.

---

2   Heuzeroth: Produktpiraten geraten außer Kontrolle, o. S.

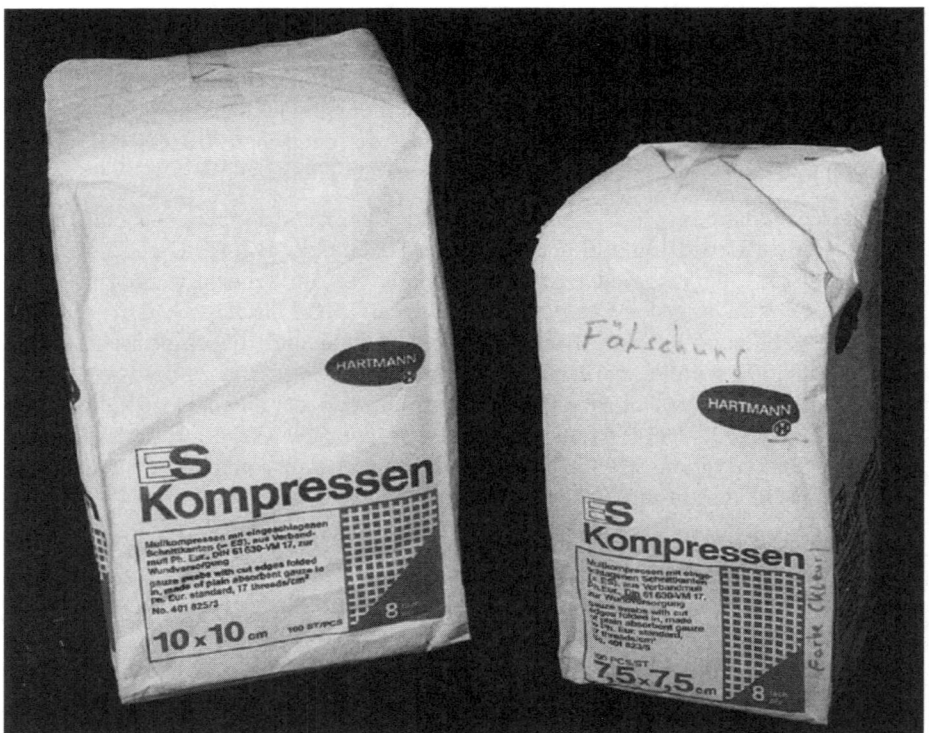

Plagiate von Verbrauchsgütern: Echte (links) und gefälschte (rechts) Kompressen der Firma Hartmann. Foto: Zollkriminalamt

Das Counterfeiting ufert aus

All diese Beispiele sind schon lange keine Einzelfälle mehr. Nachdem die Märkte für Software, Filme und Musik sowie die Segmente der Luxusgüter wie Mode, Accessoires, Taschen, Kosmetik oder Uhren bereits von Fälschungen überschwemmt sind, dringen Chinas Produkt- und Markenpiraten jetzt in immer neues Terrain vor. Sie kopieren so ziemlich alles, was auf den Märkten Rang und Namen hat und damit auf Nachfrage trifft – unabhängig von der Produktkategorie. Plumpe Plagiate von Markenwerkzeugen tauchen in Geschäften und auf Märkten ebenso auf wie komplizierte Nachbauten elektronischer Steuerungen für Maschinen. Unter den illegalen Kopien finden sich Teebeutel, Bremsbeläge und Waschmittel genauso wie Mobiltelefone, Säuglingsnahrung oder Markenkondome. Selbst Chemikalien, Impfstoffe und Benzin werden in großen Mengen gefälscht und unter die meist ahnungslosen Konsumenten gebracht.

Der Schwarzmarkt für Fälschungen dehnt sich auf immer mehr Bereiche aus, weil die Gewinnspannen in der Produkt- und Markenpiraterie in manchen Segmenten höher sind als im Drogenhandel. Fälschungen von Designermode, Taschen und Uhren gelten in China inzwischen als marginal. Der Trend geht im Counterfeiting klar von den Luxusartikeln über die Gebrauchsgegenstände hin zu anspruchsvollen technischen Produkten wie Autos, Motorrädern, Helikoptern oder Werkzeugmaschinen. Laut einer Umfrage der Beijinger Zeitung Commercial Times sind in China 56 % aller Personenkraftwagen mit kopierten Komponenten ausgestattet. Dazu gehören Lenksysteme und Bremsen ebenso wie Anlasser und Felgen. Rund ein Drittel aller Handys sind in der Volksrepublik illegal auf dem Markt, im Jahr 2005 haben die chinesischen Produktpiraten mit gefälschten Markenhandys oder illegalen Importen einen Umsatz von drei bis fünf Milliarden Euro gemacht und den chinesischen Staat um knapp eine Milliarde Euro Steuern betrogen.

Die qualitativ hochwertigen und weltweit begehrten deutschen Markenprodukte stehen auf der Kopierliste der chinesischen Fälscher ganz oben. Im vergangenen Jahr wunderten sich die Manager des Solinger Schneidwaren-Produzenten Zwilling, dass ihr dreiteiliges Küchenmesser-Set ausgerechnet im Wachstumsmarkt China kaum Absatz fand. Seit Wochen klagte der in Hongkong sitzende Vertriebspartner über miserable Verkaufszahlen. Als Zwilling den chinesischen Markt daraufhin genauer analysierte, war die Überraschung perfekt. Das Messer-Set war überall erhältlich und verkaufte sich prächtig. Doch es handelte sich nicht um die Originale, sondern um erstklassige Fälschungen.

Die Bügeleisen, Wasserkocher und Rasierapparate der Braun AG werden von den Chinesen wegen ihres modernen Designs im großen Umfang nachgeahmt, beispielsweise von den Firmen Cuori, Feichiang, Jin Tai Daily Commodities oder Wenzhou Lucheng Huannao Razor Factory. Die Fälscher beschränken sich nicht auf die Verletzung von Patenten, Gebrauchs- und Geschmacksmustern, sie setzen auch auf die Täuschung durch einen ähnlichen Markennamen. Ermittlungen zeigten, dass die nahezu identische Marke BRAON, die in Südafrika, in den Vereinigten Arabischen Emiraten und in Jordanien aufgetaucht ist, aus den Fabriken der chinesischen Firmen Mingjia und Cuori stammte.

Die Koziol GmbH aus dem hessischen Erbach findet ständig Plagiate ihrer rund geformten Mozzarella-Schneider, Saftkannen und Zahnseidespender aus Plastik, die sich vergleichsweise leicht nachmachen lassen. Die Formen stimmen fast immer, nur der Kunststoff und die Farben sind schlechter als die Originale. Die Plagiate werden nicht nur in chinesischen Billigläden verkauft, sondern auch in großen Kaufhäusern.

Der Sportartikelhersteller Puma hat im Jahr 2004 weltweit mehr als 1,2 Millionen gefälschte Produkte seiner Marke entdeckt. Die meisten dieser Fakes werden in China hergestellt, beispielsweise in Form illegaler Überproduktionen in Fabriken mit Puma-Lizenz. Der größte Teil der Fakes kommt aber von Fälscherfabriken ohne Lizenz, die noch nicht einmal den Behörden bekannt sind. Konkurrent Adidas geht davon aus, durch Plagiate seiner Markenprodukte pro Jahr rund 100 Millionen Euro Umsatz zu verlieren. Auf jedes beschlagnahmte Produkt, so schätzt das Unternehmen, kommen sieben bis zehn unerkannte Fälschungen.

Bei ihren Raubzügen gehen die Piraten immer dreister vor. So hat der Möbelhersteller Interstuhl die Kopie eines seiner Produkte entdeckt, die der chinesische Plagiator

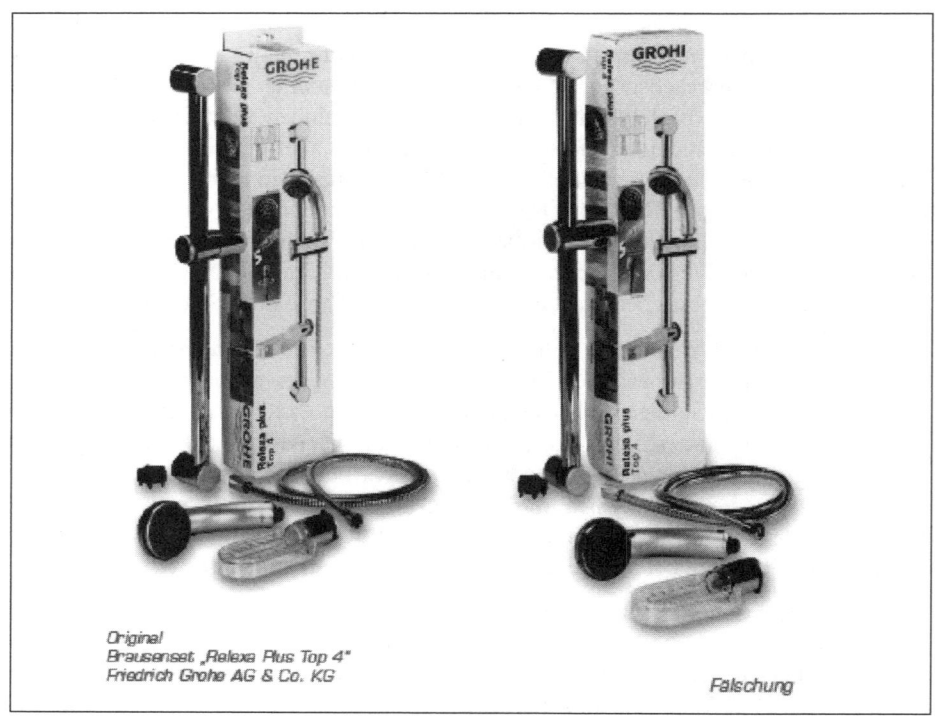

Nachahmung von Markennamen. Foto: Plagiarius

bei einem internationalen Designwettbewerb einreichte. Mika Häkkinen musste im Sommer 1998 beim Großen Preis von San Marino aufgeben, weil sein Team auf den Lieferanten eines gefälschten Kugellagers hereingefallen war. Ein Mitarbeiter des schwäbischen Motorsägenherstellers Stihl AG fand auf einer Messe eine original Stihl-Säge, an der das Logo fehlte. Die Fälscher hatten offensichtlich zuerst einmal eine kleine Marktforschung durchgeführt, um herauszufinden, ob es für dieses Produkt genug Käufer gibt, damit sich das Fälschen auch lohnt. Auch Produktpiraten müssen auf die Rentabilität achten.

Die Stihl AG entdeckte auf einer Baumesse in den USA auch eine Kopie ihres mehr als 1.000 Euro teuren Trennschleifers TS 400. Bei der Fälschung handelte es sich um ein nagelneues Hightech-Produkt, das gar nicht für den asiatischen Markt bestimmt war. Der Fälscher, das chinesische Unternehmen Zhejiang Hangyu, hatte gleich vier Patente verletzt und den Trennschleifer mit dem zugkräftigen Markennamen Cobra versehen. Ansonsten waren Original und Fälschung identisch – inklusive der nur von Stihl gebauten und patentierten Anwurfvorrichtung, der Luftfilter und der halbautomatischen Riemenspannung. Sogar die original Stihl-Ersatzteile passten bei der Kopie.

Die Maschinen- und Anlagenbauer leiden besonders unter chinesischen Fälschungen. In Branchen wie Werkzeugmaschinen, Textilmaschinen, Pumpen oder Kompressoren

Original (links vorne) und chinesische Plagiate (hinten) des Trennschleifers TS 400
Foto: Andreas Stihl AG & Co. KG

sei jedes zweite Unternehmen stark von Produktfälschungen betroffen, so eine Studie des Verbandes Deutscher Maschinen- und Anlagenbauer (VDMA). Da die chinesischen Fälscher um bis zu 50 % billiger sind als die deutschen Hersteller der Originalprodukte, erleiden diese Umsatzrückgänge zwischen drei und 50 %. Unterm Strich bezifferte der Verband den Schaden, den Produktpiraten im deutschen Maschinenbau verursachen, auf 400 bis 500 Millionen Euro pro Jahr.

Neben Ersatzteilen werden auch komplette Maschinen inklusive Bedienungsanleitungen, Verpackungen und Werbemittel kopiert. Jedes zweite Unternehmen – ob Armaturen, Werkzeugmaschinen, Textilmaschinen, Pumpen und Kompressoren, Nahrungsmittel- und Verpackungsmaschinen oder der Großanlagenbau – ist inzwischen von Fälschungen betroffen. Die Hälfte aller unzulässigen Nachbauten stammt dabei aus China, wo viele halbfertige Maschinen-Imitate darauf warten, an die neuesten deutschen Modelle angepasst zu werden. Auf diese Weise können gefälschte Maschinen der neuesten Generation schon kurz nach Auslieferung der Originale auf den Markt kommen.

Das Ausmaß des Counterfeiting im Maschinen- und Anlagenbau zeigt sich am Beispiel der österreichischen Firma Doppelmayr, die Anlagen für den Personentransport in Sommer- und Wintertourismusgebieten sowie Systeme für den Personennahverkehr in Städten, Flughäfen, Einkaufszentren, Erlebnisparks oder Messen entwickelt.

Die Unternehmensgruppe, die Produktionsstandorte sowie Vertriebs- und Service-niederlassungen in über 30 Ländern der Welt umfasst, hat bis heute über 13.300 Seilbahnsysteme in 70 Staaten gebaut. In China hat Doppelmayr bisher 30 Liftanlagen installiert.

Im Reich der Mitte laufen jedoch mehr als 200 nachgemachte Seilbahnen der österreichischen Firma. Die Anlagen werden von staatlichen chinesischen Unternehmen nachgebaut, die dem Maschinenbauministerium in Beijing unterstehen. Geschäftsführer Ernst Nigg erwartet, dass es in Folge der vielen Kopien auf dem chinesischen Markt zu einem kompletten Preisverfall kommen wird und dass die chinesischen Plagiatoren der Doppelmayr Seilbahnen GmbH im Ausland schon bald als Wettbewerber gegenübertreten werden. Dazu kommt, dass der Ruf des österreichischen Unternehmens durch die Fälscher beschädigt wird. Weil auf vielen der kopierten Anlagen Doppelmayr-Schilder montiert sind, rufen in der Unternehmenszentrale in Wolfurt häufig chinesische Kunden an und fordern, dass die Anlagen besser gewartet werden. Doppelmayr hat jetzt in China eine eigene Fertigung errichtet, um den Markt in den Griff zu bekommen.

Massiv betroffen ist auch die Zigarettenindustrie. British American Tobacco schätzt, dass rund 30 % aller weltweit vertriebenen Zigaretten Fälschungen sind. Die Weltgesundheitsorganisation (WHO) berichtet, dass allein in China pro Jahr rund 190 Milliarden gefälschte Zigaretten produziert werden. Der größte Teil davon geht nach Europa. Allein im ersten Halbjahr 2002 haben chinesische Behörden circa 159.000 Fälle bearbeitet, die sich auf die Herstellung und den Verkauf nachgeahmter Zigaretten bezogen. Philip Morris berichtet, dass von den 955 Millionen Zigaretten, die im Jahr 2003 in illegalen Distributionskanälen beschlagnahmt wurden, 903 Millionen oder 95 % gefälscht waren. Das Unternehmen ermittelte im Januar 2004 hunderte von Internetseiten, auf denen preiswerte Zigaretten der internationalen Marken Marlboro oder Mild Seven, der Regionalmarken Regal oder Gauloises und exotischer Marken wie die indischen Bidis angeboten werden.

Von der Armbanduhr bis zu Dübeln, vom Golfschläger bis zum Weißen Haus, das sich ein reich gewordener Bauer in Hangzhou errichten ließ – es gibt heute kaum ein Produkt, das chinesische Hersteller nicht kopieren würden. In China lernen Millionen von Kindern mit gefälschten Schulbüchern, in denen es laut Tageszeitung China Daily von fehlerhaften Schriftzeichen nur so wimmelt. Mehr als eine halbe Million falsche Magister und Doktoren soll es im Reich der Mitte geben, zwei Drittel aller Staatsbetriebe manipulieren ihre Bilanzen, und mehr als 18.000 amtliche Statistiken wurden allein im Jahr 2004 getürkt, um die betroffenen Regionen und Behörden bei der Zentralregierung in Beijing in einem besseren Licht darzustellen. Verständlich, dass die Hongkonger Wirtschaftszeitung Far Eastern Economic Review hinter dem Staatskürzel PRC unlängst die People's Republic of Cheats vermutete – die Schwindlerrepublik China.

Spitze eines Eisberges

Die sichtbaren Fälle, über die internationale und chinesische Medien fast täglich berichten, sind nur die Spitze eines gigantischen Eisbergs. Chinas Produkt- und Markenpiraterie hat sich zu einem Massenphänomen entwickelt, das nicht nur die Binnenwirtschaft des Landes untergräbt, sondern auch globale Konsequenzen hat. Der Missbrauch von Marken, Patenten, Urheberrechten, Gebrauchsmustern und anderen Formen geistigen Eigentums ufert aus und verursacht in allen betroffenen Ländern immer höhere materielle und immaterielle Schäden. Counterfeiting, häufig mit Korruption verknüpft, ist eine chronische Krankheit der chinesischen Volkswirtschaft, die sich ausbreitet und schnell an neue Umweltbedingungen anpasst – ein metastasierender Krebs der Wirtschaft. Experten sprechen von einer zweiten Ökonomie, die sich ebenso schnell wie einst die Schattenwirtschaft ausbreitet. Verwässerte Waren nennt der chinesische Volksmund die Kopien. Früher hatte China im Markt ein Verhältnis von drei Fälschungen auf sieben echte Produkte, heute ist es umgekehrt.

Die deutschen Unternehmen in China schlagen jetzt Alarm. In einer Studie des Deutschen Industrie- und Handelskammertages (DIHK) gaben 73 % der befragten deutschen Unternehmen aus völlig unterschiedlichen Branchen an, dass die Fälle von Produktpiraterie in den letzten beiden Jahren zugenommen hätten. Rund 62 % der Befragten leiden unter Verletzungen ihrer geschützten Marken, ca. 35 % melden den Missbrauch von Patenten. Rund 24 % der Unternehmen berichten über Verletzungen von Geschmacksmustern, 15 % klagen über Vergehen hinsichtlich des Urheberrechts, und 6 % teilen mit, dass ihre Gebrauchsmuster bereits Opfer chinesischer Nachahmer geworden sind.[3] Den Schaden, der den Herstellern von Markenprodukten durch Fälschungen in Deutschland entsteht, beziffert der Aktionskreis gegen Produkt- und Markenpiraterie auf rund 30 Milliarden Euro. Den Löwenanteil machen Textilien und Sportartikel aus, dann folgen Computer, Software, CDs und andere elektronische Geräte.

Das Problem verschärft sich, weil Counterfeiting Zukunftsbranchen wie die Automatisierungssysteme oder Robotertechnologie erfasst. Selbst bei der Hochtechnologie kennen die Piraten kein Pardon. Im April 2005 machten in der internationalen Computerpresse Meldungen die Runde, nach denen Chinas in Eigenregie entwickelter Chip Godson II eine nicht autorisierte Kopie der 1995 eingeführten RISC-Architektur MIPS ist. Der Godson II soll von den Chinesen ohne Lizenzierung durch MIPS entwickelt worden sein und bereits seit dem zweiten Quartal 2005 in kleinen Stückzahlen in Serie gefertigt werden. Trotz der möglichen rechtlichen Probleme prophezeit das Fachblatt Microprocessor Report dem Godson II eine strahlende Zukunft. Denn er kann nicht nur in chinesischen PCs, sondern auch in den Geräten der Unterhaltungselektronik eingesetzt werden.

Der Dienstleistungssektor wird ebenfalls nicht verschont. Die amerikanische Café-Kette Starbucks hatte in Shanghai, Beijing und Chongqing schon früh gegen chinesi-

---

3   Blume: Produkt- und Markenpiraterie in der VR China: Ausmaße, Recht & Rechtsdurchsetzung, Strukturen.

Original Füllstand-Messgerät VEGAPULS 51–54 der VEGA Grieshaber KG (links)
und Plagiat der Beijing Ripeness Sanyuan Instrumentation Co. Ltd. (rechts).
Foto: Plagiarius

sche Imitatoren zu kämpfen, und in Dalian gibt es sogar ein falsches Fünfsternehotel mit dem Markenzeichen Swissotel, das gar nicht zu dieser renommierten Hotelkette gehört. Chinesische Fälscher bieten ausländischen Unternehmen falsche Zertifikate und fingierte Rechnungen an, mit denen sie ihre Kosten buchhalterisch erhöhen und damit Steuern senken können. Ein bekanntes deutsches Beratungsunternehmen war nicht wenig überrascht, als es Post aus China erhielt. Ein Chinese hatte den Firmennamen der deutschen Berater kurzerhand in Mandarin übersetzt und teilte ihnen dann mit, zukünftig unter dieser Marke agieren zu wollen. Er bot dem deutschen Rechteinhaber an, mit ihm zu kooperieren.

Die Zunahme des Counterfeiting

Die wachsende Bedeutung der Produkt- und Markenpiraterie lässt sich an mehreren Indikatoren ablesen. Dabei handelt es sich einerseits um quantitativ direkt erfassbare Anzeichen wie die stetig zunehmenden Fälle der Grenzbeschlagnahmungen durch die zuständigen chinesischen und deutschen Zollbehörden. Allein an den deutschen Grenzen hat sich die Anzahl der Fälle in den letzten acht Jahren beinahe verzehnfacht. Der Wert der beschlagnahmten Waren betrug im Jahr 2004 über 145 Millionen Euro.

Darüber hinaus haben die Berichterstattung der Presse und die Zahl der Veröffentlichungen zum Thema Counterfeiting in den letzten Jahren auffällig zugenommen. Kaum eine Woche vergeht, in der in der Presse nicht über neue Fälle von Produkt- und Markenpiraterie berichtet wird. Auch die Anzahl der Mitglieder von Anti-Counterfeiting-Organisationen wie Aktion Plagiarius, React oder Counterfeit Pharmaceuticals Initiative steigt seit Jahren. Die Anzahl der Anwaltskanzleien, die sich mit dem Schutz geistigen Eigentums in China beschäftigen, wächst kontinuierlich, und das Angebot an entsprechenden Konferenzen und Seminaren wird zunehmend unübersichtlicher.

Es gibt mehrere Gründe für das Ausufern der Produkt- und Markenpiraterie. Zum einen hat der relativ einfache Zugang zu Fertigungstechnologien das Fälschen von Produkten leichter gemacht. Die meisten Basistechnologien, die für erfolgreiches Counterfeiting notwendig sind, können heute mit einem geringen finanziellen Aufwand und etwas Hintergrundwissen problemlos beschafft werden – beispielsweise über das Internet. Das für Produkt- und Markenpiraterie erforderliche Startkapital ist oft vergleichsweise niedrig. Eine einköpfige Stickmaschine, die in einen Koffer passt, kann heute schon für etwa 3.000 US-Dollar gekauft werden, und mit einem guten Scanner ist es möglich, Namen und Logos sofort auf die computergestützte Maschine zu übertragen. Ergebnis sind die so genannten Cyberfakes, die schnell und billig herzustellen und aufgrund ihrer hohen Qualität schwer zu entdecken sind. Auch Informationen über Markennamen, Logos und Produktspezifikationen sind über das Internet relativ leicht zugänglich.

Dazu kommt die Globalisierung des Handels, die auch gefälschten Gütern die Tore zu den ausländischen Märkten öffnet. Bei offenen Grenzen und freien Güterströmen ist es für Produkt- und Markenpiraten einfacher, ihre Waren weltweit zu vermarkten. Viele Marken sind bereits international positioniert, was den weltweiten Vertrieb gefälschter Markenprodukte stark vereinfacht. Die Globalisierung der Wirtschaft bringt es auch mit sich, dass die Kontrolle der Unternehmen über ihre Zulieferer- und Vertriebskanäle immer kleiner wird. Im komplizierten Netz der Lieferanten, Lizenznehmer und Absatzmittler, die für große Unternehmen in verschiedenen Ländern arbeiten, gibt es für Piraten viele Einfallstore und Schlupflöcher. Die Gefahr, entdeckt zu werden, ist relativ gering, denn die rechtliche Verfolgung der Produkt- und Markenpiraterie ist in den meisten Ländern noch mangelhaft.

Billigwahn, Piraterie und Deflation

Auch die anhaltende Schnäppchenjäger-Mentalität in den westlichen Industrienationen beflügelt das Wachstum des Counterfeiting. Gerade in Deutschland wird die Gruppe der Pfennigfuchser immer größer. Die morgendlichen Schlangen vor den Discountmärkten mit ständig wechselnden Billigangeboten sprechen für sich. Nach Berechnungen der Gesellschaft für Konsumforschung (GfK) kauften Anfang der 90er Jahre nur 38 % der Deutschen preisorientiert ein, heute sind es 56 %. Dabei gilt der Slogan „Geiz ist geil" nicht nur für Arbeitslose und kaufkraftschwache Gruppen, so gut wie alle sozialen Schichten gehen inzwischen auf Schnäppchenjagd. Es ist heute sogar bei Gutverdienern schick und trendy, beim Discounter zu kaufen. Das Allensbach-Institut fand heraus, dass es mittlerweile für 72 % der Deutschen wichtig ist, ihre Kinder zur Sparsamkeit zu erziehen. Diese Entwicklung auf den Absatzmärkten ebnet den Produkt- und Markenpiraten geradezu den Weg.

Die Nachfrage nach Billigem führt in der Wirtschaft jedoch zu einer gefährlichen deflationären Abwärtsspirale. Aufgrund der angespannten Wirtschaftslage und einer unsicheren Zukunft reagieren die Konsumenten vorsichtig. Sie gehen davon aus, dass sich ihre Einkommenslage verschlechtern könnte, und machen sich Sorgen um ihren Arbeitsplatz. Weil sie ein geringeres Einkommen erwarten und ihre Existenz sichern wollen, bilden sie vermehrt finanzielle Rücklagen (Angstsparen) und geben weniger Geld für den Konsum aus. Der allgemeine Nachfragerückgang führt auch dazu, dass die Unternehmen mangels Absatz geringere Umsätze und Gewinne verbuchen, Investitionen zurückhalten sowie hochwertige und teure Arbeitsplätze streichen oder durch Billigarbeit ersetzen.

Dies resultiert auf der Seite der Konsumenten in Einkommenseinbußen und einer Stärkung der Kaufzurückhaltung. Der Teufelskreis wird weiter angeheizt, die Deflationsspirale setzt sich nach unten fort: Die Güterpreise sinken, die Kaufzurückhaltung seitens der Konsumenten nimmt in Erwartung weiter sinkender Preise zu. Die Auslastung der Produktionskapazitäten der Unternehmen sinkt, infolge der Niedrigauslastung kommt es zu weiteren Preisrückgängen. Auf diese Weise führt eine Deflationsspirale über Preisverfall zu Einkommensrückgängen und Arbeitslosigkeit. Die Wirtschaft wird abgewürgt wie ein Benzinmotor, der zu wenig oder zu mageren Treibstoff erhält. Ein typisches Beispiel für eine Deflationsspirale ist die wirtschaftliche Entwicklung in Japan Ende der 1990er bis Anfang der 2000er Jahre.

Produkt- und Markenpiraten fördern die Entwicklung einer Deflation, weil sie das Angebot auf den Märkten massiv verbreitern und die Preise drastisch und dauerhaft fallen lassen. Man könnte auch von einer durch Plagiate geförderten deflationären Abwärtsspirale sprechen, die ganze Wirtschaftszweige massiv schädigt und weiter bedroht. Diese Abwärtsspirale ist für eine Volkswirtschaft deshalb so gefährlich, weil Deflationen in der Regel hartnäckige Phänomene sind. Leidet ein Land erst einmal unter einer deflationären Phase, so ist die Gefahr einer selbsterhaltenden oder selbstverstärkenden Tendenz sehr groß. Die Volkswirtschaft kommt aus der Deflation nicht mehr heraus.

Die Hebelkraft des Internet

Bei der Akquisition von Kunden gehen auch die Fälscher mit der Zeit. So ist der Kauf von Plagiaten beim Straßenhändler heute oft nur noch ein Urlaubserlebnis. Der weitaus größere Teil des Geschäfts mit Fälschungen wird inzwischen über das anonyme Internet abgewickelt, die Ware kommt per Paket zum Kunden. Vor allem der kometenhafte Aufstieg des Online-Auktionshauses eBay hat den Fälscherbanden einen neuen leistungsstarken Vertriebskanal beschert. Das Unternehmen zählt heute 147 Millionen registrierte Benutzer. Im ersten Quartal des Geschäftsjahrs 2005 stieg der Umsatz bei eBay erstmals über eine Milliarde US-Dollar, das Auktionshaus konnte insgesamt 1.031 Millionen US-Dollar Netto-Umsatz verbuchen – eine Steigerung gegenüber dem gleichen Quartal des Vorjahrs um 36 Prozent. Der Netto-Gewinn lag bei 256,29 Millionen US-Dollar gegenüber 200,1 Millionen US-Dollar im Vorjahres-quartal, das ist ein Plus von 28 %. Dass dieser Vertriebskanal für Plagiatehändler aus-gesprochen interessant ist, liegt auf der Hand.

Im Oktober vergangenen Jahres wurde im bayerischen Deggendorf eine 45-jährige Frau festgenommen, die mit der Versteigerung von mehr als 11.400 Plagiaten über eBay einen Umsatz in Höhe von 140.000 Euro erzielt hatte. Die Ermittler waren durch die Anzeige eines eBay-Käufers auf die Frau gestoßen. Der Kunde hatte ein Gameboy-Spiel ersteigert und danach ein fast wertloses Plagiat erhalten, das nicht funktionierte. Bei der Durchsuchung der Wohnung fanden die Ermittler ein ganzes Warenlager mit Elektronik-Spielen, Bekleidung und Kosmetika. Dabei handelte es sich fast ausnahmslos um Plagiate von Produkten namhafter Markenunternehmen wie Nintendo, Gucci, Ralph Lauren, Lacoste, Puma, Diesel, Tommy Hilfiger, Joop, Chanel, Davidoff, Dolce & Gabbana und Versace. Die Fake-Händlerin gab an, die Plagiate vor allem auf den so genannten Vietnamesenmärkten an der tschechisch-deutschen Grenze und auf verschiedenen Flohmärkten eingekauft zu haben.

Massen-E-Mail mit dem Angebot von Kopien Schweizer Luxusuhren des Internet-händlers Replica Watches Online Shop. Quelle: CHINABRAND

Was ist Counterfeiting?

Bislang werden die Begriffe Produktpiraterie, Markenpiraterie und Counterfeiting in der öffentlichen Diskussion und in der Literatur nicht klar voneinander abgegrenzt, sondern weitgehend synonym verwendet. Das Gleiche gilt für die Begriffe Plagiat, Fälschung, Kopie und Imitat. All diesen Begriffen ist gemeinsam, dass sie sich auf alle Verfahren und Erzeugnisse beziehen, die Gegenstand oder Ergebnis einer Verletzung geistigen Eigentums sind. Sie beziehen sich auf die absichtliche Duplikation eines Produkts durch eine Partei mit dem Ziel, das geistige Eigentum eines Unternehmens oder einer Person illegal zu nutzen oder seine Technologie, sein Produkt oder seine Marke ganz zu übernehmen. Der Fälscher profitiert vom Kapital des Urhebers, ohne für den Aufbau dieses Kapitals zahlen zu müssen oder dafür sorgen zu müssen, dass das Produkt von gleicher Qualität wie die originäre Markenware ist. Die Dimension dieses Profits wird in der Bekleidungsindustrie sichtbar, in der auf die Fertigung oft nur noch 5 % der gesamten Kosten entfallen. Das Gros der Kosten steckt im Design, in der Marke und im Marketing. Der Urheber säht, der Pirat erntet.

Eine derart weit gefasste und bewusst unscharfe Begriffsbestimmung hat den Vorteil, dass das Phänomen Counterfeiting in allen Facetten begriffen und umfassend analysiert werden kann. Denn unter Counterfeiting fallen nicht nur die in betrügerischer Absicht kopierten Produkte, sondern auch die illegalen Parallelimporte auf graue Märkte sowie die Factory Overruns – die unberechtigte Herstellung zusätzlicher Originalware durch die Überschreitung des vom Lizenzgeber genehmigten Produktionsvolumens. Nach der legalen Produktion am Tag lassen die chinesischen Hersteller die Maschinen in den Fabriken in der Nacht weiterlaufen und verkaufen die Mehrproduktion ohne Wissen und Genehmigung des Markeninhabers auf eigene Faust und auf eigene Rechnung.

Die nachgeahmten Waren können in unterschiedlichen Varianten in Verkehr gebracht werden, die auch untereinander kombiniert werden können:

- Als materiell gleichwertiges Produkt unter einem mehr oder weniger ähnlichen Namen,

- als nur temporär gleichwertiges Produkt, das aufgrund kostengünstigerer Materialien zu einem wesentlich niedrigeren Verkaufspreis angeboten werden kann,

- als verwechselbar ähnliches Produkt zu günstigen Preisen, wobei das positive Image des Originalprodukts ausgenutzt wird, und

- als vom Originalprodukt verschiedenes Produkt, das unter Verwendung von Bildern oder Zeichen des Originalproduktes beim Käufer positive Assoziationen hervorruft.

Nach der von der Aktion Plagiarius e. V. verwendeten Terminologie ist ein Plagiat die Nachahmung eines Produkts zum Zwecke der wirtschaftlichen Ausbeutung. Es wird entweder sklavisch exakt oder mit kleineren Änderungen ausgeführt. Besonders perfide sind größere Änderungen, die jedoch so geschickt gemacht sind, dass sich das Ganze für den flüchtigen Betrachter visuell zum Aussehen des Originalprodukts zusammenfügt. Chinesische Beispiele sind Automobile der Marke Hongda, die den Prototypen der japanischen Marke Honda ähneln, oder die Joghurtmarke Danan, deren Logo und Verpackung der Marke Danone zum Verwechseln ähnlich sieht. Plagiate sind also oft etwas plumpe und partielle Nachahmungen, bei denen Name, Verpackung und Charakteristika bekannter Produkte kopiert und zu einem wesentlich geringeren Preis als das Original verkauft werden. Viele Plagiate entarnen sich selbst aufgrund ihres absurd niedrigen Preises.

Eine Fälschung stellt demgegenüber eine klare Steigerung im Grad der Täuschung dar, bei welcher der Käufer auch über die Herkunft des Produktes in die Irre geführt wird. Die Fälschung ist raffinierter als das Plagiat und erfordert eine größere kriminelle Energie. Neben der Nachahmung des Designs und der Eigenschaften des Produkts werden auch die Markenrechte des Originalherstellers durch die Verwendung geschützter Firmen- oder Produktnamen oder deren Logos verletzt. Dadurch assoziiert der Käufer mit dem Produkt immer auch eine bestimmte Qualität, die das gefälschte Produkt in aller Regel aber nicht hält. Die Gemeinsamkeit von Plagiat und Fälschung besteht also lediglich in der Nachahmung von Originalprodukten mit dem Ziel, auf Kosten des Herstellers des Originals schnellen Profit zu machen.

Noch raffinierter und tückischer sind die subtilen Verletzungen geistigen Eigentums, bei denen nicht ganze Produkte, sondern wertvolle Technologie, Designelemente oder Produktionsmerkmale unter einem anderen Markennamen verkauft werden. Beispiele sind die illegale Weitergabe von Automobildesigns durch einen chinesischen Joint-Venture-Partner an ein anderes chinesisches Unternehmen oder die unzulässige Verwendung der DVD-Formate großer Hersteller wie Philips, Sony oder Pioneer durch chinesische Produzenten von Billiggeräten. Solche Verletzungen geistigen Eigentums, die oft unter dem populären Schlagwort Technologieklau behandelt werden, sind weniger sichtbar und deshalb schwerer zu verfolgen als Plagiate und Fälschungen.

Im angelsächsischen Sprachgebrauch tauchen weitere Begriffe auf. So wird die täuschende Produktnachahmung unter der unbefugten Verwendung fremder Markennamen und Markenzeichen als Markenpiraterie oder Counterfeiting bezeichnet. Juristisch relevant ist dabei das Markenrecht. Wenn Personen oder Unternehmen versuchen, den Inhabern originärer Marken in noch unbearbeiteten Ländern durch rechtliche Blockaden wie Markenanmeldungen zuvorzukommen, um die Markeninhaber dann unter Druck zu setzen oder zu erpressen, spricht man von Trademark Extortion. Die Produktnachahmung, die sich wesentlich als Verletzungen des Urheberrechts und Geschmacksmusterrechts darstellt, wird demgegenüber als Piracy bezeichnet.

Knock-offs sind solche Produkte, die Originale für jedermann ersichtlich kopieren und sich damit offen als Nachahmungen zu erkennen geben. Werden fremde Produkte genau analysiert und die Ergebnisse der Analyse anschließend unberechtigterweise genutzt, handelt es sich um Reverse Engineering. Schließlich wird der heimliche Mitschnitt künstlerischer Leistungen mit einem anschließenden unerlaubten Vertrieb im Angelsächsischen als Bootlegging bezeichnet.

Auch Parallel-Importe von Originalen werden in der Kategorie des Counterfeiting behandelt, obwohl es sich nicht um gefälschte Produkte handelt. Hier werden Vertriebswege manipuliert. Dabei werden originäre Markenwaren, die nur für bestimmte Absatzkanäle und Märkte bestimmt sind, unter Verletzung von Verträgen in andere Kanäle und auf andere Märkte umgeleitet. Aufgrund der geringeren Kaufkraft werden die gleichen Produkte auf weniger entwickelten Märkten oft zu einem geringeren Endpreis verkauft. Ein bekanntes Beispiel sind amerikanische Tonerkartuschen für Kopiergeräte, die in Brasilien für rund 60 % des nordamerikanischen Preises verkauft werden. Wenn die für den brasilianischen Markt bestimmten Kartuschen vertragswidrig in die USA zurückgeleitet und dort für ihren vollen Preis verkauft werden, streichen die Händler den Margenanteil ein, um den der Produzent betrogen wird. In vielen Fällen werden die Container im Zielland noch nicht einmal geöffnet, sondern vom Händler gleich wieder in das Herkunftsland zurückgeschickt.

Wenn man den Grad der Täuschung des Käufers beim Kauf eines Produkts mit der Qualität und Funktionalität des gefälschten Produkts kombiniert, lassen sich weitere Erscheinungsformen der Produkt- und Markenpiraterie differenzieren. Aus der Sicht des Käufers können dann die folgenden vier Ausprägungen des Counterfeiting in einer Matrix dargestellt werden:

1. Große Täuschung, geringe Qualität:
Der Käufer erwirbt ein Produkt von minderer Qualität und glaubt, es handelt sich dabei um ein hochwertiges Original. Er geht davon aus, dass die Marke ihr Qualitäts-

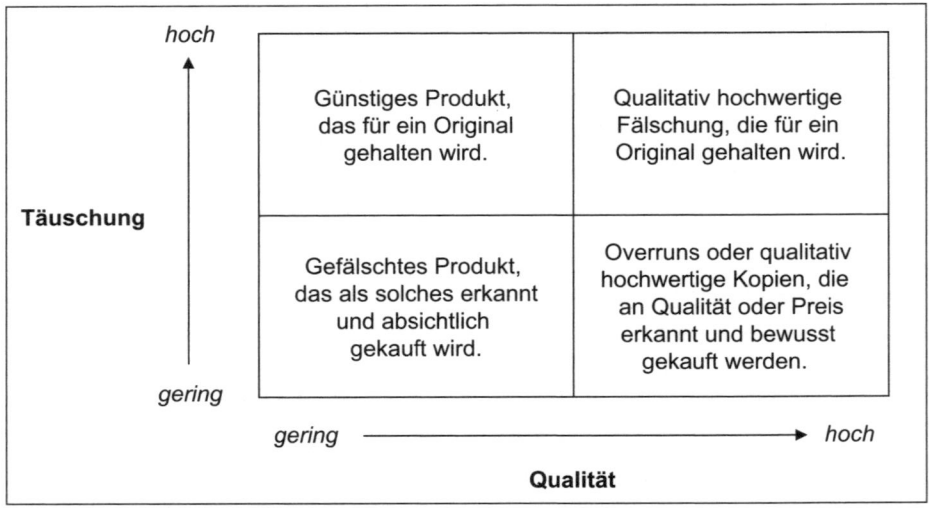

Erscheinungsformen des Counterfeiting. Quelle: Counterfeiting Exposed

verspricht hält, und ist enttäuscht, wenn das nicht der Fall ist. Wenn er versucht, das Produkt umzutauschen oder Garantieleistungen in Anspruch zu nehmen, kann es zu rechtlichen Problemen kommen. Obwohl er nicht verantwortlich ist, wird der legitime Markeninhaber zur Zielscheibe des Ärgers. Sollte der Käufer durch das gefälschte Produkt verletzt werden, können auf den Markeninhaber massive Schadenersatzforderungen zukommen.

2. Große Täuschung, hohe Qualität:
In dieser Konstellation liegt das größte Schadenspotenzial für das Markenunternehmen darin, dass es durch gute Fälschungen massive Umsatzeinbußen erleiden kann. In diesem Fall kann die Marke ganz vom Fälscher übernommen werden, weil die Kopie dem Käufer den gleichen Nutzen bei einem geringeren Preis bietet. Der Pirat kapert die Marke. In China sind viele Fälschungen in Bezug auf Aussehen und Funktionalität heute sehr hochwertig, zum Beispiel gefälschte Kleidung oder Handtaschen. Auch der Verkauf der Overruns gehört in diese Kategorie des Counterfeiting.

3. Geringe Täuschung, hohe Qualität:
Die Gefahr einer Beschädigung der Marke ist relativ gering. Dem Käufer ist bewusst, dass er kein Originalprodukt kauft. Da die Fälschung fast die gleiche Funktionalität hat wie das authentische Produkt, wird sich der Käufer aber zu Recht fragen, warum er den erhöhten Preis für das echte Markenprodukt bezahlen soll. Dem Anbieter des Originalproduktes entgeht in diesem Fall Umsatz, er verliert wahrscheinlich auch Marktanteile.

4. Geringe Täuschung, geringe Qualität:
Bei dieser Variante liegt die große Gefahr für den Anbieter eines Originalproduktes nicht in Umsatzeinbußen, sondern in der Verwässerung seiner Marke. Das Schadenspotenzial beruht auf der Tatsache, dass die Fälscher den Markt mit Imitaten überschwemmen, was die Exklusivität der originären Marke relativiert. Massenhaft angebotene billige Fälschungen führen zu einem Downtrading der Originalmarke, deren Wert in diesem inflationären Umfeld aus Kundensicht sinkt. Beispiele sind die in China massenhaft verkauften Fälschungen bekannter Modemarken, die bei den chinesischen Konsumenten längst Reputation und Nachfrage verloren haben. Ihr Erosionsprozess ist bereits fortgeschritten.

Wir verwenden in diesem Buch zusammenfassend den in der internationalen Praxis gängigen Begriff des Counterfeiting und synonym dazu die Bezeichnung Produkt- und Markenpiraterie, um alle Phänomene der Verletzung von Rechten am geistigen Eigentum übersichtlich behandeln zu können. Den Kampf der Unternehmen, Konsumenten und Staaten gegen alle Spielarten der Produkt- und Markenpiraten bezeichnen wir als Anti-Counterfeiting, das wir durchgängig mit der Buchstabenkombination ACF abkürzen.

2. China als Brennpunkt

Die Annahme, dass gefälschte Waren fast ausschließlich aus Fernost, insbesondere aus China kommen, stimmt nur bedingt. Die Scuderia Ferrari hat im amerikanischen Oregon sowie im deutschen Oberhausen Werkstätten aufgespürt, die das Modell 355 GTS vollständig nachbauten. DaimlerChrysler ging gegen einen Fälscher in Südafrika vor, der den Sprinter komplett kopierte[1]. Und in Bulgarien und Rumänien flogen dreiste Betrüger auf, die gleich drei komplette BP-Tankstellen imitiert hatten. Vom Logo bis zur Zapfsäule wirkte alles echt, nur der angebotene Sprit war billiger Verschnitt.[2] Rechtliche Bedenken und Fair Play werden also auch in den USA und in europäischen Ländern oftmals über Bord geworfen, wenn satte Gewinne winken.[3]

Dennoch nehmen die südost- und ostasiatischen Länder, allen voran China und Thailand, in der internationalen Produkt- und Markenpiraterie eine Spitzenstellung ein. Experten schätzen, dass mindestens 25 % der Produkte ausländischer Hersteller, die in China verkauft werden, Fälschungen sind. In der Volksrepublik sind in den letzten Jahren ganze Piratenregionen entstanden, die meisten Fälscher sitzen in Süd- und Ostchina – beispielsweise in Zhejiang, Guangdong, Guangxi, Jiangsu, Henan und Fujian. Sie produzieren schon lange nicht mehr nur für den heimischen Markt, sondern auch für den Export.

Täglich werden in Europa 5.000 See-Container aus der Volksrepublik gelöscht, und jede Woche landen auf europäischen Flughäfen rund 1.000 Passagier- und Transportflugzeuge aus Asien. Aus ihren Frachträumen rollen containerweise gefälschte Druckerpatronen, Markenuhren, Sonnenbrillen und Ersatzteile. Die Anzahl der aus China stammenden Fälschungen, die an den europäischen Grenzen beschlagnahmt wurden, stieg in den letzten Jahren um fast das Zehnfache an. Heute kommen rund 60 % der in Europa sichergestellten gefälschten Waren aus China. Das globale Epizentrum der Produktpiraterie hat sich ins Reich der Mitte verschoben, stellte die New York Times kürzlich fest.

Diese Massen gefälschter Waren können nicht mehr nur durch Touristen verteilt werden, ihre globale Distribution erfordert leistungsfähige und gut organisierte Vertriebskanäle. Nur eine durchdachte Organisation kann verhindern, dass gefälschte Produkte auf ihrem Weg zum Käufer entdeckt und beschlagnahmt werden. Dabei werden die Zollbehörden vor allem dadurch in die Irre geführt, dass die Spuren zwischen Produktionsstätten und Vertriebsstellen durch die Vermeidung direkter Kontakte und bekannter Wege verwischt werden. So werden die Ladungen aus Asien hauptsächlich per Schiff in sichere Länder transportiert, die nicht unter dem Verdacht stehen, Fälschungen zu produzieren. Von dort aus werden die illegalen Warenströme

---

1   Fischer/Eck/Richter: Was sich gegen Markenpiraterie tun lässt, S. 118.
2   Heuzeroth: Produktpiraten geraten außer Kontrolle.
3   Pressemitteilung der Aktion Plagiarius e. V. vom 20.02.2004.

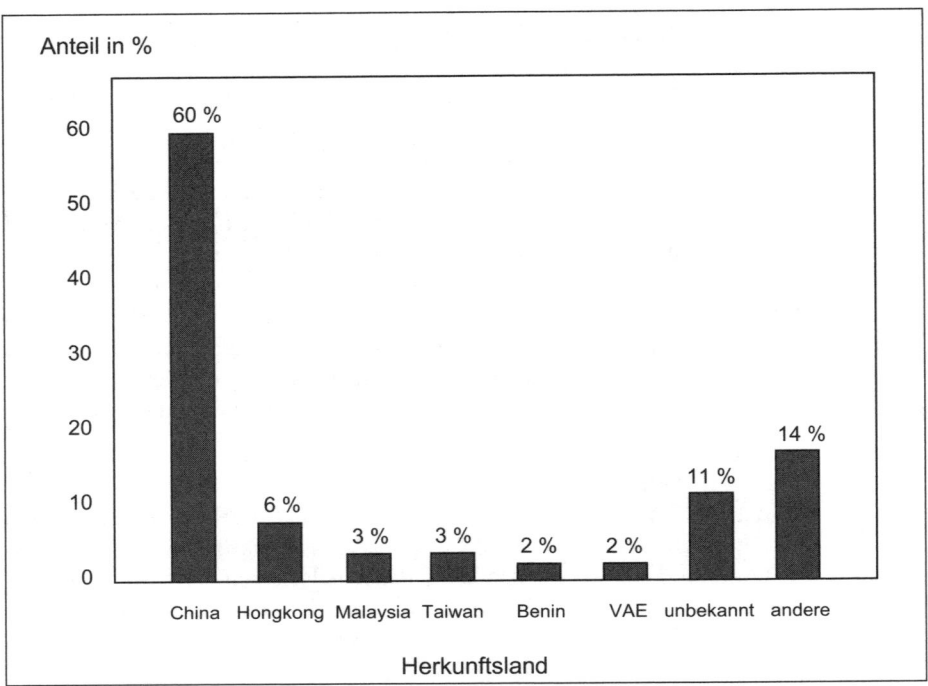

Im Jahr 2004 beschlagnahmte gefälschte Waren in der EU, nach Herkunftsländern. Quelle: Europäische Union

weitergeleitet, um so den strengen Kontrollen an den kritischen Grenzen zu entkommen.

Die Transporte von Fälschungen in die Europäische Union erfolgen heute wesentlich über Dubai und Zypern in alle großen europäischen Seehäfen wie Antwerpen, Genua, Hamburg oder Rotterdam. Dazu kommen alle wichtigen Flughäfen und die so genannte Balkanroute. Die aus China stammende gefälschte Markenware wird im großen Umfang über den Hafen von Hongkong auf den europäischen Markt verschifft.[4] Für den Transport nach Hongkong verwenden die Fälscher oft selbstgebaute wasserdichte Container, die für den Zoll unsichtbar unter dem Kiel großer Schiffe befestigt sind und die in Hongkong im Schutz der Dunkelheit entladen werden. Doch nicht alles kommt in Europa im Container an – große Mengen gefälschter chinesischer Zigaretten wurden, wasserdicht verpackt, auch schon im Schleppnetz von Fischerbooten entdeckt.

Innerhalb Chinas gelangen die Fälschungen nicht nur über die bekannten Piratenmärkte wie der Xiang Yang Fashion & Gift Market in Shanghai oder der Hongqiao Markt in Beijing sowie über in das System eingebundene Händler zum Verbraucher,

---

4   Siedenbiedel: Im Scheinwerferlicht: Gefälschte Parfums, Handtaschen und Thermoskannen.

sondern ganz wesentlich über undichte Stellen in der Lieferkette der Hersteller. So verlassen bestochene Fahrer bei der Auslieferung der Originalware an den autorisierten Handel unbemerkt ihre Route und steuern ein verstecktes Lager an, in dem dann Teile der Ladung gegen Imitate ausgetauscht werden. Dadurch erhält der autorisierte Händler ohne sein Wissen und Zutun eine gemischte Lieferung aus Originalen und Fälschungen, die er selbst nicht mehr unterscheiden kann. Dabei werden billige Imitate in Kartons verpackt, die denen der Originale täuschend ähnlich sind. In China läuft ein großer Teil der Produkt- und Markenpiraterie über gefälschte Verpackungen, beispielsweise im Handel mit Medikamenten. Die echten und die falschen Pillen kann ohnehin niemand unterscheiden.

Potenzial für Produkt- und Markenpiraterie besteht grundsätzlich überall dort, wo drei Bedingungen erfüllt sind. Einerseits müssen aufgrund der niedrigen Selbstkosten des rechtsverletzenden Substituts, zum Beispiel einer DVD-Kopie, und dem wesentlich höheren Verkaufspreis auf dem Markt hohe Margen zu erzielen sein. Gleichzeitig muss in einem avisierten Marktsegment ein großes Absatzpotenzial vorliegen. Schließlich dürfen dem Plagiator für die Übernahme des für die Herstellung erforderlichen Know-hows nur unbedeutende Kosten entstehen. Die Erfolgsformel für Fälscher lautet also

Wirtschaftlicher Erfolg = Geringe Kosten + hohe Margen + große Märkte

Diese Bedingungen für ein profitables Counterfeiting sind in China keineswegs nur bei westlichen Produkten und Marken gegeben. Auch chinesische Unternehmen kämpfen zunehmend gegen die Verletzungen ihrer Schutzrechte und berichten von einem Anteil gefälschter Produkte in einer Größenordnung von etwa zehn bis 15 % auf den lokalen chinesischen Märkten.[5] Jedes chinesische Unternehmen, das eine gute Markenreputation besitzt und dessen Produkte erfolgreich sind, kann Opfer von Produkt- und Markenpiraten werden. Mehr als 100 bekannte chinesische Hersteller wie Changhong, Quanjude, Rongbaozhai, Tongrentang, Hongtashan oder Wuliangye mussten in den vergangenen Jahren die bittere Erfahrung machen, dass ihre Markennamen von anderen chinesischen Unternehmen oder Herstellern im Ausland illegal registriert und genutzt wurden, was zu Einbrüchen im Export und wirtschaftlichen Verlusten führte. Die privaten Ermittler, die in China wegen des noch immer geltenden Berufsverbotes für Detektive als Berater agieren, erhalten die meisten Aufträge heute von chinesischen Unternehmen, die Opfer von Plagiatoren geworden sind.

Ein bemerkenswertes Beispiel innerchinesischer Piraterie ist der Elektrogerätehersteller Hisense, der bereits in zehn Provinzen Fälschungen seiner Produkte entdeckte. Nach Informationen der Qingdao Morgenzeitungen wurden im südchinesischen Guangzhou, einer Hochburg der Produkt- und Markenpiraterie, gefälschte Geräte der TV-Marke Hisasen entdeckt, gebaut von der Firma Haixin (Hongkong) Electricity Ltd. Der Fälscher, der von der Haixin-Gruppe kontrolliert wird, soll täglich etwa 3.000 Geräte bauen. Der Clou: Haixin und Hisense sind landesweit bekannte und ge-

---

5   Report on Anticounterfeiting in Selected Countries, S. 6.

schätzte chinesische Marken, ein Markenunternehmen kopiert also das andere. Damit nicht genug. Es gibt einen weiteren Fälscher, der in Hongkong die Marke Haixin angemeldet hat, aber auf dem chinesischen Festland deren Geräte nachbaut. Somit kopiert ein Fälscher einen anderen Fälscher.

Hisense kämpft seit 2004 landesweit massiv gegen die Produktpiraterie und ist in Shenyang, Changchun, Xuzhou, Linyi, Qingdao und Xi'an mit Hilfe der Behörden gegen Fälscher vorgegangen. Bei Razzien wurden mehr als 2.000 gefälschte VCD- und DVD-Player sowie hunderte von HiFi-Anlagen, Waschmaschinen und Dunstabzugshauben beschlagnahmt. Die Markenzeichen der Plagiate gleichen denen der Originale, nur die auf Packungen und Anleitungen angegebene Adressen und Telefonnummern existieren meistens nicht. Die Hisense Group versucht derzeit, mit Hilfe der Behörden in Hongkong die Fälscherfirma zwangsweise abmelden zu lassen.

Hinter der Produkt- und Markenpiraterie steckt immer das Motiv, schnell und einfach möglichst viel Geld zu verdienen – auch mit illegalen Mitteln. Fälscher handeln als rationale Wirtschaftsakteure, weil sie wie alle anderen Unternehmen nach Möglichkeiten der Kostensenkung und Gewinnmaximierung suchen. Bei der Fälschung von Zigaretten lohnt sich das Geschäft, weil Zigaretten in den meisten Ländern hoch besteuert werden. Bei Medikamenten, Kosmetikartikeln und technischen Komponenten sind es die hohen Forschungs- und Entwicklungskosten, die im Preis der Originale verrechnet werden müssen. So fließen bei Arzneimitteln bis zu 90 % der Kosten für ein Produkt in die Forschung, und bei Kosmetikartikeln machen die gesundheitsrelevanten Inhaltsstoffe die legalen Produkte teuer. Das alles spart sich der Fälscher, in seiner Rechnung überwiegt der sichere Profit die möglichen negativen Konsequenzen. Das bedeutet aber auch, dass die Produkt- und Markenpiraterie von den betroffenen Unternehmen nicht nur aus einer rechtlichen, sondern wesentlich aus einer ökonomischen Perspektive heraus betrachtet und angegangen werden muss. Beim Anti-Counterfeiting muss es darum gehen, den Nutzen der Fälscher zu senken und ihre Kosten zu erhöhen. Produkt- und Markenpiraten sind Wettbewerber, die Strategien zu ihrer Bekämpfung sind Wettbewerbsstrategien.

Zur Ökonomie des Counterfeiting gehört aber auch die Kosten-Nutzen-Rechnung der Unternehmen, für die der Kampf gegen die Plagiatoren mehr einbringen muss, als er kostet. Die meisten Markenunternehmen verlieren Umsatz und Marktanteile, weil die Kunden anstelle der teuren Originale lieber billige Fälschungen kaufen. Das Argument des verlorenen Umsatzes greift in der Bilanz jedoch zu kurz. Viele Käufer von Fälschungen, besonders von Luxusgütern, würden niemals Originale kaufen, weil sie ihnen schlicht zu teuer sind. Wer kann sich schon eine echte Rolex für 15.000 Euro leisten? Produkt- und Markenpiraten können neben dem Markt der Originale also einen zusätzlichen neuen Absatzmarkt generieren, der den Umsatz des Rechte-Inhabers überhaupt nicht tangiert.

Es ist die Erosion der Marke, die in der Bilanz des Rechte-Inhabers den größten Schaden anrichtet. Wenn eine Marke massenhaft verramscht wird, ist sie in den Augen der Kunden nichts mehr wert. Die Marke wird verwässert, sie erodiert. Ihre Wertsub-

*Vom exklusiven Prestigegut zum verramschten Massenprodukt: Gefälschte Marken-
kleidung in Beijing. Foto: CHINABRAND*

stanz schmilzt langsam wie das Eis in der Sonne. Marken leben von der Exklusivität,
sie stellen im Umfeld der konkurrierenden Marken und der namenlosen Massenwaren
immer etwas Einmaliges und Besonderes dar. Wenn dieses Einmalige und Besondere
durch die millionenfache Duplikation verloren geht, dann geht im Laufe der Zeit auch
der Wert einer Marke verloren. Die massenhafte Ausbreitung von Nachahmungen
und Raubkopien zieht die originäre Marke ins Alltägliche herab, was ihrem Ruf und
ihrer Originalität schadet – vor allem dann, wenn die Unternehmen in ihrer Werbung
auf die Qualität und die Seltenheit ihrer Marke abstellen. Der Schaden, den Chinas
Produkt- und Markenpiraten den ausländischen und chinesischen Marken zufügen,
ist also immer mittel- und langfristig zu kalkulieren. Der Krebs des Counterfeiting
frisst die Marken langsam auf.

Deutsche Unternehmen müssen sich aber auch dann im Kampf gegen Produkt- und
Markenpiraten engagieren, wenn sie sich im chinesischen Markt auf Dauer behaupten
wollen. Der Aufbau des China-Geschäftes war für die meisten schwer genug und hat

viel Mühe, Zeit und Geld gekostet. Es jetzt an Piraten zu verlieren, wäre strategisch unsinnig. Deutsche Unternehmen haben sich in den letzten zwei Jahrzehnten ihren Platz in China erobert, jetzt kommt es darauf an, ihn zu verteidigen. In China geht es heute darum, sich auf einem hart umkämpften Markt zu behaupten, seine Marktanteile zu halten und weiter zu wachsen. Beim Kampf gegen die Produkt- und Markenpiraten geht es immer auch um den Erhalt des Status eines Unternehmens, um seine Anerkennung und um die Wahrung des Gesichtes. Deshalb müssen deutsche Unternehmen den Plagiatoren auch mit allen Mitteln Paroli bieten.

Professionalität und organisierte Kriminalität

Eines ist nicht zu übersehen: Die Qualität der Plagiate wird immer besser, und bei der Vermarktung der vermeintlichen Originale gehen die Fälscher immer professioneller vor. So sind die Gehäuse von Schweizer Uhren chinesischer Provenienz nicht mehr nur aus galvanisiertem oder vernickeltem Blech hergestellt, sondern häufig bereits aus solidem Stahl. Einfaches Standardglas ist kratzfestem Saphirglas gewichen, und im Uhrwerk ticken keine billigen Quarzwerke mehr, sondern gute mechanische Werke. Harry Potter, in China als „Ha-li Bo-te" bekannt, erfreut sich auch dort großer Beliebtheit. Schon zwei Wochen nach dem Erscheinen des Buches „Harry Potter and the Half-Blood Prince" machten massenhaft Raubkopien die Runde, die in Beijing für 20 RMB statt 178 RMB verkauft wurden. Die Fälschungen waren äußerlich nicht von den Bänden des Volksbuch-Verlages zu unterscheiden, der die Rechte für die chinesische Harry-Potter-Version erworben hat. Bei Markenkleidung macht sich der Unterschied zu den Originalen oft nur noch in Details wie Fehlern in der Waschanleitung oder an andersartigen Knöpfen bemerkbar. Deutlich sichtbar wird der Unterschied dann nach der ersten Wäsche.

Auch der Vertrieb nimmt immer raffiniertere Formen an. In Shanghai mieten die Markenbanditen in den Konferenzzentren von Fünfsternehotels einen Raum für kurzzeitige Basare, auf denen sie beispielsweise gefälschte Rolex-Uhren für 150 RMB verkaufen. Viele Touristen sind davon überzeugt, dass eine Luxusuhr, die in einem Luxushotel verkauft wird, einfach echt sein muss. Bevor die Polizei eintrifft, packen die fliegenden Händler ihre Tische zusammen und wechseln in ein anderes Hotel, in dem sie bereits einen Raum gebucht haben. Beim Versand verschicken die Fälscher die Produkte getrennt von den Labels. Bei der Entdeckung durch den Zoll können die Behörden den Absendern dann kaum etwas nachweisen. In der Logistik ähneln die Methoden und die Routenauswahl der Schmuggler gefälschter Waren oft denen der Drogenschmuggler.

Hinter den Fälscher- und Schmugglerstrukturen stecken immer häufiger organisierte Netzwerke, die Nachahmungen massenhaft und in einer Qualität erzeugen, die das Erkennen der Imitate selbst für die Originalhersteller schwer macht. Erfahrungsgemäß werden auf den Nachahmungen, vor allem bei Maschinen, Werkzeugen und Ersatzteilen, auch die entsprechenden Kennzeichnungen (TÜV, VDE, CE, GS, DIN usw.) der Originale angebracht. Selbst Garantieleistungen sind im Fälscherumfeld möglich.

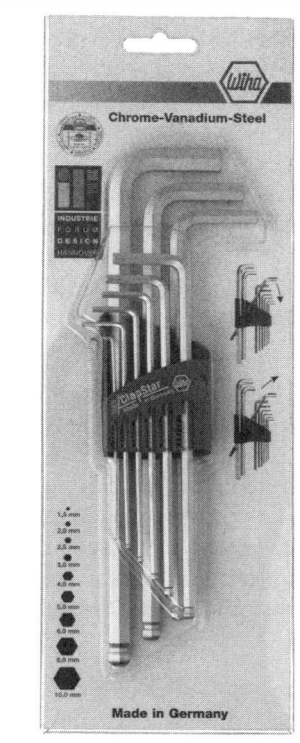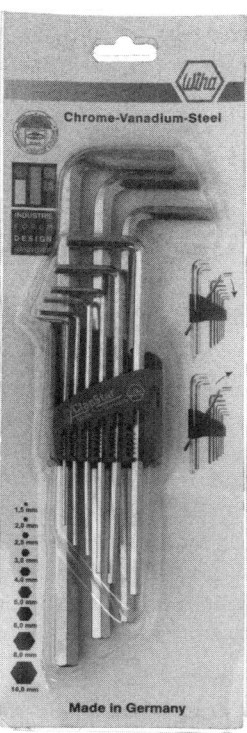

Original (links) und Fälschung (rechts) deutscher Werkzeuge mit TÜV-Zertifikat und Designsiegel. Foto: Wiha GmbH

Auf der chinesischen Webseite Tao Bao Wang (淘宝网) werden Kopien weltbekannter Markenarmbanduhren zum Spottpreis angeboten. Der Händler stammt aus Tianjin und gibt auf jede Armbanduhr ein Jahr Garantie. Die Uhr darf auch innerhalb von 30 Tagen zurückgegeben werden, falls der Kunde nicht zufrieden ist.

Dazu kommt eine clevere Preispolitik. Die Preise für ein Paar gefälschter Markenturnschuhe liegen beispielsweise oft nur zehn oder zwanzig Euro unter dem Ladenpreis der Originalmarke. Viele Verbraucher kommen deshalb gar nicht auf den Gedanken, dass sie eine Kopie erwerben. Beim Verkauf von Plagiaten über das Internet können die Preise der gefälschten Produkte sogar über dem Verkaufspreis der Originale liegen, wie die Porzellan-Manufaktur Meissen unlängst feststellen musste. Das Unternehmen mit den im Jahr 1722 kreierten gekreuzten blauen Schwertern als Markenzeichen entdeckte falsches Meissner, das teurer war als der echte Teller. Die Fälscher täuschten durch den überhöhten Preis Echtheit vor. Anders bei namenloser Massenware. So kostet eine echte Bremsscheibe von Citroën in China je nach Automodell zwischen 100 und 500 RMB, eine Fälschung aber nur 40 bis 50 RMB.

Aufgrund der stark gesunkenen Zollsätze in Folge des Beitritts zur Welthandelsorganisation (WTO), intensiver Verfolgung und hoher Strafen auf Drogendelikte werden die klassischen Formen organisierter Kriminalität für die Schmugglerbanden und Drogenhändler immer unattraktiver. So lässt sich mit einem Kilogramm Cannabis in Europa ein Gewinn von etwa 2.000 Euro erzielen, während mit einem Kilogramm raubkopierter CDs etwa 3.000 Euro zu verdienen sind.[6] Das organisierte Verbrechen orientiert sich deshalb neu und kann dabei auf seine bereits bestehenden umfangreichen Strukturen und weltweiten Vertriebskanäle zurückgreifen. Hohe Profite bei bislang vergleichsweise geringen Strafen und einer geringen Entdeckungswahrscheinlichkeit stellen einen zusätzlichen Anreiz dar, und die hohen Gewinne erlauben auch hohe Bestechungsgelder, ein in China wichtiger Faktor.

Die Produkt- und Markenpiraterie trägt oft die Handschrift der international organisierten Kriminalität. Es geht nicht mehr um fliegende Händler am Urlaubsstrand, sondern um international agierende Banden. So sprechen z. B. die Größe und Anzahl der Produktionsstätten, deren Organisation in Netzwerken und auch die durch die Produktpiraterie generierten Finanzströme[7] zweifellos für eine Dominanz länderübergreifend agierender, systematisch planender und aggressiv agierender Organisationen.[8] Der Einsatz modernster Techniken erleichtert dabei das Geschäft der organisierten Plagiatoren, da diese mittels Digitalkamera, Scanner, E-Mail und Internet die gefälschten Produkte, Verpackungen und Werbemittel immer einfacher und schneller herstellen und weltweit vertreiben können.

Beispiel Medikamentenfälscher: Eine global operierende Fälschermafia stellt falsche Arzneimittel mittlerweile am Fließband her und macht damit ein Multimilliarden-Dollar-Geschäft. Die Fertigungsmethoden sind dabei so vielfältig wie die Produktpalette. So werden in chinesischen Hinterhofküchen Kapseln mit Stärke abgefüllt, und in seriösen Fabriken pressen die Fälscher nachts heimlich ihre Pillen und verpacken sie in perfekt kopierte Kartons. Die angeblichen Medikamente enthalten nur selten, was später auf der Packung versprochen wird. Nur 5 % der Falsifikate sind perfekte Kopien, die sich höchstens in der Farbe unterscheiden, aber nicht im Inhalt. 19 % der Plagiate enthalten zu wenig Wirkstoffe, 60 % der gefälschten Medikamente sind Placebos – zum Beispiel Kreide, die gegen Malaria eingesetzt wird, was nicht selten tödlich endet. 16 % aller gefälschten Medikamente sind sogar vergiftet.[9]

Es gibt verschiedene Varianten von Arzneimittel-Fälschungen:

- Die perfekte Imitation eines Präparates mit denselben Wirkstoffen und identischer Verpackung. Unter medizinischen Gesichtspunkten besteht ein geringes Risiko, vorausgesetzt, die Präparate sind qualitativ einwandfrei.

- Fälschungen in der identischen Verpackung eines Markenzeichenproduktes. Der angegebene Wirkstoff ist meist noch enthalten, aber oft nicht in ausreichender

---

6   Combating counterfeit & piracy, The economic consequences, o. S.
7   Counterfeiting & Organised Crime, S. 6.
8   Kröger/Bausch: Produktpiraterie im Patentwesen, GRUR 1997, S. 322.
9   Diese Zahlen stammen von der Weltgesundheitsorganisation WHO und von Pharmaverbänden.

Menge und Qualität. Die Folgen sind eine mangelnde Wirkung und im Falle von Antibiotika Resistenzbildung bei Krankheitserregern.

- Ein Produkt sieht wie ein Arzneimittel aus, enthält aber keinen Wirkstoff. Die Krankheit wird weder geheilt, noch werden Schmerzen gelindert.

Gefälscht wird alles, was auf dem Pharmamarkt Geld bringt. Das sind in den Entwicklungsländern hauptsächlich Medikamente gegen Infektionskrankheiten wie Malaria, Tuberkulose und AIDS. In der jüngsten Vergangenheit rückte das Potenzmittel Viagra zu den am meisten gefälschten medizinischen Produkten auf. Das falsche Potenzmittel wird hauptsächlich über das Internet an Endkunden vertrieben. Das Einzige, was die falschen mit den echten Viagra-Tabletten gemeinsam haben, ist die Farbe Blau.

Erkenntnissen des kanadischen Geheimdienstes Canadian Security Intelligence Service (CSIS) zufolge sind organisierte Banden asiatischen Ursprungs in starkem Maße an der Massenproduktion und dem Vertrieb gefälschter Software und elektronischer Unterhaltungsmedien wie CDs und DVDs beteiligt. Weiterhin hat der Dienst festgestellt, dass führende chinesische Mitglieder dieser Banden mit der organisierten Kriminalität in Osteuropa, Ostindien und Nigeria auf dem Gebiet der Kreditkartenkriminalität kollaborieren. Die japanische Yakuza ist für den illegalen Großhandel mit gefälschten Produkten bekannt und bringt diese mittlerweile durch eigene Shops oder im Straßenhandel in ganz Japan auch direkt in Umlauf.[10]

Das amerikanische Federal Bureau of Investigation (FBI) berichtet, dass etwa 100 Gangs der italienischen Camorra in der Gegend um Neapel neben dem Drogen- und Waffenhandel und der Erpressung auch die Herstellung gefälschter Produkte kontrollieren.[11] Albanische Netzwerke agieren im belgischen Antwerpen, dessen Hafen sich zu einer der größten Drehscheiben für asiatische Fälschungen entwickelt hat.[12] Der ehemalige Chef der vietnamesischen Verbrecherbande „Born to Kill", der wegen Mordes lebenslänglich hinter Gittern sitzt, hat inzwischen zugegeben, in den späten 90er Jahren mit dem Verkauf gefälschter Rolex- und Cartier-Armbanduhren in New York´s Chinatown 13 Millionen US-Dollar verdient zu haben.

Gerade innerhalb Europas, aber auch in anderen Freihandelszonen, bereitet die internationale Zusammenarbeit der Produktpiraten den Schutzrechtsinhabern und den Behörden erhebliche Probleme. Die Ware wird zwischen mehreren, netzwerkartig miteinander verbundenen Handelsunternehmen verschoben, die oft nur reine Briefkastenfirmen sind. Falls gegen diese tatsächlich ein Durchsuchungs- oder Haftbefehl erlangt wird, sind die Unternehmen plötzlich verschwunden. Bei der nächsten Warencharge übernimmt eine andere Firma des Netzwerks ihre Funktion. Nicht selten dient die Vielzahl der Verkäufe auch der Geldwäsche, und die überwiesenen Beträge verlieren sich auf anonymen Offshorekonten. Diesem grenzüberschreitenden Zusammenspiel der Produktpiraten steht ein Inhaber von Schutzrechten ziemlich hilflos

---

10 Counterfeiting & Organised Crime, S. 16.
11 Italian organized crime.
12 Counterfeiting & Organised Crime, S. 15.

gegenüber, weil Lücken in den verschiedenen Gesetzgebungen und die Schwerfällig-keit der länderübergreifenden Ermittlungsorgane von den Produktpiraten skrupellos ausgenutzt werden.

Aus diesem Grunde arbeiten die privaten Ermittler und die Behörden zunehmend länderübergreifend zusammen. So haben die 25 Mitgliedstaaten der Europäischen Union in ihrer ersten gemeinsamen Zollaktion gegen Produkt- und Markenpiraten aus China im Mai 2005 innerhalb von zehn Tagen rund 140 Luftfracht-Sendungen und 60 Schiffscontainer mit mehr als zwei Millionen gefälschten Produkten sicher-gestellt, die zusammen ein Gewicht von fast 500.000 Kilogramm hatten. Im Hafen von Thessaloniki waren es fast 30.000 gefälschte Markenbatterien, im italienischen Gioia Tauro rund 60.000 kopierte Glühbirnen und im Hafen von Antwerpen mehrere hunderttausend Schachteln gefälschter Zigaretten. Dazu kamen an verschiedenen Orten Europas Tonnen gefälschter Kleidungsstücke, Mobiltelefone, Uhren, Sonnen-brillen und Medikamente wie Viagra.

Bei der Operation, die unter dem Codenamen „Fake" durchgeführt wurde, waren die Zollfahnder der Mitgliedstaaten zum ersten Mal untereinander vernetzt, und ihre Zusammenarbeit wurde von einem im Europäischen Amt für Betrugsbekämpfung (Olaf) eingerichteten Lagezentrum koordiniert. Bei der Aktion waren 250 Zollbeamte aus der gesamten Europäischen Union im Einsatz. Diese standen im direkten Informa-tionsaustausch mit der Leitstelle in Brüssel. Dort werteten Experten von Olaf und der EU-Kommission sowie Verbindungsbeamte aus den Mitgliedstaaten Zolldokumente aus, fragten Datenbanken der Mitgliedstaaten ab und steuerten die Kontrollen in den Flug- und Seehäfen.

Durch das vernetze Vorgehen geriet beispielsweise ein Schiffscontainer aus China mit dem Zielhafen Antwerpen ins Visier der Zollfahnder. Laut Frachtbrief, der den belgischen Hafenbehörden vorlag, handelte es sich bei der Ladung um Kunststoff-behälter aus China für einen Kunden in Polen. Alles schien korrekt zu sein. Die Fahnder schöpften aber Verdacht, weil die Fracht nicht in einem polnischen Hafen gelöscht, sondern von Antwerpen auf dem Landweg nach Polen transportiert werden sollte. Das Lagezentrum fand aufgrund von Abfragen in allen Mitgliedstaaten sofort heraus, dass der chinesische Absender den französischen Zollbehörden wegen Ziga-rettenschmuggels bekannt war. Die Rückmeldung führte in Antwerpen dazu, dass der Container geöffnet wurde. Die Zöllner fanden anstatt der deklarierten Kunst-stoffbehälter 8,7 Millionen gefälschte Marlboro-Zigaretten.

3. Die Folgen des Counterfeiting

Chronische Krankheiten haben oft nicht nur eine, sondern gleich mehrere Auswirkungen auf das Körpersystem des Menschen. Das Gleiche gilt für die Produkt- und Markenpiraterie. Counterfeiting hat im Wirtschaftssystem multiple Effekte. Es verletzt die Rechte von Herstellern, Verbrauchern und Regierungen und hat für Unternehmen, Käufer und die betroffenen Staaten mehrfache wirtschaftliche Folgen, die bei der Bewertung des Phänomens in ihrer Summe gesehen werden müssen.

Verlust von Geschäft und Arbeit

Die Schäden, die den westlichen Volkswirtschaften durch Counterfeiting entstehen, können nur vage geschätzt werden. Die kumulierten Zahlen, die von den mit Counterfeiting beschäftigten Organisationen veröffentlicht werden, sollten deshalb nur zur groben Orientierung verwendet werden. Auch die ständig größer werdenden Mengen der vom Zoll an den Grenzen beschlagnahmten gefälschten Produkte geben keine zuverlässigen Hinweise auf das tatsächliche Ausmaß und die Entwicklung der Produkt- und Markenpiraterie. Sie sind lediglich ein Indiz dafür, dass das Problembewusstsein bei den Behörden zugenommen hat und die Exekutive die Fälscher aufgrund der verschärften Gesetze intensiver verfolgt.

Die publizierten Zahlen zur Produkt- und Markenpiraterien verdeutlichen aber die gewaltige Dimension des Phänomens. So schätzt die World Customs Organization (WCO) den Anteil der gefälschten Waren am gesamten Welthandel auf 6 bis 9 %. Die Organisation für wirtschaftliche Zusammenarbeit und Entwicklung (OECD) ging bislang davon aus, dass das Volumen des Handels mit Plagiaten rund 7 % des Welthandels ausmacht, das entspricht Umsatzeinbußen für die Produzenten von weltweit etwa 600 Milliarden US-Dollar. Die Vereinigung zur Bekämpfung von Produktpiraterie (V.B.P.) geht sogar von einem Welthandelsanteil der Plagiate von 10 % aus. Das Weltwirtschaftsforum schätzte den Schaden auf insgesamt 450 Milliarden Euro, allein für die USA beziffert das FBI den Schaden, den Counterfeiter jährlich verursachen, auf 250 Milliarden US-Dollar.

Nach Angaben der EU-Kommission werden mit gefälschten Markenartikeln jährlich weltweit bereits 360 Milliarden Euro umgesetzt, allein an den Außengrenzen der EU hat der Zoll im Jahr 2004 rund 100 Millionen gefälschte Waren im Wert von einer Milliarde Euro abgefangen. Die Dunkelziffer soll jedoch bei etwa 400 Millionen Produkten liegen. Die EU-Statistiken des Jahres 2004 zeigen, dass die Zahl der an den Außengrenzen der EU beschlagnahmten nachgeahmten Produkte im Jahr 2004 gegenüber 1998 um fast 1.000 % gestiegen ist. Zwischen 2003 und 2004 verdoppelte sich die Zahl der Zolloperationen im Zusammenhang mit Fälschungen, sie beläuft sich nun auf über 22.000 jährlich. Es gibt weltweit keine einzige Industriebranche, die auch nur annähernd derart große Wachstumsraten verbucht. In China selbst soll das Counterfeiting ein Marktvolumen von rund 16 Milliarden US-Dollar haben, 15 bis 20 % aller in der Volksrepublik hergestellten Markenprodukte dürften gefälscht sein.

Auch die deutsche Volkswirtschaft ist von der Produkt- und Markenpiraterie massiv betroffen. Der Aktionskreis Deutsche Wirtschaft gegen Produkt- und Markenpiraterie (APM), der vom Deutschen Industrie- und Handelskammertag, dem Bundesverband der Deutschen Industrie und vom Markenverband gegründet wurde, schätzt den volkswirtschaftlichen Schaden durch Counterfeiting in der Bundesrepublik auf rund 29 Milliarden Euro jährlich und etwa 50.000 verlorene Arbeitsplätze. Der Verband der deutschen Maschinen- und Anlagenbauer (VDMA) hat in einer Umfrage unter 500 Mitgliedsunternehmen ermittelt, dass die Hälfte von ihnen von der Produktpiraterie betroffen ist und knapp 30 % von ihnen Umsatzrückgänge von 3 % und mehr verzeichnen. Und der deutsche Zoll stellte im Jahr 2004 nach Angaben des Bundesministeriums der Justiz (BMJ) gefälschte Waren, vor allem aus China, im Wert von 145 Millionen Euro sicher. Der Gesamtschaden wird in Deutschland laut BMJ bei 25 Milliarden Euro pro Jahr gesehen.

Schäden in einzelnen Branchen

Hinweise darauf, welche Dimensionen die wirtschaftlichen Folgen der Produkt- und Markenpiraterie heute haben, kommen auch von den diversen Branchenverbänden. Obwohl auch hier viele Zahlen nur grob geschätzt werden können und bei weiteren Analysen deshalb nur mit Einschränkungen verwendet werden sollten, geben sie doch deutliche Anhaltspunkte.

Software: Laut Piratenstatistik des Marktforschungsunternehmens IDC sind in der EU und weltweit rund 30 % der Softwareprodukte illegale Kopien, was der Softwarebranche im Jahre 2004 weltweit einen Schaden von 32,7 Milliarden US-Dollar zugefügt hat. Laut Branchenverband Business Software Alliance (BSA) ist in Deutschland im Jahr 2004 durch Softwarepiraterie ein Schaden von 1,8 Milliarden Euro entstanden. In China sind nach Schätzungen von Experten rund 95 % aller Softwareprogramme Raubkopien.

Computer: Weltweit ist jedes zehnte Computerprodukt gefälscht. Das geht aus einer gemeinsamen Studie der Wirtschaftsprüfungsgesellschaft KPMG und der Alliance for Grey Market and Counterfeit Abatement (AGMA) hervor, die auf Interviews mit Führungskräften der IT- und Elektro-Industrie basiert. Die Produktpiraterie beschere der IT-Branche Umsatzverluste in Höhe von rund 100 Milliarden US-Dollar pro Jahr, das sind rund 83 Milliarden Euro. Der Verlust, der durch die Beschädigung der Marken entsteht, kommt noch dazu.

Zigaretten: Die internationale Zigarettenindustrie schätzt, dass etwa 3 % des globalen Zigarettenhandels auf Fälschungen entfallen, das sind rund 150 Milliarden

Stück. 15 bis 30 % der Zigaretten, die in der Europäischen Union (EU) geraucht werden, stammen aus Schmuggelware. In ganz Deutschland wurden im Jahr 2004 insgesamt 418 Millionen Stück unversteuerte Zigaretten beschlagnahmt, davon allein 174 Millionen in Hamburg.

Medikamente: Nach Angaben der Weltgesundheitsorganisation (WHO) sind rund 8 bis 10 % aller Medikamente gefälscht – bestenfalls Imitate, meistens wirkungslose Attrappen oder schlimmstenfalls sogar Gift. Am häufigsten betroffen sind die Entwicklungsländer, hier wird rund ein Viertel der Medikamente illegal produziert. In manchen Ländern, beispielsweise in Nigeria, ist sogar jedes zweite Mittel falsche Ware. China und Südostasien sind vom Handel mit gefälschten Medikamenten ebenfalls stark betroffen. In China erwiesen sich im Jahre 1997 im Rahmen von Untersuchungen 10 % der getesteten Medikamente als minderwertig oder gefälscht, im Jahre 2001 starben in der Volksrepublik 190.000 Menschen, nachdem sie kopierte Medikamente eingenommen hatten. Jüngeren Schätzungen zufolge hat die globale Industrie der Arzneimittelfälscher einen Wert von 29 Milliarden Euro.

Filme und Musik: Berichten des internationalen Musik-Verbands zufolge sind mehr als ein Drittel aller weltweit erworbenen CDs Raubkopien, die zusammen einen Marktwert von insgesamt 4,6 Milliarden Euro haben. Nach Angaben der International Federation of the Phonographic Industry (IFPI) ist durch den florierenden Handel der Musikpiraten der Verkauf von Musik-CDs in einigen Ländern innerhalb nur weniger Jahre um bis zu 30 % zurückgegangen. Die Deutschen liegen weltweit auf Rang zwei hinter den USA, wenn es darum geht, sich illegal den neuesten Kino-Hit oder Musiktitel zu beschaffen. Etwa 94 % der Hollywood-Filme und 40 % der Filme aus deutscher Produktion stehen vor oder kurz nach Kinostart im Internet zur Verfügung, von wo sie illegal heruntergeladen werden können.

Autos und Autoteile: Die Motor & Equipment Manufacturers (MEMA) fand in einer Studie heraus, dass die Automobilindustrie pro Jahr weltweit 12 Milliarden US-Dollar an die Counterfeiter abgibt, was bislang in 750.000 verlorenen Arbeitsplätzen resultierte. Ermittler schätzen, dass ausländische Kfz-Firmen in China jährlich bis zu 25 Milliarden US-Dollar durch Imitationen aller Art verlieren. Die französische Polizei, die im Jahr 2005 gefälschte Autoersatzteile im Wert von 1,5 Millionen Euro beschlagnahmt hat, geht davon aus, dass bis zu 10 % aller in Europa verkauften Autoersatzteile falsch sind.

Mobiltelefone: Produktpiraterie und illegale Importe drücken zunehmend auf den chinesischen Handymarkt. Im Jahr 2004 soll sich die Zahl gesetzeswidrig verkaufter Mobilfunkgeräte in China auf 15 Millionen summiert haben, im Jahr 2005 war etwa jedes dritte in China verkaufte Handy illegal. Die Produktpiraten sollen 2004 mit gefälschten Markenhandys, illegalen Importen oder aufpolierten Second-Hand-Geräten ein Umsatzvolumen von 30 bis 50 Milliarden RMB, das sind drei bis fünf Milliarden Euro, erzielt haben.

Konsumgüter: Nach Angaben der World Customs Organization entsteht der europäischen Bekleidungs- und Schuhindustrie durch Fakes jedes Jahr ein Umsatzverlust in

Höhe von rund 7,5 Milliarden Euro, allein die europäische Kosmetikbranche verliert jährlich 2,5 Milliarden Euro an die Piraten. Mehr als 20 % der Kleidung, die in Italien verkauft wird, sind Fälschungen.

Wirtschaftskriminalität als Indikator

Eine Vorstellung von den Dimensionen des wirtschaftlichen Schadens, der durch Produkt- und Markenpiraterie entsteht, vermittelt auch die Studie Wirtschaftskriminalität 2005 der Wirtschaftsprüfungsgesellschaft PricewaterhouseCoopers (PWC). Danach sind in den Jahren 2003 und 2004 rund 46 % aller deutschen Unternehmen Opfer wirtschaftskrimineller Handlungen geworden. Die häufigsten Delikte waren Unterschlagung (29 %), Betrug (23 %) sowie Industriespionage und Produktpiraterie (13 %). Insgesamt beläuft sich der bezifferbare materielle Verlust durch Wirtschaftskriminalität bei den befragten deutschen Unternehmen in den Jahren 2003 und 2004 auf 622 Millionen Euro. In den Unternehmen entstand ein durchschnittlicher Schaden in Höhe von 3,4 Millionen Euro.

Das Risiko der Wirtschaftskriminalität steigt mit der Unternehmensgröße. Größere Unternehmen berichten weitaus häufiger über Wirtschaftsdelikte als kleine. Während in der Gruppe der Betriebe mit weniger als 200 Mitarbeitern die Quote betroffener Firmen bei 37 % liegt, sind in der Gruppe mit mehr als 5.000 Beschäftigten 62 % der Unternehmen von Wirtschaftskriminalität betroffen. Die Differenz ist einerseits darauf zurückzuführen, dass mit zunehmender Unternehmensgröße das Kriminalitätsrisiko steigt. Andererseits verfügen größere Unternehmen über bessere Kontrollmechanismen und decken so mehr Delikte auf. PWC schätzt, dass die Dunkelziffer der tatsächlich betroffenen Unternehmen deutlich höher liegt.

Bei 41 % der von Wirtschaftskriminalität betroffenen Unternehmen kommen zu den materiellen Verlusten immaterielle Verluste wie Imageschäden, Schwächung der Mitarbeitermotivation oder auch Beeinträchtigungen der Beziehungen zu Geschäftspartnern. Im Zusammenhang mit Korruptionsfällen berichteten fast 70 % der betroffenen Unternehmen von derartigen Folgeschäden. Während Fälle von Wirtschaftskriminalität bei fast jedem zweiten der kleineren Unternehmen auch immaterielle Schäden nach sich ziehen, sind diese nur für 39 % der Unternehmen mit mehr als 5.000 Mitarbeitern ein Problem.

Die Studie zeigt deutlich, dass die Täter meist aus den eigenen Reihen kommen. Gut die Hälfte der Delikte wird von Mitarbeitern begangen. 75 % der Wirtschaftskriminellen waren länger als zwei Jahre und 55 % sogar länger als fünf Jahre im Unternehmen beschäftigt. Viele Täter erkennen mit der Zeit Schwachstellen in der Unternehmensorganisation und nutzen sie aus. Zwei Drittel der Unternehmen haben ein mangelndes Werte- und Unrechtsbewusstsein und knapp 40 % einen zu aufwändigen Lebensstil des Täters festgestellt. Gleichzeitig räumten 42 % der geschädigten Unternehmen ein, nur über ungenügende interne Kontrollmechanismen zu verfügen.

Wirtschaftsdelikte werden oft nicht durch systematische Kontrollen, sondern durch Hinweise oder Zufälle bekannt. Weltweit spielt der Zufall bei 40 % aller aufgedeckten Straftaten eine tragende Rolle, in Deutschland werden sogar zwei Drittel aller Delikte zufällig entdeckt. Das heißt, dass viele Unternehmen ihre Kontroll- und Präventionskultur vernachlässigen. Interessant ist der Vergleich von Unternehmen mit niedrigen und hohen Kontrollstandards. So deckten 54 % der deutschen Unternehmen mit hohem Sicherheitsniveau ein Wirtschaftsdelikt auf, aber nur 41 % der Unternehmen mit schwächeren Vorkehrungen. Unternehmen mit starken Sicherungsmaßnahmen deckten Schäden in Höhe von durchschnittlich 5,9 Millionen Euro auf, bei schwach gesicherten Unternehmen waren es nur 1,5 Millionen Euro.

Unternehmen mit einem eher schwach ausgeprägten Kontroll- und Sicherheitssystem und einem niedrigen Kenntnisstand zu Kontroll- und Sicherheitsmaßnahmen erkannten nicht nur weniger Delikte, sie wurden auch häufiger Opfer von Wirtschaftskriminalität. Denn bei einem niedrigeren Entdeckungsrisiko ist der Anreiz zur Straftat für den potenziellen Täter höher. Damit droht den betroffenen Unternehmen der Eintritt in einen Teufelskreis trügerischer Sicherheit. Wegen des lückenhaften Kontrollsystems werden nur wenige Delikte aufgedeckt, der Täter fühlt sich sicher. Aus diesem fatalen Kreislauf kommen Unternehmen nur schwer wieder heraus.[1]

Folgen für Unternehmen

Produkt- und Markenpiraterie führt bei den betroffenen Unternehmen immer zu direkten Umsatzeinbußen. Die OBE GmbH aus Ispringen, ein mittelständischer Zulieferer der Optikindustrie, setzt sich seit dem Jahr 2000 gegen die chinesische Firma Kanghua Glasses erfolglos zur Wehr. OBE besitzt ein Patent für ein Verfahren zur Herstellung eines Federscharniers für eine Brillenfassung, das von den Chinesen im großen Stil verletzt wird. Für OBE bedeutet der sich hinziehende Prozess einen immensen wirtschaftlichen Schaden. In Chinas größtem Herstellergebiet, in Wenzhou, werden pro Tag etwa zwei Millionen Brillenfassungen hergestellt, das sind bei 300 Arbeitstagen etwa 600 Millionen Fassungen im Jahr. Die Hälfte davon sind mit einem Federscharnier ausgestattet. Mindestens ein Drittel davon verletzten das Stanz- und Prägetechnik-Patent von OBE. Insgesamt verliert das Ispringer Unternehmen wegen des chinesischen Produktpiraten rund 15 Millionen Euro pro Jahr, das sind 50 Prozent des jährlichen Gesamtumsatzes.

Der Umsatzverlust führt häufig zu einem immer größeren Verlust von Marktanteilen, weil Fälschungen den Absatz der Originalhersteller auf breiter Front untergraben. Die Fälscher treten als Wettbewerber auf den Markt, die das Angebot an Konkurrenzprodukten erhöhen und gleichzeitig die Nachfrage nach den Produkten des etablierten Herstellers senken. Sie etablieren einen neuen Billigmarkt, der den Absatzmarkt des Herstellers der Originalprodukte bei einer preiselastischen Nachfrage schrumpfen lässt. Dieser Effekt resultiert in einem Druck auf den Marktpreis für die Originale.

---

1 Nestler, C. und Salvenmoser, S. (2005): Wirtschaftskriminalität 2005.

Bei der Einschätzung der Höhe der direkten Umsatzverluste darf aber nicht übersehen werden, dass die gefundenen oder beschlagnahmten Plagiate in der Regel nur die Spitze eines Eisberges darstellen. Der tatsächliche Umsatzverlust ist um ein Vielfaches größer als der entdeckte.

Die China Anti-Counterfeiting Coalition berichtete in einer Studie, die in der amerikanischen Zeitschrift Authentication News zitiert wurde, von einer etablierten und bekannten Marke, die von chinesischen Piraten innerhalb von weniger als drei Jahren fast völlig übernommen wurde. Obwohl der Marktanteil der erfolgreichen Marke (Originale plus Fälschungen) in Beijing, der im August 1995 bei rund 43 % lag, zwischen August 1995 und April 1998 nur leicht sank, ging die Zahl der Lieferungen der Originalware nach Beijing in diesem Zeitraum dramatisch zurück. Im August/September 1996 hatte die Marke in ihrer Kategorie in Beijing zwar noch einen Marktanteil von 37 %, der Verkauf authentischer Produkte machte aber nur noch 12 % des gesamten Verkaufsvolumens aus. Das heißt, dass zwei Drittel der verkauften Ware gefälscht waren. Im April 1998 betrug der Marktanteil noch 30 %, der Anteil der originalen Produkte war aber auf weniger als 5 % abgesackt. Im Frühjahr 1998 waren also nur noch 17 % des Absatzes echt, mehr als 80 % der Ware waren gefälscht. Die Piraten hatten das Schiff geentert.[2]

Zum Verlust von Umsätzen und Marktanteilen kommt der Schaden, der durch die Erosion der Marke entsteht. Die Dimension dieser Schadenskategorie wird sichtbar, wenn man berücksichtigt, dass viele Unternehmen heute Markenwerte besitzen,

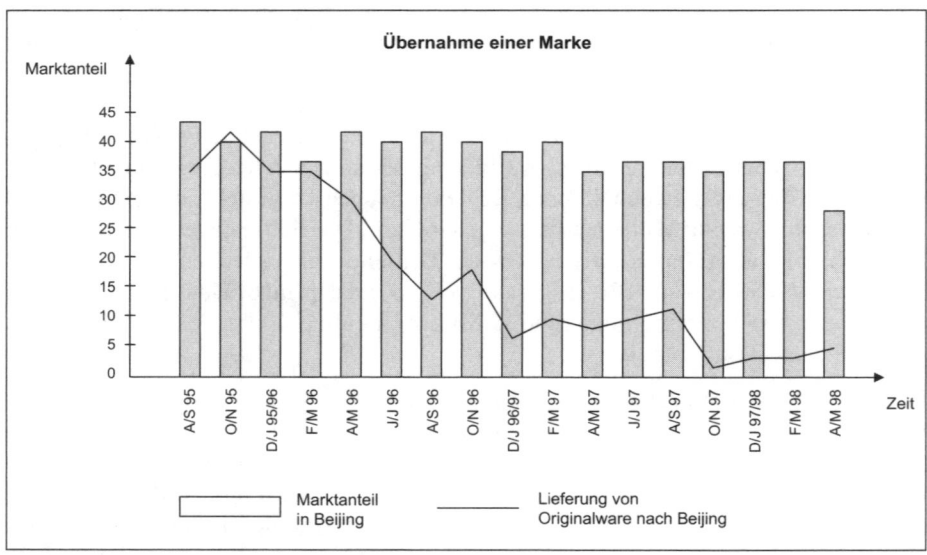

Übernahme einer Marke. Quelle: Counterfeiting Exposed

---

2   Counterfeit Exposed, S. 149.

Rang	Marke	Markenwert*		Rang	Marke	Markenwert*
6	Nokia	26.452		65	Chanel	4.778
10	Marlboro	21.189		67	Danone	4.513
15	Gillette	17.534		71	Adidas	4.033
18	Louis Vuitton	16.077		72	Rolex	3.906
30	Nike	10.114		80	Duracell	3.679
49	Gucci	6.619		81	Tiffany & Co	3.618
50	Nintendo	6.470		89	Cartier	3.050
52	L'Oréal	6.005		95	Armani	2.677
57	Wrigley's	5.543		96	Levi's	2.655
60	Colgate	5.186		98	Nivea	2.576

Wert ausgewählter Marken in 2005

* Markenwert in Millionen US-Dollar. Quelle: Interbrand's Annual Ranking of 100 of the Best Global Brands, 2005

die im zweistelligen Milliardenbereich liegen. So waren die Marke Louis Vuitton laut Interbrand im Jahr 2005 rund 16 Milliarden, Nike 10,1 Milliarden und Rolex 3,9 Milliarden US-Dollar wert. Diese drei Marken werden in China massiv kopiert. Unterstellt man aufgrund des anhaltenden Downtrading durch die massenhaften Fälschungen über einen Zeitraum von zehn Jahren einen Erosionsfaktor von 10 %, erhält man Reduktionen der Markenwerte in Höhe von drei- bis vierstelligen Millionenbeträgen. Wird der Erosionsfaktor höher angesetzt, verlieren die Marken durch die Verwässerung aufgrund von Produkt- und Markenpiraterie noch sehr viel mehr an Wert.

Unternehmen können auch dann materielle Verluste erleiden, wenn getäuschte und enttäuschte Käufer persönlich geschädigt werden oder unter massiven Qualitätsmängeln der Produkte leiden. In diesen Fällen können bei den Rechteinhabern Fälle von Garantieforderungen auftreten. Im Extremfall können auf den Hersteller der Originale sogar Produkthaftungsklagen von Verbrauchern zukommen, die durch mangelhafte gefälschte Produkte zu Schaden kamen. Diese Prozesse sind zum einen sehr kosten- und zeitintensiv, zum anderen haben sie eine imageschädigende Wirkung für das betroffene Unternehmen. Besonders weitreichende Fälle sind dann gegeben, wenn Käufer gefälschter Waren oder Nutzer von Dienstleistungen, die mit gefälschten Produkten in Zusammenhang stehen, gesundheitlichen Schaden nehmen oder sogar zu Tode kommen.

Schlechte Erfahrungen mit einem falschen Produkt wirken meistens auf den Ruf des originären Markenunternehmens zurück, obwohl dieses nicht für die Fälschung verantwortlich ist. Das Unternehmen wird in der Psyche des Kunden immer mit der Fälschung in einen engen Zusammenhang gebracht. Mit gefangen, mit gehangen, lautet das psychologische Prinzip. Der Vertrauensvorschuss, den der Käufer der authentischen Marke entgegenbringt, wird beschädigt, weil das Markenversprechen gebrochen wurde – wenn auch von einem anderen. Der Konsument erhält nicht das, wofür er bezahlt hat. Fälschungen zerstören also das Vertrauen des Konsumenten in Qualität und Performance der Marke. Einmal zerstört, ist es nur sehr schwer oder gar nicht mehr möglich, dieses Vertrauen wieder aufzubauen. Ein unangenehmer Beigeschmack bleibt auch deshalb bestehen, weil der rechtmäßige Markeninhaber die Fälschung nicht verhindert hat. Die Folge der gegenwärtigen Imageschädigung ist ein zukünftiger Umsatzverlust.

Bei der Strategie der globalen Integration, bei der Teile der Wertschöpfungskette nach China verlagert werden, um von dort aus Vorleistungen für dritte Märkte zu erbringen, wirken sich Fälschungen besonders verheerend aus. Ein kerngesundes deutsches Unternehmen mit hervorragenden Produkten könnte sich bei der Verlagerung von Wertschöpfungsstufen nach China dort gleichsam mit dem Fälschungsvirus infizieren und ihn über den Export in Drittländer verschleppen. Auch kommt der Produkt- und Unternehmensmarke bei der Erschließung neuer Auslandsmärkte oft eine Schlüsselrolle zu, weil sie die Türen zu diesen Märkten öffnet. Agfa, Aspirin, Osram – es waren die Marken, die vielen deutschen Produkten in den vergangenen Jahrzehnten neue Märkte in Übersee geöffnet haben. Umso größer ist der Schaden, den chinesische Piraten in diesen Drittmärkten anrichten können, beispielsweise durch die Einschleusung gefälschter Teile in den Fertigungsprozess in China, durch qualitativ minderwertige Imitationen der Endprodukte oder durch die Verwässerung einer starken Marke aufgrund zu vieler Plagiate. Der Kampf um das geistige Eigentum wird dann auf weiteren Schlachtfeldern ausgetragen, der Schaden kann sich vervielfachen. Produkt- und Markenpiraterie hat bei der Strategie der globalen Integration also ein besonders großes Schadenspotenzial, weil sie das Problem in die internationalen Märkte trägt.

Folgen für Konsumenten

Auch die Käufer können durch gefälschte Produkte massiv geschädigt werden. Das Spektrum reicht von der Blamage eines getäuschten Käufers in seinem sozialen Umfeld bis zur Gefährdung von Gesundheit und Leben. Selbst Todesfälle als direkte Folge von Produkt- und Markenpiraterie sind keine Seltenheit. Einer der tragischsten Unfälle im Zusammenhang mit gefälschten Ersatzteilen ereignete sich am 8. September 1989, als eine Convair 580 auf dem Weg von Oslo nach Hamburg in über 8.000 Metern Höhe über der Nordsee das Heck verlor und alle 55 Insassen ums Leben kamen. Die norwegischen Ermittler kamen zu dem Ergebnis, dass das Heck der Maschine wegen der minderwertigen Qualität gefälschter Bolzen und Halterungen wegbrach. Gefälscht waren auch jene Ersatzteile, die am 12. November 2001 zum Absturz des American-Airlines-Fluges 587 über New York führten. 265 Passagiere fanden den Tod. Die Komponenten waren von einer Handelsgesellschaft in Rom bezogen worden, die auch eine Reihe europäischer Airlines versorgt haben dürfte.

Todesfälle, die als Folge von Produkt- und Markenpiraterie auftreten, sind in China an der Tagesordnung. Experten schätzen, dass in der Volksrepublik jedes Jahr 150.000 bis 200.000 Menschen durch falsche Medikamente zu Tode kommen. In der Provinz Anhui, einer der ärmsten Regionen Chinas, starben nach einem Bericht der Beijinger Jugendzeitung 13 Säuglinge, 171 weitere erkrankten. Die Volkszeitung sprach auf ihrer Webseite sogar von mehr als 50 Opfern. Die Babys verhungerten, weil sie mit gefälschtem Milchpulver gefüttert worden waren, in dem sich so gut wie keine Proteine und Mineralien befanden. Das tödliche Pulver wurde hauptsächlich in der Umgebung der Stadt Fuyang verkauft, in der rund neun Millionen Menschen leben. In der Provinz Hunan starben 20 Personen nach der Einnahme gefälschter Kapseln gegen Rheuma und Knochenschmerzen, Arthritis oder Asthma. Die Kapseln enthielten Essigsäurekiefer, Aminophylline, pulverisierte Schlaftabletten, Codein, Hormone und Anästhesiesubstanzen. Die falschen Medikamente, die aus den Regionen Sichuan, Shandong und Henan stammten, wurden per Post verkauft.

Gefälschte Impfstoffe, die über korrupte Großhändler an Krankenhäuser geliefert werden, führen in China bei den geimpften Personen immer wieder zu schweren Erkrankungen. Als die Lungenseuche SARS umging, wurden in China massenhaft gefälschte Gesichtsmasken verkauft, die mit Konfetti und Staub gefüllt waren. Selbst falsche Akkus können Menschen verletzen. In der finnischen Stadt Lahti bei Helsinki wurde eine 24-jährige Frau durch ein explodierendes Mobiltelefon so schwer verletzt, dass sie in ein Krankenhaus eingeliefert werden musste. Einem Bericht der finnischen Zeitung Ilta-Sanomat zufolge hat es sich um ein hochwertiges Handy der Marke Nokia gehandelt, das mit einem gefälschten Akku bestückt war. In der Folge des Vorfalls hat Nokia seine Maßnahmen gegen das Counterfeiting verschärft und im vergangenen Jahr Strafanzeige gegen einen Stuttgarter Großhändler gestellt, der Akku-Plagiate nach Belgien vertrieben hat, die beim Überhitzungstest durch belgische Warenprüfer explodierten.

Schwere gesundheitliche Folgeschäden werden beim Konsum falscher Zigaretten vermutet. Nach britischen Untersuchungen weisen Zigarettenimitate 75 % mehr Teer auf, als auf den Packungen angegeben wird, das erzeugte Kohlenmonoxid ist oft um 60 % erhöht. Manchmal enthalten falsche Markenzigaretten sogar Pestizide. Auch Spirituosen können gefährlich sein: In Manchester fand man Wodka, der zu Blindheit führen kann. Hochwertige Markenspirituosen waren schon immer im Blick krimineller Händler. Das Spektrum der Straftaten reicht hier von der einfachen Markenvertauschung in Bars bis hin zur organisierten Produktfälschung.

Ein Gesundheitsrisiko gibt es beim Tragen von Textilien und der Verwendung von Parfüm, die mit Allergien auslösenden Stoffen behandelt wurden. So manches Sportschuhimitat verströmt einen penetranten Klebstoff- und Lösungsmittelgeruch, und auch Spielzeuge sind oft mit verbotenen Stoffen behandelt. Sie enthalten giftige Chemikalien, Bleichmittel, Fasern oder bleihaltige Farben, die bei den Kindern Allergien und Hautreizungen hervorrufen können. Nicht minder gefährlich sind imitierte Autoersatzteile oder Tuningteile. Plagiate von Bremsen, die versagen, führen zu schweren Unfällen mit Personenschäden, und bei Windschutzscheiben fehlt das Sicherheitsglas.

Selbst platzende Flaschen verletzen Menschen. In China werden jedes Jahr etwa 250 Personen mit Verletzungen ins Krankenhaus gebracht, die durch explodierende Bierflaschen mit gefälschtem Bier entstehen.

So gut wie immer leiden Käufer von Fakes an der verminderten Qualität der gekauften Produkte. Der Trageriemen einer falschen Louis-Vuitton-Damenhandtasche ist schon nach wenigen Tagen abgerissen, die Nähte der nachgemachten Levi's 501 platzen auf, das falsche Polo-Hemd hat nach der ersten Wäsche seine Farbe verloren. Dass chinesische Plagiate von Markenuhren oft schon nach kurzer Zeit den Betrieb einstellen, hat sich unter den Touristen inzwischen herumgesprochen. Vor kurzem warnte der Kugellagerhersteller INA/FAG per Pressemitteilung vor minderwertigen Imitaten aus so genannten fliegenden Fabriken, die permanent ihren Standort wechseln, um nicht entdeckt zu werden. Die Laufbahnen der Kugellager seien nicht gehärtet, der Korrosionsschutz fehle, und statt Spezialstahl werde nur Standardstahl verwendet. Wenn ein Käufer Nachahmungen oder Raubkopien abseits der legalen Vertriebswege erwirbt, hat er grundsätzlich keine Gewährleistungsansprüche, keinen Kundendienst und auch keine wirksame Möglichkeit, bei Bedarf Schadensersatz geltend zu machen.

Darüber hinaus setzen sich die Käufer in Europa zunehmend der Gefahr aus, strafrechtlich verfolgt zu werden. Denn die Verfolgung durch die Behörden trifft neuerdings nicht nur die Hersteller und Händler von Plagiaten, sondern auch die Konsumenten. Im italienischen Riviera-Städtchen Ventimiglia wurde im vergangenen Jahr ein Exempel an einer 60-jährigen Dänin statuiert, die sich eine gefälschte Dior-Sonnenbrille zugelegt hatte. Die Polizei bestrafte die Frau mit einem Bußgeld in Höhe von 10.000 Euro. Nachdem sie 3.333 Euro bar bezahlt hatte, durfte sie gehen – ohne die Sonnenbrille. Die italienischen Behörden stützten sich auf einen Regierungserlass zur Bekämpfung des illegalen Handels mit gefälschten Markenartikeln, der im Jahre 2004 zum ersten Mal angewendet wurde.

Dabei ist die Rechtslage international nicht einheitlich. In Deutschland wird die Produkt- und Markenpiraterie grundsätzlich als zivilrechtlicher Delikt gesehen. Wird sie gewerbsmäßig betrieben, avanciert sie zum Offizialdelikt. Ein Käufer von Plagiaten rutscht schnell in die Gewerbsmäßigkeit, wenn er gefälschte Ware für Freunde mitnimmt und sie sich bezahlen lässt. Größere Mengen von Raubkopien werden den Urlaubern vom Zoll rigoros abgenommen. Die Beamten gehen dann davon aus, dass der Reisende sie weiterverkaufen oder verschenken will. Ein paar gefälschte Jeans, die ganz offensichtlich für den Privatgebrauch bestimmt sind, gehen am Zoll noch durch. Bei fünf gefälschten Uhren plus dutzenden T-Shirts und Hemden in unterschiedlichen Größen gibt es jedoch keine Straffreiheit mehr. Auf das Inverkehrbringen von markenverletzender Ware stehen in Deutschland maximal fünf Jahre Haft und hohe Geldstrafen, abhängig von Mengen und Wiederholungstaten. Außerdem kann das Unternehmen, dessen Markenrechte verletzt wurden, Schadenersatzansprüche geltend machen.

Was für die vom Counterfeiting betroffenen Unternehmen die Beschädigung des Images ist, das ist für den getäuschten Konsumenten die Blamage im sozialen Umfeld. Denn wer sich eine Rolex, einen Montblanc-Füller oder eine Handtasche von Louis Vuitton leistet, befriedigt mehr als nur das materielle Bedürfnis nach einem guten Produkt. Der Konsument leistet sich etwas Besonderes, das ihn aus der Masse heraushebt. Der Wert dieses Besonderen liegt nicht in der Funktionalität des gekauften Produkts, sondern im psychologischen oder sozialen Mehrwert einer Aufwertung des Käufers. Das Besondere der Marke überträgt sich auf den Konsumenten. Wird das Produkt jedoch als Fälschung erkannt, bricht diese Aufwertung der Person zusammen. In China verliert der Käufer sein Gesicht – gegenüber sich selbst und gegenüber seinem sozialen Umfeld.

Schaden für Staaten

Die volkswirtschaftlichen und sozialen Folgen des Counterfeiting, unter denen die betroffenen Staaten zu leiden haben, sind weniger offensichtlich als die Auswirkungen der Produkt- und Markenpiraterie auf Unternehmen und Verbraucher. Grundsätzlich können vier Konsequenzen für Volkswirtschaften unterschieden werden.

1. Produkt- und Markenpiraterie führt in den betroffenen Staaten notwendig zu massiven Zoll- und Steuerausfällen, weil die Herstellung von Fälschungen und der Handel mit ihnen nicht erfasst werden. Counterfeiting ist immer Schattenwirtschaft. Fälscherarbeit ist Schwarzarbeit, und der Handel mit Fakes ist ein Handel unter dem Ladentisch. Im Counterfeiting gibt es weder Rechnungen noch Bilanzen. Bezahlt wird grundsätzlich in bar – auch in großen Geldmengen, die der Händler dem Plagiator in einem chinesischen Hotelzimmer im Karton übergibt. Die Dimension dieser Zoll- und Steuerverluste wird erkennbar, wenn man bedenkt, dass ein einzelner im Hafen von Antwerpen gelöschter Container mit mehr als acht Millionen gefälschten Zigaretten in Europa zu einem Ausfall von Zöllen und Steuern in Höhe von etwa 1,3 Millionen Euro führt und dass etwa 5 bis 7 % des Welthandelsvolumens auf das Konto der Produkt- und Markenpiraten gehen. Allein die Stadt New York schätzt ihre Steuerausfälle, die ihr durch die Produkt- und Markenpiraterie entstehen, auf jährlich 500 Millionen US-Dollar.

2. Counterfeiting vernichtet in der industriellen Fertigung und im Handel der betroffenen Länder qualitativ hochwertige, d. h. auf einer guten Ausbildung basierende, sozialversicherte und besteuerte Arbeitsplätze. Das gilt für die Hersteller- und die Käuferländer gleichermaßen. So sind die Arbeitsbedingungen für das Personal von Fälscherfabriken in China in der Regel katastrophal. Arbeitsverträge gibt es ebenso wenig wie eine Sozialversicherung oder einen Arbeits- und Gesundheitsschutz. In den Fabriken ist die Raumtemperatur extrem hoch, weil die Maschinen aus Platzmangel sehr eng stehen, und Ventilatoren fehlen oft völlig. Allergien, Atemprobleme und Asthma sind bei den Arbeitern mehr Regel als Ausnahme. Die Arbeitsbedingungen sind in vielen Fällen nicht nur gesundheitsschädlich, sondern geradezu lebensgefährlich. Die Löhne, die meistens an den produzierten Mengen hängen, liegen weit unter den vorgeschriebenen Mindestlöhnen, weil

sich die Billigprodukte anders gar nicht herstellen lassen. In den Käuferländern werden hochwertige Arbeitsplätze vernichtet, weil den Unternehmen der Absatz ihrer Markenprodukte und damit der Umsatz einbricht. Allein in Deutschland sollen nach Schätzungen des Bundesministeriums der Justiz aufgrund von Produkt- und Markenpiraterie jährlich rund 50.000 Arbeitsplätze verloren gehen. In der Europäischen Union sollen ca. 200.000, in ganz Europa 300.000 Arbeitsplätze vom Counterfeiting betroffen sein.

3. Produkt- und Markenpiraterie, die in vielen Fällen mit Korruption und dem Versagen staatlicher Organe verbunden ist, resultiert in einer Kriminalisierung der Wirtschaft und einem Vertrauensverlust bei der Bevölkerung. Sie stellt deshalb eine echte Bedrohung für die öffentliche Ordnung dar. Das Vertrauen der Menschen in die Institutionen eines Staates geht verloren, fehlendes Vertrauen in das System führt zu Politikverdrossenheit und zu einer Ausweitung der Wirtschaftskriminalität. Dazu kommt, dass Counterfeiting die Möglichkeit schafft, Gelder aus anderen illegalen Geschäften (Waffen, Drogen) ohne großes Risiko in den Wirtschaftskreislauf zurückzuschleusen und zu waschen. Es geht beim Anti-Counterfeiting also immer auch um die öffentliche Ordnung, um Sicherheit und eine verantwortungsvolle Regierungsführung. Die Durchsetzung der Rechte an geistigem Eigentum ist ein Indikator für die internationale Glaubwürdigkeit und die Achtung der Rechtsstaatlichkeit.

4. Schließlich führt das Counterfeiting bei Staaten, die das Problem nicht angemessen bekämpfen, zu einem Verlust an internationaler Reputation. In der Folge bleiben ausländische Investitionen aus. Ausländische Produzenten bekannter Marken und hochwertiger wissensintensiver Produkte investieren nur zögerlich in die Produktion vor Ort, weil der Schutz ihres geistigen Eigentums in dem betroffenen Land nicht sichergestellt ist. Dadurch verliert das Land nicht nur Geld, sondern auch ausländisches Know-how, das zunehmend ausbleibt. Die chinesische Staat ist von dieser Folge des Counterfeiting besonders bedroht.

Fasst man diese Schadensparameter in einer Grafik zusammen, dann wird deutlich, dass verschiedene Fälschungskategorien unterschiedliche Schadensschwerpunkte haben. So bedrohen gefälschte Medikamente in einem hohen Maße die Gesundheit der Konsumenten und schädigen den Umsatz und den Ruf des betroffenen Herstellers, bedrohen in der Volkswirtschaft aber nur wenige hochwertige Arbeitplätze. Ganz anders bei der massenhaften Fälschung von Markenbekleidung. Hier gehen relativ viele Arbeitsplätze verloren, während sich der Schaden für die Verbraucher in engen Grenzen hält. Bei falschen Zigaretten ist der gesundheitliche Schaden des Konsumenten wiederum groß, der Hersteller leidet an Umsatzverlusten und der Beschädigung der Marke, und dem Staat entgehen massiv Zölle und Steuern.

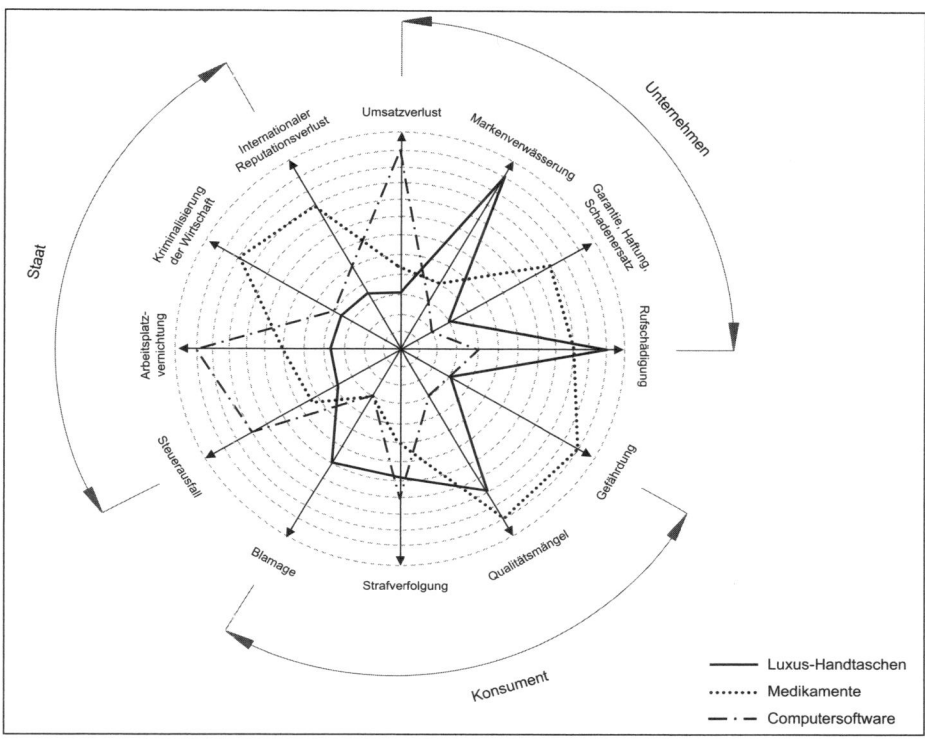

Schadensparameter zum Vergleich der Auswirkungen der Produkt- und Markenpiraterie auf betroffene Unternehmen, Konsumenten und Staaten. Copyright: CHINA-BRAND

Verlust der Zukunft

Beijing fürchtet vor allem anderen die Beschädigung seiner internationalen Reputation. Im Jahr 2004 hat China ausländische Direktinvestitionen (Foreign Direct Investments, FDI) in Höhe von rund 61 Milliarden US-Dollar erhalten, die kumulierte Investitionssumme ausländischer Unternehmen betrug damit fast 540 Milliarden US-Dollar. Im vergangenen Jahr zeichnete sich aber erstmals ein leichter Rückgang der internationalen Investitionstätigkeit ab. In den ersten acht Monaten des Jahres 2005 hat die chinesische Regierung rund 28.000 Unternehmen mit einer ausländischen Kapitalbeteiligung die Genehmigung zur Gründung erteilt, das sind 1 % weniger als im gleichen Zeitraum des Vorjahres. Das real eingesetzte Kapital ist sogar um rund 3 % auf 38 Milliarden US-Dollar gesunken.

Ein kleines, aber ernst zu nehmendes Zeichen? Gehen die ausländischen Investitionen nicht eher aufgrund der restriktiven Geldpolitik Beijings zurück? Um die überhitzte Volkswirtschaft abzukühlen, tritt die chinesische Regierung seit einiger Zeit auf die geldpolitische Bremse und versucht, über eine reduzierte Kreditvergabe die zu Überkapazitäten führenden Investitionen zu verringern. Die jüngste Studie der amerikanischen Handelskammer in Beijing zeigt dagegen deutlich, dass auch das ausufernde Counterfeiting für die US-Unternehmen zu einem zentralen Faktor bei der Entscheidung über ihre Investitionen in China geworden ist. 35% der befragten Manager gaben an, durch Produkt- und Markenpiraterie gezwungen zu sein, die Investitionen in das Land zu verlangsamen, zurückzuführen oder eine Reduzierung in Betracht zu ziehen. Unter den amerikanischen Unternehmen der Hochtechnologie liegt dieser Anteil sogar bei 45%. Der Schaden durch Counterfeiting wird dabei weniger im chinesischen Binnenmarkt gesehen, sondern in den Exportmärkten. Etwa die Hälfte der befragten Unternehmen erkennen nur minimale Auswirkungen, wenn die chinesischen Fälschungen innerhalb des Landes bleiben. Sobald die gefälschten Produkte aber über Asien hinaus exportiert werden, berichten 50% der betroffenen Firmen über einen erheblichen Schaden für die weltweiten Geschäfte.

Entsprechend groß ist der Druck auf die chinesische Regierung, zu handeln. Die Volksrepublik China braucht die ausländischen Investitionen, weil die Entwicklung des Landes zum großen Teil von ihnen getragen wird. Ein Drittel des chinesischen Bruttosozialprodukts geht auf Investitionen von Ausländern zurück. Das chinesische Wachstum der letzten Jahre resultierte aus der Zunahme der Anlageinvestitionen, dem Wachstum des inländischen Marktes und den steigenden Exporten von Industriegütern. Bei allen drei Wachstumsträgern spielen ausländische Unternehmen eine herausragende Rolle. Sie bringen Kapital, technisches Know-how, Managementerfahrung und Marketingwissen ins Land. Dadurch erhöht sich in China das Niveau von Forschung und Entwicklung, werden Fachkräfte ausgebildet und qualifiziert sowie Arbeitsplätze geschaffen.

Die chinesische Regierung weiß, dass die mit ausländischem Kapital finanzierten Unternehmen eine entscheidende Triebkraft der wirtschaftlichen Entwicklung des Landes sind. Sie weiß auch, dass das Land immer mehr Investitionen benötigt, um das bislang erreichte wirtschaftliche Wachstum aufrechterhalten zu können, weil die Effizienz von Investitionen in China abnimmt. Der so genannte marginale Kapitalkoeffizient oder die Incremental Capital-Output Ratio (ICOR), das Verhältnis zwischen Kapitalinput und wirtschaftlichem Output, hat sich im Reich der Mitte in den letzten Jahren deutlich verschlechtert. Um pro Jahr einen zusätzlichen US-Dollar an Output zu generieren, musste China in den 80er Jahren des vergangenen Jahrhunderts im Schnitt zwei, in den 90er Jahren drei zusätzliche US-Dollar in die Wirtschaft pumpen. Zwischen den Jahren 2001 und 2003 hat die Volksrepublik durchschnittlich 40,5% ihres Bruttosozialproduktes investiert und dabei ein Wachstum von 8% erreicht, was einem ICOR von fünf entspricht.

Die Effizienz der Investitionen ist in China seit Mitte der 90er Jahre also drastisch gesunken, während Indien aufgeholt hat. Es wäre für die Volksrepublik China deshalb fatal, wenn ausländische Unternehmen nicht mehr in einem ausreichenden Umfang in die zukunftsträchtigen Bereiche investieren würden, weil sie den Verlust ihres wertvollen Know-hows fürchten. Die chinesische Regierung weiß auch, dass Kapital heute ausgesprochen mobil ist und dass im internationalen Standortwettbewerb andere Staaten mit Nachdruck um Investoren buhlen, beispielsweise das erwachende Indien oder die aufstrebenden Länder Osteuropas.

Exportabhängiges Deutschland

Welchen Folgen hat die ausufernde Produkt- und Markenpiraterie für Deutschland? Die deutsche Exportabhängigkeit, definiert als Anteil des Exports am Bruttoinlandsprodukt, ist von 35,7 % im Jahr 2004 auf 39,4 % im 1. Quartal 2005 gestiegen und nimmt weiter zu. Auch der Außenhandelsüberschuss der Bundesrepublik strebt ständig auf neue Rekordmarken zu. Nach 130 Milliarden Euro im Jahr 2003 lag der Überschuss im Jahr 2004 bei 155,6 Milliarden Euro. Das war der höchste Wert, den Deutschland jemals erreicht hat. Und der Exporthöhenflug setzt sich fort. Im Jahr 2005 schloss die deutsche Außenhandelsbilanz mit einem Überschuss von etwa 160 Milliarden Euro ab, im Jahr 2006 werden es mehr als 170 Milliarden sein.

Das bedeutet, dass die Abhängigkeit der Deutschen von ihren Ausfuhren erheblich höher ist als die aller vergleichbaren Industrieländer. Deutschland führt mehr Güter aus als jedes andere Land, rund 10 % des Weltmarktes werden derzeit aus der Bundesrepublik beliefert. Damit ist Deutschland die einzige der westlichen Industrienationen, die in den letzten fünf Jahren ihren Weltmarktanteil erfolgreich verteidigen konnte. Die Bundesrepublik ist – gemessen an ihrer Einwohnerzahl – außergewöhnlich stark exportabhängig.

Die wichtigsten Exportbranchen Deutschlands sind nach wie vor der Fahrzeug- und Maschinenbau, die Chemie und die Elektrotechnik. Auch im Maschinenbau wird erwartet, dass die Exporte weiter wachsen. Die Exportquote der stahl- und metallverarbeitenden Industrie Deutschlands liegt bei gut 30 %. Deutschland war 2004 das zweite Jahr in Folge Exportweltmeister bei chemischen Produkten, deren Ausfuhren einen Wert von 99,4 Milliarden Euro erreichten. Aufgrund kräftiger Impulse aus Asien, den USA sowie Osteuropa entwickelt sich der Weltmarkt für elektrotechnische und elektronische Erzeugnisse deutlich kräftiger als die durchschnittliche Weltproduktion. Auch die deutschen Elektro-Exporte haben sich gut entwickelt, sie sind 2004 um mehr als 15 % auf 131 Milliarden Euro angestiegen. Die deutsche Pharma-Industrie, eine stark internationalisierte Branche, konnte im vergangenen Jahr ein Exportvolumen realisieren, das mehr als der Hälfte der Umsätze entspricht.

Die deutsche optische, medizinische und mechatronische Industrie ist eine Hochtechnologie-Branche mit einem Exportanteil von über 50 %. In der deutschen Ernährungsindustrie bleiben die Ausfuhren ebenfalls der Wachstumsmotor. 2004 erreichten sie einen Wert von 27,7 Milliarden Euro und damit einen Anteil von über 20 % am Gesamtumsatz der Branche. In der deutschen Möbelindustrie erreichten die Ausfuhren im Jahre 2004 einen Wert von insgesamt 5,3 Milliarden Euro. Hauptimportregion bleibt Osteuropa, zunehmende Konkurrenz droht dagegen aus Asien. Die Einfuhren von Möbeln aus China steigen um bis zu 40 % pro Jahr. Die deutsche Textil- und Modeindustrie verstärkt kontinuierlich ihre Auslandsaktivitäten. Dadurch konnte die Exportquote kontinuierlich gesteigert werden und liegt inzwischen im Textilbereich bei knapp 40 % und bei Bekleidung bei 32 %.

Auch die Wirtschaftsbereiche, die wenig exportieren, hängen in beachtlichem Umfang von der Ausfuhr ab. So stellen beispielsweise die Energiebranche, der Handel, der Verkehr und andere Dienstleistungsbereiche Vorleistungen bereit, die von vielen Bereichen im Produktionsprozess eingesetzt werden und dadurch mittelbar auch zur Befriedigung der Auslandsnachfrage beitragen. Dazu kommen andere Produkte, beispielsweise aus der Landwirtschaft oder der Metallerzeugung, die erst nach einer weiteren Verarbeitung in Form von Nahrungsmitteln oder Investitionsgütern exportiert werden. Am stärksten von der Exportwirtschaft abhängig sind die zum verarbeitenden Gewerbe gehörenden traditionellen Investitionsgüter- und Vorleistungsgüterbereiche.

Aufgrund der unterschiedlichen Wachstumsraten in den Weltregionen verändern sich die Zielmärkte des deutschen Außenhandels. So werden die zehn neuen Mitgliedsländer der Europäischen Union als Absatzmarkt für deutsche Exporte zum ersten Mal wichtiger als die USA. Neben der Russischen Föderation entwickeln sich vor allem Rumänien und Bulgarien, die Türkei und die Ukraine besonders dynamisch. Das größte Exportwachstum kommt jedoch aus den ölreichen Ländern des Nahen und Mittleren Ostens. Für diese Region werden Steigerungsraten von rund 10 % im Jahr 2006 erwartet. Für die Länder der asiatisch-pazifischen Region rechnen die deutschen Außenhandelskammern mit einem Exportplus von 8 bis 10 %. China wächst am schnellsten und wird bis zum Jahr 2010 der wichtigste Abnehmer deutscher Ausfuhren werden.

Der Export von Waren und Dienstleistungen hat sich auch bei einer ungünstigen Weltkonjunktur als Stütze der Beschäftigung in Deutschland erwiesen. Fast jeder dritte Arbeitsplatz hängt in Deutschland direkt oder indirekt von der Ausfuhr ab. Die direkte Exportabhängigkeit der Beschäftigung hat in den meisten Produktionsbereichen zugenommen. Die stärkste Zunahme verzeichnen die Tabakerzeugnisse, die Textilien, der Papier-, Karton- und Pappebereich, die Büromaschinen und Datenverarbeitungsgeräte sowie der Bereich Nachrichtentechnik, Rundfunk- und Fernsehgeräte. Bei einem Viertel der exportstarken Produktionsbereiche sind Produktion und Beschäftigung sogar zu mehr als der Hälfte von der Waren- und Dienstleistungsausfuhr abhängig.

Die exportierende Investitionsgüterindustrie zieht durch ihre hohe Vorleistungsintensität andere Produktionsbereiche in Deutschland mit. Das gilt in zunehmendem Maße auch für die mit der Industrieproduktion verflochtenen Dienstleistungen. Besonders augenfällig sind die hohen mittelbaren Ausfuhreffekte bei den unternehmensbezogenen Dienstleistungen. Vor allem bei den unternehmensbezogenen Dienstleistungen sowie den Hilfs- und Nebentätigkeiten für den Verkehr, aber auch bei den Metallerzeugnissen ist die ausfuhrinduzierte Beschäftigung überwiegend durch die Bereitstellung von Vorleistungen bedingt, die für den Export aller Produktionsbereiche nachgefragt werden.

Die Internationalisierungsstrategien der deutschen Unternehmen sind traditionell stark absatzbezogen. Nicht die Beschaffung, sondern der Export steht im Mittelpunkt. Die Bundesrepublik Deutschland profitiert wie kaum ein anderes Industrieland vom internationalen Handel. Ihre Exportwirtschaft liefert die größten Wachstumsbeiträge, ohne die sich das Land seit Jahren in einer Rezession befände. Umso schwerwiegender sind die Folgen, wenn gestohlene Technologie, gefälschte Produkte und kopierte Marken den deutschen Exporteuren auf deren Zielmärkten Konkurrenz machen oder dort das Image „Made in Germany" beschädigen.

Deutschland lebt in einer globalisierten Wirtschaft wesentlich von hochwertigen, meist wissensbasierten Premiumprodukten, deren Vorfertigungstiefe in vielen Industriebranchen bereits 60 % beträgt und die zum großen Teil in den Export gehen. Diese Produkte schaffen und erhalten hierzulande hochwertige und anspruchsvolle Arbeitsplätze. Einfache Tätigkeiten wie die Vorfertigung von Zulieferteilen werden tendenziell in Länder mit geringeren Lohn- und Standortkosten verlagert, beispielsweise nach China. Einfache Tätigkeiten, die in Deutschland verbleiben, müssen von hochwertiger Arbeit subventioniert werden, damit das Land international konkurrenzfähig bleiben kann. Das bedeutet, dass die hochwertige, in der Regel wissensbasierte industrielle Produktion eine tragende Säule und Kernkompetenz der deutschen Wirtschaft im globalen Wettbewerb ist. Eine solche Kernkompetenz muss geschützt werden, weil das Aushöhlen dieser Kompetenz die deutsche Volkswirtschaft gefährlich untergraben würde. Genau das ist bei der Produkt- und Markenpiraterie der Fall: Sie höhlt Kernkompetenzen aus und untergräbt Volkswirtschaften.

Counterfeiting trifft die exportabhängige deutsche Industrie also mitten ins Herz. Denn deutsche Exportprodukte kämpfen nicht nur im Reich der Mitte mit den chinesischen Fälschungen, sondern auch in den Exportmärkten der Drittländer, die zum großen Teil weniger stark kontrolliert und deshalb weniger sicher sind. Asien, Osteuropa, der Mittlere Osten und Lateinamerika sind Paradiese für Fälscher. Die ausufernde Produkt- und Markenpiraterie hat für die exportabhängige deutsche Wirtschaft also ein enormes Bedrohungspotenzial:

- Beim Export treffen deutsche Produkte und Marken in den Importländern auf chinesische Fälschungen, die den deutschen Absatz schmälern, die Marke und Unternehmensreputation beschädigen sowie zu Haftungsfällen führen können.

- Das Gleiche gilt bei der deutschen Fertigung in China für den chinesischen Markt. In der Höhle des Löwen können sich originäre deutsche Produkte mit dem Fälschervirus infizieren, beispielsweise dann, wenn sie falsche Teile enthalten.

- Bei der Fertigung deutscher Unternehmen in China für den asiatischen Markt oder den Weltmarkt verschärft sich dieses Problem. Mit dem chinesischen Fälschervirus infizierte deutsche Produkte können bei Beeinträchtigungen, die in den importierenden Drittländern auftreten, zu einer markanten Beschädigung der deutschen Marke und zu einem nachhaltigen Reputationsverlust bei den Unternehmen führen.

Damit steht die internationale Glaubwürdigkeit des Labels „Made in Germany" auf dem Spiel. Auch ist die Marke bei der Globalisierungsstrategie von Unternehmen oft das stärkste Vehikel. Aspirin, Bosch, Hugo Boss – es sind die Marken, die den deutschen Unternehmen die internationalen Türen öffnen und ihnen neue Märkte im Ausland erschließen. Werden sie beschädigt, wirkt diese marktöffnende Funktion nicht mehr.

Die Initiative ergreifen

Bei einer derartigen Bedrohung müssen die Unternehmen, die von der Produkt- und Markenpiraterie betroffen sind oder sein könnten, die Initiative ergreifen. Die meisten Unternehmen schützen ihr geistiges Eigentum ausschließlich durch juristische Mittel, und sie werden oft erst dann aktiv, wenn ihr geistiges Eigentum bereits gestohlen wurde. Dieser Ansatz ist wenig sinnvoll, weil er zu langsam, uneffektiv und uneffizient ist. Juristische Maßnahmen sind überwiegend reaktiv, sie laufen der Entwicklung hinterher.

Erfolgreiche Unternehmen gehen einen ganz anderen Weg. Sie reagieren nicht nur, sondern agieren auch. Sie schützen ihr geistiges Eigentum durch ein strategisch untermauertes intelligentes System effektiver und effizienter Maßnahmen, die frühzeitig greifen und sich auch auszahlen. Produkt- und Markenpiraten agieren in immer intelligenteren und schnelleren Systemen, die auf gestohlenem Wissen und kopierten Strukturen beruhen. Sie können deshalb nur durch noch intelligentere und noch schnellere Systeme erfolgreich bekämpft werden. Das heißt, dass wirkungsvolles Anti-Counterfeiting die Markteintrittsbarrieren für Fälscher durch die Steigerung der Intelligenz und der Geschwindigkeit des Systems deutlich erhöht. Das Wirtschaftssystem der Unternehmen setzt neues Wissen und zusätzliche Fertigkeiten ein, bei dem die Kompetenz und Intelligenz der Plagiatoren nicht mehr Schritt halten können.

Piraterie und Terrorismus

Die organisierte, global agierende Produkt- und Markenpiraterie hat noch ein ganz anderes, viel hässlicheres Gesicht. Das Einkommen, das organisierte Kriminelle durch den Verkauf gefälschter Produkte und Markenwaren generieren, wird auch zur Finanzierung terroristischer Aktivitäten verwendet. In der jüngsten Vergangenheit häuften sich Hinweise, nach denen sich terroristische Vereinigungen über den Handel mit Piraterieware finanzieren.

Interpol verweist auf einen Fall in Dänemark, der Verbindungen zwischen der Produkt- und Markenpiraterie und Al Quaida nahe legt. Dänische Zöllner hatten einen Container durchsucht, der mit gefälschten Shampoos, Cremes und Parfüm gefüllt war. Der Absender des Containers war den Behörden bekannt, es wird vermutet, dass er ein Mitglied der Terrororganisation Al Quaida ist. An den Ermittlungen waren Behörden aus Dänemark, Großbritannien und den USA beteiligt.

Die Ermittler vermuten, dass die Erlöse aus der Piraterie nicht direkt an das Terrornetzwerk transferiert werden, sondern über den Umweg religiöser Spender. Weil dabei nur Bargeld weitergegeben wird, ist es kaum möglich, den Weg des Geldes zu rekonstruieren. Terrorexperten schätzen, dass Al Quaida von Sympathisanten innerhalb einer Dekade zwischen 300 und 500 Millionen US-Dollar erhält. Laut Interpol wurde in Europa auch ein militanter Aktivist, der jahrelang in mehreren fundamentalistischen Organisationen mitarbeitete, des Handels mit gefälschten Produkten überführt. Seine Partner im Counterfeiting waren ebenfalls Mitglieder radikaler Organisationen.[3]

Berichten der irischen Polizei zufolge war die Irish Republican Army (IRA) massiv in der Produktpiraterie engagiert, um mit den dadurch erwirtschafteten Gewinnen den Kauf von Waffen und die militärische Ausbildung ihrer Mitglieder zu finanzieren. Das FBI hat ermittelt, dass der erste Bombenanschlag auf das New Yorker World Trade Center im Jahr 1993 mit Geldern finanziert wurde, die aus dem Verkauf gefälschter Markenkleidung in einem Geschäft auf dem Broadway stammten. Für den zweiten Anschlag am 11. September 2001 liegt eine solche Verbindung von Piraterie und Terrorismus nahe, sie konnte von den Ermittlungsbehörden aber bis heute nicht nachgewiesen werden.

In den USA verweisen die Spuren der Piraten auch auf den Terror im Nahen Osten. So berichtete etwa John Stedman, Polizeibeamter und Piratenjäger in Los Angeles, von seinen Erfahrungen bei der Verfolgung von Produkt- und Markenpiraten. Bei der Durchsuchung der Wohnungen von Fälschern seien ihm immer wieder Flaggen und Fotos von Hisbollah-Führern aufgefallen. Ein Ladeninhaber, der im Verdacht stand, mit gefälschten Mode-Artikeln zu handeln, sei mit einem auffälligen Kennzeichen der Hisbollah tätowiert gewesen, und bei Verhaftungen sei ihm immer wieder aufgefallen, dass die festgenommenen Produktpiraten sehr häufig anti-semitische Bemerkungen gemacht hätten.

Interpol bestätigt die Verbindung von Counterfeiting und Hisbollah. Der europäischen Polizeiorganisation sind gleich drei Fälle bekannt. In einem Fall wurde im Februar 2000 ein Mann inhaftiert, der gefälschte CDs und Computerspiele von Sega, Sony und Nintendo verkauft hatte und den Erlös an eine der Hisbollah nahe stehende Organisation transferiert hatte. Unter den beschlagnahmten CDs waren auch solche, die Logos, Filme von Anschlägen und Interviews mit Selbstmordattentätern zeigten. Die CDs wurden zum Einwerben von Spenden verwendet.

Interpol berichtet auch von einem Fall aus Tschetschenien, bei dem eine Fabrik für die illegale Herstellung von CD-Raubkopien der Finanzierung separatistischer Rebellen diente. Die Fabrik wurde von organisierten Kriminellen betrieben, die Teile der Er-

---

3   Vergleiche die umfangreichen Informationen der Interpol-Website www.interpol.org.

löse an die Terroristen transferierten. Bei der Durchsuchung der Fabrik hat die Polizei auch Sprengstoff und Waffen gefunden. Der russische Geheimdienst (Russian Federal Security Service, FSB) schätzt, dass die durchschnittlichen monatlichen Einnahmen der kriminellen Organisation zwischen 500.000 und 700.000 US-Dollar lagen.

Auch im Kosovo scheint es enge Verbindungen zwischen kriminellen Gruppen, die ihr Geld mit der Produkt- und Markenpiraterie verdienen, und lokalen albanischen Extremisten zu geben. Es wird vermutet, dass die Erlöse aus dem Handel mit Fälschungen beiden Gruppen zugute kommen. Darüber hinaus finanziert Counterfeiting offenbar radikale Fundamentalisten in Nordafrika. Sympathisanten dieser Gruppen, die in Europa Geld mit kriminellen Aktivitäten wie Counterfeiting verdienen, sollen nach den Erkenntnissen von Ermittlern einen Teil ihrer Erlöse über karitative islamische Vereinigungen, Non-Profit-Organisationen oder Moscheen an die fundamentalistischen militanten Gruppen in Nordafrika transferieren. Die Transaktionen erfolgen immer in Bargeld, wodurch eine Ermittlung durch die Behörden vereitelt wird.

Dass chinesische Banden und Netzwerke der Produkt- und Markenpiraterie direkt in die Finanzierung terroristischer Aktivitäten verwickelt sind, kann bezweifelt werden. Für eine solche Verbindung haben wir bei unserer Projektarbeit nicht den geringsten Hinweis gefunden. Keiner unserer Gesprächspartner hat eine solche Verbindung gesehen, auch nicht skeptische Detektive und Vertreter von Behörden. China scheint dem internationalen Terrorismus keine Ansatzpunkte zu bieten.

4. Kulturelle und politische Hintergründe des Counterfeiting

Die chinesische Produkt- und Markenpiraterie ist ein Phänomen, das es in dieser Form und in diesem Ausmaß auf anderen Märkten nicht gibt. Amtliche Quellen, Statistiken und unzählige Erfahrungsberichte aus unterschiedlichen Ländern bestätigen dies. Als Grund für das massenhaft auftretende und ausufernde Counterfeiting Chinas wird immer wieder die chinesische Mentalität genannt, eine andersartige Einstellung der Chinesen zu geistigem Eigentum. Doch was steckt genau dahinter? Wer das Ausmaß der chinesischen Produkt- und Markenpiraterie verstehen möchte, der kommt nicht darum herum, einen Blick auf Chinas Kultur, Gesellschaft und wirtschaftpolitische Situation zu werfen. Denn Counterfeiting hat eine Geschichte und ist in einen Kontext eingebettet. Chinas Produkt- und Markenpiraterie ist nicht nur das Ergebnis einer historischen Entwicklung, sondern auch ein Spiegelbild des soziokulturellen Systems des Landes. Es sind wesentlich vier Faktoren, die das Counterfeiting im heutigen China erklären:

- die kulturelle Dimension des Konfuzianismus,
- die soziale Dimension des Kollektivismus,
- die wirtschaftpolitische Dimension der Modernisierung sowie
- das Konzept der Guanxi.

Die Philosophie des Konfuzianismus

Der Konfuzianismus (儒教, rujiao) zählt neben dem Taoismus (道教, daojiao) und dem Buddhismus (佛教, fojiao) zu den drei Philosophien, die China ähnlich stark geprägt haben, wie das griechische Denken, das römische Recht, die germanischen Gesellschaftsvorstellungen und vor allem das Christentum Europa geprägt haben. Während im Mittelpunkt des Taoismus das Leben in Harmonie mit der Natur steht und sich der Buddhismus mit der Unsterblichkeit beschäftigt, befasst sich die Lehre des Konfuzius mit den menschlichen Beziehungen. Konfuzius (孔夫子, kong fuzi bzw. 孔丘, kong qiu) stellt fünf soziale Beziehungen (五伦, wu lun) in den Vordergrund: Herrscher und Untertan, Mann und Frau, Vater und Sohn, Bruder und Bruder sowie Freund und Freund.[1] Die konfuzianische Lehre sieht also das Individuum nicht als eine isolierte Einheit, sondern als Teil des Ganzen, ob es sich nun um die Familie, eine Gruppe oder die Gesellschaft als Gesamtheit handelt.

Der Konfuzianismus ist keine Philosophie wie andere geistige Strömungen im chinesischen Kulturraum, die im Zuge der gesellschaftlichen Entwicklung verblasste,

---

1   Fang, Tony: Chinese business negotiating style, S.116.

sondern eine Weltanschauung, die bis heute das chinesische Denken prägt. Von entscheidender Bedeutung ist, dass der Konfuzianismus als verbreitete Weltanschauung auch Quelle für die Wertvorstellungen und Normen der Gesellschaft ist. Als solche bestimmt er, welches Handeln von den Mitgliedern der Gesellschaft als richtig oder falsch, gut oder schlecht, normal oder anormal empfunden wird. Demnach ist das konfuzianische Moralsystem ein Ursprung moralischer Orientierung und Teil der mentalen Programmierung, die im Individuum teils bewusst, teils unbewusst verankert ist. Inwiefern also das Individuum sein Verhalten bewusst nach den konfuzianischen Lehrinhalten ausrichtet, ist primär nicht entscheidend, weil es diese Inhalte selbstregelnd während des Prozesses der Sozialisierung verinnerlicht hat.

Vergleicht man die konfuzianische Ideologie mit anderen Weltreligionen, beispielsweise mit denen des Okzidents, ergeben sich wesentliche Unterschiede. Gerade die christliche Prämisse der Gotteskindschaft und der freien Gewissensentscheidung des Einzelnen, erkenntnistheoretisch herausgearbeitet durch Renaissance, Humanismus und Aufklärung, führte zum Wert des Individualismus, wie er den westlichen Gesellschaften zugeschrieben wird. Im Konfuzianismus steht aber nicht das Ich, sondern gemäß den sozialen Beziehungen (五伦, wu lun) und dem Ziel der allumfassenden gesellschaftlichen Harmonie und des Allgemeinwohls das Wir im Vordergrund. Neben der Individualität gelten Gesetzesorientierung und Leistungsethik als Charakteristika des abendländischen Wertesystems. Auch diese entsprechen nicht den konfuzianischen Prinzipien des im Individuum verankerten moralischen Mechanismus oder dem Streben nach Leistung im Sinne moralischer Vervollkommnung. Damit hat der Konfuzianismus die chinesische Denkweise auf eine eigene, besondere Art geprägt, die diese von anderen soziokulturellen Systemen deutlich unterscheidet.

Die Elemente der konfuzianischen Philosophie erweisen sich als ein hilfreiches analytisches Instrument zur Dekodierung des chinesischen Verständnisses von immateriellen Werten und geistigem Eigentum als kollektives Gut. Wie aus den konfuzianischen Lehrinhalten hervorgeht, ist die Bildung (文, wen), die man sich durch ein lebenslanges und intensives Studium aneignet, ein Schlüsselbegriff der chinesischen Weltanschauung. Das Ziel des sich bildenden Individuums ist die Anpassung an die Fertigkeiten und Tugenden, die erforderlich sind, um ein akzeptiertes Mitglied der sozialen Gruppen und der Gesellschaft zu sein. Ziel des Lernprozesses ist es nicht, wie in westlichen Kulturen, zu lernen wie man lernt, um stets eigenständig Lösungen für neue und unbekannte Situationen finden zu können. Chinesen wollen lernen, wie man etwas macht, um ein Teil der Gesellschaft zu sein. Instrument eines solchen Lernprozesses ist das, was aus der Tradition hervorgegangen ist, also bereits Geschaffenes und Erdachtes – also auch geistige Errungenschaften anderer aus der Vergangenheit.

Bei der Betrachtung der Institutionalisierung des Konfuzianismus über die Jahrhunderte hinweg wird der Unterschied zum westlichen Verständnis von Lernprozessen beziehungsweise die Einstellung zu geistigen Leistungen noch deutlicher. Zunächst war das Studium der konfuzianischen Klassiker über 2000 Jahre hinweg Standardvoraussetzung für das Bestehen der Prüfungen zum Staatsdienst, durch den man wiederum zu Macht, Reichtum und damit zu gesellschaftlichem Einfluss gelangen konnte. Es galt, die konfuzianischen Klassiker und ihre Interpretationen auswendig zu lernen und zu begreifen. Sicherlich richteten sich die Auslegungen nach den jeweiligen akuten Entwicklungen im Lande. Sie waren damit stets gegenwartsbezogen und stellten eine Antwort auf neue Fragestellungen und Probleme, die sich Chinas Gesellschaft stellten, dar. Hier zeigt sich wieder das chinesische Verständnis von Innovation als der Fähigkeit, für Bestehendes neue Anwendungen zu finden.

Dennoch war die Basis der Suche nach Antworten immer die Ideen und Ansätze der Vorgänger, die lediglich erweitert und aktualisiert wurden. Kein Konfuzianer des 19. Jahrhunderts wäre auf den Gedanken gekommen, dass er für seine Studien und deren Neuinterpretationen Konfuzius' Gedankengut missbrauchen oder gar stehlen würde. Konfuzius galt immer als Vater des Gedankens, der für seine Weisheit bewundert wurde. Sein Gedankengut und seine geistigen Errungenschaften aufzugreifen, wurde vielmehr als Ausdruck der Hochschätzung der Leistungen des Konfuzius gesehen.

Das Kopieren fremder Produkte und Technologien ist aus diesem Blickwinkel ebenfalls ein Ausdruck der Anerkennung der geistigen Leistung eines anderen, die hinter den kopierten Produkten oder Technologien steckt. Würden die Originalprodukte oder originären Ideen nicht als innovativ, kreativ oder qualitativ hochwertig erachtet werden, so würde diese auch niemand kopieren. Diese fremde Leistung aufzugreifen und damit durch Lernen eigenes Wissen zu erwerben und dieses zu nutzen, ist im Sinne des Konfuzius klug und erstrebenswert. Der Gedanke, dass eine Idee, also ein immaterieller Wert, der Besitz lediglich einer Person oder einer Gruppe von Menschen sein könnte, widerspricht dem konfuzianischen Gedankengut völlig. Denn jeder soll nach Bildung streben. Erkenntnisse und Resultate sind, insofern sie der Gemeinschaft dienen sollen, Allgemeingut.

Die soziale Dimension des Kollektivismus

In den 80er Jahren entwickelte der Kulturwissenschaftler Geert Hofstede seinen Ansatz der vier Kulturdimensionen, anhand derer die spezifischen Kulturmerkmale einer Volksgemeinschaft erfasst und die Kulturunterschiede von Gesellschaften bestimmt werden können. Die vier Dimensionen sind

- Machtdistanz,
- Individualismus versus Kollektivismus,
- Maskulinität versus Feminismus und
- Vermeidung von Ungewissheit.

Bei der Dimension des Individualismus versus Kollektivismus ist der Begriff kollektivistisch keineswegs in einem politischen Sinne zu verstehen. Er bezieht sich also nicht auf die Macht des Staates gegenüber dem Individuum, sondern ausschließlich auf die Macht der Gruppe gegenüber dem Einzelnen. Kollektivistisch sind Gesellschaften, in denen der Mensch von Geburt an stark in geschlossene Wir-Gruppen integriert ist, die ihn ein Leben lang schützen und unterstützen und dafür bedingungslose Loyalität verlangen. Das Gegenstück, der Individualismus, definiert Gesellschaften, in denen die Bindungen zwischen den Individuen locker sind. Man erwartet von jedem, dass er wesentlich für sich selbst und für seine Familie sorgt.[2]

Das Konzept des Individualismus und Kollektivismus versucht, den Grad der Integration von Individuen in eine Gruppe oder Gemeinschaft zu beschreiben. Der Anthropologe Harry Triandis entwickelte ein erweitertes Verständnis dieser zentralen gesellschaftlichen Dimension und bezeichnet Individualismus und Kollektivismus als kulturelle Syndrome. Diese reflektieren gemeinsame Haltungen, Glaubensinhalte, Kategorisierungen, Normen, Rollen und Werte, die um ein zentrales Thema herum organisiert sind und unter Individuen zu finden sind, die eine bestimmte Sprache sprechen und zu einer bestimmten historischen Zeit in einer bestimmten geografischen Region leben. Je größer die Identifikation mit der Gruppe ist, desto größer ist auch die Wahrscheinlichkeit, dass die Ziele, Normen, Rollen, Haltungen und Überzeugungen der Gruppe zu Entscheidungsprämissen des Individuums werden. Nach Triandis leben heute mindestens 70 % der Weltbevölkerung in kollektivistischen Kulturen. Dazu gehört beispielsweise neben Westafrika und Thailand auch die Volksrepublik China.

Die erste Gruppe, in die ein Mensch hineingeboren wird, ist immer die Familie. Die Familienstrukturen unterscheiden sich jedoch von Gesellschaft zu Gesellschaft. In den meisten kollektivistischen Nationen besteht die Familie aus einer Reihe von Menschen, die räumlich und sozial eng miteinander zusammenleben. Die Wir-Gruppe impliziert nicht nur den engeren Kreis der Familie wie Eltern oder Geschwister, sondern auch Großeltern, Onkel und Tanten. Auch andere Menschen wie Freunde werden in die Wir-Gruppe integriert. Das zeigt der chinesische Satz, dass Freunde der Familie gleich kommen (朋友如家人, pengyou ru jiaren).[3] In der Kulturanthropologie wird diese erweiterte Gruppe als Großfamilie bezeichnet. Wenn Kinder heranwachsen, lernen sie, sich als Teil dieser Wir-Gruppe zu verstehen – eine Beziehung, die nicht freiwillig eingegangen wird, sondern vorgegeben ist. Die Wir-Gruppe (自己人, ziji ren) unterscheidet sich von anderen Menschen in der Gesellschaft, den Sie-Gruppen (外人, wai ren), und wird für den Einzelnen damit zur Hauptquelle der eigenen Identität. Zwischen den einzelnen Mitgliedern und der Wir-Gruppe entwickelt sich ein Abhängigkeitsverhältnis, dessen Ursprung sowohl einen psychologischen als auch einen praktischen Charakter hat. Die Mitglieder der Wir-Gruppe sind sich in hohem Maße dieser sozialen Zusammenhänge bewusst und entwickeln daher ein ebenfalls hohes Maß an Pflichtbewusstsein, verbunden mit einem bedingungslosen Loyalitätsempfinden gegenüber den Mitgliedern der eigenen Gruppe. Dementsprechend dominieren kollektive Interessen vor den individuellen. Das Interesse der Gruppe, beispielsweise an einer neuen Technologie oder einem innovativen Produkt oder Design, steht vor dem individuellem Interesse des Urhebers. Der Gedanke, dass ungefragtes Kopieren von Produkten oder das Übernehmen fremder Ideen und Konzepte Diebstahl und

---

2   Hofstede, Geert: Lokales Denken, globales Handeln, S.66.
3   Gao, Ge/Ting-Toomey: Communicating effectively with the Chinese, S.13.

unrecht sein könnte, ist der chinesischen Denkweise traditionell fremd. Das Fahrrad des Nachbarn zu entwenden ist Diebstahl. Einen beliebten Stil exakt zu kopieren, macht einen Maler hingegen zum Künstler. Denn innerhalb der chinesischen Kultur gilt geistiges Eigentum, das heißt Wissen, Ideen und Fähigkeiten, nicht als Besitz eines Einzelnen, sondern als Gut der Gemeinschaft.

Wirtschaftspolitisches Umfeld

Die neue Ära der Volksrepublik China begann mit Deng Xiaoping, dem ersten Nachfolger Mao Zedongs. Mit Deng kehrte China vom kommunistischen Utopismus zu seinem ureigenen Pragmatismus zurück. Um die Volksrepublik aus ihrer defizitären wirtschaftspolitischen Situation hinausmanövrieren zu können, beschloss Deng im Oktober 1978 weitgehende Wirtschafts- und Agrarreformen sowie eine bilaterale Öffnung gegenüber dem Westen (改革开放, gaige kaifang). Mit diesem Dekret begab sich die Volksrepublik China auf einen bis heute anhaltenden erfolgreichen Modernisierungskurs.

Die lang angestrebte Mitgliedschaft der Volksrepublik China in der Welthandelsorganisation, die im November 2001 offiziell vom Gremium der WTO beschlossen wurde, ist ein Meilenstein in der Verwirklichung der Reformen. Mit der Aufnahme wurde China in die globale Verflechtung der Märkte und nationalen Ökonomien eingebunden. Das Land erhöhte damit den Druck auf sich selbst, die geplanten Reformen im Staats- und Finanzsektor voranzutreiben. Doch mit dem Bestreben, sich als gleichwertige Marktwirtschaft in den Weltmarkt zu integrieren, hat sich China ein Ziel gesteckt, für dessen Erreichung es noch einige Hürden zu überwinden gilt. Gerade der immanente Reformprozess und der damit verbundene stetige Wandel bringen erhebliche Schwierigkeiten mit sich. Neue Reformen verlangen nach neuen Gesetzen und politökonomischen Regelungen. Da die meisten Reformansätze jedoch, gemäß dem Leitsatz „nach Steinen tastend den Fluss überqueren",[4] in ihren Anfängen einen experimentellen Charakter haben, werden ein stabiler Orientierungsrahmen und eine nachhaltige operative Planung sowohl für chinesische als auch ausländische Wirtschaftsakteure massiv eingeschränkt.[5]

Counterfeiting muss in diesem experimentierenden, sich entwickelnden und noch unsicheren wirtschaftspolitischen Umfeld begriffen werden. China hat eine sehr spezifische Geschichte und damit eine ebenso spezifische Gegenwart geschaffen. Das Land kann erst auf knapp 30 Jahre Erfahrung zurückgreifen, was den Umgang mit marktwirtschaftlichen Elementen und den bilateralen Handel mit dem Westen betrifft. Chinas Wirtschaft hat im 20. Jahrhundert einen weitreichenden Wandel mit massiven Veränderungen erfahren, der auch die Gegenwart prägt. Die Volksrepublik China hat ihr Ziel, eine Supermacht der Zukunft zu werden, noch nicht erreicht. Das

---

4   Reisach, Ulrike/Tauber, Theresia/Yuan, Xueli: China- Wirtschaftspartner zwischen Wunsch und Wirlichkeit, S.33.

5   Fang, Tony: Chinese business negotiating style, S.93 ff.

Land muss noch viele bestehende Hürden und Defizite überwinden, schwierige Lernprozesse durchlaufen und Verbesserungen realisieren. Der Schutz des geistigen Eigentums gehört dazu.

Wirft man einen Blick auf andere asiatische Märkte wie Korea oder Taiwan, die in der
Vergangenheit ein massives Problem mit der Produkt- und Markenpiraterie hatten, so
weisen diese Märkte einige Gemeinsamkeiten auf. Sie haben einen ungemein großen
Bedarf an Know-how und Technologie, verfolgen die politische Maxime, möglichst
schnell Wachstum und größtmöglichen Profit zu erreichen, besitzen ein enormes
Entwicklungspotenzial und zeigen in vielen Bereichen Defizite, vor allem in der
Gesetzgebung und bei der Durchsetzung von Gesetzen in der Praxis. Counterfeiting
tritt bevorzugt auf solchen Märkten auf, denen ein noch lückenhaftes Rechtssystem
zugrunde liegt, die jedoch nach Wachstum und Gewinnen streben. Counterfeiting
reflektiert neben den individuellen Motiven der Fälscher also auch immer die wirt-
schaftspolitische Situation eines Landes. Vor diesem Hintergrund ist die Produkt- und
Markenpiraterie kein China-spezifisches Phänomen.

Dazu kommt, dass die geografische Ausdehnung Chinas und seine 1,3 Milliarden
Menschen den Schutz geistigen Eigentums organisatorisch fast unmöglich machen.
China ist ein Vielvölkerstaat mit extremen regionalen Disparitäten und deshalb alles
andere als ein einheitlicher, leicht zu kontrollierender Binnenmarkt. Mit rund 70 Regionen, 56 ethnischen Gruppen und 80 Sprachen ist der chinesische Markt wesentlich
komplexer als der europäische. Wer will kontrollieren, ob der berühmte regionale
Qualitätsschnaps der Marke Shaoxin nicht in der Inneren Mongolei als Fälschung
auftaucht? Beijing ist fern, heißt es in vielen chinesischen Städten. Es ist auch die
schiere Größe des Landes, welche die chinesische Produkt- und Markenpiraterie in
der Weltwirtschaft so stark hebeln lässt.

Auch die wirtschaftlichen Monostrukturen Chinas leisten ihren Beitrag zur Förderung
der Produkt- und Markenpiraterie. In der Volksrepublik sind ganze Regionen, beispielsweise Guangdong oder Zhejiang, von einzelnen Industriezweigen oder Warengruppen abhängig, was die Herstellung von Fälschungen geradezu stimuliert. Durch
diese Monostrukturen sind in China unzählige Piratenregionen entstanden, in denen
bis zu 90 % der dort hergestellten Waren Fälschungen von Markenprodukten sind.
In solchen Regionen sind viele Fabriken von Investoren aus Hongkong oder Taiwan
finanziert, die auf ihr eingesetztes Kapital einen hohen Gewinn erwarten können und
durch den Export der Waren harte Devisen verdienen.[6]

---

6   Counterfeiting & Organised Crime, S. 7.

Guanxi und regionaler Protektionismus

Die Ausbreitung und die Hartnäckigkeit des Counterfeiting in China stehen in einem Zusammenhang mit dem sozialen Konzept der Guanxi, das im Westen gelegentlich als nebulös bezeichnet oder als Vetternwirtschaft oder Kungelei von Seilschaften missverstanden wird. Das ist nicht der Fall. Guanxi-Beziehungen müssen nichts mit Geld, Bestechung oder Vorteilnahme zu tun haben. Sie beruhen häufig auf gegenseitigem Vertrauen und gemeinsamen Erfahrungen von Menschen. Guanxi verknüpfen beispielsweise alte Freunde, ehemalige Kollegen und Klassenkameraden oder Absolventen einer bestimmten Universität, die sich miteinander verbunden und gegenseitig verpflichtet fühlen. Diese sozialen Beziehungen liefern den Partnern nicht nur authentische Informationen, sie schützen die Beteiligten auch und sichern sie gegen Bedrohungen und Unwägbarkeiten ab. Das chinesische Geschäftsleben beruht wesentlich auf Guanxi. Die Chinesen machen Geschäfte mit Menschen, die sie kennen und denen sie vertrauen. Sie fühlen sich geradezu verpflichtet, Geschäfte zuerst mit ihren Freunden zu machen, bevor sie sich Fremden zuwenden.[7]

In chinesischen Wörterbüchern findet man für die Vokabel Guanxi (关系) die Übersetzungen Beziehung, Verhältnis, Verbindung, Bedeutung, Belang oder auch betreffen, angehen. Das Wort Guanxi setzt sich aus zwei Zeichen zusammen, 关 (guan) und 系 (xi). Mit 关 (guan) wurde ursprünglich die Tür beziehungsweise das Tor bezeichnet, die erweiterte Bedeutung heute meint zumachen, abstellen, einschließen, betreffen oder auch Engpass. Im heutigen Sprachgebrauch wird 关 (guan) auch oftmals benutzt, um Pässe, Zugänge und Wege des ökonomischen Umfelds zu beschreiben, das von sozialen wirtschaftlichen Aktivitäten bis hin zu Namen von Organisationen reicht. So beschreibt 海关 (haiguan) beispielsweise die Zollbehörde.

Zudem verweist 关 (guan) darauf, jemandem einen Gefallen zu tun. Zum Beispiel bedeutet 关心 (guanxin) für jemanden oder etwas sorgen, sich um jemanden oder etwas kümmern, 关怀 (guanhuai) bedeutet Anteilnahme zeigen oder Anteil an etwas nehmen. 系 (xi) steht für das System und die Reihe, als Verb für binden und anbinden, wobei hier die personale Bindung gemeint ist. 世系 (shixi) bezeichnet beispielsweise den Stammbaum und die Ahnentafel, der Ausdruck 直系亲属 (zhixiqinshu) den Verwandtschaftsgrad. So lässt sich der Begriff Guanxi am besten mit den Ausdrücken persönliche Beziehungen und Verbindungen oder Beziehungsnetzwerk übersetzen.

Im chinesischen Kulturraum wird dem Guanxi-Phänomen eine besondere Bedeutung zugemessen. Obwohl Beziehungsnetzwerke in allen Gesellschaften vorhanden sind, haben sie in der chinesischen Gesellschaft geradezu eine omnipräsente Bedeutung, die in allen Lebensbereichen entscheidend zum Tragen kommt. Guanxi scheint der Lebensnerv der chinesischen Gemeinschaft zu sein, der sich in die Politik und die ganze Gesellschaft hinein ausbreitet. Ohne Guanxi scheint nichts zu funktionieren, mit Guanxi dagegen alles möglich zu sein.[8]

---

7   Ming-Jer Chen, Geschäfte machen mit Chinesen, S. 61ff.
8   Davies, H./Leung, Th.K./Luk, S. T. K./Wong, Y.: The Benefits of „guanxi". The value of relationships in developing the Chinese market. In: Industrial Marketing Management, 24. Jg., 1995, S. 210.

Chinesischen Beziehungsnetzwerken werden bestimmte konstitutive Merkmale zugeschrieben. So sind Guanxi zunächst ein persönliches und partikularistisches Phänomen. Persönlich insofern, weil ausdrücklich eine spezifische Beziehung zwischen zwei Personen thematisiert wird, nicht aber allgemeine Bindungen zwischen Menschen oder Institutionen. Da sich die Beziehung zwischen einem Individuum A und B von der Beziehung zwischen B und C unterscheidet, hat Guanxi keinen universalistischen, sondern immer nur einen partikularistischen Charakter. Zudem handelt es sich bei Guanxi immer um ein Phänomen mit einem mittel- bis langfristigen zeitlichen Horizont. Dabei bedeutet die langfristige Orientierung nicht, dass Guanxi von ihrem Inhalt und ihrer Intensität über die Dauer stabil bleiben. Langfristigkeit bedeutet vielmehr, dass sich die Beziehungen über Zeiträume von Jahren und Jahrzehnten erstrecken.

Ein weiteres entscheidendes Merkmal der chinesischen Guanxi ist die Reziprozität (报, bao). Chinesische Beziehungen und Verbindungen nehmen den Charakter gegenseitiger Verpflichtung an. Für den Gefallen, den man seinem Gegenüber erweist, erwartet man eine Gegenleistung, die dem langfristig orientierten Charakter gemäß aber nicht sofort erfolgen muss. Es wird als Selbstverständlichkeit angenommen, dass der andere früher oder später seiner moralischen Verpflichtung zur Gegenleistung nachkommt, so wie man es selbst tun würde. Der zentrale Begriff heißt 感恩图报 (gan en tu bao) – sich dankbar zeigen und vorhaben, es zu vergelten.[9] Ausgehend von dieser Reziprozität wird den chinesischen Guanxi also unterstellt, dass die Individuen von der persönlichen Beziehung gegenseitig Nutzen erwarten.

Darüber hinaus verbinden Guanxi häufig auch ungleiche Partner. Obwohl Guanxi als reziprok und utilitaristisch charakterisiert werden, ist der Austausch nicht auf eine Äquivalenz der Leistungen ausgerichtet. Guanxi sind oftmals so angelegt, dass es einen stärkeren und einen schwächeren Partner gibt. Der stärkere Partner gewinnt an Respekt und Ansehen, wenn er dem schwächeren Partner mehr gibt, als er von diesem erhält. Er kann aber auch das Gesicht verlieren, wenn er seinen Verpflichtungen, die aus den Guanxi herrühren, nicht nachkommt. Außerdem kann Guanxi als transitives Phänomen angesehen werden. Denn auch wenn mit Guanxi persönliche und reziproke Beziehungen angesprochen werden, so bleiben die Verbindungen dennoch nicht auf zwei Individuen begrenzt. Vielmehr ist es häufig der Fall, dass sich Guanxi zu größeren Beziehungskonstellationen ausweiten. Geht man eine Beziehung mit einem Individuum ein, so wird man automatisch in das gesamte Netzwerk dieser Person hineingezogen. Dieses gesamte Netzwerk an Guanxi bezeichnet man im Chinesischen als 关系网 (guanxiwang).

Beziehungsnetzwerke haben sich im chinesischen Kulturraum zu einem zentralen Phänomen entwickelt und sind zu einem essenziellen Regelwerk in der chinesischen Gesellschaft geworden. Die Guanxiwang werden deshalb oft auch als eine Möglichkeit betrachtet, die bestehenden organisatorischen und rechtlichen Defizite Chinas zu kompensieren. Ebenso wie im sozialen Miteinander können sie auch im Kontext der

---

9   Gao, Ge/Ting-Toomey: Communicating effectively with the Chinese, S.31.

Wirtschaft als Kautel dienen – sowohl für den Einzelnen, wie auch für die direkt oder indirekt beteiligten Beziehungsnetzwerke.

Guanxi sind in Bezug auf den Protektionismus in Chinas Provinzen wichtig. Die chinesischen Provinzverwaltungen sind auf die Steuern und Abgaben der wenigen Unternehmen angewiesen, die in der Provinz ansässig sind. Um den Vorgaben der Zentralregierung hinsichtlich Wachstum und Profit genügen zu können, müssen diese Unternehmen unterstützt und gehalten werden – auch wenn sie Produkte oder Marken fälschen. Das gilt besonders dann, wenn die Provinz ausländischen Unternehmen bis dato keine Investitionsanreize bieten kann. In diesen Regionen muss sich ein chinesischer Beamter ernsthaft die Frage stellen, warum er seine bestehenden Guanxi gefährden sollte, wenn ein ausländisches Unternehmen eines Tages ein in der Region ansässiges chinesisches Unternehmen, das Arbeitsplätze schafft und Steuern bezahlt, des Counterfeiting beschuldigt. Aufgrund seiner Guanxi ist der Beamte dem einheimischen Unternehmen verbunden und verpflichtet.

Dazu kommt, dass dem chinesischen Regierungsbeamten die westliche Marke, die angeblich kopiert wird, häufig gar nicht bekannt ist, er das chinesische Unternehmen und dessen Produkte aber genau kennt. Weil er sich auf dem juristisch schwierigen Gebiet des Counterfeiting nicht auskennt und auch nicht weiß, wie er sich letztendlich verhalten soll, entschließt er sich meistens, seinem bekannten Partner, dem er durch Guanxi verpflichtet ist, zur Seite zu stehen. Hier liegt der Hinweis auf den großen Bedarf an Aufklärung und Schulung der lokalen Autoritäten in Bezug auf Produkt- und Markenpiraterie. Die Zentralregierung arbeitet zwar an diesem Problem, die landesweite Umsetzung lässt aber noch auf sich warten. Das liegt nicht zuletzt an den begrenzten Ressourcen.

Die Volksrepublik China gibt sich trotz ihres rasanten Wirtschaftswachstums selbst noch den Status eines Entwicklungslandes und betrachtet sich somit als ungleicher Partner zu den Industrienationen des Westens. Aufgrund dieser schwächeren Position sieht sich China auch legitimiert, die kooperative Zusammenarbeit mit dem Westen ausdrücklich so zu gestalten, dass es die ökonomischen Vorteile für sich maximieren kann. Gemäß dem Guanxi-Prinzip der Reziprozität bietet China den ausländischen Investoren Eintritt in den wachstumsstärksten Markt der asiatisch-pazifischen Region, verlangt im Gegenzug aber Kapital und Know-how, um die eigenen wirtschaftlichen Ziele verwirklichen zu können. Nutzt ein chinesisches Unternehmen westliches Know-how und trägt dadurch zum Wohlstand einer Gemeinde oder zu Chinas wirtschaftlichem Aufstieg bei, findet kaum ein chinesischer Beamter daran etwas Unrechtes.

5. Die Reaktion des Westens

Dass die westliche Welt nicht tatenlos zusieht, wenn die chinesischen Produkt- und Markenpiraten ihre Volkswirtschaften untergraben, liegt auf der Hand. Die schärfsten Attacken gegen die Counterfeiter kommen aus Amerika. Die USA planen einen weltweiten Schlag gegen den Diebstahl geistigen Eigentums und scheinen dabei zu allem entschlossen zu sein, um der Produkt- und Markenpiraterie den Garaus zu machen. Schwerpunkt der amerikanischen Politik des Anti-Counterfeiting sind Verletzungen des Copyrights, beispielsweise durch Raubkopien von Filmen, Musik oder Software und das illegale Anzapfen von Pay-TV-Signalen. Man sei bereit, den stärksten und aggressivsten rechtlichen Angriff auf die Vergehen gegen geistiges Eigentum in der Geschichte des Landes durchzuführen, so der Justizminister John Ashcroft im Jahr 2005. Nach Meinung von Kritikern wollen die US-Behörden einen regelrechten Krieg gegen die Piraterie vom Zaun brechen.

Die Branchen, die geistiges Eigentum schaffen, spielen in der amerikanischen Wirtschaft eine bedeutende Rolle. Dazu gehören die Film- und Musikindustrie, die Softwarebranche und die Computerindustrie. Sie haben einen Anteil von 6 % am Bruttosozialprodukt, beschäftigen mehr als fünf Millionen Menschen und tragen 626 Milliarden US-Dollar zur US-Wirtschaft bei. Entsprechend groß ist die Hebelkraft des Counterfeiting in den USA. Der US-amerikanische Wirtschaftsminister Carlos Gutierrez schätzte im Jahr 2005, dass der geistige Diebstahl der amerikanischen Wirtschaft jährlich einen Schaden von 250 Milliarden US-Dollar zufügt. In dieser Summe sind die Kosten nicht eingerechnet, die durch nicht bezahlte Steuern und Abgaben oder durch die aufgrund von Piraterie verloren gegangenen Arbeitsplätze entstehen, die in den USA unterm Strich auf rund 750.000 geschätzt werden.

China im Fadenkreuz der USA

Nach US-amerikanischen Erkenntnissen ist China das Piraterieland Nummer eins, gefolgt von Vietnam und der Ukraine. An vierter Stelle steht Indonesien, an fünfter Russland. Die niedrigsten Piraterieraten weisen die USA, Neuseeland und Dänemark auf. Auf der Hitliste der sauberen Länder folgen Deutschland, Großbritannien, Japan, Belgien, Schweden, Österreich und Australien. Es gibt in den USA also auch eine Liste der intellektuellen Schurkenstaaten, und China steht auf dieser Liste ganz oben.

Nach Ansicht der US-Amerikaner sind Beijings Urheberrechtsgesetze zu lasch und deren Durchsetzung zu schwach. Dadurch ist China zu einer Hochburg für Fälscher geworden, was die bilateralen Beziehungen zwischen den beiden Staaten immer weiter aushöhlt. Die Amerikaner kritisieren, dass Produktklau und Markenimitation bei den betroffenen US-Firmen nicht nur Umsatzverluste in Milliardenhöhe verursachen, sondern auch das Ansehen der meist renommierten US-amerikanischen Marken schädigen. Das gilt für fast jede Warenart, die in China hergestellt werden kann. Wenn es um Chinas Counterfeiter geht, verlieren amerikanische Politiker deshalb schnell ihre diplomatische Zurückhaltung. So hat der damalige US-Handelsminister Donald Evans Chinas Regierung in Beijing ganz offen Untätigkeit im Kampf gegen die Fälscher vorgeworfen und den chinesischen Autokonzern Chery als ein Beispiel für den flagranten Markendiebstahl von US-Produkten bezeichnet. Verschärfte Vorschriften und Gesetze würden nicht mehr ausreichen, Rhetorik ohne Ergebnisse sei wertlos. Man brauche Taten und keine Worte, so Evans.

Hinter den Attacken der US-Administration steht aber nicht nur der Druck der amerikanischen Wirtschaft und der Versuch, China ins Blickfeld der Weltpolitik zu rücken, sondern auch die begründete Sorge um das wachsende Handelsdefizit der USA. China konnte seinen Handel mit den USA im Jahr 2004 mit einem erneuten Rekordüberschuss von mehr als 150 Milliarden US-Dollar abschließen. Der Export der amerikanischen Industrie beruht zunehmend auf Produkten, die auf geistigem Eigentum basieren, zum Beispiel auf Filmen, Musik oder Software sowie auf innovativer Technologie. Dazu kommen Patente zur Herstellung anderer Güter. Wenn diese kreativen oder wissensbasierten US-Produkte in China illegal kopiert und als Fakes massenhaft zu Spottpreisen verkauft werden, dann werden die Originale dort nicht mehr gekauft. Der Import US-amerikanischer Ware bricht ein. Ein ähnliches Schicksal könnte die Deutschen ereilen, wenn sie nicht rechtzeitig Gegenmaßnahmen einleiten. Ihre Exporte könnten massiv einbrechen, wenn China ihre hochwertigen, aber teuren Produkte und Marken kopiert und die billigen Fälschungen mit dem Label „Made in Germany" im großen Stil auf die Weltmärkte bringt.

Die USA reagieren also nicht zuletzt deshalb so empfindlich, weil sie wirtschaftlich eng mit China verflochten und von der chinesischen Piraterie umso stärker betroffen sind. Aus diesem Grund haben die US-Amerikaner die Volksrepublik China auch ganz oben auf eine Watchlist gesetzt. Sie wollen genau beobachten, ob und wie die chinesische Regierung ihre Versprechungen umsetzt, den Diebstahl des geistigen Eigentums zu bekämpfen und strafrechtlich zu verfolgen. Das ehrgeizige Ziel der USA ist, Chinas Produkt- und Markenpiraterie auf Null zu reduzieren.

Es darf aber auch nicht übersehen werden, dass der Diebstahl geistigen Eigentums in den USA eine Frage der nationalen Sicherheit ist. Produkt- und Markenpiraterie wird als Gefahr für die amerikanische Ökonomie und das Wohlergehen und die Sicherheit des amerikanischen Volkes gesehen. Der Raub geistigen Eigentums sei eine klare Gefahr für die Wirtschaft und für die Gesundheit, den Schutz und die Sicherheit der US-amerikanischen Bürger, erklärte Justizminister Ashcroft. Dazu kommt die Verbindung des Counterfeiting mit dem Terrorismus, auf die es beim FBI und bei Interpol zahlreiche Hinweise gibt. Die Vereinigten Staaten, die dem internationalen Terrorismus den Kampf angesagt haben, reagieren bei diesem Aspekt der Produkt- und Markenpiraterie besonders empfindlich.

Stärkung der Intellectual Property Rights

Die Intellectual Property Rights sind in der US-amerikanischen Kultur tief verwurzelt. Die Gründer der Vereinigten Staaten von Amerika hatten den Erfindungs- und Urheberrechtsschutz schon im Jahr 1787 in ihrer Verfassung verankert. Im Teil 8, Artikel I, § 8 der US-Verfassung heißt es: „Der Kongress wird ermächtigt, den Fortschritt der Wissenschaft und angewandten Künste zu fördern, indem er Autoren und Erfindern für eine begrenzte Zeit das ausschließliche Recht an ihren Schriftwerken und Entdeckungen zusichert." Aufgrund dieser mehr als 200 Jahre alten historischen Verankerung ist die Kultur des geistigen Eigentums in den USA viel stärker ausgeprägt und das Bewusstsein für dieses Thema mehr geschärft als in anderen Ländern. Die Sensibilität für geistiges Eigentum ist in der gesamten Nation groß, kein anderes Land der Welt betrachtet beispielsweise seine Erfindungen als wichtigen Teil seiner Geschichte. Die Gebrüder Wright, Thomas Alva Edison, Henry Ford – in den USA wird Geschichte nicht nur politisch geschrieben, sondern immer auch wissenschaftlich und technisch. Die US-Amerikaner sind für geistige Eigentumsrechte deshalb hoch sensibel. Aus diesem Grund ist in den Vereinigten Staaten auch das Klima günstiger, was beispielsweise die Patentierbarkeit von Software oder von Geschäftsmethoden anbelangt. Nicht wenige Experten sind der Meinung, dass uns die USA auch beim Schutz geistigen Eigentums eine Generation voraus sind.

Die USA betreiben derzeit eine rigorose Politik der Stärkung von Intellectual Property Rights. Zu dieser Politik gehören Initiativen für schärfere Gesetze, die Aufrüstung der Exekutive und Einsätze von IPR-Experten im Ausland. Das Land fordert seine Handelsvertretungen im Ausland auf, dort die Ansprüche der US-amerikanischen Software-, Musik- und Filmindustrie einzufordern. „To copy is to steel", lautet der Kampfruf des Office of the US Trade Representative (USTR), das über die ausländischen Handelsbeziehungen der Vereinigten Staaten wacht. Das Büro des Handelsbeauftragten verteilt jedes Jahr Zensuren und verwarnt in seinem Bericht Regierungen, die sich in der Umsetzung der IPR-Standards als zu lasch erweisen. Doch das USTR beobachtet nicht nur, es setzt auch massive Mittel ein, um anderen Ländern beim Verfassen ausgefeilter Gesetze zum geistigen Eigentum zu helfen.

So legten die USA unlängst ein weltweites Anti-Counterfeiting-Programm auf, das unter anderem vom Handelsministerium umgesetzt wird. Das Programm sieht die Entsendung von Experten in die besonders piertrechtigen Länder China, Brasilien, Indien, Russland und Thailand sowie in den Mittleren Osten vor. Die Experten werden dort fünf Jahre lang Regierungsorganisationen und amerikanische Investoren über Verbesserungsmöglichkeiten beim Schutz geistigen Eigentums aufklären. Darüber hinaus sind Schulungsprogramme für Behörden, Ermittler und Richter geplant, in denen die Teilnehmer zu IPR-Themen wie internationale Verträge zum Schutz geistigen Eigentums oder Patent-, Marken- und Urheberrecht geschult werden sollen. Im Jahr 2006 sollen 24 Schulungen stattfinden, den teilnehmenden ausländischen Gästen werden alle Reisekosten voll erstattet. Die USA legen großen Wert darauf, dass IP-Verletzungen im Ausland von den jeweiligen Regierungen geahndet werden. Darüber hinaus wird erwartet, dass ausländische Regierungen den US-amerikanischen Straf-verfolgungsbehörden dabei helfen, Beweise zu sammeln und Täter zu überführen.

Gründung einer Task Force

Zur Aufrüstung gegen die Piraten gehört auch die Gründung einer Task Force, die sich nicht nur mit raubkopierten Filmen, Musiktiteln oder Software beschäftigt, sondern das Problem des Counterfeiting umfassend beleuchtet. In dieser Abteilung geht es auch um die Fälschung verschreibungspflichtiger Medikamente, von Auto- und Flug-zeugteilen, Batterien, Chemikalien wie Insektenvernichtungsmitteln oder Nahrungs-mitteln. Diese Falsifikate schädigen nicht nur die betroffenen Firmen, sondern stellen auch eine ernst zu nehmende Gefahr für die amerikanischen Verbraucher dar.

Kurz nach ihrer Gründung wurde die Task Force damit betraut, die Anstrengungen des Justizministeriums hinsichtlich der Durchsetzung von IP-Rechten zu untersuchen und Methoden zu sondieren, mit deren Hilfe das Ministerium wichtige geistige Res-sourcen der USA effektiv schützen kann. Dazu wurde ein Team juristischer Experten mit Spezialwissen und umfassender Erfahrung zusammengestellt. Die Task Force setzt sich aus fünf Arbeitsgruppen zusammen, die nach der Analyse der bestehende Ressourcen Verbesserungen in folgenden Bereichen vorschlugen: Durchsetzung des Rechts, internationale Kooperationen, Antitrust-Maßnahmen, Gesetzgebung und Prävention. Der Bericht der Task Force schlägt eine massive Aufstockung der finanziellen Mittel vor und empfiehlt, alle bereits vorhandenen Rechtsmittel voll auszuschöpfen, um gegen die international agierenden Urheberrechtsverletzer auch außerhalb der USA wirksam vorgehen zu können.

Die Task Force arbeitet eng mit anderen Regierungsbehörden zusammen, um Infor-mationen von unterschiedlichen Quellen auch außerhalb der Regierung sammeln zu können. Darüber hinaus hat das Justizministerium in allen 94 Landesbüros besondere Ermittler aus dem Bereich Computer and Telecommunications Coordinators (CTC) etabliert. Sie sind für die Verfolgung der IP-Verletzungen in ihrem Distrikt verant-wortlich. In Städten, in denen es besonders häufig zu Verletzungen geistiger Eigen-tumsrechte kommt, wurden zusätzlich Spezialisten des Bereichs Computer Hacking and Intellectual Property (CHIP) eingesetzt.

Im Kampf gegen die Internet-Piraterie haben die USA und die Strafverfolgungs-behörden von zehn weiteren Ländern im vergangenen Jahr eine Kampagne gestartet, mit der man die internationale Online-Piraterie eindämmen will. Im Zuge dieser Kampagne, die unter dem Namen Fastlink läuft, wurden 120 Hausdurchsuchungen durchgeführt und 100 Verdächtige identifiziert, die als Täter infrage kommen. Da-rüber hinaus wurden von den Behörden 200 Computer beschlagnahmt, unter denen sich 30 Server befanden. Die Maßnahmen wurden in 27 US-amerikanischen Bundes-staaten sowie in Belgien, Dänemark, Frankreich, Deutschland, Ungarn, Israel, den Niederlanden, Schweden, Spanien, Großbritannien und Singapur durchgeführt.

Initiative STOP!

Im Oktober 2004 haben neun US-Behörden eine weitere Initiative ins Leben gerufen: Die Strategy Targeting Organized Piracy (STOP!), deren Ausrufezeichen in der Abkürzung die Absicht der Aktivitäten signalisiert. Das Justizministerium, das Wirtschaftsministerium, das Ministerium für Nationale Sicherheit, die Zollbehörden, der Grenzschutz und andere Regierungsstellen arbeiten in dieser Initiative zusammen, um den globalen Handel mit gefälschten Waren, Musik und Filmen einzudämmen. Das ganze Projekt steht unter der Führung des Weißen Hauses. STOP! hat das Ziel, die politischen Vorgaben, die auf den internationalen Foren wie dem G8-Gipfel oder dem Forum Asia-Pacific Economic Cooperation (APEC) sowie in den bilateralen Treffen mit der EU und China erarbeitet werden, in greifbare Ergebnisse umzusetzen.

Die Partner konzentrierten sich auf die verstärkte Überprüfung und Sicherung der US-amerikanischen Grenzen, um mehr gefälschte Güter vor ihrer Einfuhr in die USA abfangen zu können. Das Ziel ist, die Fälschungen abzufangen, bevor sie auf den Markt und in die Lieferketten gelangen. Auf diese Weise sollen die Einkommen der Händler, die mit Fakes handeln, beschnitten werden. Zusätzlich sollen die Namen ausländischer Unternehmen, die Fälschungen schmuggeln, veröffentlicht werden.

Der Katalog der weiteren Maßnahmen der Initiative STOP! ist umfassend. In den US-amerikanischen Botschaften in China, Brasilien und Russland werden Strafverfolger und FBI-Agenten platziert, die amerikanische Diplomaten und Unternehmen bei der Bekämpfung des Counterfeiting unterstützen und in diesen Ländern selbständig ermitteln sollen. Für kleine und mittlere Unternehmen werden in den USA Netzwerke etabliert, damit diese Unternehmen beim Widerstand gegen Counterfeiter auf besseres Know-how und größere Ressourcen zurückgreifen und ihre Innovationen in den USA und im Ausland besser schützen können.

In der Volksrepublik wird das China IPR Advisory Program installiert, das kleinen und mittleren US-Unternehmen in China eine kostenlose einstündige Beratung anbietet und den Schutz ihrer Marken, Patente oder Copyrights vor Ort stärkt. Den Unternehmen wird gezeigt, welche Schritte sie unternehmen müssen, um eine effektive IPR-Strategie für den chinesischen Markt entwickeln zu können. Das Bewusstsein US-amerikanischer Studenten für geistiges Eigentum wird gestärkt, und Studenten werden im Rahmen einer Kooperation mit der Stiftung National Inventors Hall of Fame dabei unterstützt, selbst innovativ tätig zu werden.

Mit den Botschaftern von Ländern, die über viel geistiges Eigentum verfügen und deren Regierungen ähnlich denken wie die US-amerikanische, werden Roundtables durchgeführt, um die Zusammenarbeit zwischen den USA und diesen Ländern zu fördern. Es wird eine Akademie für geistiges Eigentum etabliert, um das Training ausländischer Richter, Ermittler und Beamter konsolidieren und ausweiten zu können. Unternehmen können über eine Hotline nach Rat fragen, wenn es um den Schutz ihres geistigen Eigentums geht. Um sie optimal beraten zu können, werden eingehende Anrufe von spezialisierten Rechtsanwälten bearbeitet.

Aufgrund ihres klaren und fokussierten Mandates war STOP! bislang außerordentlich erfolgreich. So hat die Initiative an den US-amerikanischen Grenzen durch dichte Kontrollen Fälschungen im Wert eines zweistelligen Millionenbetrages beschlagnahmt und vernichtet. Zahlreiche Fälscherunternehmen wurden entdeckt und geschlossen, darunter ein Ring in Neuengland, der mehr als 30.000 gefälschte Luxusgüter wie edle Handtaschen, Geldbörsen, Sonnenbrillen, Mäntel und Schmuck vertrieben hatte. Die Operation Site Down, die in zwölf Ländern 90 Ermittlungen zur Internetpiraterie durchführte, konnte mehrere Plagiatoren hinter Gitter bringen und gefälschte Waren im Wert von einigen Millionen US-Dollar sicherstellen. Die dahinterstehenden operativen Einheiten wurden zerschlagen. Im Rahmen seiner Operation Ocean Crossing konnte STOP! in Zusammenarbeit mit chinesischen Ermittlern und Behörden eine chinesische Bande zerschlagen, die mit falschen Medikamenten handelte. Die Aktion führte in China und den USA zu Gefängnisstrafen und zur Vernichtung von einigen hunderttausend falschen Präparaten.

Amerikas oberster Piratenjäger

Die US-Regierung unterstreicht die Bedeutung, die sie der weltweiten Bekämpfung des Diebstahls geistigen Eigentums beimisst, durch die Einrichtung einer neuen Position im Wirtschaftsministerium. Dort wurde die Stelle eines in der Hierarchie hoch angesiedelten Koordinators zum internationalen Schutz des geistigen Eigentums der USA geschaffen – der oberste Piratenjäger Amerikas.

Amtsinhaber ist Chris Israel, Deputy Assistant Secretary im Wirtschaftsministerium. Israel, ein Jurist mit einem MBA der Georg Washington University, arbeitete vor seiner politischen Karriere bei AOL Time Warner und der Time Warner Inc. im Bereich Politik und Öffentlichkeit. Er verfügt über fundiertes Wissen auf den Gebieten öffentliche Angelegenheiten, Online-Datenschutz, Sicherheit von Kindern im Internet sowie internationaler E-Commerce. Israel ist in der US-amerikanischen Medien- und Technologiewelt bekannt und geschätzt, was ihm bei der Bewältigung seiner schwierigen Aufgabe helfen wird. Mit der Schaffung der neuen Stelle signalisiert die Bush-Regierung, dass die Intellectual Property Task Force jetzt voll einsatzbereit ist.

Als Chefermittler für Piraateriefragen soll Israel die in den USA auf verschiedene Behörden verteilte Piraateriebekämpfung synchronisieren und internationale Pläne koordinieren. Dabei ist das National Intellectual Property Law Enforcement Coordination Council (NIPLECC) als Dachbehörde vorgesehen, dem Israel als Leiter vorstehen wird. Israel wird eine Kommission von fünf Regierungsorganisationen leiten und damit die Koordination des Anti-Counterfeiting sicherstellen, die in den USA bislang gefehlt hat. Er ist dem Wirtschaftsminister direkt unterstellt. Chris Israel wird wesentlich mit dem Department of Commerce, dem Department of Homeland Security, dem Justizministerium, den U.S. Trade Representative und dem Staatsministerium zusammenarbeiten. Als Koordinator wird der Manager Verfahrensweisen entwickeln, mit denen in Übersee Verletzungen geistiger Eigentumsrechte geahndet und IP-Gesetze durchgesetzt werden können. In seiner Rolle wird Israel auch die internationalen IP-Schutzpläne anderer Behörden und Einrichtungen koordinieren und überwachen. Zu den Aufgaben des Koordinators gehört auch herauszufinden, wie Druck auf Regierungen ausgeübt werden kann, um das geistige Eigentum der USA besser schützen zu können.

Schärfere Gesetze

Die amerikanische Legislative läuft auf Hochtouren, was den Schutz geistigen Eigentums angeht. Politiker beider Lager, der Demokraten und der Republikaner, versuchen mit allen Mitteln, noch schärfere Gesetze gegen Verletzungen beispielsweise von Copyrights einzubringen. So soll in den USA nicht nur die absichtliche Verleitung zu Verstößen gegen das Copyright bestraft werden, der Staat soll auch Zivilklagen gegen Copyrightverletzer erheben können. Dazu kommt ein Gesetz, nach dem die Staatsanwaltschaft Zivilklagen gegen mutmaßliche Copyrightverletzer einleiten darf. Der umstrittene Inducing Infringement of Copyrights Act of 2004 soll nicht nur den illegalen Besitz von geschützten Werken bestrafen, sondern auch die Verleitung anderer dazu, sich solche Werke anzueignen. Im Rahmen dieses Gesetzes wäre also schon die Existenz von Tauschbörsen, die das illegale Herunterladen ermöglichen, eine Straftat.

Zentral ist auch der im Senat einstimmig angenommene Gesetzesentwurf Protecting Intellectual Rights Against Theft and Expropriation Act of 2004. Dieser ermöglicht es der Staatsanwaltschaft, flexibel und aus eigenem Anlass zivilrechtlich gegen Copyrightverstöße vorzugehen. Bei solchen Klagen könnte die Staatsanwaltschaft die Internetprovider dazu zwingen, zur Beweisführung die Benutzerdaten herauszugeben. Für diese Aufgabe sollen Mitarbeiter des Justizministeriums rechtlich und technisch geschult werden. Das Gesetz würde die Musikindustrie entlasten und könnte über die Durchführung einer massiven Klagewelle durch die Staatsanwaltschaften für die nötige Abschreckung von Musikpiraten sorgen. Ebenso sollen Klagen gegen Unternehmen möglich sein, die Produkte vertreiben, die Verstöße gegen das Copyright ermöglichen.

Unter Strafe gestellt werden soll auch die Umgehung von Maßnahmen des Kopierschutzes. Dazu wollen US-amerikanische Politiker eine ganze Reihe von Gesetzesvorschlägen umsetzen, die bereits im Kongress eingereicht wurden. Dazu gehört auch der Piracy Deterrence and Education Act, der das Weitergeben von urheberrechtlich geschützten Werken zur illegalen Vervielfältigung unter Strafe stellt. Die USA wollen in Zukunft nicht nur den Verkauf gefälschter Waren ahnden, sondern auch deren Besitz unter Strafe stellen, wenn eine Verkaufsabsicht besteht. Darüber hinaus sollen Urheberrechtsverletzungen auch dann verfolgt werden können, wenn sie keinen Erfolg hatten und es nur beim Versuch einer Verletzung blieb. Bei Vergehen gegen geistige Eigentumsrechte sollen von den Behörden alle Mittel eingesetzt werden können – auch das Anzapfen von Telefonen.

Die Forderung, nicht nur gegen jene vorzugehen, die gewerblich mit gefälschten Produkten handeln oder gewerblich Raubkopien von Musik, Filmen oder Software herstellen und zum eigenen finanziellen Vorteil in den Handel bringen, ist weitreichend. In den USA geht es darum, auch gegen den Tausch illegaler Kopien zwischen Privatpersonen vorzugehen. Man will Verstöße gegen das Urheberrecht ahnden, die ohne kommerzielle Interessen erfolgen. Darüber hinaus wird ein nationales Erziehungsprogramm empfohlen, mit dem an Schulen, Universitäten und anderen Bildungseinrichtungen die Notwendigkeit der Einhaltung des Urheberrechts verdeutlicht werden soll.

Kampf gegen die Internetpiraterie

Eine Entscheidung des obersten US-Gerichtshofs gilt als Durchbruch für die Piraterienbekämpfung im Internet und bestätigt die Auffassung der Musikwirtschaft. Tauschbörsen können für die Millionen von Urheberrechtsverletzungen, die dort täglich verübt werden, zur Verantwortung gezogen werden. In den USA hatten insgesamt 28 Unternehmen der Rechteinhaber die amerikanischen Unternehmen Grokster und Streamcast wegen der aktiven Unterstützung von massenhaften Urheberrechtsverletzungen verklagt. Im Juni 2005 entschied der oberste Gerichtshof, dass die Entwickler von Tauschbörsen dafür zur Verantwortung gezogen werden können. Seither nehmen die Klagen gegen Online-Piraten in den Vereinigten Staaten zu.

Bei der Jagd auf Online-Piraten ist die US-amerikanische Musikindustrie der Anführer. Sie hat in den USA als erste Branche mit den Drohungen an Raubkopierer ernst gemacht. Der Branchenverband Recording Industry Association of America (RIAA) startete seine Piratenjagd mit massenhaften Klagen, die er gegen einzelne Personen eingereicht hat, die über Internet-Tauschbörsen illegal Musikstücke vertrieben haben sollen. Zeitgleich mit den Klagen hat die Musikbranche den Nutzern von Tauschbörsen ein Amnestie-Angebot gemacht. Wenn die Nutzer dem Musikverband eine notariell beglaubigte eidesstattliche Erklärung vorlegen, in der sie sich verpflichten, illegal heruntergeladene Musiktitel zu löschen und künftig keine Stücke mehr herunterzuladen, verzichtet der Verband auf die Einleitung rechtlicher Schritte. Dieses Angebot stieß allerdings auf heftige Kritik, weil die Konsumenten mit dieser Erklärung eine illegale Handlung einräumen und dadurch angreifbar werden. Nach US-amerikanischem Recht kann auf die Beklagten für jeden unzulässig verbreiteten Musiktitel eine Schadenersatzforderung von bis zu 150.000 US-Dollar zukommen.

Nach der Musikbranche hat die US-amerikanische Filmindustrie eine Serie von Klagen gegen die illegale Verbreitung von Filmen im Internet eingereicht. Im Rahmen ihres Kampfes gegen die Verbreitung von Raubkopien kündigte die Industrievereinigung MPAA auch ein Computerprogramm an, mit dem sich auf Rechnern Filme, Musikstücke und auch File-Sharing-Programme aufspüren lassen sollen. Die MPAA folgte mit ihren rechtlichen Schritten dem Vorgehen der Musikindustrie, die ebenfalls mit Klagen versucht, die illegale Verbreitung von Musikstücken einzudämmen. Im

Gegensatz zur Musikbranche will die Filmindustrie die Strafverfolgung nicht aussetzen, wenn die Beschuldigten ihre illegalen Handlungen eingestehen. Im Gesetz sind Strafen von bis zu 30.000 US-Dollar für jeden über das Internet getauschten Film vorgesehen.

Nach den Medien kommt die Medizin

Nach den elektronischen Medien nimmt sich die US-amerikanische Justiz jetzt den Markt der gefälschten Medikamente vor. Als weltweit größter und hochpreisiger Markt für pharmazeutische Produkte leiden die USA massiv unter gefälschten Medikamenten. In den vergangenen zwei Jahren wurden zahlreiche Medizinplagiate entdeckt, darunter hoch profilierte Arzneimittel wie Lipitor oder Epogen. Manche dieser Medizinimitate sind 100-%ige Placebos ohne jeden Wirkstoff, andere sind nur verdünnte Varianten von Originalmedikamenten. Viele gefälschte Medikamente werden im sekundären Großhandelsmarkt verkauft, der aus dubiosen Unternehmen besteht, die Fakes in die Lieferketten einschleusen.

Bei der Verfolgung der Medizinfälscher betreten die USA Neuland. Sie haben eine zusätzliche Klausel für den Food, Drug and Cosmetic Act in den Kongress eingebracht, nach dem alle Pharmagroßhändler verpflichtet werden sollen, eine Herkunftsliste der Medikamente zu führen, die sie verkaufen. Diese Listen würden die Distribution der Medikamente von einem Händler zum anderen dokumentieren. Etablierte Großhändler opponierten gegen diesen Vorschlag, weil er zu teuer und ineffektiv sei. Sie bevorzugen moderne technologische Lösungen, die derzeit in der Pharmaindustrie im Gespräch sind. New Yorks Generalstaatsanwalt Eliot Spitzer lud die führenden Pharmagroßhändler Cardinal, McKesson and AmeriSource Bergin zu Ermittlungen vor, und ein Gericht verurteilte sechs Personen und Unternehmen in Utah, New York, New Jersey und Kalifornien für die illegale Abzweigung verschreibungspflichtiger Medikamente und den Verkauf an Apotheken.

Kritik an restriktiven Copyrights

Der forcierten US-amerikanischen Politik des Schutzes geistigen Eigentums im Medienbereich stehen jedoch auch kritische Stimmen gegenüber. Sie betonen, dass rigide geistige Eigentumsrechte das Wissen einer Gesellschaft zunehmend privatisieren und dadurch der öffentliche Wissensraum, die so genannte Public Domain, austrocknet. So waren beispielsweise Volkslieder und Sagen schon immer Allgemeingut, jeder Dichter, Liedermacher und Geschichtenschreiber konnte sein Werk auf Volksliedern und Sagen aufbauen. Walt Disney entnahm dem öffentlichen Raum viele Sagen und verwandelte sie in geschützte Werke. Auch in der Musik spielten Lizenzen und Copyrights vor dem 20. Jahrhundert kaum eine Rolle. Bach und Beethoven mussten keine Lizenzen erwerben, um Variationen von Musikstücken anderer Komponisten anzufertigen. Durch begrenzte Rechtsansprüche konnten sich Erfinder, Autoren und

Verleger ihre Einkünfte sichern, ohne die der Anreiz zu Kreativität und Innovation fehlt.

Mit dem globalisierten Kapitalismus ist geistiges Eigentum jedoch in die Hände von Unternehmen gelangt, anstatt bei den Urhebern zu bleiben. In der angelsächsischen Rechtsgeschichte entstand das Copyright nicht als Eigentumsrecht der Autoren, sondern als Kopierrecht der Verlage. Geistige Eigentumsrechte haben sich von einem individuellen Recht zum Schutz der Autoren zu einem Recht zum Schutz der Rechteverwerter gewandelt. Im Gegensatz zu Kontinentaleuropa stellen die Urheberrechte in den USA zunehmend Verwertermonopole dar. Sie dienen vor allem wirtschaftlichen Interessen und schränken damit die Informationsfreiheit in der Gesellschaft ein. Das Rechtssystem soll beispielsweise Medien- und Software-Unternehmen Renditen sichern und ihre Geschäftsmodelle vor den unerwünschten Folgen neuer Technologien abschirmen. Das heißt, dass der Aufbau eines rigiden Kontroll- und Verwertungssystems für geistiges Eigentum die Balance zwischen dem Bestand öffentlich frei zugänglicher Werke, der Public Domain, und dem durch Ausschließungsrechte geschützten Bereich privater Vermarktungsinteressen kippt.

Für die Kritiker ist die Austrocknung der Public Domain durch die extensive Gewährung von ausschließenden Rechten an die Urheber von Ideen, Erfindungen und Werken kontraproduktiv. Denn die Public Domain ist nicht etwa ein wertloser Rest, der keinen Monopolschutz verdient, sondern der Nährboden, auf dem die Urheberschaft erst gedeihen kann. Rigide geistige Eigentumsrechte werden kritisiert, weil sie eher einer industriellen Elite dienen und damit neben den Entwicklungsinteressen auch die Freiheit des öffentlichen Raums und das demokratische System gefährden. Wenn Wissen zu sehr blockiert wird, könnte das weitreichende ökonomische und kulturelle Folgen haben, die die Innovation und damit die Entwicklung eines Landes gefährden. Das Ziel der Kritiker ist, eine Balance oder einen Kompromiss zu finden, der ein Gleichgewicht zwischen den berechtigten Ansprüchen von Urhebern und der weiteren ökonomischen Entwicklung der Gesellschaft durch Kreativität und Innovation ermöglicht.

Auch sei Originalität eine juristische Fiktion. Denn Komponisten kombinieren Klänge, die sie bereits vorher hörten, neu. Schriftsteller zeichnen ihre Figuren und Handlungen dem Leben oder den Geschichten anderer Schriftsteller nach. Softwaredesigner arbeiten mit der Logik, die sie in mathematischen Algorithmen oder in anderer Software finden. Filmemacher, Schauspieler, Choreografen, Bildhauer, Architekten oder Ingenieure – sie alle adaptieren, transformieren und rekombinieren Material, das bereits in irgendeiner Form existiert. Dieses Vorgehen ist kein Schmarotzertum, es ist das Wesen der Urheberschaft. Ohne eine starke Public Domain wäre vieles davon illegal. Das Reservoir an frei verwertbaren Ideen und Werken bildet einen Gegenpol, der die Urheberschaft rechtlich überhaupt erst ermöglicht.

Auch Europa blickt nach China

Im Vergleich zu den USA hat es die Europäische Union bei der Bekämpfung der internationalen Produkt- und Markenpiraterie schwerer. Ein Grund dafür liegt darin, dass die EU eine Freihandelszone mit 25 Mitgliedstaaten ist, in denen die Produkt- und Markenpiraterie bislang juristisch und zolltechnisch unterschiedlich behandelt wurde. Zwischen den Mitgliedstaaten gibt es große Unterschiede bei den Instrumenten zur Durchsetzung der Rechte des geistigen Eigentums. Das gilt beispielsweise für die Durchführungsbestimmungen für einstweilige Maßnahmen zur Sicherung von Beweismitteln, bei der Berechnung von Schadensersatz oder bei den Verfahren zur Beendigung von Verstößen gegen geistige Eigentumsrechte. In einigen Mitgliedstaaten stehen Maßnahmen, Verfahren und Rechtsbehelfe wie das Auskunftsrecht oder der Rückruf rechtsverletzender Ware vom Markt auf Kosten des Verletzers überhaupt nicht zur Verfügung. Der Inhaber von Schutzrechten steht dem internationalen Zusammenspiel der Piraten in Europa eher hilflos gegenüber, weil die Lücken in den verschiedenen Gesetzgebungen und die Schwerfälligkeit der Behörden bei länderübergreifenden Ermittlungen von den Fälschern skrupellos ausgenutzt werden.

Dazu kommt, dass die international organisierten Counterfeiter die gefälschte Ware innerhalb Europas oft über mehrere nationale Grenzen hinweg verschieben, was die Entdeckung und Verfolgung der Piraterie massiv erschwert. Sie nutzen oft dieselben Routen, die auch für den Zigaretten- und Drogenschmuggel verwendet werden. Dabei werden die illegalen Waren über verschiedene Grenzen hinweg verschoben, exportiert und wieder importiert, um die Entdeckung und Verfolgung der Transporte durch die Behörden zu erschweren und die Spuren der Täter zu verwischen. Fachleute erwarten, dass sich das Problem der Piraterie mit der EU-Erweiterung noch verschärft, denn viele Plagiate gelangen über Ost- und Mitteleuropa in die Europäische Union. In den Vereinigten Staaten ist die Jagd auf Piraten leichter, weil die USA einen großen und einheitlichen Binnenmarkt bilden, der leichter zu überblicken und deshalb einfacher zu bearbeiten ist.

Bislang konzentrierten sich die Maßnahmen der Europäischen Union auf dem Gebiet des geistigen Eigentums auf die Harmonisierung des materiellen Rechts der Mitgliedstaaten und auf die Schaffung einer einheitlichen Rechtsgrundlage. So wurden nationale Rechtsvorschriften über geistiges Eigentum harmonisiert, beispielsweise in den Bereichen Marken, Muster und Modelle, biotechnologische Erfindungen sowie im Hinblick auf bestimmte Aspekte des Urheberrechts und verwandte Schutzrechte. Darüber hinaus schuf die EU einheitliche Rechte, die überall in der Gemeinschaft gelten, beispielsweise die Gemeinschaftsmarke (Community Trade Mark, CTM) und das Gemeinschaftsgeschmacksmuster (Community Design), das einen europaweiten Designschutz ermöglicht. Durch dieses Vorgehen wurden bisher zwar Rechte angeglichen, nicht aber der Schutz dieser Rechte.

Im Oktober 1998 legte die EU-Kommission deshalb ein Grünbuch über die Bekämpfung von Nachahmungen und der Produkt- und Dienstleistungspiraterie im Europäischen Binnenmarkt vor, das eine Erörterung dieses wachsenden Phänomens mit den beteiligten Parteien in Gang setzen sollte – sowohl der einzelnen Mitgliedsstaaten als auch der Institutionen der EU. Die Sondierung bestätigte, dass sich die Unterschiede zwischen den nationalen Regelungen zum Schutz der Rechte am geistigen Eigentum negativ auf das reibungslose Funktionieren des Binnenmarkts auswirken. Im Anschluss an diese Konsultation legte die Kommission im November 2000 ein Kommuniqué zum Grünbuch vor. Dieses enthielt einen Aktionsplan zur besseren und schärferen Bekämpfung von Nachahmung und Produktpiraterie. Der Aktionsplan sah unter anderem eine Richtlinie zur Harmonisierung der einzelstaatlichen Rechts- und Verwaltungsvorschriften vor, soweit sie die Mittel zur Durchsetzung der Rechte an geistigem Eigentum betreffen.

In einer zweiten Phase wollte die EU-Kommission neue Mechanismen für die administrative Zusammenarbeit der Mitgliedstaaten bei der Bekämpfung des Phänomens Counterfeiting erarbeiten. Dazu gehörte auch die Harmonisierung der Mindestschwelle für Sanktionen, die strafrechtliche Verfolgung sowie die Ausweitung der Befugnisse der europäischen Polizeibehörde Europol. Eine interne Anlaufstelle sollte eingerichtet werden, die als Schnittstelle zwischen den Dienststellen der Kommission, die mit der Bekämpfung der Produkt- und Markenpiraterie befasst sind, fungiert und die für Transparenz nach außen sorgt. Ob es notwendig und sinnvoll ist, die Mindeststrafmaße zu harmonisieren, die Kompetenzen von Europol zu erweitern und ergänzende Systeme der Verwaltungszusammenarbeit aufzubauen, wollte die Kommission prüfen.

Die Richtlinie 2004/48/EG

Am 9. März 2004 hat Europa dem pan-europäischen Kampf gegen das internationale Counterfeiting grünes Licht gegeben. An diesem Tag wurde im Europäischen Parlament mit 330 gegen 151 Stimmen die Richtlinie 2004/48/EG über die Maßnahmen und Verfahren zum Schutz der Rechte an geistigem Eigentum verabschiedet. Die Richtlinie zur Durchsetzung der Rechte des geistigen Eigentums soll zur Bekämpfung des Counterfeiting beitragen. Sie zielt zwar in erster Linie darauf ab, einen gleichwertigen Schutz des geistigen Eigentums in den Mitgliedstaaten zu gewährleisten, verfolgt aber auch weitergehende Ziele wie die Förderung der Innovation und der Wettbewerbsfähigkeit der Unternehmen. Wenn Nachahmung und Produktpiraterie nicht wirksam bestraft werden, verlieren die Wirtschaftsteilnehmer das Vertrauen in den Binnenmarkt. Dies entmutigt Urheber und Erfinder und bremst die Innovation und das kreative Schaffen in der Gemeinschaft. Um Unternehmen Anreize zu bieten, in der EU Innovation und Produktion zu betreiben, müssen nationale Einrichtungen mehr Befugnisse erhalten, Rechtsverletzer zu verfolgen und Wiedergutmachungen für Rechtsinhaber zu erlangen.

Binnenmarkt-Kommissar Mario Monti bringt das Ziel der neuen Direktive so auf den Punkt: „There must be a determined fight against counterfeiting and piracy since they jeopardise the proper functioning of the Single Market and are prejudicial to the development all forms of creativity and to the growth and competitiveness of European industry. All those involved, inventors, industrialists and consumers, must have a guarantee that the Single Market is a secure environment for their activities and the quality of their purchases."

Die Umsetzung der Richtlinie zielt darauf ab, die fragmentierten nationalen Rechtsvorschriften zusammenzufassen, die sich auf unterschiedliche Gesetze verteilen: Urheberrecht, Schutzrechte für Markenzeichen, Rechte zu gewerblichen Mustern, Nachahmungen und Produktpiraterie, Autorenrechte, Rechte zu Computern und Programmen usw. Die Richtlinie bringt all diese Bereiche auf einen gemeinsamen rechtlichen Nenner mit standardisierten Rechtsvorschriften, wodurch mehr Vorhersehbarkeit für Unternehmen in Europa geschaffen wird. Um die EU-Bestimmungen zum Copyright, Schutz von Warenzeichen und gewerblichen Mustern zusammenzufassen, hat das Europäische Parlament den Geltungsbereich der Richtlinie auf sämtliche Verstöße gegen geistige Eigentumsrechte ausgeweitet, die den Rechtsinhabern erheblichen Schaden zufügen, kommerziellen Zwecken dienen und Nachahmungen und Produktpiraterie betreffen.

Zu den Maßnahmen der EU gegen das Counterfeiting gehört auch die Einrichtung einer neuen Task Force, die aus Zollsachverständigen der Mitgliedstaaten besteht und die Kontrollen zur Bekämpfung von Nachahmungen verbessern soll. Dazu kommt die Erstellung eines Leitfadens zum Risikomanagement bei der Bekämpfung von Nachahmungen. Die Unterzeichnung von Abkommen mit wichtigen Handelsvertretern wie Fluggesellschaften, Schifffahrtsgesellschaften und Expressgut- oder Kurierdiensten soll den Austausch von Informationen verbessern und ein stärkeres Bewusstsein der Risiken des Handels mit Fälschungen schaffen. Die Bereitstellung eines neuen elektronischen Systems zur sicheren Übertragung relevanter Informationen in Echtzeit ermöglicht dem Zoll Zugriffe auf Firmenlisten und Datenbanken mit geistigen Eigentumsrechten und erleichtert den Rechteinhabern die Übermittlung von Informationen an die zuständigen Behörden.

Empfindliche Strafen

In dem Vorschlag für eine Richtlinie und einen Rahmenbeschluss, der im Juli 2005 von der EU-Generaldirektion Justiz und Inneres vorgestellt wurde, geht es um die Frage, welche neuen strafrechtlichen Sanktionen bei Rechtsverletzungen gelten sollen. Der Entwurf sieht vor, dass die Mitgliedstaaten verpflichtet werden, jede vorsätzliche Verletzung eines Rechts des geistigen Eigentums strafrechtlich zu ahnden, sofern die Verletzung in gewerbsmäßigem Umfang begangen wird. Der Vorschlag greift Maßnahmen wieder auf, welche die Generaldirektion Binnenmarkt bereits im Artikel 20 ihres ursprünglichen Entwurfs der Richtlinie zur Durchsetzung der Rechte des geistigen Eigentums genannt hatte. Der Artikel war im Frühjahr 2004 jedoch vom Europäischen Parlament abgelehnt worden.

Zu den geplanten Sanktionen gehören Geldstrafen, die Vernichtung rechtsverletzender Waren, die Untersagungen des Gewerbes, die Unterstellung unter Aufsicht des Gerichts, der Ausschluss von öffentlichen Zuwendungen und Beihilfen und die Veröffentlichung von Gerichtsurteilen. Die Mitgliedstaaten werden darüber hinaus dazu aufgefordert, für schwere Vergehen Haftstrafen von mindestens vier Jahren und Geldstrafen von mindestens 300.000 Euro einzuführen. Außerdem sieht der Vorschlag für einen Rahmenbeschluss vor, Einziehungsbefugnisse dahingehend zu erweitern, dass Inhaber geistiger Eigentumsrechte das Recht auf die Mitwirkung an den von gemeinsamen Ermittlungsgruppen durchgeführten Untersuchungen erhalten und dass geregelt wird, wer im Falle von Kompetenzkonflikten zwischen den Mitgliedstaaten für die Strafverfolgung zuständig ist.

Unbestritten ist, dass das Strafrecht immer nur als ultima ratio zum Schutz geistigen Eigentums herangezogen werden darf. Der Staat ist gehalten, schon im Vorfeld von Rechtsverletzungen am geistigen Eigentum tätig zu werden und nicht erst später durch Sanktionen. Deshalb fordert die EU in der Richtlinie die Mitgliedstaaten auch auf, Kampagnen zur Bewusstseinsbildung in der Bevölkerung durchzuführen. Es kommt ihr darauf an, dass die Öffentlichkeit über die Risiken und Probleme im Zusammenhang mit der Herstellung und dem Kauf von Fälschungen und Nachahmungen aufgeklärt wird.

Aktivitäten in Drittländern

Um die zunehmende Produkt- und Markenpiraterie bereits an der Wurzel bekämpfen zu können, hat die Europäische Kommission eine Strategie für die Durchsetzung von Rechten an geistigem Eigentum in Drittländern verabschiedet. Die EU-internen Instrumente, die den europäischen Inhabern geistiger Eigentumsrechte im Fall von Rechteverletzungen innerhalb der EU oder bei Einfuhren gefälschter Waren in die EU zur Verfügung stehen, können nicht angewendet werden, wenn die Verletzungen in Drittländern stattfinden und die falschen Waren entweder in diesen Ländern verbraucht oder von dort in andere Drittländer exportiert werden. Die Verletzungen finden zwar außerhalb der Gemeinschaft statt, betreffen aber Rechteinhaber in der Gemeinschaft. In diesem Fall sind die europäischen Waffen stumpf. Es ist erforderlich, das Counterfeiting dort zu bekämpfen, wo es entsteht.

Das Ziel der neuen Strategie ist, die Produkt- und Markenpiraterie in solchen Ländern, in denen sie besonders stark auftritt, durch die Anwendung und Durchsetzung der einschlägigen Rechtsvorschriften energisch und wirksam zu bekämpfen. Diese Drittländer sollen vor allem durch eine technische Zusammenarbeit bei der Bekämpfung von Fälschungen unterstützt werden. Die Kommission will darüber hinaus die Verbraucher in den Drittländern für das Problem des Counterfeiting sensibilisieren und öffentlich-private Partnerschaften für die Durchsetzung der Rechte am geistigen Eigentum fördern. Mit der neuen Initiative zeigt die Kommission, dass sich die Europäische Union stärker und effizienter in einem Bereich engagieren wird, in dem der Erlass neuer Rechtsvorschriften allein nicht ausreicht.

Die Drittländer-Strategie sieht die Ermittlung prioritärer Länder vor, auf die man sich konzentrieren wird. Die Kommission wird diese problematischen Länder durch regelmäßige Erhebungen unter kompetenten Experten ermitteln. Im Juli 2003 veröffentlichte die Europäische Kommission die Ergebnisse einer Umfrage über die Durchsetzung der Rechte am geistigen Eigentum mit dem Ziel, einen möglichst detaillierten Überblick über die Situation in Drittländern zu erhalten. Den Ergebnissen dieser Umfrage zufolge gelten China, Thailand, die Ukraine, Russland, Indonesien, Brasilien, die Türkei und Südkorea als besonders problematisch.

In diesen Ländern werden Initiativen, die über die Folgen des Counterfeiting wie den Verlust ausländischer Investitionen, unterlassener Technologietransfer, Gesundheitsrisiken oder Förderung der organisierten Kriminalität informieren, gefördert. Dazu wird auch ein Leitfaden über die Durchsetzung der Rechte an geistigem Eigentum für die Bevölkerung und die Behörden der betroffenen Drittländer bereitgestellt. Um Doppelarbeit zu vermeiden, Wissen über bewährte Praktiken zu verbreiten und den politischen Dialog zu stimulieren, wird die EU-Kommission den Austausch von Ideen und Informationen mit wichtigen Organisationen wie der World Intellectual Property Organisation (WIPO) und Staaten wie den USA oder Japan fördern.

Eine wichtige Rolle spielt die Unterstützung einschlägiger örtlicher Netzwerke in den betroffenen Drittländern sowie die Beteiligung an diesen Netzwerken im Rahmen öffentlich-privater Partnerschaften. Dabei werden die von den Dienststellen der Kommission eingerichteten Mechanismen wie die IPR-Helpdesk oder die Verbindungsbüros für Forschung und Technologie für den Informationsaustausch mit den Rechteinhabern und Verbänden in Anspruch genommen. Auch die Zusammenarbeit mit Unternehmen und Verbänden, die sich gegen Produkt- und Markenpiraterie engagieren, wird ausgebaut.

Umsetzung in Deutschland

Auch Deutschland ist dabei, die Richtlinie zur Durchsetzung der Rechte des geistigen Eigentums 2004/48/EG in deutsches Recht zu transformieren. Die Bundesregierung setzt die EU-Direktive durch eine Novellierung gleich mehrerer deutscher Gesetze zum Schutz des geistigen Eigentums um. Patentgesetz, Gebrauchsmustergesetz, Markengesetz, Halbleiterschutzgesetz, Urheberrechtsgesetz, Geschmacksmustergesetz und Sortenschutzgesetz werden weitgehend wortgleich geändert.

Das neue, integrierende Gesetz zur Durchsetzung der Rechte des geistigen Eigentums soll bei Schutzrechtsverletzungen die Beweisführung, die Schadensberechnung und die im Prozess besonders wichtigen Auskunftspflichten der Verletzer erleichtern. Die Richter können künftig nicht nur denjenigen, der geistiges Eigentum verletzt, zur Auskunft verpflichten, sondern unter bestimmten Voraussetzungen auch Dritte – etwa Paketdienste, die gefälschte Produkte versandt haben, oder Internet-Provider, bei denen unrechtmäßige Downloads durchgeführt wurden. Wenn ein Musikverlag beispielsweise entdeckt, dass die Alben eines seiner Künstler im Internet illegal zum

Download angeboten werden, kann er den Internet-Provider gerichtlich zur Herausgabe der Daten des Anbieters der Musikdateien verpflichten. Wenn vermutet wird, dass die Rechtsverletzung in gewerblichem Ausmaß begangen wurde, erstreckt sich der Auskunftsanspruch auch auf die Vorlage von Bank-, Finanz- und Handelsunterlagen. Die zivilrechtliche Durchsetzung von Schutzrechten wird auch für geografische Herkunftsangaben in der beschriebenen Weise erleichtert. Außerdem wird durch die Änderung des Markengesetzes ein strafrechtlicher Schutz für solche geografischen Angaben und Ursprungsbezeichnungen geschaffen, die auf europäischer Ebene nach der Verordnung zum Schutz geografischer Angaben und Ursprungsbezeichnungen für viele landwirtschaftliche Produkte wie die Spreewald Gurken gelten. Bisher gab es einen solchen Schutz nur für die nach deutschem Recht geschützten Bezeichnungen.

Änderungen gibt es auch beim Schadensersatz. Wenn ein Fälscher ein Markenprodukt nachahmt, ist es für den Markeninhaber in der Regel schwierig, seinen Schaden zu berechnen. Das neue Gesetz ermöglicht ihm, vom Fälscher vor Gericht eine angemessene Lizenzgebühr zu verlangen. Die Höhe der Lizenzgebühr bemisst sich danach, was er verdient hätte, wenn er mit einem Markennutzer einen rechtmäßigen Lizenzvertrag abgeschlossen hätte. Alternativ kann der Markeninhaber den Gewinn verlangen, den der Fälscher durch die Nutzung der Marke erzielt hat.

6. Chinas Kampf gegen Fälscher

Planierwalzen, die auf der Straße einige Tausend CD-Raubkopien zermalmen, Plagiate von Markenbekleidung, die öffentlich in Flammen aufgehen oder Flaschen mit gefälschtem Mineralwasser, die vor aller Augen zerschlagen werden – Chinas spektakuläre Demonstrationen von Maßnahmen gegen die Produkt- und Markenpiraten im Lande sind alles andere als Täuschungsmanöver oder Propagandafeldzüge, mit denen kritische Stimmen im Westen beruhigt werden sollen. Die Zentralregierung der Volksrepublik China meint es mit ihrem offensichtlichen Kampf gegen das Counterfeiting ernst und kämpft mit immer härteren Bandagen gegen Piraten, Fälscher und Kopierer. Die in den USA und Europa immer wieder geäußerte Behauptung, die Attacken chinesischer Behörden gegen die Plagiatoren hätten nur eine Alibifunktion, ist schlicht falsch. China spielt bei seinem Kampf gegen die Produkt- und Markenpiraten kein doppeltes Spiel. Es gibt nur verschiedene Spieler mit unterschiedlichen Interessen.

Die Chinesen spüren, dass der internationale Druck, für einen besseren Schutz geistigen Eigentums zu sorgen, weiter zunimmt. Beijing ist sensibilisiert. Die Zentralregierung weiß, dass China in der globalen Wirtschaft eine internationale Reputation zu verlieren hat, wenn das Land das Counterfeiting nicht intensiv und nachhaltig bekämpft. Der Schutz geistigen Eigentums liege auch im Interesse seiner Regierung, um auf dem Weltmarkt besser Fuß zu fassen, sagte Wen Jiabao im Jahre 2005 bei seinem Staatsbesuch in Berlin. Seine Zentralregierung setzt wirtschaftspolitisch auf Forschung und Entwicklung, Innovation und Hochtechnologie. China ist mittlerweile selbst ein Hochtechnologieland, in dem die eigenen Firmen zunehmend unter Schutzrechtsverletzungen leiden. Das Reich der Mitte wandelt sich vom reinen Industrieland zum Entwicklerstandort.

Auch chinesische Hochtechnologie braucht Schutz

Die Volksrepublik China hat in den letzten Jahren einige Tausend Entwicklungszonen für Hochtechnologie und neue Technologien errichtet, in denen im Jahr 2004 rund 30.000 Unternehmen angesiedelt waren. Viele dieser Zonen, die zu Exportbasen für Hochtechnologieprodukte ausgebaut werden können, sind ein wichtiger Bestandteil des von der chinesischen Regierung ausgearbeiteten Plans zur Förderung des Handels durch Wissenschaft und Technik. Der Technologiepark Zhongguancun in Beijing und eine Reihe von Hochtechnologie-Entwicklungszonen in Tianjin, Shanghai, Heilongjiang, Jiangsu, Anhui, Shandong, Hubei, Guangdong, Shaanxi, Dalian, Xiamen, Qingdao und Shenzhen wurden auf Grund ihrer schnellen Entwicklung, ihrer guten Infrastruktur und ihres Export-Zuwachses bereits zu großen Exportbasen ausgebaut. Über 80% der exportierten Hochtechnologieprodukte Chinas wurden im Perlfluss-

und im Yangtse-Delta sowie in den Regionen an der Küste des Bohai-Meeres hergestellt.

Von der chinesischen Regierung besonders gefördert werden Schlüsseltechnologien
wie neue Generationen digitaler Informationstechnologie, Computer mit hoher Leistung, Informationssysteme für die Wirtschaft und den Handel, das hoch auflösende
Fernsehen HDTV, die digitale Rundfunktechnologie Digital Acoustics Broadcasting
(DAB) sowie Softwareplattformen in chinesischer Sprache. Im Bereich der Fertigung
konzentriert sich China zukünftig auf die Förderung moderner Herstellungstechnologien mit Fokus auf dem Automobilbau, auf integrierte CAD-Systeme, Industrie-
roboter und die Lasertechnologie. In der Energietechnik stehen neue Energiequellen
im Mittelpunkt, ganz besonders Hochleistungs-Windgeneratoren und die Anwendung
von Solarenergie und Bio-Energie. Gefördert werden auch neue Materialien für Mi-
litärtechnik und den Automobilbau sowie biologische Technologien mit Fokus auf
der Landwirtschaft, der Genmedizin und der Industrialisierung der Schlüsseltechnologien.

Bei den Exporten von Geräten zu Informationsverarbeitung und Kommunikation hat
China bereits die USA überholt. Die Statistik der Organisation für wirtschaftliche

IuK-Exporte in Milliarden US-Dollar. Grafik: OECD

Zusammenarbeit und Entwicklung (OECD) zeigt, dass die Volksrepublik im Jahr 2004 Informationstechnologie im Wert von 180 Milliarden US-Dollar exportiert hat, die USA verkauften dagegen Technologie im Wert von 149 Milliarden Dollar ins Ausland. Im Vergleich zu 2003 konnte China damit um 46% zulegen. In den ersten elf Monaten des Jahres 2005 nahm der Export Chinas um weitere 32,5% auf 194,64 Milliarden US-Dollar zu. Komponenten wie Chips oder andere Bauteile importiert die Volkswirtschaft vermehrt aus anderen asiatischen Ländern, aber auch hier holen die Chinesen auf. Diese Zahlen zeigen vor allem, dass sich China innerhalb der Wertschöpfungskette inzwischen weit hochgearbeitet hat.

Der Anteil der Hightech-Exporte an den Gesamtausfuhren eines Landes ist ein wichtiger Indikator für die technologische Leistungsfähigkeit eines Landes. Hochtechnologie macht inzwischen schon 25% der chinesischen Exporte aus, wobei der größte Teil dieser Exporte noch von ausländisch investierten Unternehmen stammt. Doch dies soll sich bald ändern. Ausländische Unternehmen sollen nicht nur Spitzentechnologien nach China bringen, sondern im Land auch eigene Forschungseinheiten gründen. Investitionen in Bildung, Forschung und Entwicklung sind Grundvoraussetzung für eine wettbewerbs- und innovationsfähige Volkswirtschaft und stehen bei der chinesischen Führung ganz oben auf der Agenda. Wenn ausländische Investitionen in den anspruchsvollen Wissenschafts- und Technologiebereichen ausbleiben würden, hätte die Volksrepublik ein ernstes Problem. China hat also eine Zukunft zu verlieren. Vor diesem Hintergrund fällt dann auch der Beschäftigungseffekt des Counterfeiting nicht mehr ins Gewicht.

Chinas Unternehmen sind selbst betroffen

Auch in der chinesischen Öffentlichkeit entwickelt sich zunehmend ein Bewusstsein dafür, dass das wuchernde Fälscherwesen letzten Endes die eigene Volkswirtschaft untergräbt und damit der internationalen Wettbewerbsfähigkeit chinesischer Unternehmen schadet. Dieses veränderte Bewusstsein zeigt sich in einem Leserbrief in der Zeitung China Daily vom 18. November 2005:

Without a profit motive, who will invest in new development of movies, software, music and medicine? The lack of IPR protection in China is a much greater concern because of the lack of innovation from Chinese companies. Forget Hollywood, or the price of a movie ticket. The problem is that there are no alternative choices since Chinese companies cannot compete with an illegal copy of a well-produced Western product sold for 8 Yuan (US$1). Some company one day will replace Microsoft, but it will never be a Chinese company. Why? Because there is no way for any company in China to produce a better alternative product and make a profit from it. They simply cannot generate any income to compete in a global market.

The argument from many of my business students that "Well, Microsoft is rich, America is a monopoly, so it's OK to steal from them" misses the main point. People who buy bootlegged products create a "no win" environment for the next great Chinese *company. If a Chinese company invests millions in R&D to develop a better, cheaper product than the Western alternative, it will be stolen, too. Their competition is not an original version of Windows that is over-priced for the Chinese market at 1,500 Yuan (US$185), but an illegal copy that sells at 8 Yuan! How can any company compete with that? You can't ... unless you are competing against the 1,500 Yuan version.*

The answer is that the government must end this piracy issue now. Not only to protect the Western companies profits and technologies, but to provide an environment where Chinese companies have the financial incentive to invest in new technologies and can expect to be rewarded with profits. Only then will the next great software, movie or drug company have a Chinese name.

Ausreichendes Rechtssystem

Die Staatsführung in Beijing hatte sich im Zuge des Beitritts zur Welthandelsorganisation (WTO) bereits im Jahr 2002 verpflichtet, den Schutz geistigen Eigentums im eigenen Land zu verbessern. In den vergangenen Monaten zeigte sich die Regierung gewillt, gegenüber den Verletzern von Schutzrechten eine härtere Gangart einzulegen. Die Anstrengungen, Fälscher zu fassen und auch mit Haftstrafen zu belegen, haben deutlich zugenommen. Das Markenrecht wurde verschärft, und die Gerichte verurteilen Fälscher zu immer höheren Strafen. Selbst bei den Regierungsbehörden soll ab sofort weniger illegale Software eingesetzt werden. Anti-Counterfeiting ist in China work in progress.

In den letzten Jahren hat die chinesische Zentralregierung ein relativ vollständiges System von Gesetzen und Vorschriften zum Schutz von geistigem Eigentum aufgebaut, das mit den allgemein anerkannten internationalen Regeln auf einer Linie liegt. Dieses System besteht aus zahlreichen Gesetzen und Vorschriften:

- Patentgesetz (Patent Law of the People's Republic of China).
- Markengesetz (Trademark Law of the People's Republic of China).
- Urhebergesetz (Copyright Law of the People's Republic of China).
- Vorschriften über den Schutz von Computersoftware (Regulations on the Protection of Computer Software).
- Vorschriften über das Management von Audio- und Videoprodukten (Regulations on the Management of Audio-Video Products).
- Vorschriften über den Schutz neuer Pflanzensorten (Regulations on the Protection of New Varieties of Plants).
- Vorschriften über das Management von Urheberrechten (Regulations on the Collective Management of Copyrights).
- Vorschriften über den Schutz des Designs integrierter Schaltkreise (Regulations on the Protection of Layout Designs of Integrated Circuits).
- Vorschriften zum Schutz des geistigen Eigentums durch das Zollamt (Regulations on the Protection of Intellectual Property Rights by the Customs).

- Vorschriften zum Schutz besonderer Zeichen (Regulations on the Protection of Special Signs).
- Vorschriften über den Schutz des Olympischen Logos (Regulations on the Protection of Olympic Logo).
- Gesetz gegen unlauteren Wettbewerb (Law of Unfair Competition).

Die Durchsetzung der Gesetze und Vorschriften erfolgt im Rahmen eines zweispurigen Systems, das administrative Verfahren vor den Verwaltungsorganen und strafrechtliche Verfahren vor den Strafverfolgungsbehörden ermöglicht. Ein weiterer wichtiger Schritt ist die Gründung eines Koordinationsorgans, des State Office of Intellectual Property Protection (SOIPP), mit einem endgültigen Entscheidungsrecht, das die gegenwärtig getrennten Tätigkeiten der für Patente zuständigen State Intellectual Property Office (SIPO), der für Marken zuständigen staatlichen Verwaltung für Industrie und Handel (The State Administration for Industry and Commerce, SAIC) und der für das Urheberrecht zuständigen staatlichen Presse- und Publikationsadministration (General Administration of Press and Publication, GAPP) koordiniert.

China verfügt über ein ganzes Netz von Behörden und Organisationen, die sich mit dem Schutz des geistigen Eigentums befassen. Das Problem ist, dass die vielen Stellen bislang völlig unkoordiniert gearbeitet haben und dass sich ihre Arbeitsbereiche auch stark überlappen. Dazu kommt, dass in China im Bereich des Anti-Counterfeiting immer mehr private, zum Teil dubiose Zusammenschlüsse entstehen, deren Intentionen und Professionalität noch nicht eingeschätzt werden können. Die folgenden Behörden und Organisationen stellen deshalb nur eine kleine Auswahl der in China anerkannten und zuverlässigen Einrichtungen dar.

State Intellectual Property Office (SIPO)

Das 1980 gegründete Patentamt der Volksrepublik China wurde im Zuge der Umstrukturierung der Regierungsagenturen im Jahr 1998 zum State Intellectual Property Office (SIPO) umbenannt. Das SIPO wird als Regierungsbehörde direkt vom Staatsrat gesteuert. Es ist für Patentangelegenheiten zuständig und koordiniert die auslandsbezogenen Angelegenheiten in Bezug auf geistiges Eigentum. Zu den Aufgaben des SIPO gehören neben der Durchführung von Patentierungen auch die Revision des chinesischen Patentgesetzes und der Entwurf von Regeln zu seiner Implementierung. Dazu studiert die Behörde sehr genau ausländische Regelungen zum Schutz geistigen Eigentums, beispielsweise die amerikanischen und europäischen Patentgesetze. Das SIPO ist darüber hinaus für die Formulierung von Standards bei Patentverletzungen zuständig, überprüft Patentagenturen sowie Patentanwälte und organisiert und fördert die Ausbreitung des chinesischen Patentgesetzes im Lande. Dabei ist die Ausbildung und das Training von Fachleuten ein wichtiges Instrument. Das SIPO wird umfangreiche Bildungsprogramme aufsetzen, die beispielsweise den Mitarbeitern der Ministerien, Richtern oder Börsenmaklern die Bedeutung des Schutzes der Rechte am geistigen Eigentum näher bringen sollen. In chinesischen Grund- und Mittelschulen werden spezielle Lehreinheiten für die Information der Schüler sorgen, die durch aufklärende Fernsehsendungen flankiert werden.

Im August 2005 hat das SIPO ein anspruchsvolles Projekt in Angriff genommen: die Entwicklung einer nationalen IP-Strategie, die sich nicht auf den Schutz geistigen Eigentums beschränkt. Die chinesische IP-Strategie wird im Kontext der nationalen Entwicklung gesehen, geistiges Eigentum steht in einer Wechselwirkung mit anderen Strategien der Regierung, die auf die Entwicklung von Wissenschaft, Bildung, nachhaltige Entwicklung und Human Resources zielen. Der gemeinsame Fokus all dieser Strategien ist, eine leistungsfähige und wohlhabende chinesische Gesellschaft zu schaffen. Geistiges Eigentum soll also nicht um seiner selbst willen geschützt werden, sondern wird als Mittel zum Zweck der gesellschaftlichen Entwicklung Chinas gesehen. Deshalb werden beispielsweise Hightech-Unternehmen, die Produkte und Technologien zum Schutz geistigen Eigentums entwickeln, vom Staat mit steuerlichen Vorteilen, günstigen Grundstücken und Unterstützung bei der Suche nach talentierten Nachwuchskräften belohnt.

National Working Group on IP Protection

Im August 2004 wurde die nationale Arbeitsgruppe für den Schutz des geistigen Eigentums (National Working Group on IP Protection) gegründet. Die Arbeitsgruppe wird von Vize-Premierminister in Wu Yi geführt und besteht aus dreizehn Mitgliedern, die für zwölf Behörden verantwortlich sind. Zu den Hauptaufgaben der nationalen Arbeitsgruppe zählen die Förderung des Aufbaus von Gesetzen und Regelungen zum Schutz geistigen Eigentums und der Aufbau eines abteilungsübergreifenden Koordinationsmechanismus zur effektiven Durchsetzung von IPR-Maßnahmen. Die Arbeitsgruppe organisiert und koordiniert spezielle Kampagnen zum Schutz geistigen Eigentums und überwacht die Bearbeitung wichtiger Fälle von Rechtsverletzungen. Zu den Kampagnen gehört die IPR Protection Publicity Week, die das Bewusstsein der Bevölkerung für geistiges Eigentum schärfen soll. Darüber hinaus baut die nationale Arbeitsgruppe Mechanismen zur Koordination der chinesischen Aktivitäten mit ausländischen Investoren auf und organisiert Maßnahmen der Durchführung von Gesetzen, des Personaltrainings, der Ausbildung und der internationalen Zusammenarbeit.

Aufsehen erregte eine Kampagne, die vom September 2004 bis zum August 2005 von der nationale Arbeitsgruppe für den Schutz des geistigen Eigentums organisiert und von den lokalen Regierungen Chinas durchgeführt wurde. Die Kampagne konzentrierte sich auf die Schlüsselbereiche, die wichtigsten Verbindungen und die zentralen Regionen der Produkt- und Markenpiraterie. Die Schlüsselbereiche sind der Schutz von Marken, Copyrights und Patenten. Unter den wichtigsten Verbindungen werden beispielsweise Import- und Exportagenturen, Ausstellungen, Großhandelsmärkte, Original Equipment Manufacturer (OEM) usw. verstanden. Zentrale Regionen sind solche Regionen, in denen das Fälschen geradezu zügellos auftritt. Zu diesen Piratenregionen gehören die großen Städte Beijing, Shanghai und Tianjin, aber auch ganze Provinzen und Gebiete wie Hebei, die Innere Mongolei, Liaoning, Jiangsu, Zhejiang, Anhui, Fujian, Henan, Hunan, Guangdong und Shanxi. Die Kampagne demonstriert einmal mehr Chinas Entschlossenheit, den Schutz des geistigen Eigentums massiv voranzutreiben.

Die einjährige Kampagne, bei der gefälschte CDs und Markenverletzungen oberste Priorität hatten, konzentrierte sich in den Zielregionen auf ausgewählte Geschäftsbezirke, Hotels mit vielen ausländischen Gästen sowie Verkehrsmittelpunkte. Tausende von Beamten zerstörten illegale CD-Produktionsstätten, verhafteten Händler und bestraften Käufer gefälschter Ware. Um die Wiederholung der Rechtsverletzungen zu verhindern, übernahmen alle lokale Regierungen und Verwaltungsorgane spezifische Aufgaben und bildeten eine Koalition für den Schutz geistigen Eigentums. Um den lokalen Protektionismus bekämpfen zu können, wurden auch überregionale Maßnahmen durchgeführt. Überwachungsgruppen sorgten dafür, dass die Maßnahmen in den betroffenen Regionen auch tatsächlich durchgeführt wurden.

State Office of Intellectual Property Protection (SOIPP)

Das staatliche Büro zum Schutz geistigen Eigentums (State Office of Intellectual Property Protection, SOIPP) der Volksrepublik China wurde im Jahr 2004 innerhalb des Handelsministeriums (Ministry of Commerce, MoC) gegründet. Das SOIPP ist die Exekutivagentur, die als ausführendes Organ unter der nationalen Arbeitsgruppe für den Schutz des geistigen Eigentums agiert. Direktor des Büros ist Zhang Zhigang, der Vizeminister des Handelsministeriums. Auch hier zeigt sich, wie hoch das Thema IPR in China angesiedelt ist.

Das SOIPP führt regelmäßig Analysen zur Produkt- und Markenpiraterie durch. Die Beamten wählen eine Reihe von Fällen aus, analysieren die wichtigsten Probleme und führen Beobachtungen und Interviews durch, um das Phänomen Counterfeiting in China zu durchleuchten. Das Ziel ist es, jede Provinz und Stadt dazu zu bewegen, die anstehenden Probleme dem Gesetz entsprechend zu untersuchen und zu lösen. SOIPP ist auch für viele Kampagnen zum Schutz geistigen Eigentums verantwortlich, die auf die Provinzen zielen. Das Büro organisierte im September 2005 zusammen mit der Kommunistischen Partei und verschiedenen zentralen Behörden ein Symposium, an dem 69 Politiker aus chinesischen Provinzen teilgenommen haben. Experten und Wissenschaftler sowie wichtige Politiker hielten Vorträge, um die Regionalfürsten von der Notwendigkeit des Schutzes geistigen Eigentums zu überzeugen. Vizepremierministerin Wu Yi forderte die Regionalpolitiker auf, in ihren Provinzen klare Verantwortlichkeit zu definieren und das Anti-Counterfeiting voranzutreiben – durch die Verfolgung von Rechteverletzern, die Koordination von Maßnahmen, Kampagnen gegen die Produkt- und Markenpiraterie und die Ausbildung von Mitarbeitern. Es käme darauf an, ein gutes soziales Umfeld für den Schutz geistigen Eigentums zu schaffen.

All-China Patent Agents Association (ACPAA)

Der 1988 gegründete Verband chinesischer Patentanwälte zählt mittlerweile 530 Patentanwaltsbüros und 3.200 Patentanwälte als Mitglieder. Er ist vom SIPO autorisiert, die Zertifizierungsurkunde für eine Patentagentur (Patent Agent Certificate) zu verleihen. Die ACPAA führt Fortbildungsveranstaltungen für ihre Mitglieder durch und überprüft einmal im Jahr die Patentanwaltsbüros. Sie gibt die Publikation Chinese Patent Agency heraus und vermittelt Kontakte zu ausländischen Patentanwälten und internationalen Organisationen. Dazu kommen Ausbildung und Training von Forschern und Entwicklern in Bezug auf Patentgesetze, die Unterstützung von Verwaltungen und Gerichten bei der Identifizierung technisch relevanter Details für Gerichtsverhandlung sowie Mediation.

General Administration of Customs (GAC)

Wie in den USA und Europa spielen auch in China die Zollbehörden bei der Verfolgung von Produkt- und Markenpiraten eine herausragende Rolle. Das chinesische Zollsystem hat drei Ebenen. Oberste Behörde ist die General Administration of Customs (GAC), das der GAC direkt unterstellte Hauptzollamt und die lokalen Zollämter. Der Schutz geistigen Eigentums ist seit September 1994 im Visier der Zöllner. Der Staatsrat hat im Juli 1994 eine Vorschrift über den Schutz geistigen Eigentums erlassen, in der der Schutz durch den Zoll zum ersten Mal genannt wurde. Die Maßnahmen des Zolls umfassen die Überprüfung der Zollerklärungsunterlagen und Zertifikate, die Überwachung der importierten und exportierten Waren, die Beschlagnahmung und Untersuchung verdächtiger Waren sowie die Entsorgung gefälschter Waren. Um diese vielfältigen Aufgaben zu erleichtern, baut China zurzeit ein zentrales Zoll-Informationssystem für den Schutz geistigen Eigentums auf. Die Inhaber von Schutzrechten können in einem Online-Formular ihren Namen, die Namen ihrer Marke etc. und die Art des geistigen Eigentums eintragen. Erst nach dem Eintrag hat der Zoll das Recht, verdächtige Waren festzuhalten.

Die General Administration of Customs hat bereits im Jahr 1995 eine Grenzschutzabteilung (Border Protection Division) für den Schutz geistigen Eigentums aufgebaut und in allen lokalen Zollbehörden Arbeitsgruppen und Kontaktpersonen nominiert, die für die Produkt- und Markenpiraterie verantwortlich sind. Damit können die Inhaber von Patente, Marken, Copyrights oder Geschmacksmustern ihre Rechte durch Maßnahmen des Zolls zusätzlich zu juristischen Maßnahmen schützen. Im Fall einer Rechtsverletzung können die Inhaber der Rechte bei den zuständigen Behörden klagen. Während dieses Prozesses dürfen die betroffenen Behörden die gefälschten Waren beschlagnahmen und verwahren. Im Jahr 2002 unterzeichneten die China Customs General Administration und die Chinesische Vereinigung für Unternehmen mit Auslandskapital darüber hinaus ein Memorandum über die Etablierung von Systemen zur Informationsweitergabe, um besser gegen den Export gefälschter Produkte vorgehen zu können.

Anti-Piracy Committee

Die erste reine Organisation gegen das Counterfeiting, das Anti-Piracy Committee, wurde im Oktober 2002 in Beijing gegründet. Das Komitee, das von der Copyright Society of China geleitet wird, ermittelt auf Antrag der geschädigten Unternehmen und Personen in Fällen von Schutzrechtsverletzungen und koordiniert die Maßnahmen gegen die Produkt- und Markenpiraterie der unterschiedlichen Regionen, Industrien, Abteilungen und Einzelpersonen in China. Die 82 Mitglieder des Anti-Piracy Committee kommen aus Anti-Counterfeiting-Organisationen in ganz China. Sie bearbeiten aufgrund der Anforderung der Rechteinhaber Fälle und bringen sie vor die zuständigen Verwaltungs- oder Kriminalbehörden. Dazu kommen weitere Tätigkeiten, die den chinesischen Kampf gegen die Produkt- und Markenpiraten forcieren sollen:

- Information und Ausbildung zum Urheberrecht in ganz China, die das Bewusstsein der Bevölkerung hinsichtlich Intellectual Property Rights stärken.
- Verbindung und Kooperation der Aktivitäten des Anti-Counterfeiting von inländischen und ausländischen Unternehmen und Organisationen.
- Durchführung von nationalen und internationalen Seminaren über die Probleme und Lösungen beim Schutz des Urheberrechts in China.
- Koordination der Tätigkeiten regionaler Anti-Piracy-Organisationen und betroffener Unternehmen und Branchen durch Austausch von Informationen und Erfahrungen sowie Unterstützung bei Ermittlungen.
- Vorgehen gegen Schutzrechtsverletzer in Zusammenarbeit mit den zuständigen Behörden.
- Sammlung von Information über Counterfeiting, um den Behörden Maßnahmen zum Schutz des geistigen Eigentums empfehlen zu können.
- Ermittlungen, Beweissicherung und rechtliche Bearbeitung der Fälle, die zu Verwaltung-, Zivilgerichts- oder Strafgerichtsverfahren führen.

Das Anti-Piracy Committee arbeitet mit vielen Medien. Es bietet im Internet Informationen zur Identifizierung gefälschter Waren an, darüber hinaus werden Namen der gefälschten Produkte veröffentlicht. Eine Hotline, an die sich betroffene Rechteinhaber wenden können, steht 24 Stunden am Tag zur Verfügung. Im Dezember 2004 hat das Komitee ein Anti-Counterfeiting-Informationssystem aufgebaut und den Inhabern von Schutzrechten zur Nutzung empfohlen. Das Informationssystem verfügt über eine Datenbank, schnelle Leitungen zur Daten-Fernübertragung sowie umfangreiche Sicherheitstechnologien. Darüber hinaus implementiert das Komitee in ganz China ein einheitliches Anti-Piracy-Zeichen, mit dessen Hilfe Verbraucher und Behörden authentische Waren identifizieren sollen.

Einsatzwagen des IP Office in Nanjing. Foto: Birgit Medeke, Zwilling J. A. Henckels AG

Größeres Engagement der Behörden

Nach Informationen des Industrial and Commercial Bureau haben die chinesischen Behörden in den ersten sechs Monaten des Jahres 2005 insgesamt 18.130 Fälle der Verletzung von Markenrechten bearbeitet. Davon betrafen 2.451 aller Fälle ausländische Marken, der Rest ging auf das Konto chinesischer Brands. Die Ermittlungen im Zusammenhang mit Verletzungen der Schutzrechte ausländischer Marken wuchsen gegenüber dem Vergleichzeitraum im Vorjahr aber um 55 %, während die Gesamtzahl der bearbeiteten Fälle nur um 13,4 % anstieg.

Bei den Ermittlungen wurden rund eine Million Inspektionen durchgeführt, 2,68 Millionen Geschäftsräume überprüft, 12.000 Märkte kontrolliert und 1.745 versteckte Produktions- und Verkaufsstätten entdeckt. Rund 7 Millionen gefälschte Produkte und 14,45 Millionen falsche Markenlogos wurden beschlagnahmt. Die verhängten Geldstrafen hatten zusammen eine Höhe von 115 Millionen RMB (rund 13,9 Millionen US-Dollar), 88 Personen wurden den Kriminalbehörden für weitere Ermittlungen übergeben.

Ende November 2005 zog das Büro für Qualitätskontrolle der Provinz Fujian Bilanz. Von Januar bis Oktober des Jahres wurden in der gesamten Provinz insgesamt 3.607

Fälle von Fälschungen ermittelt, von denen 2.884 Fälle rechtlich verfolgt wurden. Der Gesamtwert der gefundenen gefälschten Waren betrug 21,3 Millionen RMB, die verhängte Geldstrafe belief sich in dieser Region auf 12,5 Millionen RMB. Unterteilt nach Produktkategorien lagen die Schwerpunkte bei Nahrungsmitteln, Baumaterialien und Agrarerzeugnissen. Gefälschte Produkte dieser drei Kategorien trugen mit einem Wert von 12,4 Millionen RMB zu 52,6 % der Fälle bei, die zur Verfolgung gebracht wurden.

Die Provinz Yunnan ist der wichtigste Standort für die chinesische Tabakindustrie, im Jahre 2004 betrugen die Gewinne und Steuereinnahmen aus dieser Branche dort rund 40 Milliarden RMB. Zwischen 1995 und 2004 haben die chinesischen Behörden in dieser Region 1.488 illegale Produktionsstätten zerstört, 190 Millionen gefälschte Markenkennzeichen entdeckt sowie 10,7 Millionen Stangen Zigaretten und 928 Maschinen zur Zigarettenproduktion beschlagnahmt. Bis zum Jahr 2004 haben die Behörden der Provinz Yunnan rund 2,2 Milliarden RMB für die Bekämpfung der Produkt- und Markenpiraterie bei Tabakprodukten ausgegeben.

Bei der Verfolgung der Piraten gehen chinesische Behörden inzwischen mit aller Härte vor. Ihre wichtigsten Instrumente sind das Ermitteln von Fälschernetzen durch

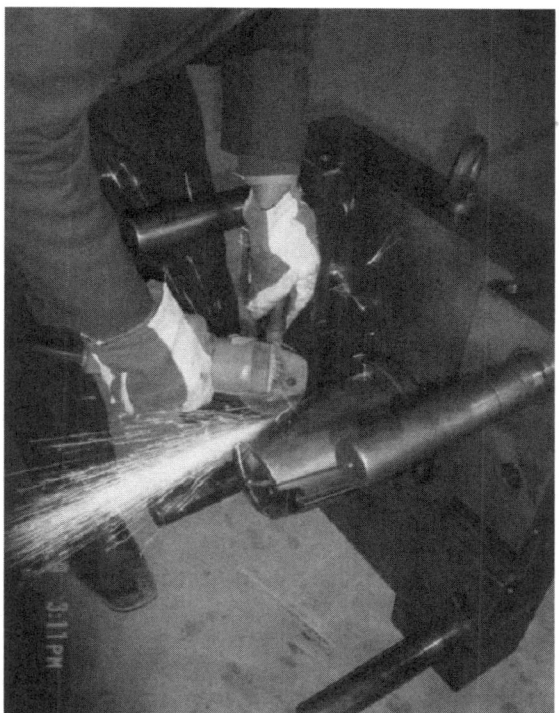

Vernichtung von Formen zur Herstellung von Plagiaten durch die chinesischen Behörden. Foto: Braun GmbH

Informanten, das Ziehen von Stichproben, Beschlagnahmungen und Zerstörung der Fälschungen sowie hohe Strafen für Piraten. Wanderarbeiter werden von den Behörden als verdeckte Ermittler angeheuert, die eng mit den Beamten zusammenarbeiten. Die Informanten spionieren illegale Fabriken aus oder lassen sich dort sogar als Arbeiter anheuern. Im Jahr 2004 konnten rund 30 % aller Fälle von Produkt- und Markenpiraterie mit Hilfe dieser Agenten aufgeklärt werden. Im Jahr 2005 wurden in einer achtmonatigen Polizeiaktion 2.600 Personen wegen Produktpiraterie verhaftet. Die Behörden vernichteten rund 63 Millionen illegal kopierte CDs und andere Produkte sowie Formen mit einem Schwarzmarktwert von mehr als 100 Millionen US-Dollar.

Auch das System der Stichproben wird immer dichter. Ein Beispiel: In China dürfen nur ausgewählte Qualitätsschnäpse aus der Region Shaoxin den Namen dieser berühmten Stadt tragen. Weil diese Regionalmarke von chinesischen Fälschern gerne für Plagiate verwendet wird, haben die zuständigen Behörden jetzt engmaschige Stichprobennetze eingeführt. Wer bei Regelverstößen dreimal erwischt wird, muss seinen Betrieb schließen. Um die Bestechung von Testlabors durch die Fälscher zu verhindern, werden die Zertifizierer nicht mehr von den Herstellern, sondern von der Behörde bezahlt.

Die Stadt Yi Wu hat im Januar 2005 ein Informantensystem eingeführt, um rechtzeitig Hinweise auf Fälschungen zu bekommen und Plagiatoren abzuschrecken. Bis heute haben sich rund 1.000 Einwohner der Stadt als Fakescouts angemeldet. Sie arbeiten ähnlich wie Informanten der Polizei. Wenn sie auf dem Markt oder in Geschäften gefälschte Medikamente oder Nahrungsmittel, Schmuggelware, Verletzungen geistigen Eigentums oder irreführende Werbung entdecken, teilen sie dies ihrem Verbindungsmann bei der Behörde mit. Zur Motivation können die Informanten vor Ort bis zu 10.000 RMB in bar bekommen, bei der Verurteilung von Fälschern durch ein Gericht winkt eine Belohnung von bis zu 300.000 RMB. Nach Schätzung der städtischen Behörden wurden in Yi Wu von Januar bis zum Oktober 2005 mehr als 500 Fälle entdeckt, die Hälfte davon durch Informanten.

Richtungweisend ist die neue Regelung, nach der die Verwalter und Überwacher von Märkten die Verbraucher selbst entschädigen müssen, wenn diese gefälschte Waren gekauft haben und vom Hersteller nicht sofort eine Entschädigung erhalten. Da die Besitzer eines großen Kaufhauses oder die Betreiber von Märkten zugleich auch deren Verwalter sind, werden sie als Absatzmittler zukünftig in die Pflicht genommen. Diese Regelung dürfte jedoch dazu führen, dass die Produkt- und Markenpiraten in andere Vertriebskanäle ausweichen. Auch das neue Tourismus-Gesetz der Stadt Hangzhou zeigt den Plagiatehändlern die rote Karte. Seit dem 1. Januar 2006 gilt dort die Regel, dass Reisebüros Touristen entschädigen müssen, wenn diese unwissentlich Kopien in einer Einkaufsstätte erworben haben, die vom Reisebüro empfohlen wurde. Die Reisebüros können sich die Entschädigung jedoch vom Verkäufer der Plagiate zurückholen.

Verstärkte Öffentlichkeitsarbeit

Die Aufklärung der Bevölkerung in Sachen Intellectual Property Rights nimmt in der Volksrepublik einen immer breiteren Raum ein. So haben gleich 13 Behörden vom 20. bis zum 26. April 2004 in ganz China eine IPR-Woche durchgeführt. Das Motto der Kampagne lautete: Geistige Eigentumsrechte schützen, Innovation und Entwicklung fördern. Die inhaltlichen Schwerpunkte waren Chinas Politik in Bezug auf IPR, Gesetze und Regelungen, Durchführung und Ergebnisse von Aktionen, repräsentative Modelle in den Unternehmen sowie Erfahrungen und Schlüsselmethoden in anderen Ländern.

Das Motto spiegelt den kollektivistischen Ansatz der Volksrepublik China wider, was den Schutz geistigen Eigentums betrifft. Geistiges Eigentum soll nicht geschützt werden, weil es einer einzelnen Person oder Gruppe gehört, sondern weil durch den Schutz die Innovationstätigkeit des ganzen Landes gefördert und damit die Entwicklung Chinas vorangetrieben wird. Chinesen geht es bei den Intellectual Property Rights nicht um die Rechte des Individuums, sondern um die Zukunft des Kollektivs. Sie betonen das Verhältnis des geistigen Eigentums und der ökonomischen Entwicklung des Landes, aber auch des täglichen Lebens der Menschen. Vor diesem Hintergrund wird auch verständlich, warum

- das NCAC im Februar 2005 ein Konzert mit 100 Sängern zum Thema Urheberrechtschutz durchführte, das unter dem Motto „Schützen Sie unser geistiges Heimatland" stand und das von mehr als 40 Fernsehsendern übertragen wurde;

- das Organisationskomitee der IPR-Woche im April 2005 eine Unterschriftenaktion durchführte, bei der sich Millionen Chinesen für den Schutz geistigen Eigentums aussprachen;

- das SOIPP, das nationale Ministerium für Kultur und die Provinzregierung Jiangsu im April 2005 in Nanjing ein gemeinsames Theaterfestival mit dem Thema „Innovation schützen, Zukunft schaffen" durchführten und

- das SIPO im Jahr 2005 unter dem Motto „Protect IPR – We Are in Action" zahlreiche Reporter der wichtigsten Nachrichtensender zu einer einjährigen Reportagetätigkeit über IPR-Schutz in 28 chinesische Regionen einlud.

Solche Aktivitäten, die im Westen weitgehend unbekannt sind, können keine Propaganda für das kritische Ausland sein. Sie sollen die Bewusstseinsbildung der eigenen Bevölkerung dafür schärfen, dass Produkt- und Markenpiraterie letzten Endes der Entwicklung der eigenen Nation schadet, weil sie die Wirtschaft auffrisst wie ein metastasierender Krebs den menschlichen Körper.

In Shanghai, einer Drehscheibe für den Verkauf gefälschter Produkte, hat die Shanghai Administration for Industry and Commerce eine Aufklärungskampagne für ausländische Touristen gestartet. Sie sind die wichtigste Käufergruppe für Plagiate, weil sie gefälschte Produkte in ihren Heimatländern in der Regel nicht kaufen können.

Mit Informationstafeln wurden Verkäufer und Käufer in englischer und chinesischer Sprache darauf hingewiesen, dass der Handel mit gefälschten Markenprodukten ab sofort nicht mehr zulässig sei. Außerdem sandte die Behörde 4.020 Briefe an Reisebüros und forderte sie auf, den Verkauf von Plagiaten an ausländischen Touristen nicht mehr zu fördern.

Gleichzeitig wurden die Reisebüros aufgefordert, neu entdeckte Verkaufsplätze für Plagiate über die Beschwerdehotline mit der Nummer 12315 zu melden. Parallel zu dieser Aufklärungskampagne wurden 2.419 Verkaufsstellen einschließlich Supermärkte, Discountmärkte und private Läden überprüft. Die Ermittler fanden 8.890 gefälschte Produkte, 0,5 Tonnen falsche Rohstoffe und zwei Maschinen, die zur Herstellung gefälschter Produkte benutzt werden. In die Aktion waren insgesamt 1.167 Beamten einbezogen.

Die Stadt Qingdao hat sich ein besonderes Anti-Counterfeiting-Programm einfallen lassen. Sie hat im Jahr 2004 ein spezielles Einkaufsgebiet etabliert, in dem nur echte Produkte verkauft werden. Der Markt wurde inzwischen auf eine Fläche von 200.000 Quadratmeter erweitert und generiert einen jährlichem Umsatz von mehr als 600 Millionen RMB. Zur Zeit gibt es dort mehr als 300 Geschäfte, die an diesem

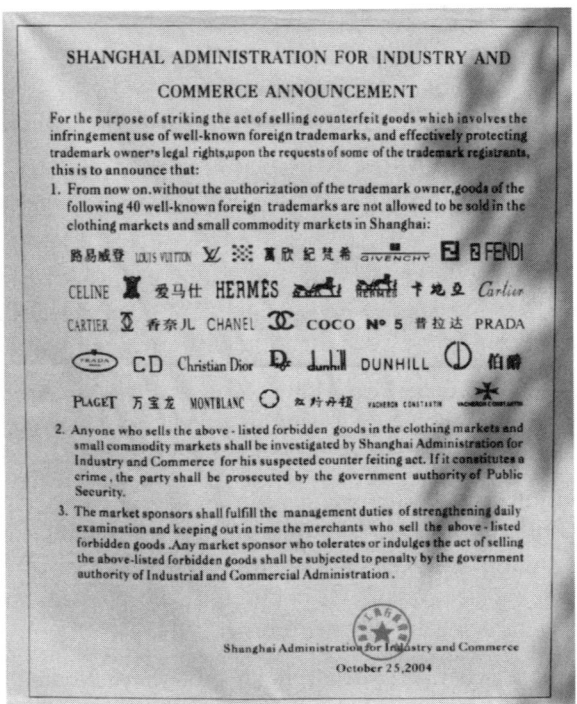

Mitteilung der Administration for Industry and Commerce zum Schutz ausländischer Marken in Shanghai. Foto: CHINABRAND

Programm mit dem Motto „Geschäfte ohne gefälschte Waren" teilnehmen. Das Ziel des Programms ist, die Konsumenten dazu zu erziehen, keine gefälschten Waren zu kaufen.

An der Öffnungszeremonie nahmen demonstrativ alle Beamten der Stadt teil. Nach der Zeremonie verteilten sie mehr als 80.000 Broschüren, um das Bewusstsein der Bevölkerung für Anti-Counterfeiting zu erhöhen. Sie druckten Handbücher mit Gesetzen zum Verbraucherschutz und zur Produktqualität und schrieben einen offenen Brief zum Thema Produkt- und Markenpiraterie. An den wichtigsten Stellen der Stadt wurde Außenwerbung installiert, darunter Reklametafeln und Werbung in Unterständen der öffentlichen Verkehrsmittel. Dazu kamen Werbetafeln auf den Autobahnen um Qingdao.

Um die Publizität zu erhöhen, arrangierten die Behörden in Qingdao zusammen mit den Fernseh- und Radiosendern spezielle Reportagen. Die Programme zeigten die Lage und den Betrieb der Geschäfte in diesem fälschungsfreien Einkaufsgebiet. Es gab insgesamt 30 Reportagen, die in Fernsehen und Radio gesendet wurden. Um die Entwicklung des Anti-Counterfeiting-Programms auswerten und Informationen austauschen zu können, fanden zwischen Regierungsbeamten und den Geschäftsinhabern im Einkaufsgebiet regelmäßige Sitzungen statt. Aufgrund seiner hervorragenden Ergebnisse wurde das Anti-Counterfeiting-Programm der Stadt Qingdao zum Vorbild für die Provinz Shandong, in der zurzeit ein noch umfangreicheres Programm durchgeführt wird.

Auch in Wuxi in der Provinz Jiangsu zeigen die chinesischen Behörden Engagement und Fantasie. Die Abteilung für Qualitätskontrolle veröffentlichte neulich die Top Ten der zehn wichtigsten Fälle von Produkt- und Markenpiraterie in der Stadt.

Höhere Strafen

Die chinesischen Gerichte verurteilen Unternehmen und Personen bei Verletzungen von Rechten zum Schutz geistigen Eigentums in ganz China inzwischen zu empfindlichen Strafen. Nach Informationen der staatlichen Nachrichtenagentur Xinhua hat China in der ersten Hälfte des Jahres 2005 allein für die Verletzung von Warenzeichen Geldstrafen von insgesamt 115 Millionen RMB verhängt.

In vielen Fällen bleibt es nicht bei Geldstrafen. Im Sommer 2005 wurden mehrere Personen wegen Herstellung und Verkaufs gefälschter Zigaretten von einem Volksgericht des Landkreises Longchang zu Haftstrafen zwischen sechs Monaten und fünf Jahren sowie zu Geldstrafen von zusammen 4,5 Millionen RMB verurteilt. Ein deutliches Zeichen setzte auch die Verurteilung zweier Händler, die gefälschte Medizin im Wert von 515.000 RMB verkauft hatten. Das Volksgericht in Yiwu verurteilte die beiden zu zehn Jahren Haft und zusammen 500.000 RMB Bußgeld.

Der Besitzer der Schuhfabrik Wei Fu in Fujian wurde für das Fälschen von adidas-Schuhen zu einer Geldstrafe von 50.000 RMB und drei Jahren Gefängnis verurteilt.

Die Behörden hatten in seiner Fabrik rund 23.000 fertige Paare gefälschter und 6.250 Paare unfertiger Schuhe entdeckt und beschlagnahmt. Der Gesamtwert der falschen Ware betrug 2,5 Millionen RMB, der Wert der unfertigen Schuhe lag ebenfalls bei 2,5 Millionen RMB. Das Unternehmen musste darüber hinaus eine Geldstrafe von 100.000 RMB bezahlen.

Selbst bei der Täuschung der Konsumenten durch ähnliche Namen verhängen chinesische Gerichte inzwischen empfindliche Strafen. So hat der Cognac-Hersteller Hennessy in China einen Rechtsstreit um seine weltbekannte Marke gewonnen. Ein Gericht in Shanghai verurteilte sowohl den Vertreiber wie auch den Abfüller eines chinesischen Cognac-Plagiats mit dem Namen Hanlissy wegen Markenrechtsverletzung zu einer Schadensersatzzahlung von 37.000 US-Dollar. Die Richter waren der Auffassung, dass Name und Etikett des chinesischen Cognacs denen der französischen Marke Hennessy zu ähnlich seien und deshalb die Rechte des Herstellers verletzten. Hennessy ließ seine Spirituosenmarke bereits 1980 in China schützen. Dem beklagten Vertreiber des Marken-Plagiats Hanlissy wurde im Jahr 2004 ein Eintrag ins Markenregister genehmigt. Hennessy reichte daraufhin jedoch Widerspruch ein und konnte in dem jetzt geführten Verfahren seine Rechte gegenüber der kopierten Marke geltend machen.

Auch bei einer indirekten Beteiligung an Fälschungshandlungen kennen Chinas Gerichte heute kein Pardon. So hatte ein Generatorenhersteller in Taizhou einen Generator für 135.000 RMB an die Firma Hangzhou Hongfeng verkauft, dessen Kernteil gefälscht war. Hangzhou Hongfeng hat den Generator dann an ein anderes Unternehmen weiterverkauft. Als dort festgestellt wurde, dass der wertvolle Generatorkern gefälscht war, wurde Hongfeng vom Endkunden verklagt und vom lokalen Gericht zu einem Bußgeld in Höhe von 40.000 RMB verurteilt.

Hongfeng klagte wiederum gegen den Generatorenhersteller in Taizhou und verlangte die Rückzahlung des Bußgeldes sowie eine Entschädigung in Höhe von rund 8.000 RMB. Der Generatorenbauer erhob Gegenklage gegen Hongfeng und verlangte eine Entschädigung für seinen Imageverlust, der ihm durch den Vorgang entstanden war. Die Richter der letzten Instanz gaben dem geschädigten Käufer Recht. Sie führten aus, dass ein Generatorenbauer über ausreichende Fachkenntnisse verfüge, um erkennen zu können, dass der Kernteil des Systems gefälscht ist. Der Generatorenhersteller musste die gesamte Kaufsumme in Höhe von 135.000 RMB zurückzahlen und den Käufer darüber hinaus mit 63.000 RMB entschädigen.

Ein markantes Zeichen setzte die chinesische Regierung mit der Verurteilung von zwei in Shanghai lebenden US-Bürgern, die wegen Produktpiraterie zu Gefängnisstrafen verurteilt wurden. Die Raubkopierer Randolph Hobson Guthrie und A. C. Thrush hatten mehr als 180.000 gefälschte DVDs im Internet verkauft. Zudem beschlagnahmte die Polizei in einem Lagerhaus weitere 120.000 Raubkopien. Die beiden US-Amerikaner, die mit zwei Chinesen zusammenarbeiteten, wurden zu zweieinhalb Jahren bzw. zu einem Jahr Gefängnis verurteilt. Zudem muss Guthrie eine Geldstrafe von 60.500 US-Dollar bezahlen. Das Fälscherteam soll mit den Raubkopien zwischen

2002 und 2003 rund 159.000 Dollar verdient haben. Nach Absitzen der Strafe sollen die beiden US-Amerikaner aus China ausgewiesen werden.

Chinas oberstes Volksgericht und die oberste Volksstaatsanwaltschaft haben Ende des vergangenen Jahres juristische Interpretationen von Gesetzen erarbeitet und veröffentlicht. Die juristischen Erläuterungen dienen dazu, die Strafverfahren bei Verletzungen des geistigen Eigentums zu vereinfachen. Die Kommentare zu den Strafprozessen bei Verletzungen des geistigen Eigentums sind eine weitere bedeutsame Maßnahme der juristischen Behörden. Diese Erläuterungen bieten eine feste Grundlage für eine wirksame Bekämpfung von Verletzungen des geistigen Eigentums und für die Wahrung der marktwirtschaftlichen Ordnung. Dadurch soll beim Schutz des geistigen Eigentums in China ein höheres Niveau erreicht werden.

Tatbestände und Strafmaße

Bei Verletzung des Markenrechts:

Gefängnis von bis zu drei Jahren und Geldbußen, wenn

- der Umfang des illegalen Geschäfts mehr als 50.000 RMB oder der Gewinn aus illegalen Geschäften mehr als 30.000 RMB beträgt;
- bei mehr als zwei eingetragenen Marken der Umfang des illegalen Geschäfts mehr als 30.000 RMB oder der Gewinn aus illegalen Geschäften mehr als 20.000 RMB beträgt.

Gefängnis von drei bis sieben Jahre und Geldbußen, wenn

- der Umfang des illegalen Geschäfts mehr als 250.000 RMB beträgt oder der Gewinn aus illegalen Geschäften mehr als 150.000 RMB beträgt;
- bei mehr als zwei eingetragenen Marken der Umfang des illegalen Geschäfts mehr als 150.000 RMB oder der Gewinn aus illegalen Geschäften mehr als 100.000 RMB beträgt.

Bei Verletzung des Patentrechts:

Gefängnis von bis zu drei Jahren und Geldbußen, wenn

- der Umfang des illegalen Geschäfts mehr als 200.000 RMB oder der Gewinn aus illegalen Geschäften mehr als 100.000 RMB beträgt;
- dem Inhaber des Patents direkte ökonomische Verluste von mehr als 500.000 RMB entstehen;
- bei mehr als zwei eingetragenen Marken der Umfang des illegalen Geschäfts mehr als 100.000 RMB oder der Gewinn aus illegalen Geschäften mehr als 50.000 RMB beträgt.

Bei Verletzung des Urheberrechts:

Gefängnis von bis zu drei Jahren und Geldbußen, wenn

- der Umfang des illegalen Geschäfts mehr als 50.000 RMB beträgt;
- mehr als 1.000 illegale Kopien einer schriftlichen, musikalischen oder filmischen Arbeit, des Fernsehprogramms oder anderer visueller Darstellungen, von Computersoftware oder anderer Medien ohne die Erlaubnis des Urhebers reproduziert und verteilt werden.

Gefängnis von drei bis sieben Jahre und Geldbußen, wenn

- der Umfang des illegalen Geschäfts mehr als 250.000 RMB beträgt;
- mehr als 5.000 illegale Kopien einer schriftlichen, musikalischen oder filmischen Arbeit, des Fernsehprogramms oder anderer visueller Darstellungen, von Computersoftware oder anderer Medien ohne die Erlaubnis des Urhebers reproduziert und verteilt werden.

Verbraucherschutz in China

In China vergeht heute kaum ein Tag, an dem im Zentralfernsehen CCTV und in den Zeitungen nicht über die Irreführung der Verbraucher durch gefälschte Produkte berichtet wird. In manchen Fällen gehen Chinesen sogar auf die Straße, um ihre Rechte als Verbraucher lautstark einzuklagen. Der erste Verbraucherverband Chinas wurde im Mai 1983 in der Provinz Hebei gegründet. Im Dezember 1984 folgte die Gründung des Dachverbandes China Consumers Association (CCA). Seit damals hat sich die Zahl chinesischer Verbraucherorganisationen massiv erhöht. Heute gibt es in der Volksrepublik rund 3.200 Verbraucherverbände, die bislang mehr als 720.000 Beschwerden behandelt haben.

CCA ist eine rechtsgültig registrierte nationale Organisation, die die Interessen der Verbraucher schützen soll. Die Aufgaben des Verbandes umfassen die Überwachung von Gebrauchsgütern und Dienstleistungen, die Einschätzung der Rechtslage sowie die Anleitung der Verbraucher bei Maßnahmen gegen Unternehmen. Die Mitglieder des Rates der CCA werden von der Zentralregierung, sozialen Organisationen, der Presse, den Verbraucherverbänden und Provinzregierungen gewählt. Die CCA und die lokalen Verbraucherverbände haben die folgenden Funktionen:

- Angebot von Informations- und Beraterdienstleistungen für die Verbraucher.
- Teilnahme an der Überwachung und der Untersuchung von Gebrauchsgütern und Services zusammen mit den relevanten Regierungsabteilungen.
- Bericht und Beratung der relevanten Regierungsabteilungen bei Verbraucherfragen.
- Aufnahme, Untersuchung und Vermittlung von Beschwerden der Verbraucher.
- Unterstützung klagender Verbraucher bei Gerichtsverfahren.

In den vergangenen zehn Jahren haben der CCA und andere regionale Verbraucherverbände Chinas einige Tausend Konsum- und Verbrauchsgüter wie Milchpulver für Babys, Mineralwasser, Reinigungsmittel oder Batterien getestet, aber auch Gebrauchsgüter wie Klimaanlagen oder Videorecorder. Die Verbände führten rund einhundert große Untersuchungen zum Verbraucherschutz durch, darunter Studien zur Beschädigung der Rechte und Interessen der Verbraucher, zu Garantieleistungen bei elektrischen Geräten oder zu Kaufverträgen. Seit 1997 veröffentlicht der CCA die Publikation Verbrauchswarnung mit Informationen zur persönlichen Sicherheit der Verbraucher, um die chinesischen Konsumenten vor schädlichen Produkten zu warnen.

Um die Konsumenten besser über ihre Rechte zu informieren, führt die CCA in Kindergärten, Schulen, Fabriken, Kaufhäusern und Regierungsagenturen systematische Bildungsprogramme zum Schutz der Verbraucher durch. Dazu wurden zwei Medien, das China Consumers Magazine und die Internetsite cca.org.cn eingerichtet. Das Magazin verfolgt das Ziel, das Bewusstsein des Verbrauchsschutzes in der ganzen Gesellschaft zu erhöhen. Der CCA arbeitet mit verschiedenen zentralen und lokalen Informationsabteilungen zusammen, die für die Zeitschrift spezielle Spalten und Monografien herstellen. Dazu kommen Zeitungen und Zeitschriften für Konsumenten, die von anderen Organisationen herausgegeben werden. Neben den Publikationen organisiert der Verband Werbung zum Verbraucherschutz und Informationskampagnen, zum Beispiel den jährlichen Tag internationaler Verbraucherrechte, der immer am 15. März durchgeführt wird.

Nicht nur Verbände, auch Städte haben sich den Schutz der Konsumenten auf die Fahne geschrieben. Die Stadt Xuanwu hat auf einem ihrer Agrarmärkte ein multimediales Auskunftssystem installiert, das den Verkauf gefälschter Agrarprodukte erschweren soll. Das System arbeitet mit Touchscreens und enthält Informationen über tausende von Agrarprodukten, die auf dem Markt verkauft werden. Mit seiner Hilfe können die Verbraucher die Qualität und die Sicherheit der Agrarprodukte noch am Point of Sale überprüfen. Sie müssen dazu nur den Anti-Counterfeiting-Code auf der Verpackung der Produkte eingeben, das System zeigt dann den Namen des Herstellers, den Standort der Fabrik und andere Informationen an. Dazu kommen eine Website und eine Hotline für Verbraucheranfragen. Das Qualitäts-Kontrollsystem, das von der Stadt entwickelt wurde, wird jetzt auf den anderen Agrarmärkten von Xuanwu installiert.

Um besser gegen Fälschung von Pharmaprodukten kämpfen zu können, wurde in der Stadt Fenghua ein kleines Museum für gefälschte Medizin eingerichtet. Die Mitarbeiter erklären den Besuchern, wie sie zwischen echten und falschen Medikamenten unterscheiden können. Die Ausstellung ist den Bürgern einmal pro Woche zugänglich, bislang wurden mehr als eintausend Besucher gezählt.

Chinas Unternehmen wehren sich

Von der chinesischen Produkt- und Markenpiraterie sind überwiegend einheimische Markenunternehmen betroffen – etwa die bekannte Zigarettenmarke Rote Pagode oder der Haushaltsgerätehersteller Haier. Chinas Unternehmen investieren Millionen RMB in den Schutz ihres geistigen Eigentums, und die Wirtschaftdetektive des Landes sind mit chinesischen Aufträgen geradezu überfrachtet.

Die Sunchiem Cartoon Group ist ein bekanntes Medienunternehmen, das seine Zeichentrickfigur Bluecat vor der Ausstrahlung im chinesischen Fernsehen als geistiges Eigentum registriert hat. Die Figur wird von zahlreichen Branchen in Lizenz für rund 6.600 Produkte verwendet, beispielsweise für Bücher, Videofilme, Schreibwaren oder Spielzeuge. Entsprechend groß ist die Zahl der Fälschungen und Raubkopien, der Gewinn der Counterfeiter ist neunmal größer als der Gewinn der Gruppe.

Um die ausufernden Fälschungen besser bekämpfen zu können, hat Sunchiem jetzt ein IPR-Büro innerhalb der Unternehmensgruppe eingerichtet, das für die Koordination der Anti-Counterfeiting-Aktivitäten im ganzen Land verantwortlich ist. Das Büro hat 374 Marken für 44 Warengruppen registriert und im März 2005 einen Verlag in Shanxi wegen Verletzung des Urheberrechts verklagt, der 230.000 RMB an die Sunchiem Cartoon Group zahlen musste. Um die Agenturen des Landes auf den Kampf gegen die Fälscher einzustimmen, hat das PR-Büro der Sunchiem Cartoon Group in zahlreichen Printmedien Anzeigen geschaltet.

Die Jing Brand Group Co. Ltd. ist ein Hersteller von medizinischen Spirituosen wie Schnäpsen mit Heilkräutern. Seine Marke China Jingjiu ist in der Volksrepublik sehr bekannt. Bisher hat das Unternehmen knapp 100 Patente angemeldet. Mehr als 200 Hersteller und Handelsunternehmen in 20 Provinzen und Städten verletzen permanent die geistigen Eigentumsrechte der Jing Brand Group und verursachen dem Unternehmen enorme Verluste. Für Geschäftsführer Wu Shaoxun korrespondiert der Schutz der Marken stark mit dem Wachstum der Firma. Er hat im Jahr 1996 eine IPR-Abteilung eingerichtet, die das Management der Schutzmaßnahmen koordiniert. Unter der IPR-Abteilung wurden ein Anti-Counterfeiting-Büro, ein Büro für geistiges Eigentum und Rechtsbüro eingerichtet. Heute arbeiten 14 % des Managements der Firma in der IPR-Abteilung, jährlich werden 3 % des Verkaufserlöses in den Schutz des geistigen Eigentums investiert.

Die chinesischen Zigarettenhersteller, vor allem die berühmte Marke Hongtashan, wehren sich mit aller Härte gegen das Counterfeiting. Sie fanden heraus, dass die Ausrüstung der Piraten oft besser ist als die eigene und dass die Zigarettenfälscher auch die Rohstoffe problemlos erhalten. Deshalb beschlossen chinesische Zigarettenproduzenten, sich nicht nur auf die Verfolgung der Counterfeiter zu konzentrieren, sondern auch die eigenen Mitarbeiter unter die Lupe zu nehmen. Auf den Märkten forschen sie nicht nur nach den Quellen der gefälschten Produkte, sondern auch nach Zulieferern von Rohstoffen, Maschinen und Ersatzteilen. Sie setzen dabei gut bezahlte Agenten ein, um deren Sicherheit sie sich bemühen. Chinesische Zigarettenhersteller haben auch mit einer Report-Hotline gute Ergebnisse erzielt, weil diese den Geist des Anti-Counterfeiting in die Öffentlichkeit trägt. Ein wichtiges Ziel der Produzenten ist, die Konsumenten zu erziehen und ihr Wissen über Fälschungen zu vergrößern, damit die Raucher kopierte Zigaretten besser von den echten unterscheiden können. In der gleichen Absicht informieren sie die Einzelhändler über die Konsequenzen des Verkaufs gefälschter Zigaretten.

Exkurs: Zigarettenfälscher im Netzwerk

Nach einem Artikel in der Zeitschrift Tobacco China News vom 9. Oktober 2005 hat die Industrie der Zigarettenfälscher in China Netzwerk-Eigenschaften. Die wichtigsten Merkmale der Zigarettenpiraterie:

1. Professionelle Arbeitsteilung:
Um den Betrieb geheim halten und die Herstellungskosten reduzieren zu können, werden die verschiedenen Schritte der Zigarettenfälschung getrennt und von unter-

schiedlichen, räumlich entfernten Einheiten durchgeführt. Dazu gehören der Einkauf der Rohstoffe wie Tabak oder Papier, die Produktion der Zigaretten, der Transport und die Verkäufe. Es gibt aber auch Fachleute für Duft, Essenz, Druck und Verpackung, die getrennt voneinander arbeiten. Diese Personen und Gruppen stehen nur als Lieferanten oder Dienstleistungspartner miteinander in einem Verhältnis.

2. Kleine und zerstreute Fertigungsstätten:
Die Orte der Herstellung gefälschter Zigaretten sind in der Regel alte Lager oder Häuser in Wohnbereichen sowie versteckte Höhlen. Diese Fertigungsstätten liegen meistens von den Metropolen entfernt in einer ruhigen Lage und sind schwer zugänglich. Damit die Vermieter bereit sind, mit den Piraten zusammenzuarbeiten, bezahlen die Fälscher eine hohe Miete. Oft fungiert der Vermieter als Wachmann, der die Fälscher schützt und ihnen dabei hilft, Regierungsbeamten abzuwehren.

3. Geheime und bequeme Verhandlungen:
Für den Transport der gefälschten Zigaretten werden in der Regel Massenladungen und Eilboten benutzt. Unterschiedliche Gruppen wie Hersteller, Verkäufer oder Kunden verständigen sich per Telefon. Die Hersteller führen Verhandlungen in einem Ort durch, während sich die Abnehmer in einem anderen Ort befinden. Dadurch ist es für die Regierungsbeamten, die gefälschte Zigaretten gefunden haben, sehr schwer, die beteiligten Akteure dingfest zu machen.

4. Zigaretten der unteren Klassen:
Wegen der hohen Besteuerung von Zigaretten sind viele reguläre Hersteller in China nicht bereit, billige Zigaretten der unteren Qualitätsklassen zu produzieren. Dadurch entsteht in diesen Kategorien eine Angebotslücke, die von den Fälschern gefüllt wird. Die Piraten konzentrieren sich nicht mehr auf die Herstellung hochwertiger und teurer Markenware, sie beginnen auch, gefälschte Billigzigaretten zu produzieren.

5. Wege der Information:
Das Internet hat sich für die Fälscher von Zigaretten zum wichtigsten Informationskanal entwickelt. Sie laden Produktinformationen und Produktfotos der regulären Hersteller herunter und produzieren nach diesen Vorlagen die Fälschungen. Danach bieten sie die falschen Zigaretten in den anonymen Chatrooms des Internet an.

Internationale Kooperationen

Bei der Bekämpfung der Produkt- und Markenpiraten setzt die chinesische Zentralregierung verstärkt auf die Zusammenarbeit mit dem Ausland. So arbeitet die Volksrepublik im Bereich der Intellectual Property Rights sehr eng mit anderen Ländern, internationalen Organisationen und ausländischen Investoren zusammen. China und die USA sitzen seit dem Jahr 2003 einmal im Jahr am runden Tisch, um neue Vereinbarungen über den Schutz geistigen Eigentums zu treffen. Im Jahr 2004 haben Politiker der Europäischen Union in Beijing erstmals intensive Gespräche über Rechte am geistigen Eigentum geführt. Inzwischen halten die Chinesen alle drei Monate Meetings ab, um von ausländischen Investoren Vorschläge und Kommentare zum gewerblichen Rechtschutz einzuholen. Darüber hinaus hat die Volksrepublik China mit der Europäischen Union, den USA, Russland und Frankreich bilaterale Verträge über den Schutz und die Kooperation im Bezug auf geistiges Eigentum unterzeichnet.

Im Jahr 2004 haben chinesische Zentralregierung und die Organisation für wirtschaftliche Zusammenarbeit und Entwicklung (OECD) im Rahmen ihrer kontinuierlichen Kooperation zwei Veranstaltungen zum Schutz des geistigen Eigentums in China durchgeführt. Beide Veranstaltungen befassten sich mit der Bedeutung des Patentschutzes für die Förderung der Innovationskraft und der Modernisierung der Wirtschaft Chinas. In hochkarätig besetzen Workshops wurden die Verknüpfungen zwischen dem Schutz des geistigen Eigentums und der wirtschaftlichen Entwicklung der Volksrepublik untersucht und nach Mitteln und Wegen zur Förderung von Patenten und Lizenzen in öffentlichen Forschungseinrichtungen gefragt.

Im Oktober 2004 führten China, Japan und die EU in Beijing das Gemeinsame Seminar Japans, der Europäischen Union und Chinas über den Schutz Geistigen Eigentums – Urheberrechte in China durch. Politische Grundlage der Veranstaltung war die bei den regelmäßigen Konsultationen der Staats- und Regierungschefs Japans und der EU im Juni 2004 vereinbarte gemeinsame Initiative Japans und der EU für die Durchsetzung geistigen Eigentums – Urheberrechte in Asien. Im Rahmen des Seminars stellten Regierungsvertreter aus den beteiligten Regionen sowie Experten für Intellectual Property Rights aus privaten Unternehmen ihre Ansichten zum Stand des Schutzes geistigen Eigentums in China dar und diskutierten Maßnahmen gegen das Counterfeiting. Die Veranstaltung befasste sich auch mit dem sensiblen Bereich des Industriedesigns.

Im Dezember 2004 hat das chinesische State Intellectual Property Office (SIPO) zusammen mit dem Japan Patent Office (JPO), dem Korean Intellectual Property Office (KIPO) und der World Intellectual Property Organization (WIPO) einen Workshop über geistiges Eigentum für Manager und Mitarbeiter kleiner und mittlerer Unternehmen durchgeführt. Auf dem Workshop diskutierten Beamte, Experten und Wissenschaftler, wie die Wettbewerbsfähigkeit kleiner und mittlerer Unternehmen durch IPR-Schutzmaßnahmen verbessert werden kann. An der dreitägigen Veranstaltung nahmen mehr als 100 Manager und Forscher aus chinesischen und asiatischen Unternehmen teil.

EU-China Intellectual Property Rights Cooperation Programme

Die Zusammenarbeit Chinas mit der Europäischen Union im Rahmen des EU-China Intellectual Property Rights Cooperation Programme entstand aus einer Vereinbarung, die das chinesische Ministry of Foreign Trade and Economic Cooperation (MOFTEC) und die EU im Mai 1996 getroffen haben. Das Programm, das von einem chinesischen und einem europäischen Co-Direktor gemeinsam geleitet wird, verfolgt das Ziel, den bilateralen Handel zwischen den beiden Weltregionen zu erleichtern, indem es Chinas bestehendes IPR-Schutzsystem unterstützt und ausbaut. Man will in der Volksrepublik internationale Standards verwirklichen, um dem Land dabei zu helfen, ein modernes und leistungsfähiges IPR-Schutzsystem zu schaffen.

Mit einem Budget von 4,5 Millionen Euro und einer Durchführungsdauer von 5 Jahren spricht das EU-China Intellectual Property Rights Cooperation Programme die wichtigsten Aspekte des Schutzes geistigen Eigentums an. Das komplexe Programm umfasst das Training von Richtern und Rechtsanwälten, Maßnahmen der administrativen Durchsetzung und die Unterstützung von Universitäten und Forschungsinstitutionen ebenso wie die Unterstützung der Gesetzgebung oder den Technologietransfer. Dabei werden mehr als 2.500 chinesische Experten, Richter, Anwälte, Staatsanwälte, Verwaltungs- und Zollbeamte ausgebildet; das Repertoire der Schulungsmethoden umfasst Seminare, Kurse und Besuche internationaler Organisationen wie der World Intellectual Property Organisation, der World Trade Organization oder des European Patent Office (EPO).

Schutz der olympischen Maskottchen

China hat derzeit ein ganz besonderes Produkt vor den Piraten zu schützen: die Maskottchen der Olympischen Spiele 2008 in Beijing. Die fünf Figuren, die offiziell The Five Friendlies heißen, sind: die Fische (Beibei), der Panda (Jingjing), die olympische Flamme (Huanhuan), die tibetanische Antilope (Yingying) und die Schwalbe (Nini). Die ersten Buchstaben ihrer rhythmischen zweisilbigen Namen formen eine Linie, die sich im Englischen als Willkommen in Beijing (Beijing Huanying Ni) liest.

Das Organisationskomitee für die Olympischen Spiele in Beijing geht davon aus, dass die neuen Maskottchen eine Lawine von Plagiaten auslösen werden. Schon jetzt gibt es viele falsche Produkte auf dem Xiu Shui Jie Markt in Beijing, die einen viel höheren Verkaufspreis als die Originale haben und nur schwer von den echten Produkten zu unterscheiden sind. Das Komitee ermahnte deshalb die Verbraucher ausdrücklich, dass die Maskottchenfiguren, die nicht in den authentifizierten Einzelhandelsgeschäften oder in den temporären Shops verkauft werden, gefälscht sind. Aus Sicherheitsgründen dürfen bei der Herstellung nur Arbeiter, die in ihren Fabriken einen strengen Vertrag unterzeichnet haben, mit der Produktion der Maskottchen beginnen. Damit die Auslieferung logistisch kontrollierbar bleibt, werden in jeden Karton nur zehn Sets gepackt. Seit Beginn der Produktion kontrollieren die Behörden auch die Märkte des Landes stärker. Werden Fälschungen entdeckt, laufen sofort Ermittlungen an, die zur Verurteilung der Verantwortlichen führen sollen.

Das chinesische Komitee hat in Zusammenarbeit mit dem Internationalen Olympischen Komitee strenge Regeln für den Schutz der Rechte am geistigen Eigentum hinsichtlich der Maskottchen in Hongkong, Macao, Taiwan und im Ausland ausgehandelt. Danach darf kein Unternehmen, keine Organisation oder Einzelperson die olympischen

Maskottchen ohne Genehmigung des Komitees für kommerzielle Zwecke benutzen. Das gilt nicht nur für die Produktion und den Verkauf von Maskottchen, sondern auch für ihren Gebrauch in Waren, Paketen oder Behältern oder in Handelsdokumenten, im Rahmen von Dienstleistungen, in der Werbung, bei Ausstellungen und anderen kommerziellen Tätigkeiten sowie beim Verkauf importierter oder exportierter Waren. Auch Verwendungen der Maskottchen, die Konsumenten irreführen könnten, sind untersagt.

Bei Streitigkeiten hinsichtlich des Gebrauchs der olympischen Symbole für kommerzielle Zwecke empfiehlt das Komitee, dass sich die beteiligten Parteien zusammensetzen und versuchen, einen Vergleich zu finden. Kommt dieser nicht zustande, können die Rechteinhaber bei einem Volksgericht ein Verfahren einleiten oder die für Industrie und Handel zuständigen Verwaltungsbehörden bitten, den Fall zu bearbeiten. Wenn die Behörde feststellt, dass eine Verletzung von Schutzrechten vorliegt, ordnet sie die sofortige Einstellung der Produktion oder des Handels an, konfisziert oder zerstört die gefälschte Ware sowie die Maschinen und Werkzeuge, die für die Produktion der gefälschten Waren erforderlich sind. Dazu kann die Behörde illegales Einkommen konfiszieren und eine Geldstrafe bis zur fünffachen Höhe des illegalen Einkommens oder maximal 50.000 RMB auferlegen. Wenn ein Fälscher diese Maßnahmen ablehnt, wird er dem Volksgericht übergeben, das innerhalb von 15 Tagen ein Verfahren einleitet. Darüber hinaus sind die Behörden verpflichtet, bei Verletzung der Schutzrechte an den olympischen Symbolen den Fall genauer zu untersuchen.

Blockaden der Regionalregierungen

„China ist groß, und der Kaiser ist weit weg" – diese chinesische Redensart offenbart die Haltung vieler Politiker in Chinas Städten und Regionen, wenn es um ihr Verhältnis zur Zentralregierung in der Hauptstadt geht. Genau hier liegt das große Manko des chinesischen Systems zum Schutz des geistigen Eigentums. In Beijing werden die Gesetze gemacht, umgesetzt werden sie in den Provinzen – oder auch nicht. Die Zentralregierung und die nationalen Behörden haben seit Anfang der 80er Jahre fast alle wichtigen internationalen Verträge und Abkommen zum Schutz geistigen Eigentums unterzeichnet, ein solides Rechtssystem aufgebaut und unzählige Kampagnen über den IPR-Schutz durchgeführt. Das theoretische Fundament steht also. Was fehlt, ist die Durchsetzung der Gesetze im ganzen Land.

Die Durchsetzung der in Beijing beschlossenen Gesetze ist in China Aufgabe der lokalen Regierungen und der Behörden auf der lokalen Ebene. Diese sind aber in der Regel am Geschäft mit gefälschten Waren beteiligt – sei es direkt über Steuereinnahmen und Arbeitsplätze oder indirekt durch regionalpolitische Interessen oder verpflichtende Guanxi. Die milliardenschwere Fälscherindustrie bietet Millionen von Menschen Lohn und Brot, und ganze Städte leben von der Produktpiraterie. Zudem sind die Regionalverwaltungen von den ansässigen Unternehmen abhängig, mit deren Steuern sie ja ihre Provinz oder Gemeinde entwickeln. Deshalb schützen lokale Behörden die ansässigen Unternehmen, indem sie die Einfuhr fremder Produkte aus anderen chinesischen Regionen verbieten und dadurch die Position ihrer eigenen Unternehmen stärken.

Weil die Förderung der lokalen Wirtschaft und die Entwicklung des Lebensstandards der Bevölkerung auf der Prioritätenliste der Lokalregierungen ganz oben stehen, hat der Kampf gegen das Counterfeiting ebenso wenig Vorrang wie der Umweltschutz. Die örtlichen Behörden drücken oft beide Augen zu und lassen die Fälscher gewähren. Sie verfolgen die lokalen Rechtsverletzer nur widerwillig oder gar nicht. Bei der Durchsetzung des verschärften Rechts sind also vor allem die lokalen Verwaltungen die großen Blockierer, nicht die chinesische Zentralregierung. Während sich Beijing engagiert und glaubhaft um den Schutz geistigen Eigentums bemüht, mauern die meisten Regionalregierungen.

Ein Beispiel: Gefälschte Waren werden in China oft auf offenen Märkten und in den Gebäuden der Großhandelsmärkte verkauft. Diese Märkte werden von den lokalen Verwaltungen (Administration of Industry and Commerce, AIC) aufgebaut und überwacht. Diese Verwaltungen sind einerseits für die Förderung der lokalen Wirtschaft verantwortlich, andererseits aber auch für die Umsetzung der Gesetze zum Schutz des geistigen Eigentums. Hier entsteht ein massiver Zielkonflikt, der grundsätzlich zugunsten der lokalen Wirtschaft gelöst wird. Was sind schon moderne nationale Gesetze, die noch dazu auf westlichem Denken beruhen und der chinesischen Tradition und Kultur widersprechen, wenn es um die eigene Existenz geht? Das Hemd ist näher als der Frack, und Beijing ist eben weit. Würden die lokalen Verwaltungen ihre Fälschermärkte einschränken oder sogar ganz schließen, würden sie der ansässigen Wirtschaft massiven Schaden zufügen. Einzelhandelsgeschäfte, Restaurants, Hotels und Vergnügungsviertel, die zum großen Teil von der Produkt- und Markenpiraterie leben, würden in existenzbedrohende Notlagen geraten oder müssten zumachen.

Die Macht der Lokalregierung bekam auch die Hotelgruppe Swissotel zu spüren. Als der CEO von Swissotel China versuchte, das Management des falschen Hotels in Dalian zu treffen, wurde er bei seinem persönlichen Besuch nicht in das Gebäude hineingelassen. Als die Swissotel Group in der Tageszeitung der Stadt einen Artikel veröffentlichte, der offen legte, dass es sich bei dem Hotel um kein Mitglied der Swissotel Group handelt, publizierte das Hotel in Dalian am nächsten Tag einen Widerruf. Die Swissotel Group wandte sich mit einer offiziellen Beschwerde und einem Antrag auf die Einleitung rechtlicher Schritte an die zuständige Provinzbehörde, wurde dort aber abgewiesen. Die Stadt Dalian habe kein Interesse daran, ihr Fünfsternehotel zu verlieren, hieß es lapidar.

Der lokale Protektionismus ist die Barriere Nummer 1, wenn es um die Durchsetzung der Rechte zum Schutz des geistigen Eigentums in China geht. Die wirtschaftliche Reibung zwischen der Zentralregierung auf der einen Seite und den lokalen Regierungen und Verwaltungen auf der anderen Seite bremst den Kampf gegen die Produkt- und Markenpiraten massiv aus. Um das Problem zu lösen, hat die chinesische Zentralregierung Maßnahmen eingeleitet, die den lokalen Protektionismus bekämpfen sollen. So hat der Staatsrat schon im April 2001 das Verbot des lokalen Protektionismus über die Nachrichtenagentur Xinhua formal verkünden lassen. Das SOIPP hat in allen Provinzen und größeren Städten regionale Büros zum Schutz geistigen Eigentums eingerichtet, um den lokalen Protektionismus in Sachen Counterfeiting kontrollieren zu können. Sie stehen unter der Leitung der Behörde und überwachen die Durchsetzung der IPR-Gesetze der Zentralregierung auf der lokalen Ebene. Im Januar 2005 hat die Stadtverwaltung von Beijing den Markt Xiushui geschlossen, der für den Handel mit gefälschten Waren internationaler Marken bekannt war.

Der Kampf gegen die Korruption

Die in China weit verbreitete Korruption ist ein weiteres Hindernis beim Ausbau des Anti-Counterfeiting. Die Volksrepublik erreichte auf der Korruptions-Hitliste von Transparency International im Jahr 2005 einen Corruption Perceptions Index (CPI) von 3,2. Der CPI bezieht sich auf das von erfahrenen Geschäftspersonen und Länderanalysten wahrgenommene Ausmaß der Korruption und rangiert zwischen zehn (frei von Korruption) und null (extrem von Korruption befallen). Zum Vergleich: Deutschland erreicht einen CPI von 8,2, die USA von 7,6. Spitzenkandidat ist Island mit 9,7, die Schlusslichter bilden Bangladesch und der Tschad, die Werte von 1,7 erreichen. Interessant ist, dass sich Chinas CPI im Vergleich zum Jahr 2004 verschlechtert hat, das Land unterm Strich also etwas korrupter geworden ist.

Die chinesische Regierung führt zunehmend Maßnahmen zur Bekämpfung der Korruption durch. Im Januar 2004 stellten die Kommunistische Partei Chinas (CPC) und die oberste Disziplinarbehörde Chinas, die Central Commission for Discipline Inspection (CCDI), eine Liste mit Maßnahmen zur Bekämpfung der Korruption im Lande zusammen. Priorität haben die Bekämpfung und Verhütung von Korruption unter hochrangigen Kadern, die den Interessen des Volkes schaden. Die CPC will in ihrer Antikorruptionskampagne den rechtlichen und institutionellen Rahmen betonen. Das Ziel der Regierung ist, auf einer soliden gesetzlichen Grundlage gegen die Bestechung zu kämpfen. Dazu soll ein Antikorruptionssystem aufgebaut werden, das Schulung, Bestrafung und Überwachung gleichermaßen gewichtet und zukünftige Korruptionsfälle verhindern soll.

Im Jahr 2006 will China eine schwarze Liste für bestechende Personen einrichten und veröffentlichen. Auf dieser Liste werden Einzelpersonen und Unternehmen aufgeführt, die nach 1997 in Bereichen wie Bauwesen, Finanzwirtschaft, Bildung sowie medizinischer oder öffentlicher Beschaffung Bestechungsgelder angeboten haben. Darüber hinaus werden Staatsanwälte zunächst auf Provinzebene der Öffentlichkeit Akten von Korruptionsfällen zugänglich machen, später soll das System der öffentlichen Akteneinsicht landesweit gelten. Für Wang Zhenchuan, stellvertretender Generalstaatsanwalt bei der obersten Volksstaatsanwaltschaft in Beijing, kommt es darauf an, bei der Bekämpfung der Korruption alle sozialen Kräfte ins Spiel zu bringen.

Seine Behörde hatte bereits im Jahr 2004 in Zusammenarbeit mit anderen Regierungsabteilungen in einigen Provinzen ein Pilotprogramm gestartet. Die Ergebnisse dieser Pilotprojekte waren Erfolg versprechend. So wurden zum Beispiel in den Provinzen Sichuan, Jiangsu und Zhejiang Bauunternehmer, die auf der schwarzen Liste standen, von der Teilnahme an Ausschreibungen für neue Projekte ausgeschlossen. Nach dem chinesischen Strafrecht müssen Personen, die Bestechungen anbieten oder akzeptieren, mit Bestrafung rechnen. Die Höchststrafe für Personen, die Bestechungen entgegennehmen, ist die Todesstrafe, Bestechungsgebern droht maximal lebenslange Haft.

Im Jahr 2000 haben Organe der Staatsanwaltschaft in China insgesamt 1.298 Personen wegen des Angebots von Bestechungen angeklagt, 2004 waren es 1.952. Im Oktober 2005 hat der chinesische Volkskongress die Konvention der Vereinten Nationen gegen Korruption ratifiziert, nach der das Angebot von Bestechungen oder unzulässigen Vorteilen an Beamte eine Straftat darstellt.[1] China wird eines der Länder in der Gruppe von mehr als 30 Staaten sein, die diese Konvention in nationales Recht umsetzt.

All diese Maßnahmen sollen den Kampf gegen die Produkt- und Markenpiraterie weiter verstärken. Sie können aber nur eine unterstützende Rolle spielen, weil die Beseitigung des regionalen Protektionismus und der Korruption von den Reformen in vielen Sektoren abhängt. Solange in China die Existenz von Millionen von Menschen und die Prosperität ganzer Städte und Regionen an den Einnahmen hängt, die sie direkt oder indirekt aus dem Counterfeiting erwirtschaften, können politische und gesamtgesellschaftliche Maßnahmen der Zentralregierung gegen die Produkt- und Markenpiraterie nur eine begrenzte Wirkung haben. Es wird noch viel Wasser den Yangtse herunterfließen, bis China das Phänomen des Counterfeiting in den Griff bekommt. Bis dahin sind die betroffenen westlichen und chinesischen Unternehmen auf sich gestellt. Sie müssen schlagkräftige Strategien entwickeln und wirkungsvolle Maßnahmen einleiten, um die Piraten in ihre Schranken zu weisen.

---

1   China Daily vom 07. November 2005.

7. Anti-Counterfeiting als System

Die meisten Unternehmen schützen ihr geistiges Eigentum in China ausschließlich durch juristische Mittel, und sie werden oft erst dann aktiv, wenn ihre Produkte oder Konzepte bereits kopiert wurden. Dieser Ansatz ist wenig sinnvoll, weil er zu langsam, ineffektiv und uneffizient ist. Juristische Maßnahmen sind reaktiv, sie laufen der Entwicklung immer nur hinterher. Erfolgreiche Unternehmen gehen einen ganz anderen Weg. Sie reagieren nicht nur, sondern agieren auch. Sie schützen ihr geistiges Eigentum durch ein strategisch untermauertes intelligentes System effektiver und effizienter Maßnahmen, die frühzeitig greifen und die sich auch auszahlen.

Produkt- und Markenpiraten handeln in immer intelligenteren und schnelleren Systemen, die auf gestohlenem Wissen und kopierten Konzepten beruhen. Sie können deshalb nur durch noch intelligentere und noch schnellere Systeme erfolgreich bekämpft werden. Das heißt, dass wirkungsvolles Anti-Counterfeiting die Markteintrittsbarrieren für Fälscher durch die Steigerung der Intelligenz und der Geschwindigkeit des Systems deutlich erhöhen muss. Das Wirtschaftssystem der Unternehmen setzt neues Wissen und zusätzliche Fertigkeiten ein, mit denen die Kompetenz und die Intelligenz der Plagiatoren nicht mehr Schritt halten können.

Kein Unternehmen kann sich in China vollständig gegen einen Angriff auf sein geistiges Eigentum schützen. Es kann aber die Barrieren für Produkt- und Markenpiraten derart erhöhen, dass das Kopieren für den chinesischen Counterfeiter zu aufwendig, zu teuer oder zu riskant wird. Es kommt darauf an, die Arbeit des Fälschers so zu erschweren, dass er das Kopieren eines Produktes oder einer Marke gar nicht erst beginnt oder es wieder aufgibt. Eine solche starke und nachhaltige Blockade ist nur durch ein umfassendes System des Anti-Counterfeiting möglich, das es dem Unternehmen erlaubt, in allen für das Counterfeiting relevanten Bereichen Widerstand aufzubauen: den juristischen, betriebswirtschaftlichen, technischen und politischen Bereichen.

Im Kampf gegen Plagiatoren handeln erfolgreiche Unternehmen immer auf der strategischen und der operativen Ebene – lange bevor ihr geistiges Eigentum verletzt wird. Ihre Maßnahmen sind strategisch untermauert, weil nur eine konsistente Strategie zu abgestimmten, sich gegenseitig verstärkenden und deshalb wirksamen Gegenmaßnahmen führt. Im Kampf gegen Produkt- und Markenpiraten liegt der Schlüssel zum Erfolg in der Kombination aller zur Verfügung stehenden Mittel und im frühzeitigen, proaktiven und präventiven Handeln. Es kommt darauf an, alle zur Verfügung stehenden Instrumente kohärent einzusetzen, so dass sie sich gegenseitig ergänzen und in der Wirkung verstärken. Ein Paket von Maßnahmen erschwert den Fälschern nicht nur präventiv den Zugang zum Markt, es bekämpft auch ihre bereits laufenden Aktivitäten.

Strategie als Basis

Die Basis eines wirkungsvollen Anti-Counterfeiting ist immer eine Strategie, die der Situation des Unternehmens angemessen ist und seinen Zielsetzungen entspricht. Sie richtet die oft knappen Ressourcen aus. Eine intelligente Anti-Counterfeiting-Strategie verengt den Raum, in dem der Fälscher sich bewegen kann. Sie ermöglicht es dem Unternehmen, dem Piraten so wenig Angriffsfläche wie möglich zu bieten. Um das Risiko des Diebstahls intellektuellen Eigentums ausreichend zu verringern, müssen deutsche Unternehmen in China deshalb ihre Vorgehensweise von spontanen Ad-hoc-Maßnahmen und isolierten Reaktionen auf Fälschungsvorgänge durch durchdachte Strategien und konzertierte Aktionen ersetzen. Dass dies eine solide analytische Vorarbeit ebenso fordert wie das Committment der Unternehmensleitung, liegt auf der Hand.

Wir empfehlen Unternehmen in China, ihre Aktivitäten des Anti-Counterfeiting wettbewerbsstrategisch zu fundieren und zu einem integrierten System juristischer, betriebswirtschaftlicher, technischer und politischer Gegenmaßnahmen zusammen-zufügen. Dieses System wird von einer organisatorischen Einheit des Unternehmens gesteuert, seine Ergebnisse werden regelmäßig von einem Monitoringsystem über-wacht. Das Monitoring gibt permanent Feedback und ermöglicht es, schnell auf Ver-änderungen seitens der Counterfeiter zu reagieren. Es zeigt an, wie sich die Situation des Unternehmens ändert, und erlaubt eine dementsprechende Anpassung von Zielen, Strategien und Maßnahmen. Damit hat ein solches Anti-Counterfeiting-System fünf zentrale Komponenten: 1) Situationsanalyse, 2) Zieldefinition, 3) Strategiefindung, 4) Maßnahmen und 5) Ergebniskontrolle.

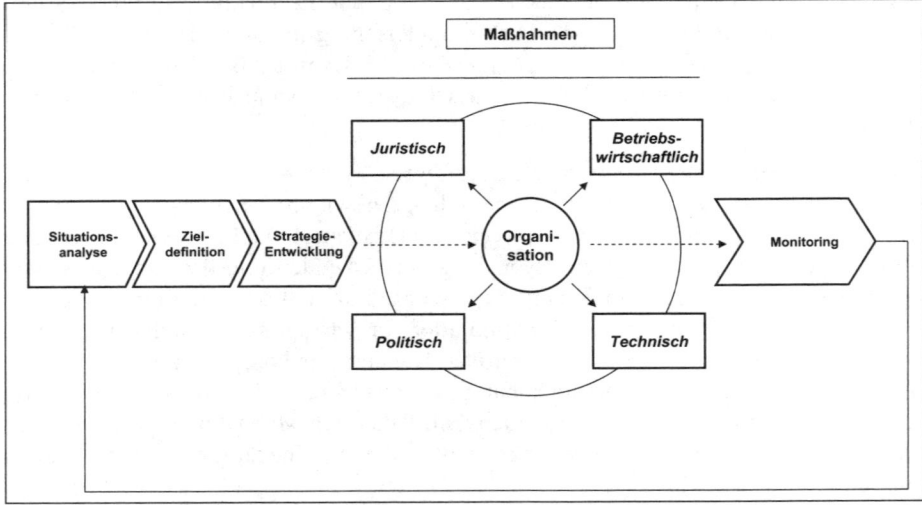

Das System des Anti-Counterfeiting. Copyright: CHINABRAND

Situationsanalyse: Unternehmen, die in China von Produkt- und Markenpiraterie betroffen sind, müssen im ersten Schritt relevante Informationen beschaffen und ihre Situation genau analysieren. Es kommt darauf an, die Lage des Unternehmens richtig einzuschätzen. Dabei werden die externen Rahmenbedingungen auf den Märkten sowie die internen Rahmenbedingungen im eigenen Unternehmen analysiert. Die Analyse der Situation ist Voraussetzung für alle weiteren Entscheidungen. Das Management muss wissen, in welchem Umfang, wie und wo das Unternehmen vom Counterfeiting betroffen ist, bevor es eine Gegenstrategie finden und sich für wirksame Maßnahmen entscheiden kann.

Zieldefinition: Ist die Situation bekannt, kann das Unternehmen definieren, welche Ziele es beim Schutz geistigen Eigentums verfolgen will. Will man kurzfristige Umsatzverluste verhindern, oder geht es mehr darum, die Marke langfristig zu schützen? Soll mit Hilfe des Anti-Counterfeiting das nachhaltige Wachstum in China gefördert oder die Rentabilität kurzfristig erhöht werden? Da nicht alles immer und überall perfekt vor Counterfeitern geschützt werden kann, muss das Unternehmen Prioritäten setzen. Warum sollte beispielsweise die Mechanik eines Uhrwerks aufwändig geschützt werden, wenn der Kunde für die Marke, das Design und ein Zertifikat bezahlt?

Strategiefindung: Wer im Kampf mit den Produkt- und Markenpiraten die Situation seines Unternehmens kennt und seine Ziele festgelegt hat, kann daran gehen, einen angemessenen Strategie-Mix des Anti-Counterfeiting zu finden. Ohne einen maßgeschneiderten Strategie-Mix bleibt Anti-Counterfeiting nur Stückwerk. Bei der Strategiefindung haben deutsche Unternehmen in China reichlich Auswahl, das strategische Repertoire reicht von der Kompensation der Verluste über die permanente Innovation und den juristischen Frontalangriff bis zur Verteidigung mit Hilfe raffinierter Sicherheitstechnologien. Selbst die Kooperation mit Counterfeitern ist möglich. Zur Strategiefindung gehört auch die Kalkulation von Kosten und Nutzen des Anti-Counterfeiting, das wirtschaftlich mehr bringen muss, als es kostet.

Juristische Maßnahmen: Vorbeugende juristische Maßnahmen sind eine notwendige Bedingung für die Bekämpfung von Piraten mit Rechtsmitteln. Denn wer seine Patente oder Marken in China nicht registriert, hat später keine Chance, rechtlich erfolgreich gegen Produktpiraterie vorzugehen. Zu den vorbeugenden juristischen Maßnahmen gehören auch wasserdichte Verträge mit Zulieferern und Vertriebspartnern. Wenn die Strategie zum Schutz der geistigen Eigentumsrechte in China einen Angriff auf die Fälscher vorsieht, werden bekämpfende juristische Maßnahmen erforderlich. Dazu gehören administrative, zivilrechtliche und strafrechtliche Maßnahmen. Unter die juristischen Maßnahmen fällt auch das Sammeln von Beweisen gegen die Fälscher. Hier ist es meistens notwendig, professionelle Hilfe in Anspruch zu nehmen.

Betriebswirtschaftliche Maßnahmen: Produkt- und Markenpiraterie hat ihren Ursprung nicht selten im eigenen Unternehmen oder in seinem betrieblichen Umfeld.

Zulieferer verkaufen gefälschte Teile, Mitarbeiter stehlen kritisches Know-how, chinesische Partner machen wichtige Komponenten nach oder kopieren ganze Produkte, und undichte Vertriebsketten führen zum unbemerkten Austausch von Originalen und Fälschungen. Hier kommt es darauf an, die innerbetrieblichen Strukturen und Abläufe des Unternehmens vor dem Angriff der Fälscher zu schützen. Darunter fallen auch die Aufklärung und Schulung von Mitarbeitern, Kunden, Lieferanten und Händlern.

Technische Maßnahmen: Die Möglichkeiten, Produkte und Marken mit Hilfe von Technologien vor Fälschern zu schützen, haben sich in den letzten Jahren erheblich erweitert. Es gibt mittlerweile eine große Bandbreite unterschiedlichster Technologien mit einem sehr großen Schutzpotenzial, die in der Praxis immer häufiger eingesetzt werden. So werden sichtbare Technologien direkt auf dem Produkt oder der Verpackung angebracht, beispielsweise Hologramme, Farbtinten oder Wasserzeichen. Für unsichtbare Technologien sind spezielle Erkennungsgeräte erforderlich, die mikroskopisch kleine Farbpartikel, Spezialtinten oder fluoreszierende Farbstoffe sichtbar machen. Schutztechnologien wie die Radio Frequency Identification (RFID) oder die DNA-Codierung sind nicht nur technologisch hoch entwickelt, sie sind auch bezahlbar geworden.

Politische Maßnahmen: Bei der Bekämpfung der Produkt- und Markenpiraterie in China wurden politische Maßnahmen bislang unterschätzt. Doch nicht nur Regierungen, Organisationen und Verbände, auch Einzelunternehmen üben zunehmend politischen Druck auf die chinesische Regierung aus. Vom Counterfeiting betroffene Unternehmen führen öffentlichkeitswirksame Aktionen durch, nehmen Einfluss auf einzelne Regierungsstellen oder schließen sich mit anderen Unternehmen zu Gemeinschaftsaktivitäten zusammen. Sie nehmen das Ruder selbst in die Hand und setzen sich aktiv für ihre Rechte am geistigen Eigentum ein. Im Rahmen politischer Maßnahmen des Anti-Counterfeiting können sogar Wettbewerber zu Verbündeten werden, wenn eine ganze Branche Politik gegen Piraten macht.

Monitoring: Kein System funktioniert ohne Kontrolle und Steuerung. Gerade auf den dynamischen chinesischen Märkten ist es unabdingbar, die durchgeführten Maßnahmen des Anti-Counterfeiting regelmäßig auf ihre Wirksamkeit zu überprüfen. Dazu muss ein Monitoring-System installiert werden, welches das Unternehmen systematisch mit den relevanten Informationen versorgt. Das permanente Feedback aus diesem Kontrollsystem erlaubt es dem Eigentümer der Schutzrechte, sehr schnell Veränderungen der Situation zu erfassen, seine Zielsetzungen zu korrigieren und die Strategien und Maßnahmen anzupassen.

Organisation: Anti-Counterfeiting muss im Unternehmen durch eine geeignete organisatorische Einheit gemanagt werden. Da meistens mehrere Abteilungen vom Kampf gegen die Fälscher betroffen sind, ist Anti-Counterfeiting grundsätzlich keine Aufgabe für eine einzelne unterstützende Stabsfunktion oder eine isolierte Linien-funktion. Es ist eine Aufgabe für ein integriertes Managementteam mit interdisziplinärem Charakter. In vielen Unternehmen hat sich die Einrichtung einer Task Force bewährt, die aus ausgewählten Mitarbeitern besteht. Auch die Etablierung eines Verantwortlichen für die Produkt- und Markenpiraterie ist sinnvoll. Das Management des Anti-Counterfeiting hat die Aufgabe, durch klare organisatorische Regelungen und Zuordnungen von Verantwortung sicherzustellen, dass die Risiken der Produkt- und Markenpiraterie rechtzeitig identifiziert, bewertet, überwacht und gesteuert werden.

Komplexität und zeitliche Wirkung der Maßnahmen

Beim Kampf gegen Produkt- und Markenpiraten ist die Komplexität der Maßnahmen von großer Bedeutung. Unternehmen arbeiten immer nach ihren eigenen, individuell festgelegten Mustern, das heißt in einer bestimmten Situation wird nach festgelegten Regeln vorgegangen. Folglich sind Unternehmen eher bereit, auf Maßnahmen oder Stimuli zu reagieren, die standardisierte Reaktionen verlangen, während sie solche Maßnahmen ignorieren, die eine besondere Reaktion erfordern. Das gilt auch für Fälscherunternehmen.

Im Anti-Counterfeiting sind hoch komplexe Aktionen im Vergleich zu routinemäßigen Standardaktionen noch selten. Standardisierte Aktionen überwiegen, beispielsweise Razzien und Beschlagnahmungen, auf welche die Fälscher schnell und routinemäßig reagieren – beispielsweise mit einem Abbruch der Zelte und einem Umzug in ein neues Versteck. Standardreaktionen wie die Flucht reichen bei hoch komplexen Gegenmaßnahmen nicht aus. Das heißt, dass durch die Erhöhung der Komplexität von Maßnahmen die Reaktion der Fälscher behindert oder eingeschränkt werden kann. Die Notwendigkeit, viele Parameter zu berücksichtigen und mehrere Anforderungen und Interessengruppen in Einklang zu bringen, macht es für Fälscher schwierig, von einer Standardreaktion abzuweichen. Komplexe Gegenmaßnahmen führen deshalb eher zu Lethargie und Resignation als zu einer neuen Gegenreaktion.

Es sind die weniger komplexen und stark sichtbaren Maßnahmen der Originalhersteller, die bei Fälschern mit größerer Wahrscheinlichkeit eine schnelle, aber nicht nachhaltige Reaktion auslösen. Das gilt beispielsweise für Durchsuchungen und Beschlagnahmungen. Bei komplexen und weniger oder gar nicht sichtbaren Maßnahmen wird es nicht zu schnellen, aber zu nachhaltigen Reaktionen der Fälscher kommen.

Die Maßnahmen des Anti-Counterfeiting greifen unterschiedlich schnell. So haben Schutzrechte zwar nur eine minimale, aber sofortige Wirkung, wenn sie angemeldet werden. Auch technische Zugangsbarrieren wirken sofort, während Schulungsprogramme erst mittelfristig und das Lobbying mit der chinesischen Regierung in vielen Fällen sogar erst nach mehreren Jahren Wirkung haben. Die nachfolgende Grafik zeigt eine Übersicht über die zeitliche Wirkung ausgesuchter Maßnahmen. Bei der Gestaltung des Systems sollte darauf geachtet werden, dass immer kurz-, mittel- und langfristig wirkende Maßnahmen integriert werden, um den gesamten Lebenszyklus des Produktes, Konzeptes oder der Marke abzudecken.

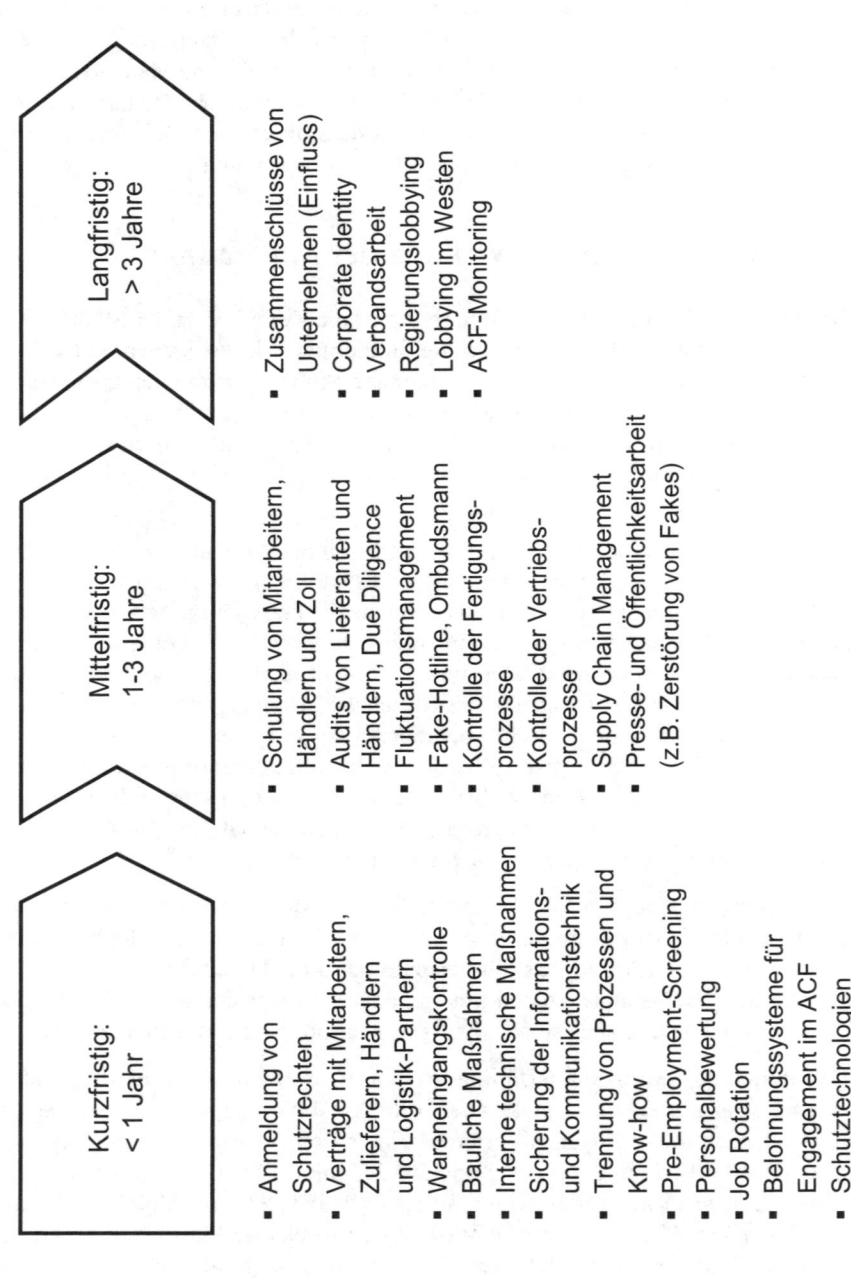

Kurzfristig:
< 1 Jahr

- Anmeldung von Schutzrechten
- Verträge mit Mitarbeitern, Zulieferern, Händlern und Logistik-Partnern
- Wareneingangskontrolle
- Bauliche Maßnahmen
- Interne technische Maßnahmen
- Sicherung der Informations- und Kommunikationstechnik
- Trennung von Prozessen und Know-how
- Pre-Employment-Screening
- Personalbewertung
- Job Rotation
- Belohnungssysteme für Engagement im ACF
- Schutztechnologien

Mittelfristig:
1-3 Jahre

- Schulung von Mitarbeitern, Händlern und Zoll
- Audits von Lieferanten und Händlern, Due Diligence
- Fluktuationsmanagement
- Fake-Hotline, Ombudsmann
- Kontrolle der Fertigungs- prozesse
- Kontrolle der Vertriebs- prozesse
- Supply Chain Management
- Presse- und Öffentlichkeitsarbeit (z.B. Zerstörung von Fakes)

Langfristig:
> 3 Jahre

- Zusammenschlüsse von Unternehmen (Einfluss)
- Corporate Identity
- Verbandsarbeit
- Regierungslobbying
- Lobbying im Westen
- ACF-Monitoring

Zeitliche Wirkung von ACF-Maßnahmen. Copyright: CHINABRAND

Wir betonen, dass keine dieser Maßnahmen allein ausreicht, um ein Unternehmen wirksam und dauerhaft vor den Folgen der Produkt- und Markenpiraterie zu schützen. Deutsche Unternehmen müssen in China immer juristische, betriebswirtschaftliche, technische und politische Maßnahmen durchführen, damit ein schlagkräftiges und nachhaltig schützendes System entsteht. Die Effizienz des Systems entsteht erst in der Kombination der Maßnahmen.

Produkt- und Markenpiraterie als Risiko

Wir empfehlen, das System des Anti-Counterfeiting von vorneherein als Risikomanagementsystem zu konzipieren. China ist ein Markt mit erhöhten Geschäftsrisiken, und die Verletzung von Schutzrechten am geistigen Eigentum durch Produkt- und Markenpiraten stellt ein herausragendes Risiko im Chinageschäft dar, das mit dem Instrumentarium des klassischen Risikomanagements gut analysiert und bearbeitet werden kann.

Die oben skizzierten Fälle zerstörter, untergrabener oder beinahe ganz übernommener Marken zeigen, dass die Risiken, die aus dem Diebstahl geistigen Eigentums resultieren, nicht unterschätzt werden. Diese Risiken müssen von den Unternehmen deshalb identifiziert, analysiert und bewertet werden. Das klassische Risikomanagement stellt fest, welche Aspekte der Verletzungen vermutlich die größten Unternehmensrisiken hervorbringen. Ist es der Verlust von Kunden und Umsatz, die mögliche Haftung oder die Beschädigung der Marke? Die Risikoidentifikation stellt durch einen systematischen Prozess sicher, dass alle wesentlichen Risiken, die einem Unternehmen durch den Diebstahl seines geistigen Eigentums entstehen, zeitnah erfasst werden.

Erkannte Risiken sind genauer zu analysieren und auf ihre Relevanz hin zu bewerten. Die Relevanz eines Fälschungsrisikos ergibt sich aus seinen möglichen Auswirkungen auf die Ziele des Unternehmens, besonders auf den Absatz seiner Produkte, auf Garantie- und Haftungsleistungen, die Stärke seiner Marke und seine Reputation – und damit letzten Endes auf seinen Unternehmenswert. Die Relevanz von Risiken wird vor allem durch den Schadenswert, die Eintrittwahrscheinlichkeit und die Wirkungsdauer des Risikos beeinflusst. Auch für Risiken, die durch die Verletzung von Schutzrechten zum geistigen Eigentum entstehen, sind die Bewertungskriterien immer die Eintrittwahrscheinlichkeit und die Schadenshöhe sowie ihre Wechselwirkung untereinander. Manche Plagiate sind nur kurzatmige Erscheinungen, andere halten sich über Jahre und führen zu massiven Umsatzverlusten und Beschädigungen der Marke. Bei der Analyse und Bewertung der erkannten Risiken müssen auch Abbruchkriterien festgelegt werden, die angeben, wann ein Risikofeld nicht weiter durchleuchtet werden muss. Es sind nur solche Risiken der Verletzung geistiger Schutzrechte tiefer zu analysieren und präziser zu quantifizieren, die für das Unternehmen eine große Relevanz haben.

Die quantitative Bewertung der Risiken, die aus der Produkt- und Markenpiraterie resultieren, stellt deutsche Unternehmen vor große Herausforderungen. Diese Funktion wird von bestehenden Managementsystemen wie dem Controlling oder dem Qualitätsmanagement nicht ausreichend abgedeckt. In der Regel fehlen die erforderlichen Daten, die in der Vergangenheit nicht systematisch erhoben wurden. Es gibt keine statistischen Auswertungen, und frühere Erfahrungen mit Plagiaten wurden nicht dokumentiert. Die Einschätzungen von Experten stellen häufig die beste der verfügbaren Informationen dar.

Anhaltspunkte für Bewertungen können vergangene Auswirkungen von Schäden in anderen Unternehmen sein, sogar aus anderen Branchen. Bei den Experteneinschätzungen wird besonders auf die Erfahrungen der im Unternehmen tätigen Entscheidungsträger zurückgegriffen. Diese versuchen, die Folgen der Produkt- und Markenpiraterie zu bewerten. Dabei sollten die Manager durch ein geeignetes Befragungssystem unterstützt werden, beispielsweise durch Szenariotechniken. Im Rahmen politischer Kooperationen, auf Kongressen, Veranstaltungen oder Foren können Benchmarks ermittelt werden. Hilfreich sind auch die aggregierten Zahlen der einzelnen Organisationen oder Branchenverbände, wenn diese Zahlen über den Marktanteil grob auf das eigene Unternehmen heruntergebrochen werden.

Um Risiken vergleichbar zu machen, kann die Bewertung einzelner Risiken quantitativ auf einer Ordinalskala erfolgen. Dabei können die fünf Risikoklassen des traditionellen Risikomanagements für eine grobe Quantifizierung von Counterfeiting-Risiken herangezogen werden: Risiken sind vernachlässigbar (1), niedrig (2), mittel (3), gravierend (4) oder existenzbedrohend (5). Um den Aufwand zu reduzieren, werden im Risikomanagement oft nur die Risiken der Klassen drei bis fünf einer weiteren und genaueren quantitativen Bewertung unterzogen. Die Eintrittswahrscheinlichkeiten werden häufig mit den Kategorien niedrig, mittel, hoch und sehr hoch quantifiziert. Für die relevanten Risiken, die hohe Bewertungen erhalten, ist eine präzisere Quantifizierung erforderlich.

Wirkungsdauer und Volatilität

Auch die Wirkungsdauer der Schäden, die durch Fälschungen entstehen, muss geprüft werden. Es ist immer zu prüfen ob die Auswirkung einer auftretenden Schutzrechtsverletzung lediglich punktuell ist oder über einen längeren Zeitraum hinweg schädlich wirken kann. Manche Plagiate sind nur kurzatmige Phänomene mit einer kurzfristigen negativen Umsatzwirkung, andere halten sich über Jahre hinweg und können dem betroffenen Unternehmen über die Zeit massive Schäden zufügen. So können der Verlust von Kunden, die Erosion der Marke und die Rufschädigung des Unternehmens dazu führen, dass über kurz oder lang die gesamte Marktpräsenz gefährdet ist. Indirekte Folgeschäden wie der Verlust eines Qualitätshändlers, der wegen image- und umsatzschädigender Fälschungen den Vertrag kündigt, sind ebenfalls zu berücksichtigen. Darüber hinaus sollten die möglichen Schwankungen in der Ausprägung eines Risikos, also seine Volatilität, überprüft werden. Ein Fall von Produkt- und Markenpiraterie kann eine gewisse Zeit lang nur in einer marginalen

Ausprägung auftreten, plötzlich jedoch ein enormes Ausmaß erreichen. In diesem Fall nehmen Fälschungen plötzlich überhand, sie ufern aus.

Aggregation der Fälschungsrisiken

Viele Unternehmen sind von der Produkt- und Markenpiraterie gleich mehrfach betroffen. Das ist beispielsweise dann der Fall, wenn verschiedene Produkte einer Marke kopiert werden, mehrere Marken eines Anbieters nachgeahmt werden oder viele Fälscher auf dem Markt aktiv sind. In diesem Fall summieren sich die Risiken, die dem Unternehmen aus den einzelnen Fällen und Prozessen der Piraterie entstehen, zu einem Gesamtrisiko des Counterfeiting. Die Aggregation von Risiken der Produkt- und Markenpiraterie ist auch deshalb erforderlich, weil sich die Wirkungen des Counterfeiting auf den Märkten addieren. Zum Umsatzverlust kommt der Schaden, der durch die Erosion der Marke entsteht. Und eine Marke, die gleich in mehreren Produktbereichen oder chinesischen Regionen gefälscht wird, verliert über die Zeit mehr an Reputation und wird stärker verwässert als eine Marke, von der nur ein einziges Produkt in einem regional begrenzten Markt auftaucht.

Es ist offensichtlich, dass alle Risiken zusammen die Risikotragfähigkeit eines Unternehmens belasten. Erst die Beurteilung des Gesamtrisikos ermöglicht eine Aussage darüber, ob das Unternehmen in der Lage ist, den gesamten Umfang der Risiken des Counterfeiting zu tragen und damit den unternehmerischen Erfolg in China zu gewährleisten. Wenn der tatsächlich vorhandene Risikoumfang, gemessen an seiner Risikotragfähigkeit, zu hoch ist, werden zusätzliche Maßnahmen der Risikobewältigung bzw. Risikoreduzierung durch eine strategisch fundierte Kombination juristischer, technischer, betriebswirtschaftlicher und politischer Maßnahmen erforderlich.

Bei der Bestimmung der Gesamtrisikoposition des Unternehmens muss berücksichtigt werden, dass Counterfeiting-Prozesse in Wechselwirkung zueinander stehen können, einzelne Risiken also einen Einfluss auf andere haben können. So kann das Auftreten eines Fälschers in einer bestimmten Region dort sehr schnell Nachahmer in anderen Produktbereichen auf den Plan rufen, die Zerschlagung einer Fälscherbande umgekehrt aber auch den Rückzug anderer Piraten auslösen.

Bewältigung von Fälschungsrisiken

Erkannte und bewertete Risiken, die durch die Verletzung von Schutzrechten entstehen, müssen vom Unternehmen bewältigt werden. Auch beim Anti-Counterfeiting sind die vier Methoden, die das klassische Risikomanagement zur Verbesserung der Risikoposition kennt, anwendbar:

Risikovermeidung: Unternehmen, die das Risiko einer Nachahmung vermeiden wollen, können bestimmte Geschäftsfelder nicht besetzen oder aus riskanten Projekten

oder Geschäftsfeldern aussteigen. Sie können bewusst darauf verzichten, eine gefähr-
dete Technologie oder ein sensibles Produkt auf den chinesischen Markt zu bringen.
Das heißt, dass sie die aus dem Verzicht resultierenden Umsatzverluste bewusst in
Kauf nehmen. Ein Beispiel ist ein deutsches pharmazeutisches Unternehmen, das
sein innovativstes und mit einer hohen Gewinnspanne versehenes Produkt vom
chinesischen Markt fern hält und nur andere Produkte mit einer geringeren Gewinnspanne, wie beispielsweise reife Medikamente mit ausgelaufenem Patentschutz, nach
China einführt. Bei Designs und Marken ist die Vermeidung von Fälschungsrisiken
dagegen kaum möglich, weil sie auf den Märkten öffentlich sichtbar sind und dadurch
sofort nachgeahmt werden können.

Risikoreduzierung: Die Reduzierung der Risiken ist die mit Abstand wichtigste
Methode des Anti-Counterfeiting. Diese Methode versucht, ein Risiko durch die ursachenorientierte Minderung der Eintrittswahrscheinlichkeit oder die wirkungsori-
entierte Minderung des Schadens zu reduzieren. Anti-Counterfeiting zielt darauf ab,
die Wahrscheinlichkeit des Auftretens von Fälschungen auf dem Markt zu reduzieren
oder den Schaden zu verringern, der aus auf dem Markt auftauchenden Fälschungen
resultiert. Eine ursachenorientierte Minderung der Eintrittswahrscheinlichkeit ist
beispielsweise durch den Einsatz von Sicherungstechnologien möglich, die wirkungs-
orientierte Minderung des Schadens durch den Aufbau eines breit diversifizierten
Portfolios, bei dem der einzelne Fälschungsvorgang im Ergebnis nicht ins Gewicht
fällt. Bei diesem Ansatz kommen juristische, betriebswirtschaftliche, technische und
politische Maßnahmen zum Einsatz, die im Rahmen eines strategisch fundierten
integrierten Anti-Counterfeiting-Systems zu einem effektiven und effizienten Maß-
nahmenbündel geschnürt werden.

Risikoüberwälzung: Das in der Wirtschaft übliche Überwälzen von Risiken auf
Versicherungen ist bei der Produkt- und Markenpiraterie nicht möglich. Risiken des
Counterfeiting können aber durch eine entsprechende Vertragsgestaltung auf Zulieferer, Spediteure oder Vertriebspartner übertragen werden. Diese Möglichkeiten der
Überwälzung von Fälschungsrisiken werden noch unterschätzt. So können beispielsweise Zulieferer gegen Vertragsstrafe dazu verpflichtet werden, plagiatfreie Teile zu
liefern, und Spediteure zur Ablieferung von Originalware, die bei Ankunft technisch
überprüft wird.

Risikoübernahme: Das Restrisiko, das nicht vermieden, verringert oder überwälzt
werden kann, muss vom Unternehmen selbst getragen werden. Unternehmen können
die Risiken der Produkt- und Markenpiraterie in China ganz tragen, indem sie den
Schaden, der durch Umsatzverluste, Haftung, Markenerosion und Beschädigung der
Reputation entsteht, komplett übernehmen. Die Übernahme von Fälschungsrisiken
hat jedoch enge Grenzen. Während Umsatzverluste in vielen Fällen noch verkraftet
werden können, dürfte der Schaden, der durch die Beschädigung der Marke entsteht,
für einzelne Geschäftsbereiche oder das ganze Unternehmen mittel- und langfristig
nicht mehr tragbar sein. Die Risiken, die aus der Erosion der Marke resultieren, sind

in der Regel mittel- und langfristig genauso existenzbedrohend wie die Risiken des illegalen Technologietransfers.

Risiken rechtzeitig managen

Erfahrungen zeigen, dass die Lebenszykluskurve von Konsumgütern in Asien nach rechts verschoben ist. Das gilt auch für China, wo die Konsumenten beim Kauf neuer Produkte erst einmal zurückhaltend sind. Im Vergleich zum Westen sind sehr viel weniger chinesische Verbraucher Innovatoren, die sich von der Werbung und von offiziellen Produktbeschreibungen überzeugen lassen. Den meisten chinesischen Konsumenten ist das mit dem Kauf eines neuen Produkts oder einer unbekannten Marke verbundene soziale Risiko zu groß. Sie orientieren sich vor allem an ihrem sozialen Umfeld, zögern und folgen anderen Verbrauchern, die das Produkt oder die Marke bereits ausprobiert haben. Chinesische Verbraucher sind Imitatoren, die ihre Übernahmeentscheidung vom Konsum anderer abhängig machen. Man kauft, um dazuzugehören, dementsprechend wichtig ist die Entscheidung des Kollektivs. Dabei spielen mündliche Empfehlungen, die immer auch Zeit brauchen, eine große Rolle. Das bedeutet, dass der Absatz von Produkten und Marken langsamer anläuft. Ist ein Produkt längere Zeit auf dem Markt, bekannt und breit akzeptiert, hat es sich im Kollektiv also durchgesetzt, steigt der Absatz schnell an. Oft ist ein sozialer Druck entstanden, man muss das Produkt haben, um seine Zugehörigkeit zur Gruppe auszudrücken. Auch das Abflachen des Absatzes geht in China schneller vor sich als auf europäischen oder US-amerikanischen Märkten, weil ein von den Meinungsführern nicht mehr benutztes Produkt oder eine nicht mehr bevorzugte Marke schnell von anderen Konsumenten aufgegeben wird.

Anti-Counterfeiting, das erst in der Reifephase eines Produktes oder einer Marke einsetzt, kommt zu spät. Die Penetration des Marktes mit Plagiaten ist dann schon in vollem Gange, der bei Konsumgütern auch durch den sozialen Übernahmedruck generierte Bedarf wird zum großen Teil mit Hilfe von Fälschungen gedeckt. Produkt- und Markenpiraten sind schnell – sie steigen mit ihrem Plagiat oft schon in der Wachstumsphase eines Produktes oder einer Marke in den Markt ein und reiten auf der Erfolgswelle mit. Kommt der Absatz zur Reife, tritt auch das Gros der Fälschungen auf den Markt. Anti-Counterfeiting kann dann nur noch reagieren, Schadensbegrenzung betreiben und versuchen zu retten, was noch zu retten ist.

In der Reifephase sind die Verluste des Kampfes mit den Plagiatoren zu groß, weil dem Unternehmen in dieser umsatzstarken Phase ein großer Anteil seines potenziellen Umsatzes entgeht. Dazu kommt, dass durch Fälschungen auch die Erosion der Marke und damit der Eintritt in die Abschwungsphase beschleunigt werden können. Befinden sich zu viele billige Imitate auf dem reifen Markt, gehen die kommunizierte Exklusivität und Einzigartigkeit der originären Marke verloren, sie wird uninteressant und schließlich aufgegeben. Maßnahmen gegen Produkt- und Marienpiraterie müssen folglich sehr früh einsetzen, um geistiges Eigentum wirksam schützen zu

	Einführung	Wachstum	Reife	Abschwung
Ziel	• Wachstum • Identität schaffen • Starke Position besetzen	• Wachstum • Marktziele • Offensive Markenführung	• Rentabilität • Sicherheit/Stabilisierung/Konsolidierung • Die Marke lebendig halten	
Strategie-Fokus	• >take off: Technologie • take off>: Konsument	• Konsument/Wettbewerb	• Wettbewerb/Konsument	• Wettbewerb/Technologie
Strategie-Richtung	• Markteintritt (Zeitpunkt, Geschwindigkeit) • Einen Markt erzeugen • Barrieren überwinden	• Wettbewerbsvorteile aufbauen • Marktpenetration/Expansion	• Wettbewerbsvorteile sichern • Im Markt verbleiben • Standardisierung • Rationalisierung	• Neue Wettbewerbsvorteile aufbauen • Im Markt bleiben • Neue Segmente erschließen • Rationalisierung
Anti-Counterfeiting	• Anmeldung Schutzrechte • Technische Maßnahmen • Betriebswirtschaftliche Maßnahmen	• Monitoring • Juristische Maßnahmen • Politische Maßnahmen	• Monitoring • Kontrolle und ggf. Änderung des Systems • Politische Maßnahmen • Juristische Maßnahmen	• Monitoring • Politische Maßnahmen • Juristische Maßnahmen

EUROPA   ASIEN

Anti-Counterfeiting im Lebenszyklus von Produkten. Copyright: CHINABRAND können: vor der Einführungsphase, spätestens aber in der frühen Wachstumsphase. Nur dann kann verhindert werden, dass Produktpiraten die in der Aufschwungs- und Reifephase entstehenden satten Gewinne abschöpfen oder die Marke übernehmen, nachdem sie sich etabliert hat. Geistiges Eigentum muss geschützt werden, bevor es dem unfairen Wettbewerb der Plagiatoren ausgesetzt wird.

Wir gehen davon aus, dass sich das präventive Anti-Counterfeiting in den nächsten zwei bis drei Jahren in den europäischen, amerikanischen und japanischen Unternehmen in China als ganzheitlicher, integrierter und prozessorientierter Managementansatz breit durchsetzen wird. Anti-Counterfeiting wird zu einem integralen Bestandteil der Unternehmensführung in China und Asien werden. Das Management der Risiken der Produkt- und Markenpiraterie wird sich, ähnlich wie das Qualitätsmanagement, im Reich der Mitte zum Standard entwickeln und einen ähnlich hohen Stellenwert erhalten wie das Vertriebsmanagement. Dabei wird der Kampf gegen Produkt- und Markenpiraten intelligenter, ausgefeilter, raffinierter und komplexer werden.

Innovative Schutztechnologien wie RFID, DNA oder Mikropartikel-Kennzeichnung werden stark an Bedeutung gewinnen. Mit der international zu erwartenden Gesetzgebung, auch die Hersteller der Originale in die Pflicht zu nehmen, wird sich der Druck auf die Unternehmen erhöhen. Diese rechtliche Entwicklung ist in den USA bereits zu beobachten. Unternehmen werden tendenziell gezwungen, selbst Vorsorge gegen Fälschungen zu treffen.

Dazu kommt, dass Unternehmensrisiken für den sich schnell entwickelnden chinesischen Kapitalmarkt ein heißes Eisen sind. Das gilt auch für die Risiken aus der Produkt- und Markenpiraterie. Denn Plagiatoren schwächen ein Unternehmen gleich mehrfach – seine Ertragskraft, den Wert seiner Marke(n), sein Kapital und seine immateriellen Vermögenswerte. Das führt zu einer Schwächung der Stellung im Wettbewerb, die für die börsenrelevante Bewertung des Unternehmens durch Investmentbanken und Rating-Agenturen so wichtig ist. Investoren und Kreditgeber setzen ihr Kapital dort ein, wo sie den größten Wertzuwachs und das geringste Risiko erwarten. Anti-Counterfeiting ist jedoch ein Risikofaktor.

8.   Analyse der Situation

Unternehmen, die in China von Produkt- und Markenpiraterie betroffen sind und sich wirkungsvoll gegen die Fälscher wehren wollen, müssen im ersten Schritt ihre Situation analysieren. Es kommt für das Management darauf an, die Lage oder den Zustand des Unternehmens in Sachen Counterfeiting richtig einzuschätzen. Bei dieser Analyse werden die externen Rahmenbedingungen der Umwelt und des Wettbewerbs sowie die internen Rahmenbedingungen im Unternehmen untersucht. Die Analyse der Situation ist Voraussetzung für alle weiteren Entscheidungen. Das Management muss wissen, in welchem Umfang, wo und wie das Unternehmen von Fälschungen betroffen ist, bevor es eine Gegenstrategie wählen und sich für ausgewählte Maßnahmen entscheiden kann.

Da Entscheidungen immer in die Zukunft gerichtet sind, reicht die Ermittlung der aktuellen Situation nicht aus. Zusätzlich ist eine Prognose der wichtigsten Rahmenbedingungen und damit der zukünftigen Situation des Unternehmens erforderlich. Dazu gehört die Abschätzung der erwartbaren regionalen Ausbreitung von Plagiaten ebenso wie die Einschätzung der politischen Entwicklung bei der Umsetzung des Rechts zum Schutz geistigen Eigentums durch die chinesischen Behörden. Der analytische Blick muss also auch in die Zukunft gerichtet sein.

Grundlegende Fragen zur Analyse der Situation, die aus der Produkt- und Markenpiraterie resultieren, sind:

- Was zeigen die Probekäufe aus der Region: Fälschungen, Neuverpackungen abgelaufener Produkte, wiederbefüllte Originalverpackungen etc.?
- Was wird nachgemacht – das ganze Produkt, das Design, einzelne Technologien, der Markenname, das Logo etc.?
- Welche Produkte aus dem Portfolio des Unternehmens werden kopiert?
- Welche Schutzrechte werden dabei verletzt?
- In welchem Umfang treten die Fälschungen auf? Welche Bandbreite haben sie?
- Wie groß sind die materiellen Schäden?
- Wie groß sind die immateriellen Schäden?
- Gibt es nur einen Fälscher, oder ist von mehreren Plagiatoren auszugehen?
- Werden die Plagiate exportiert, oder sind sie nur für den chinesischen Markt bestimmt?
- Seit wann wird (vermutlich) kopiert?
- Wie lange bleibt ein Fälscher auf dem Markt?
- Haben die Fälschungen eine Geschichte? Lassen sich alte Vorfälle auswerten?
- In welchen Regionen oder Märkten tritt das Problem am stärksten auf?
- Wo ist das Auftreten weiterer Fälschungen am wahrscheinlichsten?
- Kann es mittelfristig zu größeren Verlusten von Marktanteilen an die Fälscher kommen – bis hin zur Übernahme der Marke durch die Schutzrechtsverletzer?

- Muss von einer Ausweitung der Fälschungen auf weitere Produkte des Unternehmens ausgegangen werden?
- Welche Produkte und Prozesse sind für Fälschungen besonders anfällig?
- Handelt es sich um ein internes Problem in der eigenen Wertschöpfungskette oder um Fälschungen von externen Dritten?

Methoden der Informationsbeschaffung

Die Analyse der Situation erfordert den Einsatz geeigneter Vorgehensweisen zur Beschaffung und Präsentation von Informationen. Dafür gibt es zahlreiche Methoden, beispielsweise Feldforschung, verdeckte Observationen, Besichtigungen, Checklisten, Workshops, Interviews, Organisationspläne, Schadensstatistiken und Telefonrecherche etc. Zu den Methoden der Identifikation von Fälschungen gehören auch systematische Besuche von Verkaufsstätten und Märkten durch den Vertriebs-Außendienst, Umfragen bei Händlern und anderen Unternehmen oder der Einsatz von Detektiven. Wir gehen auf die Methoden der Informationsbeschaffung im Kapitel über das Monitoring (siehe Kapitel 16) genauer ein.

Viele Plagiate sind relativ einfach zu erkennen. So weisen die Flaschen von echten Markenkosmetika aus dem Ausland häufig eine deutliche Distanz zwischen der Glasdecke und dem Glaskörper auf. Das ist bei den geschmuggelten und gefälschten Kosmetika, die in China hergestellt werden, nicht der Fall. Auch sitzt bei den Plagiaten oft das Schriftzeichen auf dem Glas schief. Oder die Namen werden falsch geschrieben, was sich nur in Kleinigkeiten zeigen kann. So wurde beim Fälschen der japanischen Kosmetikmarke KOSE die chinesische Schreibweise verwendet, die sich von der japanischen nur durch einen Punkt unterscheidet. Auch zeigen chinesische Fälschungen von Kosmetika nur selten ein Produktionsdatum auf der Packung. Das Produktionsdatum erkennt man auf dem Glasboden oder auf dem Deckel der Packung. Es ist häufig in Codeform angegeben, beispielsweise 4220H18. Die 4 steht für das Jahr 2004, und 220 verweist auf den 220. Tag des Jahres. Bei Lancôme beginnen die Seriennummern der meisten Plagiate mit CV, und das aufgedruckte goldene Rosenzeichen ist flach.

Private Ermittler

Bei der Beschaffung von Informationen über die Produkt- und Markenpiraten spielen private Ermittler in China eine große Rolle. Ihre Aufgabe ist es, das gesamte Netzwerk der Plagiatoren offen zu legen, die beteiligten Personen zu identifizieren und gerichtsfeste Beweise zu sichern. Es macht keinen Sinn, einen einzigen Händler von Plagiaten juristisch zu verfolgen. Die Ermittler versuchen deshalb, die Fälschungen bis zur Quelle zurückzuverfolgen und auch die Zulieferer, Hersteller und Großhändler dingfest zu machen. Dazu gehören eine umsichtige Vorarbeit, die genaue Dokumentation aller Vorgänge, die enge Zusammenarbeit mit den Eigentümern der Marke und die Kooperation mit der chinesischen Polizei, um zu einem gerichtlich verwertbaren Ergebnis zu kommen. Für chinesische Richter sind handfeste Beweise erforderlich, Argumente und Indizien haben für sie keinen Wert. Deshalb sind heimliche Filmaufnahmen wichtig, ebenso physische Beweise in Form von Warenproben, Visitenkarten und sogar Plastiktüten, die beim Verkauf verwendet wurden. Mit Hilfe der Warenproben können chinesische Detektive nicht nur auf die Herstellungstechnik, sondern häufig sogar auf die Herkunftsregion der Fälschungen schließen.

Chinesische Wirtschaftsdetektive beschaffen nicht nur die nötigen Beweise für Produktfälschungen, um damit die lokalen Behörden zum Handeln zu bewegen. Sie verfügen auch über wertvolle Beziehungen zu den Verwaltungsbehörden, zur Polizei, Staatsanwaltschaft und Presse, ohne die in China gar nichts geht. Mit Hilfe dieser Beziehungen können Wirtschaftsdetektive beispielsweise öffentlichkeitswirksame Razzien durch die Behörden auslösen, die oft wirksamer und sinnvoller sind als langwierige und kostspielige Rechtsverfahren. Eine Razzia bei einem Plagiator spricht sich in chinesischen Fälscherkreisen sofort herum wie ein Lauffeuer. Auch der Aufbau von Scheinunternehmen (Sham Businesses), die zum Zweck der Kontaktaufnahme mit Fälschern gegründet werden, ist eine wichtige Aufgabe für private Ermittler. Mit Hilfe von Scheinunternehmen, die bei den Plagiatoren Bestellungen tätigen, können die Detektive einen genaueren Einblick in das Vorgehen der Fälscher gewinnen und die beteiligten Personen identifizieren.

Weil der Detektivberuf in der Volksrepublik China noch verboten ist, agieren private Ermittler als Berater oder als Angestellte eines Anwaltsbüros. Sie haben also keine Lizenz, sondern werden von den Behörden toleriert. Ihre Tätigkeit ist nicht ungefährlich, weil sich entdeckte und juristisch verfolgte Produkt- und Markenpiraten an den Ermittlern rächen können. Schwere Körperverletzungen durch ertappte Piraten sind in China keine Seltenheit. Auch ist es nur ein schmaler Grat zwischen den Ermittlungen in fremden Unternehmen zum Zweck des Anti-Counterfeiting und der Industriespionage, die in China mit dem Tod bestraft werden kann. Private Ermittlungsunternehmen, wie sie in den USA und in Europa gang und gäbe sind, beginnen in China erst Fuß zu fassen. Dazu kommen große Rechtsanwaltskanzleien aus Hongkong, die zunehmend in der Volksrepublik China tätig werden. Auch die chinesischen Agenten für Handelsmarken weiten ihre Aktivitäten auf private Ermittlungen im Bereich der Produkt- und Markenpiraterie aus. Hunderte kleiner Büros in verschiedenen Städten Chinas, die von ehemaligen Polizisten oder Beamten geleitet werden, ergänzen das Angebot.

Sie alle bieten den vom Counterfeiting betroffenen Unternehmen verdeckte Ermittlungen, Ortsbegehungen und Überwachungen an. Sie führen Interviews und Studien durch, aber auch Testkäufe und Ermittlungen über den Hintergrund von Unternehmen. Die chinesischen Detektive arbeiten sehr eng mit den lokalen Behörden zusammen, um Hausdurchsuchungen auslösen und kriminalrechtliche Schritte einleiten zu können. Wegen des Booms der Produktpiraterie wächst die Branche schnell. Die Unternehmen verdienen jährlich etwa 10 % des Wertes der von ihnen entdeckten gefälschten Waren, das sind ungefähr 20 Milliarden RMB. Mehr als 90 % der Firmen sitzen in Beijing, Shanghai und Guangzhou, der Hauptstadt der chinesischen Produkt- und Markenpiraterie.

Viele private Ermittlungsunternehmen, die in der Volksrepublik als dritte Hand bezeichnet werden, beschäftigen freiberufliche Agenten, die sie aus dem Heer der Wanderarbeiter rekrutieren – vor allem aus den Provinzen Jiangxi, Sichuan und Fujian. Sie bezeichnen sich als Untersuchungsfirma oder Firma für den Schutz geistigen Eigentums und arbeiten manchmal selbst mit illegalen Mitteln. Viele dieser dubiosen Ermittler beschäftigen zwischen 50 und 100 solcher Informanten. Die Berufsinformanten, die oft aus dem gleichen Ort stammen, erhalten keine Arbeitsverträge und haben deshalb keine legale Identität, sind juristisch also ohne jeden Schutz.

Die Informanten, die pro Jahr aber bis zu 100.000 RMB verdienen können, werden nur auf Erfolgsbasis bezahlt. Ein Honorar gibt es erst dann, wenn das Gerichtsverfahren abgeschlossen ist und die Plagiatoren dem betroffenen Markenunternehmen eine Entschädigung gezahlt haben. Die Aufgabe der Agenten ist es, gerichtlich verwertbare Informationen über Produkt- und Markenpiraten zu sammeln und an das ermittelnde Unternehmen weiterzuleiten. Um an solche Informationen heranzukommen, lassen sich die Agenten gerne vom Fälscher anstellen, manche arbeiten aber auch als Doppelagenten oder laufen ganz zu den Piraten über. Im Jahr 2004 kam an die Öffentlichkeit, dass das ganze Netz der Informanten in der Region Chaoshan als Doppelagent-Netzwerk gearbeitet hat. Verschwiegenheit ist in dieser Branche deshalb so gut wie alles.

Die renommierten chinesischen Wirtschaftdetektive und Anwaltskanzleien unterscheiden sich von diesen dubiosen Informationsbeschaffern. Zu ihnen gehört beispielsweise die Detektei HWH Social Investigations (Hengjiu Weihe) in Beijing. Für Pan Feng Nian, Inhaber des 1999 gegründeten Unternehmens, beschränken sich die Produkt- und Markenpiraten schon lange nicht mehr auf Luxuswaren und Konsumgüter. Auf der Hitliste der kopierten Produkte stehen gegenwärtig die Baumaterialien wie Farben und Lacke, deren Marken millionenfach gefälscht werden. Sie sind oft verdünnt oder enthalten giftige Inhaltsstoffe, die beim Nutzer zu gesundheitlichen Schäden führen können. Gefälschte Baumaterialien haben in China bereits die falschen Medikamente vom ersten Platz der Hitliste verdrängt. An zweiter Stelle steht derzeit die Software-Industrie, gefolgt von den Herstellern elektronischer Bauteile und Geräte. Auch die Marken von Lebensmitteln, beispielsweise von Procter & Gamble, werden laut Pan Feng Nian zunehmend kopiert.

Der Detektiv, der seine Aufträge überwiegend von chinesischen Unternehmen und Anwaltskanzleien erhält, ist in Beijing für sein mutiges und rigoroses Vorgehen bekannt. Sein größter Fall im Bereich der Produktpiraterie war die Ermittlung der Fälscher für einen großen chinesischen Softwarehersteller, der massiv unter Raubkopien litt. Ein Mitarbeiter von HWH trat in einem kleinen Softwaregeschäft, das die Raubkopien des Herstellers verkaufte, als Käufer auf und gab an, eine sehr große Menge der Software für den Export kaufen zu wollen. Weil die Bestellung sehr groß war, wandte sich der Verkäufer an seinen Großhändler. Es kam zum Treffen mit dem vermeintlichen Käufer, das von diesem mit einer versteckten Knopfloch-Kamera und einem digitalen Diktiergerät aufgenommen wurde. Chinesische Gerichte akzeptieren heimliche Filmaufnahmen, wenn im Film das Datum und die Uhrzeit des Mitschnitts zu sehen sind. Durch die weitere Observation des Großhändlers rund um die Uhr gelang es HWH, die Fälscherfabrik zu identifizieren. Um gerichtsfeste Beweise sicherstellen zu können, verkleidete sich ein Detektiv mit der Arbeitsuniform der Fabrik und machte als Arbeiter in der Produktionsanlage heimlich Filme und Tonbandaufnahmen. Wenn das gesamte Fälschernetzwerk offen gelegt ist, berichten die Ermittler die Ergebnisse an ihren Auftraggeber, der über die weiteren Schritte entscheidet.

Ist das Betreten der Anlagen nicht möglich, versuchen die HWH-Detektive, die Arbeiter der Fälscherfabrik gegen Bezahlung als Spione zu engagieren. Auf diese Weise erhalten die Detektive exakte Informationen über die eingesetzte Fertigungstechnologie, die Menge der produzierten Waren, den Lagerbestand und die beteiligten Personen. Sie können auch über die Menge der hergestellten oder gelagerten Verpackung Rückschlüsse über das Produktionsvolumen erhalten. Schwierig wird es, wenn die Fälscherfabriken versteckt sind – beispielsweise in Militärkasernen, Polizeianlagen oder in den in der Öffentlichkeit unbekannten Wohngebieten für AIDS-Kranke. Diese Art von Ermittlungen dauern in der Regel zwei bis drei Monate, die Honorare liegen bei 40.000 bis 80.000 RMB, wobei erfolgsabhängige Komponenten möglich sind.

Bei der Wirtschaftsdetektei Allen & John in Shanghai kommen gemischte Teams mit bis zu acht Personen zum Einsatz, die aus Detektiven, Rechtsanwälten und Mitarbeitern des Auftraggebers bestehen. Die Ermittlungen dauern häufig drei Monate, bei schwierigen Fällen bis zu sechs Monate. Die Honorare für einen drei Monate dauernden Auftrag liegen zwischen 30.000 und 40.000 RMB, der Auftraggeber leistet in der Regel zu Beginn der Ermittlungen eine Anzahlung in Höhe von 50 % des Honorarvolumens. Die Shanghaier Kanzlei zielt darauf, Produkt- und Markenpiraten vor ein Kriminalgericht zu bringen, weil die Verurteilung der Fälscher auf Basis des Kriminalrechts zu nachhaltigeren Ergebnissen führt.

Wichtig ist, den Fall und die Ergebnisse der richtigen Person zu präsentieren, weil sich nicht jeder Polizeibeamte oder Richter für jeden Fall engagiert. Deshalb sind persönliche Kontakte zur Exekutive in diesem Umfeld auch so wichtig. Geschäftsführer Allen X. Jiang bestätigt, dass die Piraten immer professioneller und intelligenter vorgehen. So hätten die Fälscher einer bekannten Zigarettenmarke vom Hersteller der Originalware einen Mitarbeiter abgeworben, der alles über Tabak, Inhaltsstoffe, Hüllen und Herstellungsverfahren wusste. Für die Abwerbung des Experten legten die Markenpiraten zwei Millionen RMB auf den Tisch – einen Betrag, den sie durch den millionenfachen Verkauf gefälschter Markenzigaretten zum halben Preis schon bald hereinspielen konnten.

Die bekannte Shanghaier Wirtschaftsdetektei FMS Commercial Consulting Co. Ltd. geht bei ihren Ermittlungen noch einen Schritt weiter. Der Gründer und Geschäftsführer des Unternehmens, Tony Sun, genießt in China einen ausgezeichneten Ruf und verfügt über sehr gute Beziehungen zur Polizei und zu Regierungsstellen. Aufgrund dieser Beziehungen ist es FMS möglich, heimlich die Telefone verdächtiger Personen anzuzapfen oder ihre E-Mails mitzulesen. Die Volksrepublik China kennt keinen Datenschutz, das Abhören von Telefonaten oder das Lesen von E-Mails ist für die Regierung ohne weiteres möglich. Ob die Einbeziehung privater Ermittler nach chinesischem Recht möglich ist, ist allerdings fraglich. Dass die Detektive dadurch aber massiv an Schlagkraft gewinnen, liegt auf der Hand.

9. Ziele und Strategien des Anti-Counterfeiting

Wenn du dich selbst und deinen Feind kennst, wirst du jede Schlacht gewinnen. Wenn du dich selbst kennst, deinen Feind aber nicht, wirst du für jede Schlacht, die du gewinnst, eine verlieren. Wenn du aber weder dich noch deinen Feind kennst, bist du ein Narr und kannst sicher sein, dass du in jeder Schlacht besiegt wirst.

Diese bekannte Aussage von Sunzi (孙子), einer der bedeutendsten Militärstrategen Chinas, ist für den Kampf gegen die Produkt- und Markenpiraterie geradezu prädestiniert. Anti-Counterfeiting muss die Piraten, ihre Strategien und Methoden sehr genau kennen, wenn es sie dauerhaft besiegen will. Bis jetzt gewinnen deutsche und andere westliche Unternehmen in China nur einzelne Schlachten, ohne den Krieg gegen die Fälscher zu gewinnen.

Wenn man die Essenz Sunzis in einem Satz zusammenfassen will, so würde dieser wohl lauten: Besiege den Feind, ohne zu kämpfen. Denn gemäß Sunzi ist der militärische Einsatz die letzte der Möglichkeiten, die man nutzen sollte, um den Feind zu bezwingen. Ein fähiger Stratege sollte den Feind ohne einen Kampf überwinden, feindliche Städte ohne Belagerung erobern und oppositionelle Regime ohne blutige Schwerter zerschlagen. Sunzi lehrt uns die Kunst, gewaltlos Krieg zu führen. Es geht ihm darum, den Krieg mit Weisheit und Klugheit anstatt mit physischen Kräften zu gewinnen. Das Instrument ist der geschickte Einsatz kluger Strategien, durch die man den Feind und damit die Situation unter seine Kontrolle bringt.

Die meisten deutschen Unternehmen kämpfen bei der Verfolgung der Produkt- und Markenpiraterie in China noch in einzelnen Schlachten. Sie regieren ad hoc, weil sie noch nicht über eine spezifische Strategie des Anti-Counterfeiting verfügen. Die Wirkung dieser Vorgehensweise ist begrenzt, da eine wirkungsvolle Bekämpfung der Fälscher ein zielorientiertes Vorgehen und einen intelligenten, langfristigen Plan erfordert, der die verschiedenen operativen Maßnahmen abstimmt und bündelt und ihre Wirkungen in eine bestimmte Richtung lenkt. Eine Strategie des Anti-Counterfeiting ist der große Plan über allen Aktivitäten, der die langfristig beabsichtigten Handlungen des Unternehmens zur Erreichung seiner Ziele im Kampf gegen die Counterfeiter enthält. Eine Anti-Counterfeiting-Strategie ist mittel- bis langfristig konzipiert, ihr Planungshorizont sollte nicht wesentlich vom Planungshorizont der Unternehmensstrategie in China abweichen.

Die am kurzfristigen Handeln orientierten Taktiken sind grundsätzlich nicht Teil der Anti-Counterfeiting-Strategie, können von dieser aber berücksichtigt werden. Strategie kann zu bestimmten Taktiken auffordern, sie zulassen oder verbieten. Taktiken finden sich in den mit den Maßnahmen des Anti-Counterfeiting direkt betreuten operativen Einheiten, beispielsweise bei Mitarbeitern des Vertriebs-Außendienstes oder bei privaten Ermittlern. Die Strategie kann ihnen beispielsweise grundsätzlich erlauben oder verbieten, bei der Ermittlung und Verfolgung von Fälschern in taktischer Absicht zweifelhafte Abhörmethoden anzuwenden. Das Gleiche gilt für Strategeme, die als List, Tricks oder manipulative Kunstgriffe definiert werden, die durch Weisheit und Schläue etwas vorspiegeln, verschleiern, jemanden locken oder in einer bestimmten Absicht Mitleid erregen. Auch sie können von der Anti-Counterfeiting-Strategie thematisiert werden, ohne ein Teil von ihr zu sein.

Chinesischer Hyperwettbewerb

Der chinesische Markt zeigt alle Kennzeichen des Hyperwettbewerbs, nämlich Dynamik, Komplexität und Evolution. Dort ändern sich die Randbedingungen des Wettbewerbs sehr schnell. Die zeitlichen Verzögerungen zwischen unternehmerischen Aktionen und Reaktionen sind gering, und Änderungen der Parameter führen sehr schnell zu Ergebnissen. Die Dinge schwingen sich schnell ein. In China erwachsen Wettbewerbsvorteile deshalb oft aus der Fähigkeit, schnell und entschlossen zu reagieren. Das gilt besonders für Branchen, die stark von Konsumententrends, technologischen Innovationen oder Konsolidierungen beeinflusst werden.

Die Komplexität eines Marktes spiegelt sich in der Anzahl und der gegenseitigen Verflechtungen einzelner Komponenten wider. Der 1,3 Milliarden Konsumenten umfassende chinesische Markt mit seinen 7,8 Millionen registrierten Unternehmen ist voller Akteure, die über Beziehungsnetzwerke miteinander verflochten sind. In der südchinesischen Stadt Yangjiang gibt es 2.000 Hersteller von Schneidwerkzeugen, von denen viele miteinander verflochten sind. Bereits kleine Änderungen in der komplexen Anbieterstruktur können zu einem völlig unterschiedlichen Verlauf der Marktentwicklung führen. Diese Komplexität macht es Managern in China schwer, fundierte Entscheidungen zu treffen. Mentale Entscheidungsmodelle aus dem Westen versagen hier, weil sie auf vereinfachten und linearen Wirkungsbeziehungen beruhen, die komplexe und kontextabhängige Entscheidungssituationen nicht mehr angemessen erfassen können.

Wirtschaftliche Evolutionen werden von einer Reihe externer Faktoren bestimmt, beispielsweise technischen Innovationen oder Änderungen des Umfelds. In evolutionären Märkten setzt sich nicht immer das Unternehmen durch, das die besten Produkte oder Dienstleistungen hat. Manchmal reicht es schon aus, zum richtigen Zeitpunkt am richtigen Platz zu sein. Evolutionäre Märkte wie der chinesische sind nur schwer zu prognostizieren, da weder der Zeitpunkt noch die Auswirkung eines Ereignisses klar zu bestimmen sind. Darüber hinaus können sich aus den vorhandenen Strukturen schnell und völlig überraschend neue Strukturen entwickeln. Das ist in China, wo alles möglich und nichts einfach ist, der Fall.

Anforderungen an Strategien des Anti-Counterfeiting

Es gibt einige grundsätzliche Anforderungen, die an eine angemessene Anti-Counterfeiting-Strategie gestellt werden müssen. So darf die Strategie gegen die Produkt- und Markenpiraterie den grundlegenden Zielen des Unternehmens in China nicht widersprechen. Ein Unternehmen, das in der Volksrepublik aggressiv wachsen und möglichst schnell Umsatz machen will, wird bei der Verfolgung von Fälschern eine andere Strategie wählen als ein zurückhaltendes Unternehmen, das langsam und nachhaltig wachsen möchte und dem daran liegt, sich dauerhaft auf dem chinesischen Markt zu etablieren. Ziele, Strategie und auch Kultur des Unternehmens determinieren immer auch die Anti-Counterfeiting-Strategie.

Deutsche Unternehmen verfolgen in China durchaus unterschiedliche Ziele. Das erklärte Zielsystem der Audi AG besteht beispielsweise aus zwei Komponenten. Das Unternehmen hat sich in China einerseits zum Ziel gesetzt, durch das Angebot faszinierender Automobile die Begehrtheit der Marke zu stärken und dadurch seine Position auf dem Markt für Premium-Automobile zu verbessern. Dabei stellt auch in China der „Vorsprung durch Technik" den Kern der Marke dar. Andererseits möchte Audi in China die Prozesse optimieren und die Ressourcen noch zielgerechter einsetzen, um den Wirkungsgrad des Gesamtunternehmens zu steigern. Aus dieser Doppelstrategie lassen sich zwei Grundstrategien des Anti-Counterfeiting für die Audi AG ableiten. Zum einen muss die Beschädigung des Markenkerns durch Counterfeiter vermieden werden. Fälscher dürfen den Vorsprung durch Technik nicht zunichte machen. Zum anderen geht es darum, Eingriffe in die Fertigungsprozesse zu verhindern, welche die Effizienz des Unternehmens in China schwächen würden. Audi würde in Prozesse investieren, der Output dieser Prozesse würde durch Produktpiraten aber geschmälert werden. Die Effizienz würde sinken.

Die BMW Group setzt mit ihren drei Marken BMW, MINI und Rolls-Royce Motor Cars auch in China kompromisslos auf die gehobenen Kundensegmente und zielt mit dieser Premium-Strategie auf profitables Wachstum. Das Unternehmen eröffnete im Mai 2004 zusammen mit der Brilliance China Automotive Holdings ein neues Werk für die Produktion und den Vertrieb in Shenyang, das eine besondere Rolle in der Asienstrategie des deutschen Autobauers spielt. Aus dieser Strategie folgt, dass sich das Anti-Counterfeiting der BMW Group auf zwei Gefahren konzentrieren muss: die Beschädigung des Markenimages in den gehobenen Kundensegmenten und der Verlust technischen Know-hows bei der Fertigung in China.

Eine grundlegende Anforderung an eine Strategie gegen die Produkt- und Markenpiraterie ist auch, den Fälschern die Initiative zu nehmen. Strategie ist immer pro-aktiv und in die Zukunft gerichtet, sie zielt darauf, den Gegner zurückzuwerfen und in die Schranken zu weisen. Im Kampf gegen Fälscher sind Täuschung, Verschleierung, Schnelligkeit, Kreativität und Mut beliebte strategische Grundhaltungen. Das bedeutet nicht, dass eine Strategie zum Kampf gegen Produkt- und Markenpiraten aggressiv sein muss. Dem Gegner kann auch durch ein besonnenes und zurückhaltendes Handeln der Wind aus den Segeln genommen werden, beispielsweise dann, wenn man ihn täuscht oder durch Zurückweichen immer wieder ins Leere laufen lässt.

Eine gute Anti-Counterfeiting-Strategie muss die operativen Kräfte des Unternehmens konzentrieren und sie dadurch auch schonen. Finanzielle und personelle Ressourcen sind in Unternehmen notwendig begrenzt, auch im Kampf gegen Plagiatoren. Es kommt darauf an, die Wirkung der einzelnen Maßnahmen zu maximieren, beispielsweise durch ihre zeitliche Abstimmung. Wie jede Strategie sollte auch die Strategie des Anti-Counterfeiting vom Unternehmen geheim gehalten werden, damit sie von den Fälschern nicht schnell erkannt und untergraben werden kann. Geheimhaltung kann dazu führen, dass es für die Fälscher im Lebenszyklus eines Produktes oder einer Marke zu spät ist, angemessen zu reagieren.

Schließlich sollte eine Anti-Counterfeiting-Strategie so flexibel wie möglich gehalten werden, um sich den permanent wechselnden Umständen schnell anpassen zu können. Das gilt ganz besonders für den chinesischen Markt und seine Piraten. Chinesische Fälscher sind schnell, sie ändern ständig ihre Standorte, Angebote, Vertriebskanäle und Identitäten. Die Strategie des Unternehmens muss so flexibel sein, dass sie den Fälschern bei Veränderungen nicht nur folgen, sondern auch zuvorkommen kann.

Piraten sind ökonomisch gesehen Wettbewerber

Wir definieren Anti-Counterfeiting-Strategie grundsätzlich als Wettbewerbsstrategie. Sieht man von den moralischen und rechtlichen Implikationen ab, dann treten Fälscher im Sinne von Porters Modell der fünf Marktkräfte als neue Wettbewerber auf den Markt, die in der Regel als Marktfolger agieren und entsprechende Reaktionen des angegriffenen Unternehmens erforderlich machen. Diese neuen Wettbewerber bedrohen das Geschäft des etablierten Unternehmens durch Ersatzprodukte, weil Fälschungen Substitute für Originale sind. Durch das Angebot von Plagiaten nimmt die Verhandlungsmacht der Kunden deutlich zu, und viele von ihnen nutzen diese Verhandlungsmacht auch aus. Auch die Verhandlungsmacht der Zulieferer steigt, weil diese auch den Fälschermarkt beliefern oder sogar mit einer Vorwärtsintegration in den Fälschermarkt hinein drohen können. Dadurch wird der Wettbewerb auf dem Markt, der in China ohnehin durch eine hohe Rivalität gekennzeichnet ist, noch größer.

Das bedeutet, dass in der Produkt- und Markenpiraterie alle fünf Wettbewerbskräfte wirken, was den Druck auf Markenunternehmen oft massiv erhöht. Ergebnis ist, dass auf dem von Fälschungen in einem größeren Umfang betroffenen Markt die Verkaufspreise sinken. Die Produkt- und Markenpiraten ziehen den Markt nach unten. Counterfeiting ist besonders bei preiselastischer Nachfrage bedrohlich, weil kundendefinierte Wettbewerbsräume auf den subjektiven Wahrnehmungen der Kunden basieren. Viele Kunden nehmen an, dass die Fälschungen die gleichen oder ähnliche Funktionen erfüllen, und kaufen das billigere Produkt. Eine qualitativ hochwertige Fälschung wird somit zum Substitutionsgut.

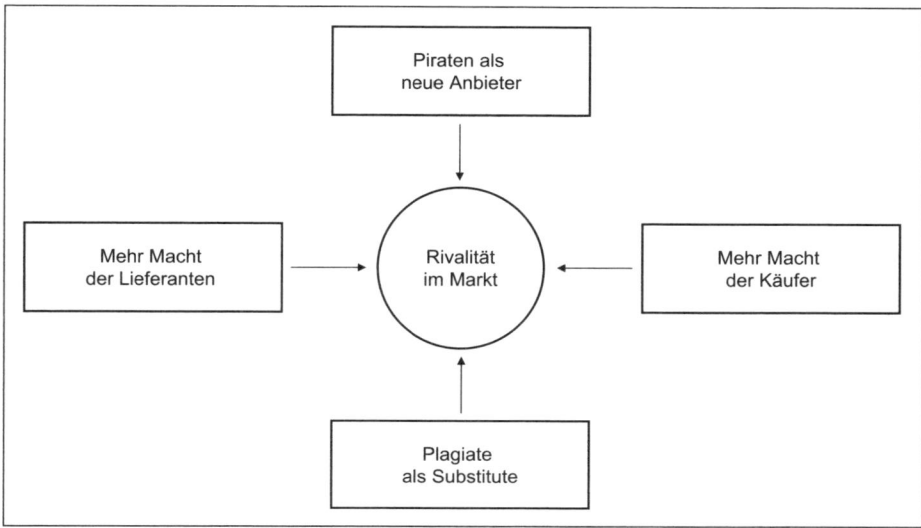

Porters Wettbewerbskräfte gelten auch für Fälscher

Die Reaktion des von der Piraterie betroffenen Unternehmens, also sein Anti-Counterfeiting, entscheidet darüber, ob es ihm gelingt, aus dem in China investierten Kapital dauerhaft zufrieden stellende Erträge zu erzielen, die deutlich höher sind als die Kapitalkosten. Das Anti-Counterfeiting bestimmt mit darüber, ob das Unternehmen in China rentabel arbeitet und dort profitabel wachsen kann. Viele deutsche Unternehmen leiden in China unter einer unbefriedigenden Rentabilität – Produkt- und Markenpiraterie ist eine Ursache dafür.

Gezielt Wettbewerbsvorteile aufbauen und verteidigen

Als Wettbewerbsstrategie zielt eine Anti-Counterfeiting-Strategie immer auf den Aufbau und die Verteidigung von Wettbewerbsvorteilen. Quelle von Wettbewerbsvorteilen sind die überlegenen Aktiva und Fähigkeiten des Unternehmens oder auch eine Position, die sich aus diesen überlegenen Aktiva und Fähigkeiten ergibt. Überlegene Aktiva sind die Vermögenswerte, die das Unternehmen im Laufe der Zeit zusammengetragen hat. Sie können meist in Geld gemessen und gezählt werden. Fähigkeiten sind manchmal so tief in die Organisationsroutine eingebettet, dass sie nicht imitiert werden können, sie sind vor den Einblicken der Kopisten geschützt.

Wettbewerbsvorteile erodieren in China besonders schnell, weil Produktinnovationen schneller kopiert werden als anderswo. Auch Verbesserungen der firmeninternen Prozesse sind schwer geheim zu halten. Eine Aushöhlung von Vorteilen kann darüber hinaus durch den Marktzutritt neuer Wettbewerber erfolgen, die Aktiva und Fähigkeiten aus verwandten Märkten mitbringen. Counterfeiter, die bislang erfolgreich chemische Labortechnik kopieren, können ihre Kenntnisse und Fähigkeiten problemlos in die Medizintechnik übertragen. Die einzigen Grundlagen für ausreichende und dauerhafte Wettbewerbsvorteile scheinen nur in einer ununterbrochenen Innovationsfähigkeit und in starken Markensystemen zu bestehen.

Das Ziel der Anti-Counterfeiting-Strategie als Wettbewerbsstrategie ist es, die Aushöhlung von Wettbewerbsvorteilen durch Produkt- und Markenpiraten zu verlangsamen. Die Aushöhlung soll verzögert werden, um so lange wie möglich die Früchte der Wettbewerbsvorteile ernten zu können. Die Erosion kann verlangsamt werden, wenn Vorteile widerständig sind und für die rasche Auszehrung oder Veralterung durch den schnellen technologischen Wandel, durch die Veränderung von Kundenbedürfnissen oder durch die Erschöpfung nicht erneuerbarer Aktiva nicht allzu anfällig sind. Das Ziel des Anti-Counterfeiting ist, den Wettbewerbsvorteil des angegriffenen Unternehmens aufrecht zu halten und seine Position auf dem Markt zu festigen.

Porters Strategien gelten auch bei Piraten

Wir kennen nach Porter drei Grundformen der Wettbewerbsstrategie, die zum Ziel haben, einen Wettbewerbsvorteil zu erzeugen und zu erhalten:

1) Kostenführerschaft
Die Strategie der Kostenführerschaft, bei der das Unternehmen strukturelle Kostenvorteile durch Skaleneffekte, Verbundeffekte oder Erfahrungseffekte ausnutzt, ist eine Basisstrategie im Chinageschäft. Viele ausländische Unternehmen investieren nur deshalb in China, um diese Strategie der Kostenführerschaft global umsetzen zu können. So wichtig diese Strategie als Unternehmensstrategie im internationalen Umfeld auch ist, im Wettbewerb mit Produkt- und Markenpiraten ist sie kaum anwendbar. Denn Kostenvorteile sind im Kampf mit Fälschern nur selten zu realisieren. Diese werden immer günstiger produzieren und anbieten können, weil sie nicht in Forschung und Entwicklung, Design und Marketing sowie Steuern und Soziales investieren müssen. Lediglich durch Skaleneffekte können Kostenvorteile gegenüber Fälschern erreicht werden.

Dazu kommt, dass die Strategie der Kostenführerschaft grundsätzlich zu wenig flexibel und anpassungsfähig und auch innovationsfeindlich ist. Unter Ausnutzung der spezifischen Standortvorteile Chinas können die Kosten und damit die Preise im Kampf gegen die Fälscher in manchen Fällen sicherlich noch gesenkt werden, die Kostenführerschaft hat als Grundstrategie des chinesischen Anti-Counterfeiting aber keine Priorität. Der Wettbewerb mit Fälschern wird nicht über den Preis geführt.

2) Differenzierung
Bei der Strategie der umfassenden Differenzierung bringt das Unternehmen ein besonderes Angebot auf den Markt, das sich durch einen Zusatznutzen deutlich von

den Angeboten des Wettbewerbs abhebt. Ansatzpunkte für diese Grundvariante der Wettbewerbsstrategie sind die Marke, die Technologie, Dienstleistungen oder die Produktqualität. Differenzierung ist in China eine ergiebige Grundstrategie, weil sich der von Grund auf wenig differenzierte und uniforme Massenmarkt mit seinen unzähligen Commodities zunehmend differenziert. Unsere Erfahrungen in Projekten zeigen, dass viele Chinesen etwas Besonderes suchen, Importeure lehnen Standardware sogar zunehmend ab. Massenmärkte mit Standardprodukten sind bereits gesättigt oder leiden an Überkapazitäten. Doch in China liegt nicht nur beim Produkt ein großes Differenzierungspotenzial, sondern auch im Vertriebsweg. Formen des Direktvertriebes und neue Logistikmodelle stoßen dort auf großes Interesse. Differenzierung ist eine schlagkräftige Waffe gegen Fälscher, die zwar das Allgemeine, nicht aber das Besondere nachmachen können und wollen. Das grundsätzliche Risiko dieser Strategievariante, dass Differenzierungsvorteile wegen der Nachahmer meist nur temporär aufrechterhalten werden können, relativiert sich auf dem dynamischen chinesischen Markt. Unternehmen müssen in China ohnehin hochgradig beweglich sein.

3) Nischenstrategie
Bei der Strategie der Fokussierung durch die Begrenzung auf ein oder wenige Marktsegmente (Nischenstrategie) zielt der Anbieter darauf ab, die Bedürfnisse der Abnehmer besser oder günstiger als weniger spezialisierte Unternehmen zu erfüllen. Auch diese Strategievariante hat sich in China als ergiebig erwiesen, weil Chinesen gerne hochwertige Produkte bei Spezialisten kaufen. Gerade hier haben deutsche Unternehmen oft Trümpfe in der Hand. Dazu kommt, dass Nischen grundsätzlich besser gegen Fälscher verteidigt werden können oder wegen des zu kleinen Marktes für die Plagiatoren uninteressant sind. Bei dieser Strategievariante ist aber die Größe der Nische auch für das etablierte Unternehmen kritisch. Gerade für deutsche Industrieunternehmen macht es wegen der fehlenden Skaleneffekte oft wenig Sinn, in zu kleinen Nischen zu agieren. Das gilt auch für den großen Markt China. Die Bewertung dieser strategischen Option hängt also vom Einzelfall ab.

Differenzierung schützt vor Fälschern

Soweit branchenübergreifende strategische Aussagen für den chinesischen Markt überhaupt möglich sind, sehen wir im Zusammenhang mit der Produkt- und Markenpiraterie klare Vorteile einer Differenzierungsstrategie. Man kann nicht billiger sein als Fälscher, sondern nur anders und besser. Das Besondere ist schwer zu kopieren, besonders dann, wenn psychologische Komponenten, Dienstleistungen oder raffinierte Technologien im Spiel sind. Das Besondere schützt deshalb besser vor Neueintritten der Nachahmer und senkt die Verhandlungsmacht der Abnehmer und Zulieferer. Für ein einzigartiges Produkt bieten sich grundsätzlich nur wenige oder sogar gar keine Alternativen, auch keine Fakes. Wenn Produkte einen sehr hohen Differenzierungsgrad aufweisen, entwickeln Kunden in der Regel starke Präferenzen und Treue, die sie für Konkurrenzangebote und Fälschungen unempfänglicher machen. Das Besondere erzeugt Loyalität, die das Bedrohungspotenzial der Piraten weiter senkt.

Um im Wettbewerb mit Chinesen nachhaltig erfolgreich zu sein, sollte ein deutsches Unternehmen versuchen, eine Strategie der Differenzierung zu verfolgen, aber auch auf die Möglichkeiten der Kostensenkung achten. In China bewegen sich die Märkte mit ihren uniformen Standardprodukten grundsätzlich in Richtung Qualifizierung und Differenzierung, das Niveau der Angebote steigt ständig. Das gilt besonders für die boomenden Küstenregionen mit ihrem starken Ausstrahlungseffekt auf das Landesinnere. Es wäre für viele deutsche Unternehmen fatal, gegen diesen Trend zu wirtschaften und eine reine Strategie der Kostenführerschaft zu verfolgen. In der Volksrepublik kommt es darauf an, das Angebotsniveau weiter anzuheben.

Es gibt viele in China relevante wertschätzungstreibende Differenzierer für Produkte und Dienstleistungen. Dazu gehören besondere physische Charakteristika des Produktes wie Qualität, Haltbarkeit, Ästhetik oder Benutzerfreundlichkeit. Die Art und Qualität des Services und der Komplemente sind wichtige Differenzierer, beispielsweise Garantieleistungen, Wartung, Ergänzungsprodukte, Beratung, Ersatzteile oder Schulung. In der Volksrepublik fehlt es in vielen Märkten an den Zusatzleistungen und Extras um ein Kernprodukt herum – Navigationssysteme für Autos, die Finanzierung von Fernsehgeräten oder die Schulung von Servicetechnikern. Nicht nur das konkrete Angebot, auch die Eigenschaften der Verkaufstransaktion können ein Unternehmen in China gut vom Wettbewerb unterscheiden und seine Wertschätzung treiben. Dazu gehören etwa die Verfügbarkeit, die Schnelligkeit und die Pünktlichkeit der Lieferung, aber auch die Erreichbarkeit des Verkäufers. Der große Erfolg der Fast-Food-Ketten, die chinesisches Essen schnell und preiswert an den Arbeitsplatz liefern, erklärt sich aus dieser Differenzierung im Verkaufssystem.

Ein in China herausragender Unterscheidungsfaktor ist die Marke mit ihrem spezifischen Leistungsversprechen, ihrer Identität und Positionierung. Wir kommen auf diesen wichtigen Differenzierer in einem späteren Kapitel zurück. Hier bleibt festzustellen, dass viele chinesische Märkte bereits relativ reif sind, dass in ihnen häufig ein Angebotsüberhang herrscht und dass die Grundnutzen von den Anbietern weitgehend befriedigt werden. Auf vielen chinesischen Märkten kommt es heute darauf an, echten Zusatznutzen zu liefern, beispielsweise durch das Exotische, Zusätzliche, Ergänzende oder Verfeinerte. Hier liegt nicht nur ein enormes Potenzial für Originalanbieter, sondern auch eine hohe Barriere für Fälscher. Produkt- und Markenpiraten sind nur selten fähig und gewillt, die Mühen des Besonderen auf sich zu nehmen. Sie wollen mit dem Nachbau von Standardprodukten schnelles Geld machen.

Eintrittsbarrieren für Fälscher errichten

Beim Aufbau und der Verteidigung von Wettbewerbsvorteilen kommt es darauf an, die Gefahr von Neueintritten durch Fälscher zu verringern. Dazu müssen für die Fälscherunternehmen Eintrittsbarrieren in die Branche aufgebaut werden. Wie realistisch die Gefahr eines Marktzutritts neuer Fälscher ist, hängt von der Höhe der Markteintrittsbarrieren ab, die potenziellen Piraten Nachteile auflegen und ihre Gewinnerwartungen senken.

Androhung von Vergeltung: Eine der wirksamsten Methoden, Imitationsbarrieren zu schaffen, ist die Androhung von Vergeltungsmaßnahmen, die aber glaubhaft sein müssen. In China wird mit vielen Säbeln gerasselt, und ein Fälscher wird die Signale der Originalhersteller als leere Drohgebärde abtun, wenn den Worten keine Taten folgen. Die Ankündigung von Vergeltungsmaßnahmen wird auch dann unbeachtet verklingen, wenn der Fälscher die Androhung nicht versteht oder ihre Tragweite nicht einschätzen kann. Wenn dagegen die gesamte Organisation des Unternehmens darauf ausgerichtet ist, Plagiatoren zu schlagen, so sendet das Unternehmen eine einheitliche Botschaft. In China hat diese Barriere einen hohen Stellenwert.

Unklarheit des Vorteils: Ein Fälscher muss zunächst die Quelle der Wettbewerbsvorteile des etablierten Unternehmens verstehen und dann ermitteln, welche Ressourcen zur Reproduktion der entsprechenden Ergebnisse erforderlich sind. Dies wird erheblich erschwert, wenn Unklarheit über die kausalen Zusammenhänge zwischen den Handlungen des Originalherstellers und seinen Resultaten herrscht. Je größer die Unklarheit darüber, wie erfolgreiche Unternehmen ihre Ergebnisse erzielen, desto besser können potenzielle Plagiatoren abgeschreckt werden. Bei komplexen Angebotssystemen müsste ein Fälscher, der sich diese Kenntnisse aneignen wollte, sogar einen Großteil der Lernprozesse des Originalherstellers nachempfinden. Die Unklarheit verschärft sich, wenn die Imitation eine komplexe Koordination verschiedener Ressourcen verlangt.

Ressourcenzugang: Wenn ein Fälscher die Quelle des Wettbewerbsvorsprungs durchschaut hat, muss er die Ressourcen erwerben oder entwickeln, die für das Kopieren erforderlich sind. Dieser Erwerb kann durch die Immobilität oder Knappheit von Ressourcen blockiert werden. Die beste Methode zur Imitationshemmung ist die Schaffung einer einmaligen Ressource. Dazu gehören auch enge Kundenbeziehungen, die nicht ohne weiteres übertragen werden können. Müssen neue Fälscher sehr hohe Kosten in Kauf nehmen, um die Ressourcen zu beschaffen, wird der Markteintritt für sie unattraktiv.

Wechselkosten: Eine Barriere für Fälscher ist auch, die Wechselkosten für den Kunden zu erhöhen. Die Kosten, die dem Käufer bei einem Anbieterwechsel entstehen, binden ihn in der Regel an diesen Anbieter. Die Erhöhung der Umstellungskosten ist relevant bei Produkten mit langer Lebensdauer oder bei spezialisierten Produkten, wenn der Kunde viel Zeit und Geld für die Einarbeitung aufgewandt hat oder wenn er besondere produktbezogene Investitionen getätigt hat.

Erfahrungskurveneffekte: Durch die wiederholte Erledigung von Aufgaben durch die einzelnen Mitarbeiter entstehen beim Originalhersteller Lerneffekte. Aufgrund seines Erfahrungsvorsprungs im Markt hat er überlegene Fähigkeiten entwickelt, besonders bei Routinen. Durch die Akkumulation von Wissen und die Entwicklung von Fähigkeiten entstehen dem Originalhersteller Kostenvorteile, die er gegen einen neu eintretenden Fälscher ausspielen kann. Je wichtiger Erfahrungskurveneffekte in einer Branche sind, desto größer sind das Potenzial von Erfahrung und die Kostenvorteile im Kampf gegen Produkt- und Markenpiraten. Fälscher haben kaum eine Chance, den Erfahrungsvorsprung der etablierten Originalhersteller wettzumachen.

Beziehungseffekte: Sie resultieren aus Investitionen, die einer konkreten Lieferbeziehung zwischen Kunde und Originalhersteller gewidmet sind. Wer als Stammkunde bei einem bestimmten Händler seit Jahren Originalware kauft, erhält immer wieder Vorteile und Extras. Auf diesem Mechanismus beruhen die Kundenbindungsprogramme beispielsweise der Fluggesellschaften. Die Investitionen verlieren erheblich an Wert, wenn sie nicht in dieser Beziehung zum Einsatz kommen, da sie in alternativen Verwendungen wesentlich geringere Renditen abwerfen. Die Käufer möchten die Renditen ihrer Beziehungen zum Originalhersteller nicht verlieren und bleiben ihm treu. Fälscher verfügen nicht über Treueprogramme.

Isolationsmechanismen schützen nachhaltig

Bei der Verteidigung von Wettbewerbsvorteilen ist die Frage zu beantworten, was einen Vorteil nachhaltig macht. Ein nachhaltiger Wettbewerbsvorteil entsteht nur dann, wenn der Fälscher versucht, ihn nachzuahmen oder zu neutralisieren, es ihm auf Dauer aber nicht gelingt. Die ökonomischen Grundlagen nachhaltiger Wettbewerbsvorteile sind wesentliche unternehmensspezifische Ressourcen wie Wissen der Mitarbeiter sowie Fähigkeiten – beispielsweise die Fähigkeit, Ressourcen in einer überlegenen Weise zu nutzen. Solche besonderen Fähigkeiten sind oft in organisatorische Routinen eingebettet. Die Knappheit und Immobilität von Ressourcen und Fähigkeiten reichen zur Aufrechterhaltung von Wettbewerbsvorteilen gegenüber Counterfeitern in der Regel nicht aus, weil Plagiatoren heute in der Lage sind, schnell eigene Ressourcen aufzubauen und Fähigkeiten zu entwickeln und etablierten Unternehmen dadurch dauerhaft Konkurrenz machen. Es sind die Isolationsmechanismen, die die Ressourcenbildung der Fälscher beschränken, bremsen oder blockieren. Beispiele für Isolationsmechanismen sind Netzwerkeffekte, die Reputation des Unternehmens und Markensysteme.

Netzwerkeffekte: Die Tatsache, dass auch andere das gewählte Produkt benutzen, generiert einen Zusatznutzen. Dieser Zusatznutzen resultiert aus verbesserten Interaktionsmöglichkeiten (wie bei E-Mail-Systemen oder Mobiltelefonen) oder einem besseren Angebot an Komplementen (Software für Computer, Filme für ein Videosystem). Je größer die installierte Basis ist, desto bedeutender ist der Zusatznutzen durch den Netzwerkeffekt für die Kaufentscheidung der Konsumenten. Der Fälscher, der nicht über eine solche breite Netzwerkbasis für seine Produkte verfügt, kann dem Netzwerkeffekt nichts entgegensetzen. Er kann diese Ressourcen nicht aufbauen.

Reputation: Bei Produkten, deren Qualität nicht vor dem Kauf und der Nutzung beurteilt werden kann (Erfahrungsgüter), mindert die Reputation des Herstellers die

Qualitätsunsicherheit und das Risiko der Konsumenten. Ein Beispiel gibt Intel, dessen technische Kompetenz von der Konkurrenz zwar schnell eingeholt wurde, dessen Reputation von den Käufern aber geschätzt wird. Endkonsumenten honorieren „Intel Inside" mit einer um 30% höheren Zahlungsbereitschaft als für leistungsgleiche Chips der Konkurrenz. Der Reputationsaufbau erfordert Investitionen und ist eine Ressource, die von Produktfälschern nicht schnell und einfach aufgebaut werden kann. Sie müssen den Käufer massiv täuschen, um die Reputation des Originalherstellers nutzen zu können.

Markensysteme: Die Marke ist ein ausgesprochen wirksamer Isolationsmechanismus, weil ihre Substanz nur über einen sehr langen Zeitraum hinweg aufgebaut werden kann. Markensysteme sind komplexe und einzigartige Vertrauenssysteme in den Köpfen der Konsumenten und Kunden, Vorstellungen eines besonderen Benefits, die ein Unternehmen nur über Jahre hinweg generieren kann und die kein Fälscher schnell kopieren kann. Die Täuschung der Konsumenten durch gefälschte Markenprodukte, die von der authentischen Marke kaum noch zu unterscheiden sind, kann durch starke Markensysteme mit hochwertigen Dienstleistungskomponenten verringert werden. Sie sind Beziehungsnetzwerke, die aus Produkten und komplementären Dienstleistungen wie Schulung, Beratung, Kundendienst, Hotline-Support oder Updates bestehen und deshalb eine enge Interaktion mit den Kunden erfordern. Dazu kommen ausgeprägte psychologische Merkmale wie der Stil und die Atmosphäre des Markensystems.

China braucht dynamische Wettbewerbsstrategien

In China ist der Wettbewerb ständig in schneller Bewegung. Die Optionen und Risiken, denen sich die etablierten Unternehmen stellen müssen, werden vielschichtiger und differenzierter. Ihr Visionsrahmen wird größer. Der Wettbewerb wird heftiger und beschleunigt sich. Das bedeutet, dass sich die Unternehmen mit dem Markt entwickeln und mit ihm wachsen müssen. Sie müssen fähig sein, Veränderungen der Marktstruktur zu antizipieren und im Laufe der Zeit mögliche Interaktionen der Wettbewerber früh genug zu berücksichtigen. Produkt- und Markenpiraten erhöhen die Dynamik und Komplexität noch mehr, weil mit ihnen neue Außenseiter in ehemals stabile Branchen vordringen, wodurch der Wettbewerb komplexer und multidimensionaler wird. Während etablierte Originalhersteller auf expandierenden chinesischen Märkten trotz der parasitären Fälscher weiter wachsen können, ist der Wettbewerb mit Plagiatoren in gesättigten Märkten oder solchen mit einem Angebotsüberhang meist ein Nullsummenspiel, in dem der Fälscher auf Kosten der Originalhersteller Zuwächse erzielt.

In dieser Marktsituation entsteht in den Unternehmen bei der Beurteilung zukünftiger Entwicklungen eine erhebliche Unsicherheit, was für die strategische Planung eine große Herausforderung darstellt. Ein Unternehmen kann auf dem chinesischen Markt häufig nur dann Wettbewerbsvorteile erzielen, wenn es strategisch beweglich bleibt. Unserer Meinung nach ist Strategie in China deshalb nicht nur Wettbewerbsstrategie, sondern dynamische Wettbewerbsstrategie. Die Kunst ist, im Reich der Mitte beweglich zu bleiben und das Unternehmen auch kurzfristig manövrierfähig zu halten. Unternehmen dürfen ihre Ressourcen nicht zu starr in eine Richtung bringen, die dann nicht mehr verändert werden kann. Unternehmen müssen sich in China korrigieren und verändern können. Mieten statt kaufen, ist dort eine oft gehörte Devise. Zu den Parametern der Manövrierfähigkeit von Unternehmen gehören organisatorische Komponenten wie Infrastruktur, Personal und die Bereitschaft der Mitarbeiter zur Änderung sowie die Verfügbarkeit von Ressourcen wie Patente, Kooperationsvereinbarungen, Expertenwissen, Distributionsnetzwerke oder Geld. Das Manövrierpotenzial muss permanent vorgehalten werden, da im Hyperwettbewerb nicht erst im Bedarfsfall mit seinem Aufbau begonnen werden kann. Das wäre viel zu spät, um schnell und wirkungsvoll reagieren zu können.

Überkapazitäten, Marktanteil und Rentabilität

Dynamisches Marktwachstum steigert grundsätzlich die Attraktivität eines Marktes. Die dynamisch wachsenden Märkte verlieren aber ihren Glanz, wenn von ihnen eine zu große Zahl von Konkurrenten angezogen wird und alle Akteure unrealistische Erwartungen hinsichtlich ihres Marktanteils mitbringen. Das ist in China in vielen Märkten, die durch zu viele Anbieter, Überkapazitäten und einen ruinösen Preiswettbewerb gekennzeichnet sind, der Fall. Das Ergebnis ist eine instabile Marktsituation, die schließlich eine Flurbereinigung auslöst.

Lässt das Wachstum nach, vollzieht sich eine deutliche Verlagerung der Aktivitäten zu einem Kampf um Marktanteile. In dieser Situation können dynamische Wettbewerbsstrategien die Spielregeln verändern, indem sie beispielsweise kurzfristig den Differenzierungsgrad von Angeboten markant anheben, die Umstellungskosten für den Kunden merklich erhöhen oder mit Hilfe von Kapitalinvestitionen die Mindestbetriebsgröße deutlich erweitern, um potenzielle neue Wettbewerber abzuschrecken. Mit solchen einschneidenden Verschiebungen definieren dynamische Wettbewerbsstrategien die chinesische Wettbewerbsarena neu.

Aushöhlung von Wettbewerbsvorteilen

In dynamischen Umfeldern müssen die Unternehmen verstärkt auf die kontinuierliche Erneuerung ihrer Wettbewerbsvorteile achten, weil die Vorteile in diesen Märkten schnell erodieren. Es kommt darauf an, die Erosion der bestehenden Wettbewerbsvorteile zu verlangsamen. Es gibt nur wenige Vorteile, die lange aufrechterhalten werden können, da die Zeit sie mehr oder weniger schnell veralten lässt. In dynamischen Umgebungen läuft der Prozess der Aushöhlung schneller ab als in trägen Umgebungen. Hier setzen dynamische Wettbewerbsstrategien an. Anstatt einen scheinbar unangreifbaren statischen Vorsprung aufzubauen, schaffen sie lernende und bewegliche Organisationen, die unablässig nach neuen Vorteilsquellen suchen. Die Unternehmen erfinden sich ständig neu. Sie bauen ihre Ressourcen und Positionen ständig aus, während sie ihre Konkurrenten gleichzeitig daran hindern, diese zu untergraben. Die Schaffung und Aufrechterhaltung von Wettbewerbsvorteilen ist ein iterativer Prozess, in den kontinuierlich Kapital, das Wissen der Mitarbeiter und die Energie des Managements investiert werden müssen.

Eine dynamische Wettbewerbsstrategie muss sicherstellen, dass das aktuelle Marktpotenzial ausgeschöpft wird, gleichzeitig aber auch neue Produkte, Dienstleistungen, Vertriebswege oder Geschäftsmodelle generiert werden. Es kommt darauf an, permanent Änderungspotenzial aufzubauen. Dabei sollen Handlungsoptionen möglichst lange offen gehalten werden, um zu einem späten Zeitpunkt, wenn sich das Eintreten eines bestimmten Szenarios klar abzeichnet, immer noch auf die dann optimale Strategievariante wechseln zu können. Ein Segelflieger, der möglichst große Entfernungen zurücklegen möchte, steuert je nach Situation Aufwindgebiete an, um Höhe zu gewinnen. Die gewonnene Energie nutzt er anschließend im Streckenflug aus, um zum nächsten Thermikgebiet zu gelangen. Bei guter Kenntnis der eigenen Fähigkeiten und einer realistischen Abschätzung der zu erwartenden Thermikfelder kann er eine große Strecke zurücklegen.

Entwicklung dynamischer Wettbewerbsstrategien

Um eine effektive dynamische Wettbewerbsstrategie entwickeln zu können, müssen Manager die chinesische Wettbewerbarena und die Voraussetzungen dafür, Wettbewerbsvorteile zu generieren, erkennen können. Sie müssen in der Lage sein, gegnerische Schritte zu antizipieren, die eigenen Optionen im Wettbewerb kennen und den möglichen Einfluss einer gewählten Strategie analysieren. Die Effektivität einer gewählten Strategie wird auf vielen chinesischen Märkten heute nicht mehr durch den ersten Schritt und zentrale Weichenstellungen bestimmt, sondern vor allem durch die Fähigkeit des Unternehmens, die veränderten Kundenerwartungen und die Aktionen und Reaktionen der Konkurrenz über die Zeit hinweg rechtzeitig zu antizipieren und sich darauf einzustellen. Der Erfolg einer Strategie hängt davon ab, wie kompetent sich ein Unternehmen den Veränderungen innerhalb des dynamischen Wettbewerbsumfeldes stellt. Zu diesem Wettbewerbsumfeld gehören in China nicht zuletzt neue Gesetze, innovative Technologien, neue Anforderungen der Verbraucher und Verwender sowie neu auftretende Wettbewerber – beispielsweise in Gestalt von Produkt- und Markenpiraten.

Das Unternehmen muss herausfinden, mit wem es auf dem chinesischen Markt wirklich im Wettbewerb steht und welche Vorteile es gegenüber diesen Konkurrenten hat. Die Frage gilt dem relevanten Wettbewerbsgefüge: Wer gehört eigentlich zum Wettbewerb, welche Regionen, welche Unternehmen? Produkt- und Markenpiraten gehören dazu, sie sind Teil des Wettbewerbsraumes. Es kommt darauf an, die Wettbewerbsarena richtig zu definieren. Dabei ist zu beachten, dass die Grenzen verschiedener Arenen zunehmend verschwimmen. Es wird immer schwieriger, in einzelnen

Branchen bestimmte Konkurrenten zu identifizieren oder vorherzusehen, weil sich ganze Branchen einander angleichen und überschneiden. Das heißt, dass Produkt- und Markenfälscher durchaus etablierte Unternehmen aus einer anderen Branche sein können, wie bei den Hongkonger Plagiatoren des chinesischen Elektronikunternehmens Hisense. Die chinesischen Wettbewerbsarenen sind komplex, veränderlich und multidimensional.

Dynamische Wettbewerbsstrategien brauchen strategische Voraussicht, das heißt die Fähigkeit, eine Situation entwickeln und darlegen zu können. Ein Instrument der strategischen Voraussicht ist die Rückwärtsinduktion. Dabei geht man vom Ende eines Prozesses aus und findet heraus, was jeder Akteur im Laufe des Entscheidungsweges tun müsste, um zu diesem Prozessergebnis zu gelangen. Eine weitere Herausforderung ist, zu überlegen, wie die Wettbewerber auf eine Aktivität reagieren und wie ihre Schritte in der Zukunft voraussichtlich aussehen werden. Dazu müssen Manager etablierter Markenunternehmen die Wettbewerbsspiele der Fälscher verstehen. Sie müssen die Motive und das Verhalten der Fälscher kennen, um die gegnerischen Reaktionen richtig interpretieren zu können. Schließlich müssen sie ein Gespür dafür haben, wie sich das Verhalten der Fälscher mit der Zeit ändert. Gefordert ist also ein profundes Verständnis davon, wie Produkt- und Markenpiraten als konkurrierende Marktteilnehmer denken und handeln. Gute Strategen nehmen immer die zukünftigen Bewegungen der anderen Seite vorweg – ganz wie beim Schach. Es kommt darauf an, mehrere Züge im Voraus zu denken. Die Spieltheorie schlägt vor, die Situation immer mit den Augen der Gegner zu sehen. Doch wer so wie der Gegner denken will, muss dessen Denkmodelle übernehmen.

Die Herausforderung bei dynamischen Wettbewerbsstrategien ist, die Vielfalt der Möglichkeiten zu reduzieren. Es gibt oft sehr viele mögliche strategische Optionen, von denen viele wiederum eingeschränkt sind. Meistens gibt es auch mehrere Möglichkeiten, präventiv auf den Schritt eines Fälschers zu reagieren. Die entscheidende Aufgabe ist letztlich die Analyse der langfristigen Auswirkungen verschiedener Anti-Counterfeiting-Strategien, um sich für die Umsetzung einer bestimmten Option zu entscheiden, die für das Unternehmen am besten geeignet ist. Was bringt uns eine Strategie auf Dauer im gesamten Spiel (Geschäftsentwicklung), wenn wir jetzt diesen oder jenen strategischen Schachzug (Strategieoption) anwenden?

Politische Fenster suchen

Der Wettbewerb in China ist immer von politischen Maßnahmen der Regierung geprägt. Unternehmen sollten bei der Formulierung dynamischer Wettbewerbsstrategien deshalb die langfristigen Muster von Veränderungen im öffentlichen Sektor Chinas kennen, die das zukünftige Wachstum der Branchenrentabilität beeinflussen können. Besonders die Regulierungs- und Deregulierungsvorstöße des chinesischen Staates definieren die Wettbewerbsarena immer wieder neu. Die Grenzen verändern sich, und die Karten werden neu gemischt.

Überlegenere Ressourcen beruhen in China nicht selten auf Monopolen, die vom Staat gewährt oder auch widerrufen werden. In der Volksrepublik sind die Deregulierung von Branchen und die Privatisierung von Unternehmen relevante Wettbewerbsfaktoren, aber auch die signifikante Zunahme des umweltpolitischen Engagements. Die meisten Führungskräfte deutscher Unternehmen in China sind zwar über die allgemeinen Regulierungs- und Deregulierungstendenzen informiert, bauen sie in vielen Fällen aber nicht in den Prozess der Strategiefindung ein.

Weitsichtige Unternehmen, die die politischen Verschiebungen wahrnehmen und die damit verbundenen Gelegenheiten erkennen, können dynamische Wettbewerbsvorteile erringen. Die strategische Planung sollte die öffentliche Politik deshalb immer aufmerksam beobachten. Die Unternehmen müssen erkennen, dass gesellschaftliche Belange in China die Wettbewerbsvorteile massiv verändern können. Sie sollten ein schärferes Bewusstsein dafür entwickeln, dass es im Reich der Mitte zwischen dem öffentlichen und dem privaten Sektor immer Rückkopplungsprozesse gibt.

Manager reagieren in China oft zu spät auf politische Entwicklungen. Unternehmen, die zuerst erkennen, dass sich ein politisches Fenster öffnet, werden einen dynamischen Wettbewerbsvorteil erringen. Sie können ihre strategische Planung erheblich verbessern, wenn sie früher auf wichtige politische Entwicklungen aufmerksam werden und sie in den Prozess der Strategiebildung integrieren.

Initiative statt Reaktion

Die Gegenmaßnahmen der Regierungsstellen, Unternehmen, Verbände und Organisationen nehmen im gleichen Umfang zu wie die Produkt- und Markenpiraterie. Während politische Aktivitäten immer nur eine eher langfristige Wirkung haben, können die Unternehmen mit gezielten Maßnahmen des Anti-Counterfeiting kurz- und mittelfristig viel erreichen. Bei der Reaktion von Unternehmen auf die Fälscher sind jedoch einige Grundfragen zu beantworten:

- ▣ Soll das Unternehmen überhaupt auf Piraten reagieren? Wenn ja, wie engagiert oder aggressiv?

- ▣ In welchem Verhältnis sollte das Ausmaß dieser Reaktionen zu den Aktivitäten des Unternehmens auf dem Markt stehen?

- ▣ Soll sich das Unternehmen den Aktivitäten der Fälscher eher anpassen oder sie zerschlagen?

- ▣ Wie schnell soll das Unternehmen auf Aktivitäten der Fälscher reagieren? Soll es eine abwartende und beobachtende Position einnehmen oder umgehend reagieren, bevor ein Fälscher weitere Marktanteile streitig macht?

- ▣ Wo soll das Unternehmen reagieren? Soll es nur in dem Markt aktiv werden, in dem es angegriffen wurde, oder ist es sinnvoll, auch in anderen Märkten zu reagieren?

■ Welche Instrumente soll das Unternehmen bei seiner Aktion gegen die Fälscher einsetzen? Wie wird über deren Einsatz entschieden? Wie wird er gemanagt?

Bei der Formulierung dynamischer Wettbewerbsstrategien hat ein deutsches Unternehmen viele Möglichkeiten, auf Konkurrenzaktivitäten zu reagieren. Aber warum erst auf die Angriffe der Fälscher warten? Warum nicht agieren, anstatt nur zu reagieren? Manchmal liegt der beste Schachzug in einer starken Offensive. Präventivstrategien ermöglichen eine solche Offensive. Sie dienen dazu, die Pläne der Fälscher zunichte zu machen, bevor sie Produkte des Unternehmens fälschen oder weitere Marktanteile erobern.

Gefährliche Passivität

Wenn sich ein angegriffenes Unternehmen entschließt, die Schritte des Fälschers zu ignorieren und nicht zu reagieren, kann das verschiedene Ursachen haben. So könnte das Fehlen eines signifikanten Einflusses des Fälschers auf die Leistungsfähigkeit des Unternehmens ein Grund dafür sein, nichts zu unternehmen. Das Unternehmen steckt den Angriff wirtschaftlich leicht weg. Die Passivität könnte aber auch auf eine abwartende und beobachtende Haltung hinweisen, die dem Management einen zeitlichen Spielraum für weitere Recherchen in Bezug auf den Fälscher und die Marktreaktionen sowie für die Planung und den Aufbau von Gegenmaßnahmen lässt.

Wenn der Markt für Fälscher genügend Raum lässt, könnte ein Unternehmen sich kooperativ zeigen und ihn bewusst gewähren lassen. Der Markt würde dieses Zeichen wahrscheinlich als Schwäche werten, andere Fälscher oder auch Wettbewerber könnten veranlasst werden, umso aggressiver anzugreifen. Diese Strategievariante ist im Bereich der Produkt- und Markenpiraterie also relativ gefährlich. Obwohl sie darauf abzielt, in einem sensiblen gesellschaftlichen Umfeld Konfrontationen zu vermeiden, besteht das Risiko, dass sie weitere Aggressionen geradezu provoziert.

Die extremste Haltung gegenüber den Produkt- und Markenpiraten besteht in der Aufgabe des Geschäftes. Die Entscheidung, den chinesischen Markt zu verlassen, sollte allerdings nur dann eine ernsthafte Option sein, wenn der Markt definitiv unattraktiv ist oder der Angreifer gegenüber dem agierenden Unternehmen einen entscheidenden, nicht einholbaren oder ausgleichbaren Wettbewerbsvorteil besitzt. Die Vergangenheit zeigt, dass Unternehmen immer wieder vor den Produktpiraten resigniert haben und den chinesischen Markt aufgegeben haben. Einigung mit Piraten und Aufgeben des Marktes widersprechen auch völlig der aktuellen Politik der chinesischen Zentralregierung, die auf die konsequente Verfolgung und Bestrafung der Fälscher setzt.

Vergeltungsmaßnahmen signalisieren dem Markt gegenüber Engagement und den Willen, Produkt- und Markenpiraterie konsequent und massiv zu bekämpfen. Sie entsprechen einer Kriegserklärung, durch die das Unternehmen dem Angreifer und anderen Mitbewerbern seine Absicht des kompromisslosen Gegenschlages signalisiert.

Kurzfristige Vergeltungsmaßnahmen kosten zwar Geld, machen aber langfristig Sinn. Sie schrecken ab und sind deshalb Teil einer wirkungsvollen Präventionsstrategie.

Größe des Unternehmens

In der Arena des Counterfeiting sind die Aktionen und die Reaktion eines Unternehmens wesentlich vom Unternehmensergebnis und von den verfügbaren Reserven abhängig. Unternehmen mit einer schlechten Bilanzsituation werden eher auf Aktionen von Fälschern reagieren, weil diese für sie eine größere Bedrohung darstellen. Das heißt, dass ihre Reaktion wahrscheinlicher und schneller sein wird. Die verfügbaren Reserven eines Unternehmens, beispielsweise ungenutzte finanzielle oder personelle Ressourcen, haben ebenfalls einen Einfluss auf die Reaktion gegen Plagiatoren. Reserven wie ein großer Personalbestand, hohe Liquidität, ausreichende Gebäude, Technologien oder vorgehaltene Dienstleistungskapazitäten, die zur Abwehr der Bedrohung neu eingesetzt werden können, ermöglichen es dem Unternehmen, sich unvorhergesehenen und unkontrollierbaren Veränderungen schnell anzupassen.

Das heißt, dass die Größe des betroffenen Unternehmens eine der wichtigsten Variablen im strategischen Kampf gegen das Counterfeiting ist. Größere Unternehmen können schneller umfassendere Maßnahmen durchführen, ihre Aktionen sind auf dem Markt sichtbarer als die kleinerer Unternehmen und haben damit eine größere Signalwirkung und Schlagkraft auf die fälschenden Wettbewerber. Sie werden die Plagiatoren eher einschüchtern. Kleinere Unternehmen wenden dagegen eher weniger offensichtliche Strategien an und führen indirekte oder subtile Attacken gegen die Fälscher durch. Sie haben aber die Möglichkeit, durch Zusammenschluss mehr Schlagkraft zu erhalten. Im Gegensatz zu den Anti-Counterfeiting-Kooperationen der multinationalen Großunternehmen, beispielsweise dem Quality Brands Protection Committee, sind solche Zusammenschlüsse kleinerer und mittlerer Unternehmen in China noch rar. Hier liegt ein großes Potenzial im Kampf gegen Produkt- und Markenpiraten.

Für die Wirksamkeit des Anti-Counterfeiting ist die organisatorische Kompetenz des reagierenden Unternehmens von großer Bedeutung. Wenn die Organisation für rasche Reaktionen nicht geeignet ist, kann es für das Unternehmen schwierig sein, seine Ressourcen so einzusetzen, dass eine starke und schnelle Reaktion auf die Bedrohung durch Fälscher gewährleistet ist. Auch ist das Ausmaß der Bedrohung durch den Plagiator von der Organisation einzuschätzen. Das Unternehmen muss nicht auf jede kleine Fälscheraktivität auf dem chinesischen Markt reagieren, solange sie nicht wirklich eine relevante wirtschaftliche Bedrohung darstellt. Das Unternehmen muss sich aber im Klaren darüber sein, dass Counterfeiting zwar oft noch keine manifeste, wohl aber eine latente oder sich entwickelnde Bedrohung darstellt. Fälschungen, die heute ein noch unbedeutendes Ausmaß haben, können sich in der Zukunft zu einer existenziellen Bedrohung entwickeln. Das gilt besonders dann, wenn Marken erodiert oder Premiummärkte durch Billigmärkte ersetzt werden. Fälscher sollten deshalb nie unterschätzt werden.

Effektive Präventionsstrategien

Effektive Prävention gehört in der strategischen Arbeit zu den schwierigsten Aufgaben, aber auch zu den wirkungsvollsten. Ein rein reaktiver Schritt versucht nur, den Schaden einer gegnerischen Aktion zu begrenzen. Prävention zielt dagegen darauf ab, die zukünftigen Aktionen eines Piraten zunichte zu machen, bevor sie überhaupt wirksam werden. Sie greift also die Angriffsabsicht des Fälschers an, nicht seinen bereits laufenden Angriff. Prävention bedeutet, die Kontrolle über die Schlüsselfaktoren in der Wettbewerbsarena des Counterfeiting zu erlangen, die Fäden in der Hand zu halten und damit die fälschende Konkurrenz daran zu hindern, wichtige Marktpositionen zu besetzen. Sie ist eine äußerst effiziente Strategie, die Produkt- und Markenpiraten dazu bringt, gar nicht erst anzugreifen.

Man entwickelt eine Präventivstrategie des Anti-Counterfeiting, indem man den Markt analysiert und die beabsichtigten oder möglichen Schritte der Fälscher identifiziert. Auf der Basis dieses Wissens lassen sich mögliche grundsätzliche Präventivstrategien formulieren. Im nächsten Schritt wird jede dieser Strategien daraufhin analysiert, ob sie ihre Ziele mit einer bestimmten Wahrscheinlichkeit erreichen können, ob sie durchführbar sind und ob sie mit den gegebenen Kapazitäten und strategischen Zielen des Unternehmens konsistent sind. Eine Präventivstrategie, die wesentlich auf einer relativ einfach zu kopierenden Schutztechnologie beruht, wird ihr Ziel wahrscheinlich nicht erreichen. Eine Strategie, die mit massivem politischen Druck auf die Gesetzgeber eines Landes arbeitet, wird in China nicht durchführbar sein. Und eine Strategie, die alle Points of Sale überwachen will, überfordert die Kapazitäten der meisten Unternehmen. Schließlich fragt man nach der dynamischen Wechselwirkung zwischen einem Präventivschritt und der gegnerischen Reaktion, die immer zu erwarten ist. Kräfte führen immer zu Gegenkräften – auch in der Produkt- und Markenpiraterie.

Der Schlüssel zum Erfolg in der Prävention liegt in der möglichst genauen Bestimmung der Richtung, in die sich der Plagiator und sein Markt bewegen. Bei dieser Bestimmung können Unternehmen oft auf bekannte Gesetzmäßigkeiten der Marktentwicklung zurückgreifen, Verhaltensmuster von Fälschern beachten oder auf Erfahrungen in anderen Branchen und Unternehmen sowie aus der Vergangenheit zurückgreifen. Das Erkennen möglicher Schritte der Fälscher bietet die Chance, sie von vornherein auszugrenzen. Auch der Marktverlauf ist häufig gut zu erkennen, weil sich die jeweils nächste Stufe der Marktentwicklung durch die sorgfältige Beobachtung von Marktveränderungen und Markttrends gut prognostizieren lässt. So entwickeln sich viele Märkte in China derzeit in Richtung Differenzierung, Service und Qualität, auf anderen verfallen die Preise aufgrund von Überkapazitäten. Das bedeutet, dass Unternehmen in China über sehr gute Informations- und Frühwarnsysteme verfügen müssen.

Das Ziel der Prävention ist, zu verhindern, dass Fälscher auf den Märkten eine kritische Masse erreichen. In manchen chinesischen Märkten für Markenbekleidung scheint das bereits der Fall zu sein, diese Segmente sind für die Originalhersteller bereits verloren. Der Markt ist gekippt. Manager müssen deshalb die möglichen Schritte der Fälscher sehr früh festlegen. Ein Counterfeiter hat vielleicht noch gar nicht die Absicht, in einen bestimmten Markt einzudringen oder sich dort auszuweiten, es könnte aber dazu kommen. Durch Antizipation kann das präventiv agierende Markenunternehmen dem Plagiator vorgreifen, um seine Chancen frühzeitig zu begrenzen: Er könnte dieses tun, also setzen wir ihm vorsorglich jenes entgegen. Unternehmen, die im Kampf gegen Fälscher erfolgreich sein wollen, müssen das Potenzial möglicher Nachahmer berücksichtigen und darauf ihre Strategie zum Schutz des Unternehmens aufbauen.

Auf diese Weise kommt ein Unternehmen einem Fälscher zuvor, noch ehe dieser seine Strategie konzipiert oder umgesetzt hat. Das Unternehmen kann auch dann gegen einen Plagiator Präventivmaßnahmen einsetzen, wenn dieser noch gar nicht realisiert hat, dass er in einer bestimmten Richtung aktiv werden könnte, weil er die entsprechenden Kenntnisse oder Fähigkeiten zwar besitzt, sie aber noch nicht erkannt hat. Hier liegt ein großes Potenzial für deutsche Manager, die chinesischen Fälschern in Sachen strategischer Unternehmensführung in der Regel haushoch überlegen sind oder es sein sollten. Sie können das Geschäftsmodell der Piraten weiterentwickeln und antizipatorisch gegnerische Züge tätigen, zu denen der Gegner intellektuell noch gar nicht fähig ist – genau wie beim Schach. Dort erkennt so mancher Spieler seine Möglichkeiten in einer bestimmten Situation gar nicht, wohl aber sein Gegner.

Die Fähigkeit zur Prävention setzt also immer kreatives Denken voraus. Auch bei der Entwicklung von Präventivstrategien für das Anti-Counterfeiting sind Brainstorming, Sitzungen mit ausgewählten Experten und die Analyse ähnlicher Situationen in anderen Industrien, Unternehmen oder Ländern hilfreiche Methoden. Simulationen und Planspiele, in denen ein erfahrenes Team des eigenen Unternehmens in die Rolle der Fälscher schlüpft und die Position des Counterfeiters vertritt, sind fruchtbare Instrumente. Beim Wargaming werden die eigenen und gegnerischen Aktionen simuliert, um Erkenntnisse für das Vorgehen in der Realität gewinnen zu können. Die Unternehmen lernen über mehrere Tage zu verstehen, wo die Risiken und Chancen eines Wettbewerbsspiels liegen.

Relevant ist auch die morphologische Analyse, bei der neue Lösungen durch die Kombination von Faktoren gefunden werden, die auch scheinbar unvereinbar sein können. Bei der Anwendung des morphologischen Verfahrens geht man in drei Schritten vor:

- Das Team stellt alle relevanten Faktoren fest, die Teil einer erfolgreichen Präventivstrategie werden könnten: juristische, betriebwirtschaftliche, technische und politische Aktivitäten, Zuverlässigkeit der Zulieferung, Sicherheit in der Fertigung, Dichte des Distributionsnetzes etc.

- Es bestimmt für jeden dieser Faktoren möglichst viele alternative Optionen: Welche juristischen, technologischen, betriebswirtschaftlichen, distributorischen etc. Alternativen gibt es?

■ Das Team entwickelt neue Ideen, indem es alle möglichen Faktorkombinationen durchspielt, sie analysiert und die interessantesten davon auswählt. Die gewählten Kombinationen stellen präventive Maßnahmenpakete dar.

Der Vorteil dieses Ansatzes ist, dass er eine große Anzahl alternativer Ideen erfassen und verarbeiten kann, bei der Auswahl relevanter Mittel flexibel ist und relativ einfach, schnell und kostengünstig angewendet werden kann. Wenn man die Aktivitäten der Counterfeiter untersucht und mögliche Marktveränderungen analysiert hat, ist man in der Lage, eine Auflistung erwarteter Schritte von Fälschern zusammenzustellen. Jedem dieser erwarteten oder möglichen Schritte kann man dann eine morphologisch entwickelte Präventivstrategie entgegensetzen. Jedem möglichen Angriffsszenario wird ein passendes Verteidigungsszenario gegenübergestellt. Zu beachten ist, dass manche Präventivmaßnahmen unerwünschte Einflüsse oder Nebenwirkungen auf wichtige Zielgruppen wie Kunden oder Händler haben. So sollten beispielsweise Schutztechnologien die Produkte und ihre Verpackungen nicht derart kompliziert machen, dass Kunden bei der Verwendung beeinträchtigt werden.

Präventivstrategien werden auch danach beurteilt, ob sie mit den Zielen und Strategien des Gesamtunternehmens vereinbar sind, ob sie durchführbar sind und ob sie einen ausreichenden Effekt auf die Fälscher haben. Die drei Bewertungskriterien sind also Vereinbarkeit, Durchführbarkeit und Wirkung. Wenn eine Präventivstrategie ein Unternehmen zu weit von seinem Kurs abbringen würde, fehlt die Vereinbarkeit. Wenn das Unternehmen zu wenig Geld, Personal oder Wissen hat, ist die Präventivstrategie nicht durchführbar. Fehlende Ressourcen können aber gut durch Partnerschaften und Allianzen ausgeglichen werden, für die es im chinesischen Anti-Counterfeiting zahlreiche Ansatzpunkte gibt. Bei der Beurteilung der Wirkung einer Präventivstrategie auf den fälschenden Wettbewerber muss das Management das Ausmaß und die Dauer des präventiven Schritts abwägen. Wird er die Aktivitäten des Fälschers ganz verhindern oder sie nur verzögern? Wie wird der Fälscher auf die Prävention reagieren, welche Möglichkeiten hat er dabei? Machen die möglichen Reaktionen des Fälschers die Prävention sinnvoll?

Die beiden Parameter Dauer und Ausmaß der Prävention sind im Anti-Counterfeiting zentral. Es ist zu fragen, wie weit die Prävention geht und wie lange sie anhält. Manche Präventivschritte sorgen für eine sehr lange Verzögerung der Fälscheraktivitäten, manche haben nur einen kurzfristigen Effekt. Komplexe Präventionen können den Counterfeiter völlig lähmen, so dass er sein Vorhaben resigniert aufgibt. Unternehmen müssen versuchen, mit ihren präventiven Maßnahmen möglichst dauerhaft eine möglichst große Wirkung zu erzielen. Starke Maßnahmen, die nur kurzfristig wirken, sind nicht nachhaltig und haben nur einen Strohfeuereffekt. Schwache Maßnahmen, die dauerhaft wirken, haben keine Durchschlagskraft. Dennoch sollten im Rahmen einer Präventivstrategie auch kurzfristig wirksame Strategien entwickelt werden, um im Fall eines direkten Angriffs einen Notfallplan zur Verfügung zu haben. Kein Unternehmen kann es sich leisten, von den Attacken der Fälscher eiskalt überrascht zu werden.

Der chinesische Markt ist nicht träge, sondern hochgradig dynamisch, auf Reaktionen erfolgen sofort Gegenreaktionen. Die Präventivschritte des etablierten Markenunternehmens verändern die Optionen des Fälschers und führen dadurch zu einer neuen wettbewerbsstrategischen Situation. Die Fälscher tauchen ab, verlagern ihre Standorte oder wechseln einfach ihre Identität. Dadurch verändert sich die Wettbewerbsarena, das etablierte Markenunternehmen muss die eigene Präventivstrategie anpassen, um der neuen Situation gerecht zu werden. Präventive Strategien sind also per se dynamische Wettbewerbsstrategien. Ein Schachzug hat immer einen gegnerischen Schachzug zur Folge – bis zum Schachmatt, der Zerschlagung des Fälschers, der Eindämmung des Counterfeiting oder der Aufgabe des Marktes durch das Markenunternehmen.

Wenn ein etabliertes Unternehmen die Dynamik der chinesischen Fälschermärkte in den Griff bekommen möchte, braucht es ein permanentes und scharfsichtiges Monitoring. Information ist in China zwar nicht alles, aber sehr viel. Die meisten ausländischen Unternehmen, die in der Volksrepublik gescheitert sind, hatten zu wenige oder falsche Informationen – über Absatzmärkte, Partner oder Kunden. Unternehmen müssen im wettbewerbsintensiven China die relevanten Daten und Informationen zuverlässig, schnell und permanent erfassen, analysieren und zu Wissen verdichten. Die Weisheit über China stellt sich im Lauf der Jahre ein, wie so mancher China-Pionier zu berichten weiß. Nur mit Hilfe eines fundierten und aktuellen Wissens ist es den Unternehmen möglich, ihre präventiven Strategien und Maßnahmen sowie die Organisation des Anti-Counterfeiting laufend zu bewerten, anzupassen und weiterzuentwickeln.

Nach der Wahl einer Strategie muss ein Durchführungsplan erstellt werden, der auch die Hindernisse bei der Umsetzung berücksichtigt. Die gibt es in China reichlich, beispielsweise in Verwaltungsbehörden, bei der Polizei oder vor Gericht. So manches, was in der Volksrepublik strategisch sinnvoll ist, lässt sich in der Praxis kaum durchsetzen. Der Umsetzung der Strategie muss deshalb ebenso viel Aufmerksamkeit geschenkt werden wie ihrer Entwicklung; die Umsetzung sollte bei der Entwicklung bereits reflektiert werden.

Eine Präventivstrategie muss immer mit der Vision, den Zielen, den Strategien und der Kultur des Gesamtunternehmens vereinbar sein. Es passt nicht zusammen, wenn ein eher zurückhaltendes, vorsichtig agierendes Unternehmen eine juristisch und politisch aggressive Präventivstrategie verfolgt, die wesentlich darauf abzielt, ein massives Bedrohungspotenzial aufzubauen und aufrechtzuerhalten. Die Struktur der Organisation muss sicherstellen, dass das Unternehmen die notwendigen Prozesse, Mitarbeiter und Kompetenzen einsetzen kann. Auch beim Anti-Counterfeiting sollten organisatorische Leistungskennziffern und Anreizsysteme für die relevanten Akteure entwickelt werden.

Fälschungsszenarien erarbeiten

Bei der Entwicklung von Anti-Counterfeiting-Strategien sind Szenarien hilfreich. Die Szenariotechnik ist eine Methode der strategischen Planung, die auf der Entwicklung und Analyse möglicher Zukunftsbilder beruht. Die Methode unterscheidet positive und negative Extremszenarien, wahrscheinliche, relevante oder typische Szenarien sowie Trendszenarien. Bei der Entwicklung von Szenarien der Produkt- und Markenpiraterie wird zunächst das Counterfeiting-Umfeld des Unternehmens analysiert und genau beschrieben. Danach werden diejenigen Faktoren ermittelt, die das Fälscherwesen möglicherweise beeinflussen. Dazu gehören beispielsweise der regionale Protektionismus, die Aktivitäten anderer Fälscher in der Region oder Gegenmaßnahmen des Unternehmens.

Im zweiten Schritt wird untersucht, wie sich die einzelnen Faktoren wechselseitig beeinflussen. Eine fälscherkritische regionale Presse wird die chinesischen Verfolgungsbehörden eher unterstützen, neu auftretende Plagiate in anderen Branchen der Region vermutlich die eigenen Fälscher stimulieren. Die Beeinflussung der Faktoren kann mit Hilfe einer Vernetzungstabelle ermittelt werden, in der die Faktoren gegenübergestellt werden. Dann wird geschätzt, ob ein Faktor keine, eine mittlere oder eine große Wirkung auf einen anderen Faktor ausübt. Die Wirkungen werden zusammengefasst, wodurch die Faktoren in einer Einflussmatrix miteinander verglichen werden können.

Der dritte Schritt ermittelt zunächst die unterschiedlichen Entwicklungsmöglichkeiten einzelner Faktoren. Welche Ausprägungen sind für die einzelnen Faktoren zukünftig möglich? Durch die Kombination der verschiedenen Faktorausprägungen entstehen mögliche Szenarien. Da in der Regel nicht alle Kombinationen sinnvoll sind oder sich sogar ausschließen und mehrere Kombinationen wegen ihrer Ähnlichkeit oft zusammengefasst werden können, sind eine Bündelung der Alternativen und eine Beschränkung der weiteren Untersuchung auf ausgesuchte Szenarien sinnvoll. Schließlich müssen die ausgewählten Szenarien interpretiert und bewertet werden. Man schätzt ihre Eintrittswahrscheinlichkeiten und stellt die mit ihnen verbundenen Chancen und Risiken gegenüber. Danach können Maßnahmen für die einzelnen Szenarien definiert werden, um sich auf diese vorzubereiten.

Die Angemessenheit der Szenarien ergibt sich aus ihrer Relevanz, Schlüssigkeit und Differenziertheit. Ein Szenario kann nur dann aussagekräftig sein, wenn seine Inhalte für das Unternehmen wichtig sind, wenn es in sich schlüssig ist und wenn es sich sachlich von anderen Zukunftsbildern unterscheidet, anstatt nur eine weitere Variation eines Themas zu zeigen. Auch sollte ein Szenario einen relativ stabilen Zustand beschreiben, der eine längere Zeit lang anhält, und nicht nur eine vorübergehende Situation. Es nützt einem Unternehmen nur wenig, sich auf eine mögliche Zukunft vorzubereiten, die nur von kurzer Dauer ist.

Grundstrategien im Anti-Counterfeiting

Strategisches Denken ist im Reich der Mitte stark vom Weiqi-Spiel beeinflusst, dem Schachspiel der Chinesen. Weiqi-Strategen[1] geht es darum, feindliche Positionen einzukesseln und dadurch dem Gegner möglichst viel Gelände abzutrotzen. Im Gegensatz zum westlichen Schach erfolgen die Spielzüge nicht linear, sondern einkreisend. Auch im Wettbewerb mit den Counterfeitern kann am Ende nur derjenige als Gewinner hervorgehen, der an allen Stellen des Spiels den Überblick behält. Er muss den Gegner einkreisen. Das kann eine äußerst komplexe und facettenreiche Herausforderung sein – sowohl für den Weiqi-Strategen als auch für den Kämpfer gegen Produkt- und Markenpiraten. Die Entwicklung einer wirksamen Strategie bedeutet weitaus mehr als die bloße Addition einzelner Züge.

Es gibt einige strategische Grundregeln, die Unternehmen bei der Entwicklung ihrer Strategie gegen die Produkt- und Markenpiraterie beachten sollten. So sollte Anti-Counterfeiting grundsätzlich dort ansetzen, wo die Schutzrechte tatsächlich verletzt werden, das heißt am Ort des Diebstahls geistigen Eigentums oder der Herstellung der gefälschten Produkte. Das bedeutet oft, direkt in bestimmten Regionen der Herkunftsländer der Fakes zu agieren. In China ist das häufig eine bestimmte Region in Kantou, der Hochburg der chinesischen Produkt- und Markenpiraten. Inländische Aktionen wie Beschlagnahmungen durch den Zoll an den Grenzen der EU kommen viel zu spät und wirken nur punktuell. Sie kurieren nur an den Symptomen herum, ohne die Ursachen der Krankheit anzugehen. Man muss die Produkt- und Markenpiraterie an der Quelle bekämpfen und dort den Hahn zudrehen.

Weil das Phänomen der Piraterie in den meisten Fällen komplex und vielschichtig ist, müssen Gegenmaßnahmen umfassend und abgestimmt sein. Einzelmaßnahmen verpuffen in ihrer Wirkung. Das Anti-Counterfeiting eines Unternehmens ist ein ganzheitliches und integriertes Vorgehen. Es geht nicht um spontane und zeitlich begrenzte Aktionen, sondern um ein strategisch untermauertes, kontinuierliches, konzertiertes und nachhaltiges Programm. Die einzelnen Maßnahmen dieses Programms setzen an verschiedenen Stellen an, wirken aber dauerhaft in die gleiche Richtung.

Verletzungen von Schutzrechten sollten möglichst im Keim erstickt werden. Wehret den Anfängen, lautet die Devise. Es ist sehr viel einfacher, ein aufflammendes Feuer zu löschen als einen Flächenbrand. Für Unternehmen bedeutet dies, Anti-Counterfeiting schon früh im Lebenszyklus eines Produktes oder einer Marke zu installieren, am besten noch vor der Produkteinführung. Piraten treten häufig erst auf den Plan, wenn das Originalprodukt oder die authentische Marke bereits gute Profite macht. Das ist oft erst in der Wachstums- oder Reifephase der Fall.

Man sollte auch nicht versuchen, über den Preis mit den Fälschern zu konkurrieren. Der Hersteller des Originals wird einen Preiskampf mit Piraten aufgrund der zu amortisierenden Kosten aus Forschung & Entwicklung und Marketing immer verlieren.

---

1 Weiqi (Einkesselungsschach) ist neben Xiangqi (Elefantenschach) eines der beiden klassischen Brettspiele Chinas und stammt ursprünglich aus der Tradition der Feldherrenkunst.

Produktpiraten haben keine F&E-Kosten, keine Sozialkosten, keine Steuerbelastung und aufgrund der geringeren Qualität meistens auch niedrigere fixe und variable Herstellungskosten. Die Musik- und Software-Industrie ließen sich vor nicht allzu langer Zeit auf einen solchen Preiskampf mit den Fälschern ein und haben dabei viel Geld verloren. Solange sich das Verbraucherverhalten nicht grundlegend ändert, werden die Konsumenten auch weiterhin das billigere Plagiat kaufen – selbst wenn der Preis des Originals nur minimal darüber liegt. Unternehmen sollten aus Kulanzgründen auch keine von verärgerten Kunden eingelieferten Fälschungen gegen Originale austauschen. Das Beispiel könnte Schule machen und dem Counterfeiting noch mehr Wind in die Segel blasen. Es könnte die Verbraucher geradezu zum Kauf billiger Fälschungen ermutigen, um diese anschließend gegen ein wertvolleres Original einzutauschen.

Es gibt mehrere Grundstrategien im Anti-Counterfeiting:

Verzicht auf den Markteintritt: Unternehmen, die das Counterfeiting vermeiden wollen, können bestimmte Produkte, Technologien oder Marken vom chinesischern Markt fern halten und die entgangenen Umsätze bewusst akzeptieren. Diese Strategie verfolgen nicht wenige Pharmaunternehmen, die ihre neuesten Produkte nicht auf dem chinesischen Markt anbieten und die nur reife Medikamente in China verkaufen. Die Verzichtsoption ist auch für Unternehmen der Hochtechnologie interessant.

Reaktive juristische Strategie: Die Auseinandersetzung mit den Fälschern erfolgt sowohl bei kleineren und mittleren Unternehmen als auch bei vielen multinationalen Konzernen oft ad hoc. Es wird erst gehandelt, wenn bereits Schäden aufgetreten sind und akuter Handlungsbedarf entstanden ist. Dabei kommen als Initialhandlungen in erster Linie juristische Maßnahmen zum Einsatz, beispielsweise die Grenzbeschlagnahme durch die zuständigen Zollbehörden, die straf- oder zivilrechtliche Verfolgung oder auch das in der Volksrepublik China mögliche Verwaltungsverfahren.

Diese Vorgehensweise mag bei kleineren oder mittleren Unternehmen angemessen sein, deren Produkte in der Distribution noch nicht die für potentielle Fälscher attraktive Reichweite erlangt haben. Bei Großunternehmern kann diese Strategie ausreichen, wenn es sich bei den Fälschungen um Einzelfälle bei hochwertigen technologischen Gütern für den industriellen Einsatz auf einem relativ kleinen Markt handelt. Hier können später allerdings Probleme im Zusammenhang mit dem Folgegeschäft, bei Ersatzteilen oder Zubehör auftauchen.

Bei der reaktiven Vorgehensweise gegen Produktpiraten werden zwar kurzfristig die gefälschten Waren aus dem Verkehr gezogen und dadurch Schaden verhindert, damit wird aber lediglich eine räumlich und zeitlich begrenzte Abschreckung bewirkt. Letzten Endes passt sich das Unternehmen dem Takt der Produktpiraten an. Es ist den Fälschern nicht den notwendigen Schritt voraus, sondern eilt ihnen einen Schritt hinterher. Es re-agiert eben nur. Viele Fälscher werden trotz dieser Maßnahmen weitermachen, weil sie bereits Investitionen getätigt haben, die sie nicht aufgeben wollen. Außerdem werden mit reaktiven juristischen Maßnahmen bei weitem nicht alle Verletzungshandlungen erfasst, sondern nur einzelne Fälle. Bei den beschlagnahmten

Waren handelt es sich meistens nur um die Spitze eines Eisberges. Es werden nur punktuelle Erfolge erzielt, die einen relativ großen Ermittlungsaufwand erfordern. Durch die Zündung einzelner Strohfeuer findet zwar eine gewisse Schadensbegrenzung statt, nicht aber die umfassende Bekämpfung des Phänomens Counterfeiting.

Do nothing – Laisser-faire: Nichts zu tun ist im Anti-Counterfeiting durchaus eine strategische Option. Möglicherweise kommt ein Unternehmen aufgrund einer sorgfältigen Kosten-Nutzen-Analyse zu dem Schluss, dass unter Berücksichtigung des finanziellen, personellen und zeitlichen Aufwands die Kosten für den Aufbau und den Einsatz von Schutzmaßnahmen sowie für die Verfolgung der Piraten unangemessen höher sind als der tatsächlich durch die Produktpiraterie entstandene oder zu erwartende Schaden. In diesen Fällen kann es sinnvoller sein, die Konsequenzen der Piraterie einfach in Kauf zu nehmen. Der Markt ist aber genau zu bobachten, um ein kritisches Anwachsen des Fälschungsvolumens rechtzeitig erkennen zu können.

Es müssen klare Kriterien definiert werden, nach denen diese Strategie für das Unternehmen nicht mehr tragfähig ist. Ist dieser Punkt erreicht, muss das Unternehmen konsequent die Reißleine ziehen und auf Mittel zurückgreifen, die geplant sein und bereitstehen müssen. Im Hintergrund muss also eine alternative Anti-Counterfeiting-Strategie vorhanden sein, die umgehend zum Einsatz kommen und ihre Wirkung entfalten kann, wenn die Piraterie eskaliert. Bei der Kosten-Nutzen-Analyse dürfen der entstehende Imageschaden, die Erosion der Marke und das Schaffen von Billigmärkten nicht übersehen werden. Während der durch Fälschungen kurzfristig verlorene Umsatz oft verkraftbar ist, kann der langfristige Schaden für die Marke auf Dauer verheerend sein. Außerdem ist das Unternehmen bei dieser passiven Strategie des Laisser-faire nicht vor unberechtigten Gewährleistungsansprüchen und Produkthaftungsklagen sicher.

Duldungsstrategie: Weder im Weiqi noch im Geschäftsleben wird es möglich sein, alles zu akzeptablen Kosten zu verteidigen. Es kann also finanziell durchaus sinnvoll sein, sich mit den Produktpiraten zu arrangieren. Die Schutzmaßnahmen werden auf die unter Image- oder Gewinnaspekten wertvollsten Produkte konzentriert und diese um jeden Preis verteidigt. Dabei werden an anderer Stelle bewusst Verluste in Kauf genommen und den Produktpiraten durch die teilweise Duldung der Fälscheraktivitäten Spielraum gelassen. Man lässt den Piraten also etwas vom Kuchen übrig. Da diese Strategie die Gefahr in sich birgt, dass die Aktivitäten der Piraten außer Kontrolle geraten, müssen sie sehr genau überwacht werden. Bei Überschreiten einer vorher definierten Toleranzgrenze sind sofort Gegenmaßnahmen einzuleiten, die vorbereitet sein müssen.

Kompensationsstrategie: Unter reinen Kostengesichtspunkten könnte man auch eine Kompensationsstrategie in Betracht ziehen. Dabei werden die Plagiatoren geduldet und die dadurch entstehenden Verluste kompensatorisch in den Verkaufspreis der eigenen authentischen Produkte oder in Form einer Mischkalkulation auch in den Preis anderer Produkte des Unternehmens einkalkuliert. Dieser kalkulatorische Ausgleich ist in der Betriebswirtschaft gang und gäbe. Auch hier dürfen der Imageschaden, die

Markenerosion und die Konfrontation mit Gewährleistung und Produkthaftung nicht ausgeklammert werden. Wie bei der Strategie des Do nothing ist bei dieser Option eine genaue und dauerhafte Marktbeobachtung unumgänglich. Auch muss eine alternative Strategie vorhanden sein, die zum Einsatz kommt, wenn kritische Grenzwerte überschritten werden und sich die Kompensation nicht mehr rechnet.

Verteidigungsstrategie: Auch in China sollte ein Portfolio aus Schutzrechten die Basis jeglichen geschäftlichen Handelns sein. Patente, Trademarks, Copyrights oder Geschmacksmuster stellen bereits einen minimalen Schutzmechanismus dar, weil sie so manchen potentiellen Fälscher von Angriffen abhalten. Es sind nicht wenige, oft kleinere oder unerfahrene Fälschereinheiten wie Familien, die sich nicht mit dem Gesetz anlegen wollen. Schutzrechte sind auch deshalb unumgänglich, weil ein Unternehmen ohne sie gar nicht juristisch gegen Produkt- und Markenpiraten vorgehen kann. Sie sind eine notwendige, aber noch keine hinreichende Bedingung für den Schutz geistigen Eigentums. Nur wo Schutzrechte vorhanden sind, können Verletzungshandlungen auftreten, ermittelt und geahndet werden. Deshalb ist es ratsam, Schutzrechte auch in solchen Ländern anzumelden, in denen man die Märkte noch nicht erschlossen hat und noch keine Umsätze macht. Denn obwohl in diesen Ländern kein Absatzpotenzial für das Original besteht, können dort die Produktion und auch der Vertrieb gefälschter Artikel stattfinden. Das ist beispielsweise in den Vereinigten Arabischen Emiraten der Fall. Dubai ist eine der internationalen Drehscheiben des Counterfeiting.

In einigen Branchen ist die Strategie, grundsätzlich Schutzrechte anzumelden, durch einen inhärenten Zielkonflikt geprägt. So kann der strategische Vorteil einer neu entwickelten Software oft nur durch eine schnelle Präsenz am Markt voll ausgeschöpft werden, weil der schnelle Markteintritt für den Absatz entscheidend ist. Relativ lange dauernde Anmeldeverfahren verbrauchen aber viel kostbare Zeit – in China bis zu zwei Jahre. Ob das schützende Patent dann auch in einen Wettbewerbsvorteil mündet, ist nicht sicher. Dadurch kann die Anmeldung von Schutzrechten selbst zum Risiko werden. Dieser Fall ist jedoch mehr Ausnahme als Regel. Grundsätzlich sollte auf die umfassende Anmeldung aller Schutzrechte nicht verzichtet werden, weil diese die Grundlage jeglicher juristischer Durchsetzungsaktivitäten bilden. Patente, Trademarks oder Copyrights dürfen im Kampf gegen das Counterfeiting jedoch nicht überbewertet werden. Denn es sind ja gerade diese Schutzrechte, über die sich die Plagiatoren hinwegsetzen.

Einflussnahme auf Verbraucher und Politik: Unternehmen können versuchen, das Problem nicht von der Angebotsseite aus zu bekämpfen, sondern durch Beeinflussung des Verbraucherverhaltens und der Politik die Nachfrage nach gefälschten Produkten einzudämmen oder im Idealfall ganz auszuschalten. Dies erfordert politische Maßnahmen. Das Unternehmen kann versuchen, in Zusammenarbeit mit Behörden und Verbänden Kampagnen durchzuführen, um die Verbraucher auf die ökonomischen, sozialen und rechtlichen Folgen der Produkt- und Markenpiraterie aufmerksam zu machen. Es kann auch versuchen, Einfluss auf die Legislative der Empfängerländer von Fakes zu nehmen und auf die Bestrafung des Kaufes von Fälschungen hinzuwirken. Wenn Konsumenten begreifen, dass sie von den Folgen des Counterfeiting direkt betroffen sind, könnten sie beim Kauf offensichtlich gefälschter Ware zurückhaltender sein. Diese politische Strategie des Anti-Counterfeiting erfordert jedoch einen langen Atem.

Schneller sein – one step ahead*:* Die Strategie der permanenten Innovation gilt im Kampf gegen Counterfeiter als die wirksamste aller möglichen Strategien. Hier spielt das Unternehmen durch die Verkürzung der Entwicklungszyklen seine Trümpfe aus. Die Fälscher können nicht mehr mithalten und hinken dem innovativen Angebot ständig mit bereits veralteten Produkten hinterher, die niemand mehr haben will. Durch die sehr schnelle Weiterentwicklung des eigenen Produkts können Unternehmen schon dann eine verbesserte Variante auf den Markt bringen, wenn die Fälscher gerade mit dem gefälschten alten Modell aufgetreten sind. Bei Produkten mit einem sehr kurzen Lebenszyklus kann es sogar möglich sein, die Gewinne einzufahren, bevor Nachahmer überhaupt reagieren können.

Höhere Investitionen in die Forschung und Entwicklung können einem Unternehmen also nicht nur gegenüber der Konkurrenz einen entscheidenden Wettbewerbsvorteil verschaffen, sondern sich auch bei der Bekämpfung der Produktpiraterie auszahlen. Zur Innovationsstrategie gehören auch die Konzepte des Mass Customizing, bei denen die Kunden ihre Produkte individuell zusammenstellen können. Beispiele sind Polo, Timberland und Longchamp, deren Kunden Bekleidung, Schuhe und Taschen im Internet selbst entwerfen und dann per Post liefern lassen können. Mit solchen Innovationen können Fälscher nicht mehr mithalten.

Fight fire with fire*:* Feuerwehrleute legen bei Flächenbränden manchmal ein Gegenfeuer, das heißt, sie bekämpfen Feuer mit Feuer. Auch Produkt- und Markenpiraten kann der Boden unter den Füßen entzogen werden, indem man ihr Marktpotenzial selbst ausschöpft. Warum nicht selbst den Markt segmentieren und ein Quasi-Plagiat in Form eines günstigeren Alternativangebots zum teuren Stammprodukt auf den Markt bringen? Auch Factory Outlets, die preisreduzierte Markenartikel verkaufen, wirken in dieselbe Richtung. Sie ersetzten Substitute durch Substitute. Dadurch würde man den Fälschern auf ihrem eigenen Markt mit ihrer eigenen Strategie Konkurrenz machen und die zu erzielenden Gewinne selbst einstreichen. Bei dieser Strategie muss der Anbieter des Originals aber eine negative Rückwirkung auf das Image verhindern, indem er die beiden Marken ausreichend voneinander abgrenzt. Sonst besteht die Gefahr, dass die Verbraucher nicht mehr zwischen den beiden Produkten differenzieren können und eine Kannibalisierung der Premium-Marke einsetzt.

Kooperations- und Integrationsstrategie*:* Anstatt sich nur in Konfrontation zu üben, kann ein deutsches Unternehmen mit seinen Produktpiraten, die ja über gute Kenntnisse und Fähigkeiten im Zusammenhang mit dem gefälschten Produkt verfügen, kooperieren. Der Schutzrechteinhaber kann die Verletzer in seine Produktion einbinden, eine Lizenzvergabe aushandeln oder sogar ein gemeinsames Unternehmen gründen. So ging ein deutscher Textilmaschinenhersteller ein Joint Venture mit drei chinesischen Unternehmen ein, die zuvor seine Patente missachtet hatten. Auch

Walt Disney praktiziert dieses Modell seit Jahren mit Erfolg. Denkbar ist eine solche Lösung beispielsweise als Ergebnis eines schiedsrichterlichen Verfahrens. Diese Variante kommt nur in Betracht, wenn der Verletzer bekannt ist und bei einer Zusammenarbeit die entsprechende Qualität gewährleisten kann.

Umfassende Angriffsstrategie: Immer mehr Unternehmensleitungen entscheiden sich dafür, in China nicht nur zu reagieren, sondern den Produkt- und Markenpiraten pro-aktiv entgegenzutreten. Das Motiv für diesen Paradigmenwechsel im Anti-Counterfeiting liegt darin, dass die Piraterie ausufert, immer raffinierter wird, etablierte Marken zunehmend erodieren und immer mehr Billigmärkte entstehen. Dazu kommt, dass reaktive Strategien dann nicht mehr wirksam sind, wenn die Produkte breiten Verbraucher- und Anwenderkreisen angeboten werden. Der große Vorteil der Angriffsstrategie ist, dass die Unternehmen das Ruder wieder in die Hand nehmen, selbst Regie führen und sich nicht dem Takt der Produktpiraten anpassen. Geplante, gezielte und konzentrierte Aktionen führen im Kampf gegen Plagiatoren zu einer besseren Steuerung und einer größeren Schlagkraft.

Eine Angriffsstrategie stellt nach dem Motto Angriff ist die beste Verteidigung eine Vorgehensweise dar, die auf anderen Strategien aufbaut, indem sie diese bündelt. Der Angriff verfügt dadurch über ein ganzes Arsenal von Waffen. Durch die Kombination einzelner Strategien integriert die Angriffsstrategie verschiedene Pläne, wie langfristig gegen die Produktpiraten vorgegangen werden soll, zu einer kohärenten Gesamtstrategie.

Diese pro-aktive Strategie wird umgesetzt, bevor das Fälscherproblem entsteht oder an Umfang gewinnt. In vielen Fällen von Piraterie zeigt sich ein bereits vorhandenes oder absehbares Muster aus Produkterfolg und Produktnachahmung, das häufig mit früheren Erfahrungen verknüpft werden kann. Dieses Muster umfasst oft verschiedene Schutzrechte, Fälscherfabriken, Distributionskanäle oder Regionen. Erforderlich ist deshalb ein ebenso umfassendes Schutzsystem, das die negativen Auswirkungen des Counterfeiting durch einen vorausschauend aufgebauten Workflow von Anfang an eliminiert oder so weit wie möglich begrenzt.

Wegen der Einbeziehung vieler Abteilungen und dem parallelen Einsatz juristischer, betriebswirtschaftlicher, technischer und politischer Instrumente erscheint die Angriffsstrategie im Hinblick auf den finanziellen, zeitlichen und personellen Aufwand vergleichsweise aufwändig. Sie baut durch ihre konsequente Null-Toleranz-Haltung aber einen mächtigen Schutzwall um das Unternehmen und seine Produkte auf, der sich mittel- und langfristig bezahlt macht – ganz wie ein Gebäude, das durch mehrfache Schutzmaßnahmen rundum vor Einbrechern gesichert ist. Der aggressive Charakter einer solchen Angriffsstrategie gegenüber Plagiatoren und ihren Händlern wird auf dem Markt am besten durch ein gezieltes Marketing zum Ausdruck gebracht, das den Verbrauchern auch aufgedeckte Verstöße und Erfolge der Bekämpfung kommuniziert.

Die Königsstrategie – starke Markensysteme: Wenn im Zusammenhang mit dem Counterfeiting von Markenfälschungen die Rede ist, dann ist meistens die illegale

Verwendung von Markierungen gemeint. Nachgeahmt oder kopiert werden markierende Namen, Logos, Zeichen, Symbole, Töne, Farben oder Slogans, um den Verbraucher oder Verwender zu täuschen. Die Marken selbst können nicht nachgeahmt werden, denn sie sind einzigartige Leistungsversprechen und komplexe Vertrauenssysteme in den Köpfen von Menschen.

Genau hier sollten deutsche Unternehmen ansetzen, wenn sie ihre Produkte dauerhaft und wirksam vor Piraten schützen wollen. Zu Paketen gebündelte und markierte Angebote lassen sich viel besser schützen als einzelne Produkte. Die Bündelung von Dienstleistungen und maßgeschneiderten Lösungen ist nicht auf wenige Branchen beschränkt. Ergänzende Serviceverträge für Automobile und Motorräder, Hol- und Bringservice für Laptops, verbilligte Eintrittskarten zum Fußballspiel für die Käufer vom Marken-Sportschuhen – die Möglichkeiten, Angebote zu einem kaum zu kopierenden Paket zu schnüren, sind vielfältig.

Im Investitionsgüterbereich bieten sich zusätzliche Software mit Updates, Komplementärprodukte und Betriebsstoffe an, aber auch Dienstleistungen wie ein Premium-Kundendienst, Reparaturleistungen, Schulungen oder Beratungen. Auch diese Dienstleistungen können markiert und als Markenservice in Modulform preisdifferenziert mit dem Kernprodukt verkauft werden. Es sind besonders die an Menschen gebundenen Dienstleistungen, die das Kopieren erschweren. Manchmal sind die Ergänzungen sogar wichtiger als die geschützten Kernprodukte.

Chinesen legen mittlerweile größten Wert auf Marken. Die wachsende kaufkräftige Mittelschicht verlangt nach echter Markenware und definiert ihren Status mehr und mehr über Prestigekäufe. Nach Erlass des Individual Travel Scheme reisen Festlandchinesen in Massen nach Hongkong, um den millionenfachen Fälschungen zu entfliehen und sich in der Metropole mit garantiert authentischer Markenware einzudecken. Sie bescheren Hongkong einen regelrechten Boom – der Kaufrausch à la chinoise verlangt nach Qualität und Authentizität.

Konzeption eines Strategie-Mix

Es gibt keine einzelne universelle Strategie, mit der das Problem der Produkt- und Markenpiraterie schnell und wirksam gelöst werden kann. Unternehmen müssen, je nach ihrer Situation, im Anti-Counterfeiting verschiedene strategische Ansätze miteinander kombinieren. Für die Umsetzung des Strategie-Mix stehen in der Praxis zahlreiche Methoden und Instrumente zur Verfügung, die sich einzeln oder kombiniert in der Praxis bewährt haben. Die einzelnen juristischen, betriebswirtschaftlichen, technischen und politischen Komponenten, die bei der Zusammenstellung des jeweils geeigneten Maßnahmenpakets zum Einsatz kommen können, werden in den nachfolgenden Kapiteln beschrieben und bewertet.

10. Schutzrechte in China

Die Ursprünge des geistigen Eigentums gehen in China zurück bis in die Tang Dynastie (618–907 n. Chr.), die ersten patentspezifischen gesetzlichen Regelungen entstanden 1889 am Ende der Qing Dynastie. Die Ära des modernen Patentrechts setzte jedoch erst mit der Ausgabe der Provisional Regulations on the Protection of Invention Rights and Patent Rights im Jahr 1950 ein. Durch diese Regelungen wurde zwar der Erfinder honoriert, das geistige Eigentum an sich blieb jedoch in den Händen des Staates. Während der Kulturrevolution Mitte der 60er Jahre verlor selbst diese geringe Anerkennung jeglichen Wert. Mit dem Einsetzen der darauf folgenden Wirtschaftsreformen wurde aber offensichtlich, dass Gesetze und Rechtssicherheit für die marktwirtschaftliche Entwicklung unumgänglich sind.

Zum gegenwärtigen chinesischen Gesetzessystem des geistigen Eigentums gehören das Patentgesetz, das Markengesetz, das Urheberrechtsgesetz, das Gesetz gegen unlauteren Wettbewerb und die Bestimmungen zur Wahrung gewerblicher Schutzrechte durch den Zoll. Daneben existieren einige Spezialgesetze, beispielsweise die Vorschriften über den Schutz neuer Pflanzensorten, die Regelungen über Betriebsgeheimnisse und die Regelungen zum Arbeitnehmererfindungsrecht.

Patentrecht

Am 12. März 1984 trat das erste Patentgesetz der Volksrepublik China (Chin. PatG) in Kraft.[1] Aufgrund seiner Novellierung vom 4. September 1992, der im Zuge des Beitritts Chinas zur WTO erforderlichen Anpassung an das TRIPS-Abkommen[2] am 25. August 2000 und den vom Staatsrat erlassenen, zuletzt am 1. Juli 2001 novellierten Durchführungsbestimmungen zum Patentgesetz der Volksrepublik China[3] (PatG-DB), stellt es heute ein ausgereiftes Gesetz dar, das den internationalen Vergleich nicht zu scheuen braucht. Gemäß Artikel 142 der am 1. Januar 1987 in Kraft getretenen Allgemeinen Grundsätze des Zivilrechts der VR China[4] haben internationale Abkommen, die China unterzeichnet hat, Vorrang vor abweichenden Bestimmungen im chinesischen Zivilrecht, sofern die Volksrepublik nicht einen Vorbehalt erklärt hat.

Da die Volksrepublik China schon am 19. März 1985 und somit vor den Novellierungen des Patentgesetzes der Pariser Verbandsübereinkunft zum Schutz des gewerblichen

---

1   Deutsche Übersetzung in GRURInt 2001, S. 549.
2   Agreement on Trade Related Aspects of Intellectual Property Rights, Übereinkommen über handelsbezogene Aspekte der Rechte des geistigen Eigentums vom 15. April 1994 (TRIPS), BGBl. 1994 II S. 1730.
3   Deutsche Übersetzung in GRURInt 2002, S. 243 ff.
4   Deutsche Übersetzung abrufbar unter http://www.jura.uni-goettingen.de/chinarecht/zivilrecht.htm, besucht am 18.02.2005.

Eigentums (PVÜ)[5] beitrat, herrschte von Anfang an der Grundsatz der Inländerbehandlung. Der Prioritätsgrundsatz, ein Eckpunkt der PVÜ, wurde in Artikel 29 des chinesischen Patentgesetzes umgesetzt. China hat dem Generaldirektor der Weltorganisation für geistiges Eigentum (World Intellectual Property Organisation, WIPO) am 30. November 1999 mitgeteilt, dass die PVÜ mit Wirkung vom 20. Dezember 1999 auch auf die Sonderverwaltungsregion Macau anzuwenden ist.[6]

Für ausländische Anmelder von großer Bedeutung war Chinas Beitritt zum Vertrag über die internationale Zusammenarbeit auf dem Gebiet des Patentwesens (Patent Cooperation Treaty, PCT).[7] China hat den Generaldirektor der WIPO am 6. Juni 1997 darüber informiert, dass mit der Übernahme von Hongkong am 1. Juli 1997 in die Staatsgewalt der Volksrepublik China der Vertrag auch auf die Sonderverwaltungsregion Hongkong anzuwenden ist. China hat ferner dem Generaldirektor der WIPO am 7. Juli 2000 mitgeteilt, dass der Vertrag auf die Sonderverwaltungsregion Macau nicht anwendbar ist.[8]

Das Straßburger Abkommen über die Internationale Patentklassifikation[9] trat in der Volksrepublik China am 19. Juni 1997 in Kraft, ebenso ist China mit Wirkung zum 19. September 1996 dem Abkommen von Locarno zur Errichtung einer internationalen Klassifikation für gewerbliche Muster und Modelle[10] beigetreten.

Anders als im deutschen Recht und auch den meisten ausländischen Rechtsordnungen bestehen im chinesischen Recht keine eigenständigen Gesetze für Patente, Gebrauchs- und Geschmacksmuster. Vielmehr sind diese verwandten Schutzrechtsarten alle in ein und demselben Patentgesetz zusammengefasst. Das chinesische Patentgesetz unterscheidet aber in Artikel 2 zwischen Erfindungspatenten (faming), Gebrauchsmusterpatenten (shiyong xinxing) und Geschmacksmusterpatenten (waiguan sheji). Wie das deutsche Patent ist auch das chinesische Erfindungspatent ein sachgeprüftes technisches Schutzrecht (Artikel 35 chin. PatG), wobei Gebrauchs- und Geschmacksmusterpatente nur eine formale Prüfung durchlaufen. Die materiellrechtlichen Anforderungen des Artikel 22 des chinesischen Patentgesetzes hinsichtlich Neuheit, Erfindungshöhe und praktischer bzw. gewerblicher Anwendbarkeit entsprechen im Wesentlichen den deutschen Regelungen.

Eine Erfindung (bzw. ein Gebrauchs- oder Geschmacksmuster) ist also dann neu, wenn diese vor dem Zeitpunkt der Anmeldung weder in Veröffentlichungen im In- oder Ausland offenbart, noch im Inland öffentlich benutzt wurde oder auf andere Weise der Öffentlichkeit zur Kenntnis gelangt ist. Ebenso darf kein Dritter vor dem

---

5   PVÜ vom 20. März 1883, in der Fassung von Stockholm vom 14. Juli 1967, BGBl. 1970 II, S. 391, ber. BGBl. 1985 II, S. 975. Erstreckung auf Macau ab 20.12.1999, BGBl. 2002 II, S. 1582, Anwendung in der SAR Hongkong ab 01.7.1997, BGBl. 2002 II, S. 2499.
6   GBl. 2002 II, S. 1581.
7   BGBl. 1970 II, S. 649, 664 mit den Änderungen vom 2. Oktober 1979, BGBl. 1984 II S. 799, vom 3. Februar 1984 BGBl. 1984 II, S. 975 und vom 2. Oktober 2001 – Änderung von Artikel 22, BGBl. 2002 II, S. 728.
8   BGBl. 2002 II, S. 1779.
9   Vom 24. März 1971, geändert am 2. Oktober 1979, BGBl. 1975 II, S. 283, 1984 II, S. 799.
10 Vom 8. Oktober 1968, geändert am 2. Oktober 1979, BGBl. 1990 II, S. 1677.

Anmeldetag dieselbe Erfindung oder dasselbe Gebrauchs- oder Geschmacksmuster bei der Patentverwaltungsbehörde des Staatsrates zur Anmeldung eingereicht und in den Anmeldeunterlagen beschrieben haben, die nach dem Anmeldetag veröffentlicht worden sind (Artikel 22 Absatz 2 chin. PatG). Allerdings geht nach Artikel 24 chin. PatG die Neuheit nicht durch die Veröffentlichung der Erfindung innerhalb von sechs Monaten vor dem Anmeldetag verloren, wenn diese zum ersten Mal auf einer von der chinesischen Regierung veranstalteten oder anerkannten internationalen Ausstellung zur Schau gestellt wurde, zum ersten Mal auf einer vorschriftsmäßigen wissenschaftlichen oder technischen Tagung öffentlich bekannt gemacht wurde oder ihr Inhalt von einem Dritten ohne Zustimmung des Anmelders offenbart wurde. Die erfinderische Leistung ist gegeben, wenn eine Erfindung hervorstechende wesentliche Merkmale im Vergleich zur bis dahin bestehenden Technologie aufweist und einen beträchtlichen Fortschritt darstellt. Gebrauchsmuster müssen wesentliche Merkmale aufweisen und fortschrittlich sein (Artikel 22 Absatz 3 chin. PatG).[11]

Praktisch anwendbar ist eine Erfindung oder ein Gebrauchsmuster, wenn dieses hergestellt oder benutzt werden kann und damit wirksame Ergebnisse erzielt werden können (Artikel 22 Absatz 4 chin. PatG). Hinsichtlich der Geschmacksmuster ist in Artikel 23 festgelegt, dass es nicht mit einem anderen Geschmacksmuster identisch oder ähnlich sein darf, das vor dem Anmeldetag in China oder im Ausland offenbart oder im Inland öffentlich benutzt worden ist. Mit einer Ausnahme entspricht Artikel 25 chin. PatG dem Gedanken der §§1 II und 2 des deutschen Patentgesetzes (PatG), wonach

■ wissenschaftliche Entdeckungen,
■ Regeln und Verfahren für gedankliche Aktivitäten,
■ Verfahren zur Diagnose und Heilung von Krankheiten sowie
■ Tierarten und Pflanzensorten

nicht als Erfindung angesehen werden und somit vom Patentschutz ausgenommen sind. Zusätzlich sind in Artikel 25 I Nr. 5 chin. PatG Stoffe erfasst, die durch Verfahren der Atomkernumwandlung gewonnen werden.

Der Inhaber eines Erfindungspatents, eines Gebrauchs- oder eines Geschmacksmusters genießt in China ein Ausschließlichkeitsrecht im Sinne des Artikel 11 chin. PatG. Er hat also das alleinige Recht, das patentierte Erzeugnis zu gewerblichen Zwecken herzustellen, zu gebrauchen, zu verkaufen oder zu importieren. Ebenso steht ihm das alleinige Recht zu, ein patentiertes Verfahren zu benutzen oder die aus einem patentierten Verfahren unmittelbar gewonnenen Erzeugnisse zu gebrauchen, zum Verkauf anzubieten, zu verkaufen oder zu importieren, sofern er an dem patentierten Produkt oder Verfahren keine Lizenzen vergeben hat (Artikel 12ff chin. PatG) oder gesetzliche Bestimmungen nichts anderes vorsehen.

---

11 Zum Erfordernis der Erfindungshöhe siehe z. B. die in GRURInt 1992, S. 683 veröffentlichte, noch zum alten chin. PatG ergangene Entscheidung „Gitterziehtür" des Oberen Volksgerichts der Stadt Peking vom 4. März 1992. Dazu außerdem Yin Xin-Tian: The Inventive Step Requirement under Chinese Patent Law, IIC 1989, S. 151ff.

Angemeldete Erfindungspatente genießen eine Schutzdauer von maximal 20 Jahren ab Anmeldetag, Gebrauchs- und Geschmacksmuster maximal 10 Jahre (Artikel 42 chin. PatG). Mit Beginn des Schutzrechts ist eine Jahresgebühr zu zahlen, und zwar jeweils vor Beginn des neuen Laufjahres (Artikel 43 chin. PatG).

Markenrecht

Am 27. Oktober 2001 trat die revidierte Fassung des Markengesetzes der Volksrepublik China[12] (chin. MarkenG) und am 15. September 2002 die dazugehörige Durchführungsverordnung zum Markengesetz der Volksrepublik China (MarkenG-DV)[13] in Kraft. Diese brachten die bis dahin gültigen gesetzlichen Regelungen aus dem Jahr 1982 bzw. deren revidierte Fassung von 1993 in Einklang mit dem TRIPS-Abkommen.

Der Artikel 24 des chinesischen Markengesetzes bildet die gesetzliche Grundlage für die Anwendung der internationalen Abkommen, denen China im Bereich des Markenrechts beigetreten ist. Im Zusammenhang mit der Anmeldung von Marken ist dabei das Madrider Abkommen vom 14. April 1891 über die internationale Registrierung von Marken (Madrider Markenabkommen, MMA)[14] von größter Bedeutung, dem China bereits am 4. Oktober 1989 beigetreten ist. Mit Wirkung vom 1. Dezember 1995 hat China außerdem das Protokoll zum Madrider Abkommen über die internationale Registrierung von Marken (Protokoll 1989)[15] unterzeichnet. Damit können ausländische Anmelder innerhalb von sechs Monaten nach der erstmaligen Antragstellung auf Eintragung einer Marke im Ausland in China ebenfalls den Antrag auf Eintragung bezüglich der identischen Marke für die identischen Waren stellen und dabei ein Prioritätsrecht genießen.

Der Markenschutz in China kann nun auf alle international registrierten Marken ausgedehnt werden. Die Erstreckung des Markenschutzes auf Greater China, also neben der Volksrepublik China auch auf die beiden Sonderverwaltungszonen Hongkong und Macau sowie Taiwan, kann aus markenstrategischen Gründen von Vorteil sein. Dabei sind aber grundsätzlich deren jeweils gültige Regelungen zu beachten. So ist die Erstreckung einer international registrierten Marke oder einer Europäischen Gemeinschaftsmarke nur auf Hongkong nicht möglich. Ebenso hat die WIPO mitgeteilt, dass die Volksrepublik China eine Note hinterlegt hat, wonach bis auf weiteres das MMA und das Protokoll 1989 für die Macau Special Administrative Region nicht anwendbar sind. Obwohl sich China dazu verpflichtet hat, ausländischen Marken-

---

12 Deutsche Übersetzung in GRURInt 2002, S. 489.
13 Deutsche Übersetzung in GRURInt 2003, S. 223. In der Vergangenheit wurden die Ausführungsbestimmungen mit der Zustimmung des Staatsrates von der State Administration of Industrie and Commerce (SAIC) erlassen. Die neue „Durchführungsverordnung zum chinesischen Markengesetz" wurde jedoch direkt vom Staatsrat erlassen, was den erhöhten Stellenwert verdeutlicht, den die chinesische Regierung dem Schutz des Markenrechts beimisst. Dazu auch Kessler/Qiao: China: Aktuelle Entwicklungen im Patent- und Markenrecht, RIW 2003, S. 174, hier S. 175.
14 In der in Stockholm am 14. Juli 1967 beschlossenen und am 2. Oktober 1979 geänderten Fassung, BGBl. 1970 II, S. 293, 418, BGBl. 1984 II, S. 799.
15 Angenommen in Madrid am 27. Juni 1989, BGBl. II, 1995, S. 1017.

inhabern die gleichen Rechte einzuräumen wie chinesischen Staatsbürgern, klagen immer noch viele ausländische Markeninhaber über Mängel hinsichtlich dieser so genannten Inländerbehandlung.

Das chinesische Markengesetz schützt in Artikel 3 Warenzeichen und Dienstleistungsmarken, Kollektivmarken und Beschaffenheitsangaben einschließlich geografischer Herkunftsangaben, Angaben über Bestandteile, Herstellungsverfahren, Qualität und andere Eigenschaften. Unter den in Artikel 3 chin. MarkenG genannten Gewährleistungsmarken sind im chinesischen Recht Marken einer Organisation zu verstehen, die über Möglichkeiten zur Kontrolle und Überwachung der Waren oder Dienstleistungen verfügt, die von anderen vertrieben werden. Ein Beispiel ist die China Compulsory Certification (CCC), die dem deutschen TÜV vergleichbar ist. Diese Organisation bescheinigt mit ihrer Dienstleistungsmarke beispielsweise die Qualität, Herkunft, Herstellungsweise oder das Material der gekennzeichneten Ware.

Eintragungsfähig und damit schützbar ist gemäß Artikel 8 chin. MarkenG jedes sichtbare Zeichen, durch welches Waren natürlicher Personen, juristischer Personen oder anderer Organisationen von den Waren anderer unterschieden werden können – einschließlich Schriftzeichen, Abbildungen, Buchstaben, Zahlen, dreidimensionalen Zeichen und Farbkombinationen sowie Kombinationen der genannten Bestandteile. Die Eintragung von Hörmarken oder Geruchsmarken ist also nicht möglich.

Nach Artikel 9 chin. MarkenG muss eine eintragungsfähige Marke kennzeichnende Merkmale aufweisen, unterscheidungskräftig sein, nicht mit früher erworbenen gesetzmäßigen Rechten anderer kollidieren und keinen anderen gesetzlichen Vorschriften entgegenstehen. Nur dann hat der Markeninhaber das Recht zur Kennzeichnung als eingetragene Marke. Auf Produkten verwendete Marken können als solche gekennzeichnet werden, wozu diese mit dem bekannten hochgestellten ® oder der entsprechenden Kennzeichnung in chinesischen Schriftzeichen (zhù, für zhùcè = registriert) versehen werden muss (Artikel 37 MarkenG-DV). Dem Schutz als Marke nicht zugänglich sind nach Artikel 10 chin. MarkenG Zeichen

- mit dem Staatsnamen der Volksrepublik China, der Staatsflagge, dem Staatsemblem, den Armeefahnen oder Orden identische oder ähnliche Zeichen, einschließlich der besonderen Ortsbezeichnungen am Sitz der staatlichen Zentralorgane oder Gebäudenamen und -abbildungen mit Kennzeichnungscharakter;

- mit den Staatsnamen ausländischer Staaten, deren Staatsflaggen, Staatsemblemen oder Armeefahnen identische oder ähnliche Zeichen, wenn die Regierung des besagten Staates nicht zugestimmt hat;

- mit Namen zwischenstaatlicher internationaler Organisationen, deren Fahnen und Abzeichen identische oder ähnliche Zeichen, wenn diese Organisationen nicht zugestimmt haben oder die Öffentlichkeit leicht irregeführt wird;

- welche die Durchführung von Kontrollen anzeigen oder eine Gewähr ausdrücken sowie amtlichen Zeichen oder mit Prüfsiegeln identische oder ähnliche Zeichen, solange keine Ermächtigung erteilt wurde;

- mit dem identischen oder ähnlichen Namen oder Symbol des Roten Kreuzes oder des Roten Halbmonds;

- mit rassendiskriminierendem Charakter;

- mit übertreibendem, propagandistischem und irreführendem Charakter;

- welche die sozialistische Moral und Sitten schädigen, oder andere Zeichen, die einen schlechten Einfluss ausüben.

Ebenso dürfen keine Ortsbezeichnungen von Verwaltungsbezirken auf oder oberhalb der Kreisebene oder der Öffentlichkeit bekannte ausländische Ortsbezeichnungen als Marke verwendet werden – ausnahmsweise nur dann, wenn die Ortsbezeichnung noch einen anderen Bedeutungsgehalt hat oder einen Bestandteil einer Kollektivmarke oder Gewährleistungsmarke bildet. Die Schutzdauer beträgt für alle Arten von Marken 10 Jahre, gerechnet vom Tag der Genehmigung der Eintragung an. Sie kann auf Antrag und durch Zahlung einer entsprechenden Gebühr um jeweils 10 Jahre verlängert werden (Artikel 37 und 38 chin. MarkenG).

Firmenrechtlicher Kennzeichenschutz

Firmenrechtlicher Kennzeichenschutz ist in China zum einen durch Artikel 8 PVÜ gegeben. Zum anderen schützt auch das Gesetz der VR China gegen den unlauteren Wettbewerb[16] (chin. UWG) ausländische Unternehmensbezeichnungen, wenn deren missbräuchliche Benutzung die Verbraucher irreführt und dadurch eine unlautere Wettbewerbshandlung im Sinne des Artikel 5 Nr. 3 chin. UWG vorliegt.

Danach dürfen Unternehmer im geschäftlichen Verkehr Wettbewerber nicht unlauter schädigen, indem sie

- eingetragene Warenzeichen anderer sich anmaßen und fälschen;

- eigenmächtig die besondere Bezeichnung, Verpackung oder Aufmachung einer bekannten Ware verwenden oder indem sie eine ähnliche Bezeichnung, Verpackung oder Aufmachung wie die einer bekannten Ware verwenden, Verwechslungen mit der bekannten Ware eines anderen herbeiführen und die Käufer irrig annehmen lassen, es handele sich um diese bekannte Ware;

- eigenmächtig die Unternehmensbezeichnung oder den Namen eines anderen verwenden und damit zu der irrigen Annahme verleiten, es handele sich um die Ware eines anderen oder

- auf der Ware Qualitätsangaben wie Bestätigungskennzeichen oder Kennzeichen für hervorragende Waren fälschen oder sich anmaßen, den Herkunftsort fälschen oder über die Qualität der Ware irreführende falsche Angaben machen.

---

16 Deutsche Übersetzung abgedruckt in GRURInt 1994, S. 1001.

Die Sanktionen richten sich nach Artikel 21, der auf die Vorschriften des Warenzeichengesetzes und das Produktqualitätsgesetz der VR China verweist.

Bekannte Marken

Die Einstufung einer Marke als bekannte Marke im Sinne der Artikel 13 und 14 chin. MarkenG kann für multinationale Unternehmen deshalb von besonderer Bedeutung sein, weil dadurch in der Regel auch die Eintragungsversuche unterbunden werden können, durch die Counterfeiter mit gleichen Marken einen Markenschutz in anderen, noch freien Klassen erlangen wollen. Handelt es sich um den Schutz einer bekannten Marke, dann prüft das chinesische Markenamt (Trademark Office, TMO), eine Unterorganisation der State Administration for Industry and Commerce (SAIC), auch mögliche Konflikte mit den in anderen Unterklassen registrierten Waren.

Trotz des Beitritts Chinas zur PVÜ und dem Erlass der Vorschriften von 1996 über bekannte Marken sind bis dato nur wenige ausländische Marken durch das TMO offiziell als solche anerkannt worden.[17] Allerdings werden ausländische Marken in der Praxis durch die Gerichte und auch durch das TMO, das Trademark Review and Adjudication Board (TRAB) und durch lokale Administration for Industry and Commerce (AIC) inoffiziell als bekannt anerkannt und geschützt. Dennoch blieb ausländischen Marken durch die fehlende offizielle Anerkennung nach bisheriger Rechtslage ein den chinesischen Marken gleichwertiger Schutz versagt.

Die offizielle Anerkennung einer Marke als bekannt resultiert in der Ausstellung eines drei Jahre gültigen Zertifikats, das bei einer wiederholten Verletzung dieser Marke vor den entsprechenden Schutzbehörden als Nachweis für deren Bekanntheit dient. Dieses Zertifikat erleichtert dem betroffenen Markeninhaber damit wesentlich die administrative oder gerichtliche Durchsetzung seines Rechts.

Im Jahr 2004 gab es 153 vom TMO und dem TRAB als bekannt eingestufte Marken, wovon nur zwei nicht registriert waren. 125 dieser Marken stammten von chinesischen Unternehmen und 28 von ausländischen Markeninhabern. Viele chinesische Unternehmen nutzen die Anerkennung ihrer Marke als bekannte Marke zu Marketingzwecken, was mit dem Ziel des Schutzes geistigen Eigentums wenig zu tun hat.

Lizenzen

Auch Lizenzvergaben müssen der SAIC angezeigt werden (Artikel 40 Absatz 3 chin. MarkenG). Die SAIC hat am 1. August 1997 die Methodik zur Eintragung von Verträgen über die Erlaubnis zur Nutzung von Warenzeichen[18] erlassen, nach denen Markenlizenzvereinbarungen vom Lizenzgeber innerhalb einer Frist von drei Monaten

---

17 Vgl. z.B. die Fälle Coca-Cola, Toshiba, IBM, Levi's, Mars u.a. bei Shoukang, Der Schutz der bekannten Marke in der VR China, GRURInt 1997, S. 25.
18 Englische Übersetzung abgedruckt in China Law and Practice 3/1998, S. 40 ff.

nach deren Abschluss beim Markenamt zur Registrierung eingereicht werden müssen. Dabei sind Angaben über die lizenzierte Marke, ihre Eintragungsnummer, den Umfang der Lizenzware und die Dauer der Lizenzvereinbarung zu machen. Auch Vereinbarungen über die Erteilung von Sublizenzen an Dritte können registriert werden. Bedeutende Änderungen erfordern eine schriftliche Mitteilung an die SAIC, die für die Verfolgung gesetzeswidriger Tätigkeiten im Zusammenhang mit Markenlizenzverträgen verantwortlich ist.

Urheberrecht

Das Urheberrechtsgesetz der VR China (chin. UrhG) vom 7. September 1990 war das erste Gesetz, das die Verwaltung und den Schutz von Urheberrechten in China regelte. In seiner neuesten Fassung vom 27. Oktober 2001[19] und der dazu gehörenden Durchführungsverordnung (chin. UrhG-DV), deren neueste Fassung am 15. September 2002[20] in Kraft trat, stellt es ein im Hinblick auf den WTO-Beitritt in erheblichem Umfang revidiertes Gesetz dar.[21]

Als Interpretationshilfe für die Volksgerichte hat das Oberste Volksgericht am 12. Oktober 2002 zusätzlich die Auslegung einiger Fragen der Rechtsanwendung auf die Verhandlung von zivilen Urheberrechtsstreitigkeiten[22] erlassen. Diese Vorschriften befassen sich u.a. mit Zuständigkeitsfragen. Die sachliche Zuständigkeit in Urheberrechtsstreitigkeiten erster Instanz obliegt demnach in der Regel den Mittleren Volksgerichten. Örtlich zuständig ist entweder das Volksgericht mit Sitz

- am Ort der Verletzungshandlung,
- am Ort der Aufbewahrung oder der Sicherstellung der urheberrechtsverletzenden Waren oder
- am Aufenthaltsort des Verletzers.

Bei von mehreren Verletzern an verschiedenen Orten begangenen Urhebeberrechtsverletzungen hat der Verletzte die Wahl des Klageortes.

Die Auslegungsregeln enthalten außerdem Erläuterungen zu einzelnen urheberrechtlichen Fragestellungen, zum Urhebervertragsrecht, welches beispielsweise die Gültigkeit von nicht eingetragenen Übertragungsverträgen nach den allgemeinen Vorschriften des Vertragsgesetzes regelt, und zur Rechtsdurchsetzung.

China ist auch im Bereich des Urheberrechts den wichtigsten internationalen Abkommen beigetreten, die gesetzliche Grundlage für deren Anwendung bildet Artikel 2 chin. UrhG. Schon bei der fast elf Jahre dauernden Erarbeitung des chin. UrhG von

---

19 Deutsche Übersetzung abgedruckt in GRURInt 2002, S. 23.
20 Durchführungsverordnung zum Urheberrechtsgesetz der Volksrepublik China, deutsche Übersetzung in GRURInt 2003, S. 1008.
21 Zu den Änderungen im Vergleich zur älteren Fassung vgl. Ganea: Volksrepublik China – Neue Durchführungsverordnung zum Urheberrechtsgesetz GRURInt 2003, S. 275.
22 In Kraft seit 15.10.2002; abgedruckt in Zhongguo banquan 2002 Nr. 6, S. 59; in chin. und engl. Sprache abgedruckt in CPT 2003 Nr. 1, S. 79.

1979 bis zu dessen Inkrafttreten im Jahr 1990 kam der Revidierten Berner Überein-kunft (RBÜ)[23] große Bedeutung zu. Deren drei Grundprinzipien

- Inländerbehandlung,
- automatischer Schutz (d.h., der Schutz darf nicht an die Erfüllung irgendwelcher Förmlichkeiten gebunden sein) und
- Anerkennung von Mindeststandards

wurden darin umgesetzt, bevor die Volksrepublik China mit Wirkung zum 15. Oktober 1992 als 91. Mitgliedstaat der RBÜ tatsächlich beitrat.

Der mit Wirkung zum 30. Oktober 1992 fast gleichzeitig erfolgte Beitritt zum Welt-urheberrechtsabkommen[24], der Beitritt zum Übereinkommen vom 29. Oktober 1971 zum Schutz der Hersteller von Tonträgern gegen die unerlaubte Vervielfältigung ihrer Tonträger[25] am 30. April 1993 und die Mitgliedschaft in der PVÜ seit 1985 stellen das chinesische Urheberrecht auf weitere internationale Säulen.

Die in diesem Zusammenhang vom Staatsrat der Volksrepublik China erlassenen Be-stimmungen über die Durchführung internationaler Urheberrechtsübereinkommen[26] vom 25. September 1992 stellen eine Ergänzung des chinesischen Urhebergesetzes dar. Sie enthalten eine Reihe wichtiger Klarstellungen über den Schutz der Kraft Kon-ventionsrecht geschützten Werke und bekräftigen gleichzeitig, dass das chin. UrhG mit dem RBÜ konform ist.

Die sachliche Anwendbarkeit des chinesischen Urhebergesetzes für Werke von Aus-ländern richtet sich also danach, ob das Herkunftsland mit China ein bilaterales Ab-kommen geschlossen hat oder ob es ein Verbandsland eines internationalen Überein-kommens ist, dem auch China beigetreten ist. In diesem Fall ist das Urhebergesetz anwendbar, wenn das Abkommen dies verlangt oder wenn das Werk in China zum ersten Mal erscheint. Werke von Urhebern, die keinem Verbands- oder Vertragsland angehören, werden nur dann geschützt, wenn sie zum ersten Mal in einem Verbands-land oder gleichzeitig in einem verbandsfremden und in einem Verbandsland erschei-nen (Artikel 2 Absatz 3 chin. UrhG). Ausländische Werke, die innerhalb von 30 Tagen nach ihrer Veröffentlichung im Ausland auch in China veröffentlicht werden, gelten als gleichzeitig in China veröffentlicht (Artikel 8 chin. UrhG-DV). Schutzfähige Werke im Sinne des Artikel 3 chin. UrhG und der Durchführungsverordnungen sind

- Schriftwerke,
- mündlich vorgetragene Werke,
- Musik-, Theater-, Tanz- und Variétékunstwerke,
- Werke der bildenden Kunst, der Architektur und der Fotografie,

---

23 Berner Übereinkunft zum Schutz von Werken der Literatur und Kunst vom 09. September 1886, RGBl. 1887, S. 493, zuletzt revidiert in Paris am 24. Juli 1971, BGBl. 1973 II, S. 1071, geändert durch Beschluss vom 2. Oktober 1979, BGBl. 1985 II, S. 81.
24 Welturheberrechtsabkommen vom 6. September 1952, BGBl. 1955 II, S. 102, revidiert in Paris am 24. Juli 1971, BGBl. 1973 II, S. 1069, 1111.
25 So genannte Genfer Tonträgerübereinkommen, BGBl. 1973 II, S. 1670.
26 Deutsche Übersetzung abgedruckt in GRURInt 1993, S. 147.

■ Filmwerke einschließlich der Werke, die durch ein ähnliches Verfahren wie Filmwerke geschaffen wurden,
■ Bauentwurfs- und Erzeugnisentwurfszeichnungen, Landkarten und Diagramme,
■ Zeichenwerke und Modellwerke,
■ Computersoftware sowie
■ andere durch gesetzliche und Verwaltungsbestimmungen bestimmte Werke.

Die genannten Werke chinesischer oder ausländischer Urheber, die erstmals in China veröffentlicht werden oder nach Konventionsrecht eines der internationalen Abkommen als erstmals in China veröffentlicht angesehen werden, genießen nach Artikel 21 chin. UrhG in China einen Schutz für die Dauer von 50 Jahren. Wenn dieser eine natürliche Person ist, gilt der Schutz bis zum Ablauf des 50. Jahres nach dem Tod des Urhebers.

Im Unterschied zum deutschen Urheberrechtsgesetz, das nach dem so genannten Schöpferprinzip nur natürliche Personen als Urheber anerkennt, können in China auch juristische Personen und Organisationen Urheber im Sinne der Artikel 2 und 9 chin. UrhG sein. Dem Urheber stehen in Artikel 10 chin. UrhG das Persönlichkeitsrecht und das Vermögensrecht zu. Das Urheberpersönlichkeitsrecht umfasst das Veröffentlichungsrecht, das Namensnennungsrecht, das Änderungsrecht und das Recht auf Schutz der Werkintegrität. Die nicht abschließende Aufzählung der Vermögensrechte umfasst u.a. das Recht zur Vervielfältigung, Verbreitung, Vermietung, Ausstellung, Auf- und Vorführung, das Senderecht, das Recht auf Verbreitung im Informationsnetzwerk, das Filmaufnahmerecht, das Bearbeitungsrecht, das Übersetzungsrecht und das Recht zur Herstellung einer Sammlung. Der Urheber kann die genannten Rechte ganz oder teilweise übertragen und dafür gemäß Vereinbarung oder den einschlägigen Bestimmungen des chin. UrhG eine Vergütung erhalten. Für die Nutzungseinräumung und die Übertragung des Urheberrechts sind schriftliche Verträge erforderlich, deren wesentlicher Inhalt in den Artikeln 24 ff. chin. UrhG geregelt ist.

Wie im internationalen Umfeld üblich und durch die internationalen Abkommen gefordert, muss auch in China das Urheberrecht im Gegensatz zu den technischen Schutzrechten nicht angemeldet, registriert oder bei einer Behörde hinterlegt werden. Es steht dem Urheber vielmehr mit der Entstehung bzw. Veröffentlichung des Werkes zu. Am 31. Dezember 1994 verabschiedete die National Copyright Administration of China (NCAC) jedoch Bestimmungen, die die freiwillige Registrierung bei jeder lokalen Behörde der NCAC ermöglichen. Die NCAC stellt daraufhin eine Urkunde aus, die bei eventuellen Streitigkeiten zu Beweiszwecken herangezogen werden und die Durchsetzungsmöglichkeiten enorm steigern kann. Es ist also ratsam, diese Registrierung vorzunehmen, auch wenn sie auf den ersten Blick eine reine Formalie zu sein scheint.

Computersoftware und Internet

Angesichts der rasant steigenden Anzahl der Internetnutzer in China – von etwa 300.000 im Jahr 1997 auf mehr als 100 Millionen Mitte 2005 und voraussichtlich 146 Millionen im Jahr 2006 – nimmt auch die Anzahl von Urheberrechtsverletzungen, die mit der Nutzung des Internets in Verbindung stehen, massiv zu. Etwa 340 Millionen Domain-Namen mit der nationalen Domain .cn und rund 595 Millionen Websites machen China schon jetzt zu einer Internet-Großmacht. Dabei stellt sich hinsichtlich des Rechtsschutzes auch die Frage, welche rechtlichen Regelungen im Bereich des geistigen Eigentums getroffen werden sollen und müssen.

Offenbar als Reaktion auf die Mahnung der USA, die Regeln der WTO einzuhalten, sind in China am 30. Mai 2005 die Administrative Measures on Internet Copyright Protection in Kraft getreten, die die Verletzung geistigen Eigentums im Internet unter Strafe stellen. Mit den neuen Regelungen will die chinesische Regierung vor allem die Internet Service Provider (ISP) in die Pflicht nehmen. Diese sollen künftig dafür verantwortlich sein, dass Inhalte, die fremde Schutzrechte verletzen, aus dem Internet entfernt werden. Bei Nichteinhaltung drohen Strafen in einer Höhe von bis zu 100.000 RMB.

Computersoftware, die ein Werk im Sinne des chin. UrhG darstellt, wird zusätzlich noch durch die Regeln zum Schutz von Computer-Software[27] (Softwareregeln) geschützt. Schutzobjekte dieser Regeln sind die zu einem Computerprogramm gehörenden Quellcodes und der Objektcode sowie die dazugehörige Dokumentation, also die wörtliche und tabellarische Beschreibung von Inhalt, Struktur, Gestaltung, Funktionsstandard, Entwicklungsstand, Testergebnissen und Anwendungsmethoden des Programms (Artikel 3 der Softwareregeln). Gemäß Artikel 4 der Softwareregeln wird nur solche Software geschützt, die durch den Entwickler selbständig entwickelt und auf einem körperlichen Träger festgelegt worden ist. Dabei sind die Anforderungen an den ästhetischen Schöpfungsgrad geringer als für andere Werke des Urheberrechtsgesetzes.

Schon im Jahr 2002 hat Adobe-Chef Bruce Chizen angedroht, seine Software künftig nicht mehr in chinesischer Sprache anzubieten, sollte China seine Raubkopierer-Szene nicht in den Griff bekommen. Laut Chizen kostet es etwa 750.000 US-Dollar, eine Software für die chinesische Sprache anzupassen. Da sich der chinesische Softwarehandel fest in der Hand der Raubkopierer befindet, werden diese Initialkosten bei weitem nicht mehr amortisiert. Für den Anbieter der Software besteht kein finanzieller Anreiz mehr, wenn Kopien für einen Bruchteil des Originalpreises angeboten werden. Die meisten Softwarefirmen, darunter Adobe und Microsoft, setzen deswegen weltweit einheitliche Preise fest, um keinen Graumarkt zu schaffen. Folge ist, dass selbst ein chinesischer Arzt mehrere Monatsgehälter aufbringen müsste, um ein Original der Software legal zu erwerben.

Der Chef des internationalen Tonträgerdachverbandes IFPI, John Kennedy, vermutet, dass die in China getätigten Musikkäufe lediglich zu zehn Prozent aus legalen Tonträgern und demnach zu 90 Prozent aus illegalen Presswerken bestehen. Sollte China das Problem in Angriff nehmen, blieben etwa 25 Fabriken über, die legal arbeiten. Der Versuch, die Presswerke von den chinesischen Behörden überprüfen zu lassen,

---

27 Erlassen vom Staatsrat am 20.12.2001, in Kraft seit 01.01.2002. Deutsche Übersetzung abrufbar unter http://lehrstuhl.jura.uni-goettingen.de/chinarecht/011220.htm.

hat sich in der Vergangenheit aber meist als nutzlos hausgestellt, weil auch hier viele der Prüfer mit den Presswerkbetreibern gemeinsame Sache machen. Zusammen mit den chinesischen Prüfern sollen deshalb IFPI-Kontrolleure zukünftig Untersuchungen durchführen.

Andere gesetzliche Regelungen

Neben den erwähnten gesetzlichen Regelungen wird der gewerbliche Rechtsschutz in China zumindest indirekt von einigen anderen Gesetzen berührt, die im Kampf gegen Plagiatoren sehr nützlich sein können. Allerdings finden diese in der Praxis bisher nicht die notwendige Anwendung, weshalb wir nur die wichtigste Bestandteile darstellen.

Das chinesische Produktqualitätsgesetz[28] vom 1. September 1993 enthält Regelungen hinsichtlich der einzuhaltenden Qualitätsstandards und der Kennzeichnung von Produkten. Ergänzt wird das Produktqualitätsgesetz durch die am 7. November 1997 erlassenen Bestimmungen zur Kennzeichnung mit Produkthinweisen. Zusätzlich zu den bereits geltenden Bestimmungen hinsichtlich der Kennzeichnung aufgrund von Staats- oder Industrienormen müssen nach diesen Regelungen auf jedem Produkt – mit Ausnahme bestimmter Waren wie Kleidung und einiger Nahrungsmittel, die aufgrund ihrer Beschaffenheit nur schwer zu kennzeichnen sind – Angaben über die Produktbezeichnung, den Hersteller, Menge und Inhalt, Gebrauchsanweisung, Herstellungs- und Ablaufdatum und gegebenenfalls auch Warnhinweise enthalten sein.

Selbständige Betriebe, die als Hersteller gelten, und auch Joint-Venture-Partner müssen Adresse und Herstellerbezeichnung auf dem Produkt angeben, wobei abhängige Betriebe auf die übergeordneten Unternehmen hinweisen dürfen. Beschäftigt sich ein Auftragnehmer lediglich mit der Verarbeitung, nicht aber mit dem Vertrieb, dann muss die Ware grundsätzlich mit Angaben zum Auftraggeber gekennzeichnet sein. Die Angaben auf importierten Waren müssen sowohl das Herstellungsland als auch den Namen und die Adresse des in China registrierten Inlandsvertreters, Importeurs oder Vertriebsunternehmens enthalten. Bei Einhaltung der entsprechenden Kennzeichnungsnormen darf auch auf staatliche Zertifikate oder Markenrechte hingewiesen werden.

Gefälschte Waren erfüllen diese Anforderungen in der Regel nicht, Produktpiraten können also unter Umständen auch aufgrund dieser Vorschriften in Anspruch genommen werden. Die lokalen Technical Supervision Bureaus sind für die Einhaltung dieser Standards verantwortlich und haben sich in den letzten Jahren zu guten Anlaufstellen für ausländische Unternehmen entwickelt.

---

28 Verabschiedet am 22. Februar 1993, Neufassung in Kraft seit 1. September 2000. Deutsche Übersetzung abrufbar unter http://lehrstuhl.jura.uni-goettingen.de/chinarecht/930222.htm, besucht am 10.06.2005.

Das Gesetz der VR China gegen den unlauteren Wettbewerb vom 2. September 1993 (chin. UWG) enthält Bestimmungen, die die Benutzung von irreführenden Markennamen, Unternehmensbezeichnungen, Verpackungen oder auch Corporate Design regeln. Im Kampf gegen Counterfeiter können diese Regelungen vor allem dann von Bedeutung sein, wenn ein Schutzrecht nicht direkt verletzt wird und aufgrund der mangelnden Voraussetzungen beispielsweise ein Anspruch aus einer Markenverletzung nicht durchsetzbar wäre. Ähnlich wie im deutschen Wettbewerbsrecht muss es sich dabei allerdings um Marken handeln, die die Voraussetzung der bekannten Marken erfüllen.

Artikel 21 verweist auf die Sanktionen des chinesischen Markenrechts und des Produktqualitätsgesetzes für den Fall, dass Unternehmer eigenmächtig die Unternehmensbezeichnung oder den Namen eines anderen verwenden, die eingetragenen Warenzeichen anderer fälschen, Qualitätsangaben wie Bestätigungskennzeichen oder Kennzeichen für hervorragende Waren sich anmaßen oder fälschen, den Herkunftsort fälschen oder über die Qualität der Ware irreführende falsche Angaben machen.

Betriebsgeheimnisse

Die SAIC hat am 23. November 1995 Bestimmungen zum Verbot von Handlungen der Verletzung von Betriebsgeheimnissen[29] erlassen, die eine Ergänzung der Vorschriften des chin. UWG darstellen sollen. Danach muss der Geschädigte vor der örtlich zuständigen Behörde der SAIC glaubhaft machen, dass die in der Hand der Gegenseite befindlichen Informationen mit dem eigenen Betriebsgeheimnis identisch sind und dass sich zudem der Verletzer in einer Position befindet, aus der heraus der Erhalt der vertraulichen Informationen möglich war. Der Verletzte kann dabei Beschlagnahmungen und einstweilige Maßnahmen gegen einen potentiellen Verletzer veranlassen. Neben Geldstrafen, die bis zu 200.000 RMB betragen können, sehen die Bestimmungen auch die Rückgabe von mit relevanten Informationen behaftetem Trägermaterial an den Inhaber und die Zerstörung von Erzeugnissen vor, aus denen das Betriebsgeheimnis nachvollzogen werden kann. Die zuständige Behörde der SAIC kann als Schiedsinstanz konsultiert werden, Verletzungsklagen können aber auch direkt vor den Volksgerichten erfolgen.[30]

Paralleleinfuhren

Die Paralleleinfuhren nach China und die in diesem Zusammenhang stehende Erschöpfung der Rechte des geistigen Eigentums stellen einen Sonderfall im Counterfeiting dar. Die Erschöpfung der Rechte des geistigen Eigentums bezieht sich auf das Inverkehrbringen von Erzeugnissen, die durch ein solches Recht geschützt sind,

---

29 Englische Übersetzung abgedruckt in China Patents & Trademarks 1/1997, S. 87 ff.
30 Dazu auch: Volksrepublik China – Verstärkung des Schutzes gegen Verletzungen von Betriebsgeheimnissen, GRURInt 1997, S. 764.

beispielsweise auf patentrechtlich geschützte hochtechnologische Erzeugnisse oder Arzneimittel, auf Tonträger mit urheberrechtlich geschützter Musik oder auf Waren, die mit einer geschützten Marke versehen sind. Auch in China erstreckt sich der durch ein solches Recht gewährte Schutz auf das Inverkehrbringen eines geschützten Produktes:

„Nach Erteilung des Patentrechts für eine Erfindung oder ein Gebrauchsmuster darf keine Einheit oder Einzelperson das Patent ohne Erlaubnis des Patentinhabers verwerten, d. h., sie darf weder das patentierte Erzeugnis zu gewerblichen Zwecken herstellen, gebrauchen, zum Verkauf anbieten, verkaufen oder importieren, noch das patentierte Verfahren benutzen noch die aus dem patentierten Verfahren unmittelbar gewonnenen Erzeugnisse gebrauchen, zum Verkauf anbieten, verkaufen oder importieren, sofern dieses Gesetz keine anderweitigen Bestimmungen vorsieht."

(Artikel 11 chin. PatG)

Der Erschöpfungsaspekt betrifft Erzeugnisse, die mit Zustimmung des Schutzrechtsinhabers bereits in Verkehr gebracht worden sind, sowie den anschließenden Verkauf oder die weitere Verwertung dieser Erzeugnisse durch Dritte. Die Erschöpfung des Rechts zum Inverkehrbringen bedeutet in diesen Fällen, dass der Inhaber des Rechts sich dem weiteren Inverkehrbringen durch Dritte nicht mehr widersetzen kann, weil sich sein Recht durch das erste Inverkehrbringen der Ware, das mit seiner Zustimmung erfolgte, erschöpft hat.

In Artikel 6 des TRIPS-Übereinkommens ist geregelt, dass TRIPS zum Zweck der Streitbeilegung nicht dazu verwendet werden darf, die Frage der Erschöpfung von Rechten des geistigen Eigentums zu behandeln. Insoweit bleibt dieses Problem bei TRIPS unbehandelt. Damit stellt sich die Frage, ob die Erschöpfung des Schutzrechts nur dann eintritt, wenn das erste rechtmäßige Inverkehrbringen im Schutzland als dem Land stattgefunden hat, für das der Schutz gegen das weitere Inverkehrbringen zur Diskussion steht. Oder tritt die Erschöpfung auch durch ein erstes Inverkehrbringen im Ausland ein? Im zweiten Fall ist noch einmal zu unterscheiden, ob der ausländische Staat und das Schutzland Mitgliedstaaten einer Staatengemeinschaft oder Freihandelszone sind oder ob das Inverkehrbringen in einem Drittstaat erfolgt. Man unterscheidet in diesem Zusammenhang auch zwischen folgenden Varianten:

- ■ **Nationale Erschöpfung:** Hier wird der Inhaber des Schutzrechts am wenigsten geschädigt. Er kann sich mit Hilfe seines ihm im Schutzland zustehenden Rechts auch gegen die Einfuhr von Produkten zur Wehr setzen, die er selbst, ein verbundenes Unternehmen oder ein Lizenznehmer im Ausland in Verkehr gebracht hat und die dort beispielsweise zu einem geringeren Preis als im Schutzland gehandelt werden. Er genießt also auch Schutz gegen den Parallelimport.

- ■ **Regionale Erschöpfung:** Bei der regionalen Erschöpfung besteht ein solcher Schutz nur, wenn das erste rechtmäßige Inverkehrbringen in einem Drittstaat stattgefunden hat, nicht aber wenn es sich um rechtmäßig in Verkehr gebrachte Erzeugnisse in einem anderen Mitgliedstaat einer Staatengemeinschaft handelt.

So darf innerhalb der Europäischen Union Ware frei gehandelt werden, kann also auch am offiziellen Importeur nach Deutschland vorbeigeschleust werden, was mit gewissen Risiken verbunden ist.

▪ **Internationale Erschöpfung:** In diesem Fall wird der Rechtsinhaber durch die Erschöpfung seines Schutzrechts am stärksten betroffen, weil dieses Recht immer dann versagt, wenn sich das erste rechtmäßige Inverkehrbringen in irgendeinem anderen Staat ereignet hat. Der Inhaber des Schutzrechts kann sich gegen die Einfuhr und Weiterverbreitung der betreffenden Produkte in keinem Fall mehr wehren.

Die Industriestaaten plädieren naturgemäß für die nur nationale oder allenfalls für die regionale Erschöpfung in einem Binnenmarkt, in jedem Fall aber gegen die internationale Erschöpfung. Die deutsche forschende pharmazeutische Industrie weist beispielsweise seit längerem auf negative Auswirkungen selbst der regionalen Erschöpfung im europäischen Binnenmarkt hin.

Chinesische Unternehmen sind aufgrund ihrer niedrigen Arbeitskosten in der internationalen Handelspraxis meist Exporteure von Gütern, die auf geistigem Eigentum beruhen. Die Fälle, in denen diese Waren im Rahmen von Parallelimporten zurück nach China gelangen, sind dementsprechend selten. Da dieses Problem jedoch mit der Entwicklung der Wirtschaft und des Außenhandels Chinas unvermeidlich an Bedeutung gewinnen wird, soll nachfolgend den dabei wesentlichen Punkten Beachtung geschenkt werden. Das Phänomen Parallelimporte wird für China spätestens dann an Bedeutung gewinnen, wenn das Land selbst verstärkt geistiges Eigentum exportiert.[31]

Fälle von Parallelimporten in andere Länder, an denen chinesische Unternehmen als Exporteure beteiligt sind, sind dagegen nicht selten. Der erste bekannte Fall dieser Art ereignete sich bereits im Jahr 1992. Er betraf die chinesische Firma Huan Yu Electronic Company, die damals u.a. Produkte der Marke Sang Ri herstellte und vertrieb. Als diese Erzeugnisse in die USA eingeführt werden sollten, wandte sich der US-Lizenznehmer der Marke Sang Ri dagegen.

Ein anderes Beispiel betraf den Parallelimport patentgeschützter Güter. Eine chinesische und eine britische Firma hatten im Januar 1996 einen Patentlizenzvertrag unterzeichnet, der die chinesische Firma dazu berechtigte, das Patent der Briten in China zu nutzen und die patentgeschützten Erzeugnisse ohne Einschränkung zu exportieren. Als jedoch der chinesische Lizenznehmer diese Erzeugnisse in einige Länder Europas exportierte und auf den dortigen Märkten großen Erfolg hatte, versuchte der britische Lizenzgeber, diese Exporte zu stoppen. Er begründete das Verbot damit, dass er auch in diesen Ländern Patentschutz genieße, und drohte gleichzeitig mit einer Patentverletzungsklage in diesen Staaten.

Rechtsstreitigkeiten über Parallelimporte nach China fehlen bisher weitgehend. Berichtet wurde bisher nur über einen Fall der Einfuhr audiovisueller Erzeugnisse. Hier

---

31 Yu Xiang: Parallelimporte im Recht des geistigen Eigentums Chinas und dessen Entwicklungstendenzen, GRUR Int. 2000, S. 619 ff.

hatte eine Produktionsfirma in Taiwan eine Musik-CD herausgebracht und eine andere Gesellschaft in Beijing als Exklusivlizenznehmer dazu ermächtigt, die CDs auf dem chinesischen Festland zu vervielfältigen, zu veröffentlichen und zu verbreiten. Als diese nach erheblichem Vorbereitungsaufwand den Vertrieb begann, stellte sie fest, dass dieselben CD-Erzeugnisse bereits aus Übersee importiert worden waren. Der Versuch, mit Hilfe der geltenden Sanktionen aus den Zollbestimmungen gegen die Einfuhr der CDs vorzugehen, scheiterte. Denn nach den bei den Zollbehörden vorhandenen Unterlagen handelte es sich bei den importierten Erzeugnissen nicht um Piraterieware, sondern um in anderen Gebieten legal hergestellte und vertriebene Ware. Eine Verletzung der Zollbestimmungen lag deshalb nicht vor, und eine Zollsanktion wie die Grenzbeschlagnahme konnte nicht auferlegt werden.

Eindeutige gesetzliche Vorschriften, die den Gebrauch und die Inverkehrbringung rechtmäßig importierter Waren regeln, fehlen bisher. Weder im chinesischen Patentrecht, noch im Urheberrecht, Markenrecht oder auch im Wettbewerbsrecht sind ausdrückliche Vorschriften enthalten, die Parallelimporte regeln. So war bis zum Jahr 2000 in Artikel 62 Ziffer 1 chin. PatG geregelt, dass der Gebrauch und Verkauf von bereits verkauften und mit Zustimmung des Patentinhabers hergestellten Patentprodukten und Verfahrenserzeugnissen keine Verletzungshandlungen darstellten. Anlässlich der jüngsten Änderung des PatG wurde diese in Artikel 63 Absatz 1 Ziffer 1 chin. PatG übergegangene Bestimmung um die Zulässigkeit des Gebrauchs, des Verkaufs sowie neuerdings auch des Verkaufsangebots von solchen Erzeugnissen erweitert, die bereits verkauft und mit Zustimmung des Patentinhabers importiert worden sind. Die Neuregelung soll demjenigen Rechtssicherheit verschaffen, der rechtmäßig eingeführte Ware im Inland gebraucht oder in Verkehr bringt.

Was darüber hinaus die Zulässigkeit der Paralleleinfuhr von im Ausland rechtmäßig erworbenen Patenterzeugnissen anbelangt, so wurde zwar dem Patentinhaber anlässlich der Änderung des chin. PatG von 1992 in Artikel 11 Absatz 3 das Importrecht neu gewährt, von einer eindeutigen Festlegung jedoch, ob dieses Recht auch die Paralleleinfuhr erfasst, Abstand genommen. Auch der in Artikel 4 PVÜ verankerte Grundsatz der Unabhängigkeit des Patents, wonach die Prüfung und Erteilung der Patentanmeldung, die Dauer des Patentschutzrechts sowie die Gründe der Nichtigkeit und des Verfalls des Patentrechts in jedem Land unabhängig sind, bringt hier keine Lösung. Denn das Problem der Erschöpfung bzw. des Parallelimports wird dadurch ebenfalls nicht gelöst.

Aufgrund des Mangels an klaren gesetzlichen Regelungen und der geringen Anzahl von Vorkommnissen dieser Art ist es momentan sehr schwer, den Ausgang eines richterlichen Verfahrens abzuschätzen. Der Druck ausländischer Organisationen und Regierungen führte zwar schon zu einer leichten Verbesserung der Situation, im Vergleich zu Europa oder den USA bietet China aber noch einen größeren Spielraum. Umgekehrt ist es für die Inhaber von Schutzrechten erheblich schwieriger, mit den Händlern in diesen Ländern exklusive Vertriebsvereinbarungen zu treffen.

11. Juristische Maßnahmen

Im Kampf gegen die chinesischen Produkt- und Markenpiraten reichen Anträge auf Grenzbeschlagnahme, die Einleitung von Gerichtsverfahren in Deutschland und Europa oder andere inländische juristische Maßnahmen nicht mehr aus. Die meisten ausländischen Unternehmen haben in China die Erfahrung gemacht, dass sie das Phänomen des Counterfeiting an seiner Quelle bekämpften müssen, wenn sie nachhaltig gegen die massenhaft auftretenden Fälschungen auf dem chinesischen Markt und auf Drittmärkten vorgehen wollen. Es kommt deshalb darauf an, die juristischen Maßnahmen, die den betroffenen Unternehmen in China zur Verfügung stehen, zu kennen und zu bewerten.[1]

Ein Beispiel gibt die Solinger Firma ZWILLING J.A. Henckels AG, einer der führenden Hersteller hochwertiger Artikel aus den Bereichen Küche sowie Maniküre und Pediküre. Das Unternehmen, das in der Vergangenheit die Verletzungen seiner Marken und Muster hauptsächlich im Heimatmarkt und im europäischen Ausland verfolgte, bekämpft die Produkt- und Markenpiraterie heute vorwiegend an der Quelle. Birgit Medeke, Leiterin der Rechtsabteilung von ZWILLING, setzt dabei zunehmend auf die Zusammenarbeit mit lokalen Anwaltskanzleien, Ermittlern und Behörden. Ziel dieser neuen Vorgehensweise ist es, den Export gefälschter Zwilling-Produkte in Drittländer zu verhindern.

Hinweise auf Produkt- und Markenverletzungen erhält das Unternehmen auf verschiedene Weise. An erster Stelle steht die intensive Überwachung der Mitbewerber durch Mitarbeiter der Rechtsabteilung, des Vertriebs und der Marketingabteilung, sei es auf Messen, im Inernet, bei Storechecks oder durch die Prüfung von Katalogen und anderen Werbematerialien der Konkurrenz. Zur intensiven Produkt- und Markenüberwachung gehört auch die Überwachung der weltweiten Neuanmeldungen von Marken, Geschmacksmustern und Patenten. Diese Informationen erhält ZWILLING zumeist aus Online-Datenbanken der Patent- und Markenämter, aber auch durch fremde Firmen und Anwaltskanzleien. Schließlich kommen Hinweise auf mögliche Verletzungen aus der eigenen Kundschaft, von Vertretern, Tochtergesellschaften und Mitbewerbern.

Grundlage für die erfolgreiche Verfolgung von Schutzrechtsverletzungen sind aussagekräftige Beweise, die eine Verletzung in China nachweisen. Je klarer die Beweise, desto eher werden die Behörden und Gerichte geneigt sein, sie zu verfolgen. Ohne eindeutige Beweise ist ein Vorgehen gegen Piraten zum Scheitern verurteilt. Dabei sollte man nicht unterschätzen, dass die chinesischen Fälscher in den letzten Jahren auf dem Gebiet des geistigen Eigentums viel dazugelernt haben und sich häufig mit allen juristischen Mitteln zur Wehr setzen. Wenn in einem solchen Fall die Beweise nicht hieb- und stichfest sind, geht der Schuss nach hinten los. Nicht selten kon-

---

1 Die Inhalte dieses Kapitels stellen keine Rechtsberatung dar.

tern chinesische Produktverletzer mit Löschungsanträgen gegen die ursprünglichen Schutzrechte der ausländischen Unternehmen.

Bei der Beweissicherung und der anschließenden Rechtsverfolgung arbeitet ZWILLING eng mit seinen chinesischen Vertretern zusammen, die auch eigene Ermittler beschäftigen. Die Honorare der Rechts- und Patentanwälte in China können sich mit denen in Hongkong und den USA messen, insbesondere dann, wenn es sich um international tätige Kanzleien handelt. ZWILLING kalkuliert bei einfachen Fällen von Schutzrechtsverletzungen Kosten von 5.000 bis 10.000 Euro ein. Hierin enthalten sind in der Regel die Kosten für Ermittlungen und Abmahnung des Verletzers bzw. die Einschaltung der zuständigen Behörden. Bei schwierigeren Fällen mit Klageverfahren muss jedoch mit erheblich höheren Kosten gerechnet werden. Diese können leicht 20.000 Euro und mehr erreichen. Die Kosten für reine Ermittlungen liegen im Schnitt bei 2.000 Euro, Kosten für Kreditauskünfte bei 100 bis 150 Euro.

Die rechtlichen Möglichkeiten zur Verteidigung gewerblicher Schutzrechte in der Volksrepublik China sind vielfältig, daher muss von Fall zu Fall entschieden werden, welches Vorgehen den größten Nutzen bringt. Der oft gestellten Forderung, bei Schutzrechtsverletzungen grundsätzlich auf Klagen zu verzichten und den sanfteren Weg des behördlichen Verfahrens oder des Vergleichs zu gehen, stimmt ZWILLING nicht pauschal zu. Erfahrungen der Vergangenheit zeigen, dass Verletzer bei einem zögerlichen Vorgehen betroffener Unternehmen Warnungen häufig ignorieren oder nach einem Vergleich einfach weitermachen. Ein konsequentes gerichtliches Vorgehen setzt hierbei oftmals deutliche Zeichen, auch für potenzielle zukünftige Piraten.

Kombination von Verfahren

Beim Einsatz juristischer Maßnahmen gegen Counterfeiter muss am Ende nicht unbedingt ein maximaler Rechtsschutz stehen. Wichtiger ist vielmehr der Aufbau von strategieangepassten Schutzpositionen, die im Einklang mit der verfolgten Gesamtstrategie des Unternehmens stehen. Eine systematische Schutzrechtspolitik muss die bestehenden Schutzmöglichkeiten zielorientiert kombinieren, wobei der Einsatz flankierender Maßnahmen von großer Bedeutung sein kann. Wenn bei der Bekämpfung der Produkt- und Markenpiraterie von juristischen Maßnahmen die Rede ist, müssen grundsätzlich drei Bereiche unterschieden werden: Vorbeugende, entdeckende und bekämpfende Maßnahmen.

Vorbeugende Maßnahmen: Als primäre vorbeugende juristische Maßnahme ist die Anmeldung gewerblicher Schutzrechte zu nennen, die gegenüber potentiellen Nachahmern strategische Markteintrittsbarrieren schafft. Die Anmeldung von Schutzrechten dient als Grundlage für jedes weitere entdeckende und bekämpfende juristische Vorgehen. Nur der konsequente und rechtzeitige Erwerb von Schutzrechten auf allen Märkten, die für die Produktion und den Vertrieb relevant sind, kann verhindern, dass organisierte Nachahmer Schlupflöcher und Rechtsschutzgefälle für sich nutzen können und eine bekämpfende juristische Durchsetzung deshalb nicht oder nur schwer möglich ist.

Um mögliche Fälschungsszenarien abschätzen und die entsprechenden juristischen Vorkehrungen treffen zu können, ist auch eine frühzeitige Zusammenarbeit mit erfahrenen Anwälten und Sicherheitsexperten zu empfehlen. Die genaue Kenntnis der chinesischen Gesetze und Regelungen und vor allem der Unterschiede zum deutschen Recht ist ebenso unabdingbar wie die regelmäßige Überwachung gerichtlicher Entscheidungen oder die Durchführung von Fallstudien zu bekannt gewordenen Fällen.

Entdeckende Maßnahmen: Zu den entdeckenden juristischen Maßnahmen zählt neben der Grenzbeschlagnahme durch die zuständigen chinesischen Zollbehörden und dem Einsatz privater Ermittler vor allem die permanente Überwachung konkurrierender Drittanmeldungen. Bestrebungen anderer Unternehmen, ähnliche Schutzrechte wie die eigenen zu hinterlegen, sollten kritisch beobachtet und auch in Frage gestellt werden. Patent- und Markenanmeldungen werden im Warenzeichenblatt der VR China (Shangbiao Gongbao) bzw. im chinesischen Patentblatt (Zhuanli Gongbao) veröffentlicht. Das Management eines Unternehmens sollte also über ein detailliertes und aktuelles Schutzrechtsportfolio verfügen und sich regelmäßig über die Entwicklungen auf den relevanten Märkten informieren. Daneben können die regelmäßige Lektüre von Fachpublikationen wie der von der China Patent Agency in Hongkong herausgegebenen Zeitschrift China Patents & Trademarks, die Sicherung von Katalogen der Konkurrenz oder die Auswertung schriftlicher Verkaufsofferten aufschlussreiche Hinweise über die Aktivitäten von Produktpiraten liefern.

Bekämpfende Maßnahmen: Die repressiven Maßnahmen zur Durchsetzung der geistigen Eigentumsrechte in China unterteilen sich in zivilrechtliche, strafrechtliche und administrative Maßnahmen. Neben den Volksgerichten in ihrer jeweiligen erstinstanzlichen Zuständigkeit können für die Untersuchung und Sanktionierung von Schutzrechtsverletzungen auch die jeweils zuständigen Verwaltungsbehörden eingeschaltet werden. Viele Schutzrechtsinhaber begegnen den Produkt- und Markenpiraten mit einer auf den Einzelfall abgestimmten Kombination aus behördlichen, zivilrechtlichen und strafrechtlichen Maßnahmen sowie der Einschaltung der Zollbehörden.

Anmeldung von Patenten

Nach dem sogenannten Territorialitätsprinzip gilt der Patentschutz nur für diejenigen Länder, in denen das Patent registriert und in Kraft ist.[2] Außerhalb des Schutzgebietes können Dritte grundsätzlich ohne Konsequenzen auf eine Erfindung zugreifen. Deshalb liegt es in der Verantwortung des Schutzrechtsinhabers, ein Patent in allen für ihn wichtigen Märkten eintragen zu lassen. Wie in Deutschland und in der EU gilt auch bei der Anmeldung von Patenten in China das First-to-File-Prinzip. Das Schutzrecht wird demjenigen zugesprochen, der es beim State Intellectual Property Office

---

2   Im Ausland bestehende Patente gewähren für das Inland keinen Schutz, und für im Inland bestehende Patente besteht im Ausland kein Schutz. Vgl. bspw. das Urteil des BGH vom 30.11.1967, Akt.Z. Ia ZR 93/65 „Gewindeschneidvorrichtungen", GRUR 1971, S. 243.

(SIPO) in Beijing zuerst für sich beansprucht – auch wenn er nicht der Erfinder ist.[3] Die Zweigstellen des SIPO auf lokaler Ebene sind lediglich für die administrative Durchsetzung verantwortlich, nicht aber für die Prüfung und Eintragung der Patentrechte. Ein im Zusammenhang mit Produktpiraterie wichtiges Kriterium kann also die rechtzeitige Anmeldung der einschlägigen Schutzrechte in China sein.

Aufgrund des Beitritts Chinas zur PVÜ werden europäische Patente in China wie chinesische Patente geschützt, europäische Erfindungen können also auch in China patentiert werden. Außerdem genießen die Inhaber eines Patents oder Gebrauchsmusters ein Prioritätsrecht von einem Jahr, die Inhaber eines Geschmacksmusters ein Prioritätsrecht von einem halben Jahr. Das gilt für jedes Verbandsland der PVÜ. Der Anmeldetag kann also bei einer Hinterlegung des gleichen Schutzrechtes in einem der Verbandsländer innerhalb dieser Frist auf den Tag der ersten Anmeldung vorverlegt werden (Artikel 4 PVÜ). Bei Inanspruchnahme dieses Prioritätsrechts kann der mögliche Verlust der Patentierbarkeit durch die mit der Anmeldung verbundene Veröffentlichung des Schutzrechts oder auch die Hinterlegung des Schutzrechts durch Dritte in einem anderen Land verhindert werden.

Anmeldeverfahren

Das Recht zur Anmeldung muss nicht zwingend durch den Erfinder ausgeübt werden, sondern kann mit Genehmigung der Behörde auch auf dritte natürliche oder juristische Person übertragen werden (Artikel 10 chin. PatG). Nach wie vor besteht für ausländische Anmelder ohne dauerhaften Wohn- oder Geschäftssitz ein Vertreterzwang[4] durch eine der derzeit 60 durch das SIPO bestimmten, zur Vertretung von Ausländern berechtigten Patentvertretungsorganisationen (Artikel 19 PatG). Da das Patentamt seinen Sitz in Beijing hat, sind vor allem dort große Patentanwaltsfirmen entstanden. Es bietet sich an, sich auf diejenigen chinesischen Patentanwälte zu konzentrieren, die mit den entsprechenden Feinheiten und praktischen Besonderheiten der jeweiligen Branche bezüglich der Anmeldung vertraut sind und auch Mitglied eines Verbandes in diesem Bereich sind.

Um ein nationales Patent bzw. Gebrauchs- oder Geschmacksmuster anzumelden, muss der Antragsteller die folgenden Unterlagen in chinesischer Sprache und zweifacher Ausfertigung einreichen:

- ▪ eine schriftliche Erfindungsbeschreibung mit Zeichnungen,
- ▪ die Angabe darüber, welche Zeichnung die Erfindung am besten charakterisiert,
- ▪ Name, Nationalität und Anschrift des Anmelders sowie des Erfinders,

---

3   Anders in den USA, die ein „First-to-Invent"-Prinzip anwenden. Vgl. Nicolai: First-to-File versus First-to-Invent: A Comparative Study Based on German and United States Patent Law, IIC 1972, S. 103.

4   Siehe auch § 25 deutsches PatG. Der Vertreterzwang für Ausländer ist ausdrücklich erlaubt in Artikel 2 III PVÜ, der die Anwendung der *„Rechtsvorschriften jedes der Verbandsländer über das gerichtliche und das Verwaltungsverfahren und die Zuständigkeit sowie über die Wahl des Wohnsitzes oder die Bestellung eines Vertreters ..."* vorbehält.

▪ Datum, Aktenzeichen und Land der Prioritätsanmeldung, soweit vorhanden,
▪ ein ausgefülltes und vom Vertreter unterschriebenes Anmeldeformular sowie
▪ bei Mikroorganismen die Hinterlegung einer Kultur beim China Centre for Type Culture Collection (CCTCC) oder einer Institution des Budapester Vertrages.[5]

Wird der Antrag von einer der berechtigten Patentvertretungsorganisationen gestellt (wozu Ausländer aufgrund des Vertreterzwangs verpflichtet sind), so ist auch die Power of Attorney, in der die von diesem Auftrag erfassten Befugnisse angegeben sind, in Schriftform einzureichen.

Innerhalb von drei Monaten nach dem Tag der Anmeldung sind nachzureichen:

▪ alle den Formvorschriften entsprechenden Zeichnungen,
▪ ein Übertragungsvertrag als Original oder in Form einer notariell beglaubigten Kopie, sofern die Anmelder von Vor- und Nachanmeldung nicht identisch sind,
▪ der Prioritätsbeleg, soweit relevant (Übersetzung nicht erforderlich) und
▪ eine vom Anmelder unterzeichnete Vollmacht in zweifacher Ausfertigung.

Eintragungsverfahren

Das Erteilungsverfahren sieht 18 Monate nach dem Tag der Anmeldung deren Veröffentlichung vor, auf Antrag des Anmelders kann das SIPO die Anmeldung aber auch zu einem früheren Zeitpunkt veröffentlichen (Artikel 34 chin. PatG). Um ein möglichst schnelles Eintragungsverfahren zu erreichen, bietet es sich also an, mit dem SIPO eine verkürzte Frist zu vereinbaren.

Als Anmeldetag gilt grundsätzlich das Eingangsdatum der Unterlagen beim SIPO. Bei der Versendung der Unterlagen auf dem Postweg innerhalb Chinas gilt allerdings das Datum des Poststempels als Anmeldedatum (Artikel 28 chin. PatG i. V. m. Regel 5 Absatz 1 chin. PatG-DB). Da die Vorschrift nur auf den chinesischen Postweg abstellt, können bei geschicktem Vorgehen auch chinesisch-ausländische Joint Ventures, die ihre Anmeldung in China mit der Post absenden, in den Genuss dieser Vorverlegung des Anmeldedatums kommen.

Der Anmeldetag ist entscheidend für die Frage der Beurteilung der Neuheit bzw. der erfinderischen Leistung. Wenn ein Unternehmen ein Produkt zunächst probeweise auf den chinesischen Markt bringt, um es erst bei tatsächlich eintretendem Erfolg anzumelden und so die Kosten der Anmeldung zu sparen, kann es unter Umständen das Kriterium der erforderlichen Neuheit nicht mehr erfüllen, denn als bereits veröffentlichtes Produkt ist es nicht mehr neu.

---

5   Budapester Vertrag über die internationale Anerkennung der Hinterlegung von Mikroorganismen für die Zwecke von Patentverfahren vom 28.04.1977, BGBl. 1980 II, S. 1104, für Deutschland in Kraft seit dem 20.01.1981. Durch den Beitritt Chinas am 1. Juli 1995 kann die Hinterlegung beim CCTCC durch die Hinterlegung bei einer nach diesem Vertrag benannten Stelle ersetzt werden. Dies erspart dem ausländischen Anmelder alle mit der Hinterlegung in China verbundenen Schwierigkeiten, wie Transport, Einfuhr und Deklaration des Mikroorganismus beim Zoll bzw. der chinesischen Hinterlegungsstelle.

Innerhalb von 3 Jahren nach dem Anmelde- bzw. Prioritätstag ist ein Antrag auf Sachprüfung des Patents zu stellen (Artikel 35 chin. PatG). Spätestens zu diesem Zeitpunkt muss der Anmelder den ihm bekannten Stand der Technik angeben sowie in anderen Ländern für dieselbe Erfindung erhaltene Recherchen- und Prüfungsberichte einreichen (Artikel 36 Absatz 1 und 3 chin. PatG). Kommt die Patentverwaltungsbehörde des Staatsrates nach Durchführung der Sachprüfung eines Erfindungspatents zu dem Ergebnis, dass dieses nicht den Bestimmungen dieses Gesetzes genügt, so fordert sie den Anmelder auf, innerhalb einer bestimmten Frist eine Stellungnahme abzugeben oder seine Anmeldung zu korrigieren. Diese Frist zum Einreichen einer Bescheidserwiderung kann einmal bei Vorliegen triftiger Gründe verlängert werden (Artikel 37 PatG i. V. m. Regel 7 Absatz 2 PatG-DB). Diese Regelung soll eine Straffung des Verfahrens bewirken. Allerdings kann sie ausländischen Anmeldern wegen der längeren Kommunikationswege zwischen Anwalt und Anmelder erhebliche Probleme bereiten.[6]

Die Erteilung eines Erfindungspatents wird durch eine Urkunde bestätigt und im chinesischen Patentblatt (Zhuanli Gongbao) öffentlich bekannt gemacht. Das Patent ist ab diesem Tag wirksam (Artikel 39 chin. PatG bzw. Artikel 40 chin. PatG bei Gebrauchsmuster- und Geschmacksmusterpatenten). Gegen Entscheidungen des SIPO kann innerhalb von drei Monaten ab deren Mitteilung sowohl vom Anmelder bzw. Patentinhaber als auch vom Einsprechenden bzw. Nichtigkeitskläger das Rechtsmittel der Beschwerde eingelegt werden, die eine erneute Überprüfung des Antrags durch den Patentüberprüfungsausschuss (Patent Reexamination Board, PRB) nach sich zieht (Artikel 41 chin. PatG). Zur Wahrung der Rechte Dritter ist darüber hinaus ein Nichtigkeitsverfahren vor dem Patentamt vorgesehen, das mit Ablauf der Einspruchsfrist zulässig ist. Die geänderte Fassung des chinesischen Patentgesetzes bestimmt erstmals expressis verbis, dass ein Widerruf oder eine Nichtigerklärung ein Erlöschen des Patents bzw. Musters bewirkt (Artikel 44 bzw. Artikel 50 Absatz 1 chin. PatG).

Im Zuge der Anpassung des Patentrechts an die WTO-Standards hat China auch die Möglichkeit geschaffen, Entscheidungen des Patent Reexamination Board gerichtlich überprüfen zu lassen. Innerhalb einer Frist von drei Monaten ab Mitteilung der Entscheidung kann vor den Volksgerichten, in der Regel beim Beijing No. 1 Intermediate Court, Klage erhoben werden (Artikel 46 Absatz 2 chin. PatG).

Bei der Anmeldung eines Patentes in China entstehen Gebühren für die Anmeldung, den Rechercheantrag und den Prüfungsantrag, die innerhalb von zwei Monaten nach der Anmeldung zu zahlen sind (Regel 92 chin. PatG-DB). Die Anmeldegebühr beträgt zur Zeit 900 RMB für ein Erfindungs- oder Gebrauchsmusterpatent. Die Gebühren für einen Rechercheantrag betragen 50 RMB und für die Prüfung 2.500 RMB. Die Jahresgebühren für die Aufrechterhaltung des Patents steigen von 900 RMB für das erste Patentjahr auf 8.000 RMB für das zwanzigste Patentjahr. Die Anmeldung eines Patentes mit einer Laufzeit von 20 Jahren kostet umgerechnet also rund 2.700 Euro.

---

6   Scheil/Scheil: Praxis und Probleme der Anmeldung gewerblicher Schutzrechte in der Volksrepublik China, GRURInt 1996, 999, S. 1002.

Zudem muss unter Umständen mit erheblichen Zusatzkosten für die Inanspruchnahme von technischen Übersetzern gerechnet werden, weil besonders an die Formulierung von Erfindungspatenten sehr hohe Ansprüche gestellt werden.

Sonderregelungen für Hongkong und Macau

Für die Sonderverwaltungszone Hongkong ist hinsichtlich der Anmeldung von Patenten eine Sonderregelung getroffen worden. Patente, die beim SIPO, beim Patentamt des Vereinigten Königreichs oder beim Europäischen Patentamt (EPA) mit Benennung von Großbritannien eingereicht wurden, können in einem vereinfachten zweistufigen Verfahren auch für Hongkong registriert werden. Dabei muss innerhalb von sechs Monaten nach Veröffentlichung der Anmeldung der Antrag auf Eintragung gestellt werden. Dazu sind eine Kopie der veröffentlichten Fassung sowie eine englische und chinesische Übersetzung der Bezeichnung und der Zusammenfassung der Erfindung nötig. Nach der Erteilung des Patents bleiben wieder sechs Monate Zeit, um auch für Hongkong einen Erteilungsantrag zu stellen.[7]

Die PCT-Anmeldung

Da mit der Anmeldung und der damit verbundenen Veröffentlichung des Patents in einem Land oder der unbeabsichtigten Offenlegung einer Erfindung möglicherweise der Verlust der Patentierbarkeit in einem anderen Land zusammenhängt, wurde der Vertrag vom 19. Juni 1970 über die internationale Zusammenarbeit auf dem Gebiet des Patentwesens (Patent Cooperation Treaty, PCT)[8] geschlossen. China unterzeichnete am 1. Januar 1994 dessen Abschnitte I und II, die Bundesrepublik Deutschland ist seit 24. Januar 1978 Mitglied. China hat dem Generaldirektor der WIPO mitgeteilt, dass mit der Übernahme von Hongkong am 1. Juli 1997 in die Staatsgewalt der Volksrepublik China der Vertrag auch auf die Sonderwaltungsregion Hongkong anzuwenden ist.[9] Auf die Sonderverwaltungsregion Macau ist der Vertrag aber nach wie vor nicht anwendbar.[10]

Anmelder aus einem der 126 WIPO-Mitgliedstaaten können also mit einer einzigen Anmeldung – die in deren Heimatland oder direkt bei der WIPO in deren Heimatsprache eingereicht werden kann – nationale Hinterlegungen in mehreren anderen Mitgliedstaaten bewirken. Zu diesen Bestimmungsstaaten gehört auch China. Durch

---

7 Dazu auch Zhu: Priority and Patents for Foreign Applicants in China Under „One Country, Two Systems", IIC 2002, S. 6, und die „Bekanntmachung über den Übergang der Souveränitätsrechte für Macau von Portugal auf China sowie über die Fortsetzung der Anwendung von Verträgen auf die Sonderverwaltungsregion Macau durch China", BGBl. 2003 II, S. 789 ff.
8 BGBl. 1976 II, S. 664, zuletzt geändert am 22.03.2002, BGBl. 2002 II, S. 727.
9 BGBl. 2002 II, S. 1779.
10 Die Volksrepublik China hat am 7. Juli 2000 bei der WIPO eine Note hinterlegt, wonach bis auf weiteres der PCT für die „Macau Special Administrative Region" von China nicht anwendbar ist, BGBl. 2002 II, S. 1779 f.

die Umgehung verschiedener nationaler Hinterlegungserfordernisse können dabei viel Zeit und Aufwand gespart werden. Insbesondere sind für die Hinterlegungen anfangs keine Übersetzungen in die jeweiligen Amtssprachen erforderlich, die in der Regel den Hauptanteil der Anmeldekosten verursachen. Es ist möglich, kurz vor Ablauf der Prioritätsfrist in einer einzigen Sprache für eine größere Zahl von Staaten Anmeldungen unter Beanspruchung der Priorität der Ursprungsanmeldung vorzunehmen. Ein weiterer Vorteil ist, dass das PCT-System im Gegensatz zur nationalen bzw. regionalen Anmeldung einen zusätzlichen Aufschub der Entscheidung ermöglicht, in welchen Staaten der Patentschutz endgültig erlangt werden soll. Die Folgekosten für die nationalen Erteilungsverfahren brauchen erst später entrichtet zu werden.

Artikel 20 chin. PatG bildet die gesetzliche Grundlage für internationale Patentanmeldungen. Auf eine internationale Patentanmeldung wird aber kein internationales Patent erteilt. Sie stellt vielmehr die Vorstufe nationaler Erteilungsverfahren dar und besteht aus zwei Teilen: der internationalen Phase und der darauf folgenden nationalen (bzw. regionalen) Phase, in der die Patente durch die nationalen oder regionalen Patentämter gewährt werden. Erfahrungsgemäß stellt die Anmeldung eines Schutzrechts über das PCT-Verfahren das wesentlich schnellere Verfahren im Vergleich zur nationalen Anmeldung dar und sollte von ausländischen Anmeldern vorrangig in Betracht gezogen werden.

Internationale und nationale Phase

Internationale Anmeldungen können von deutschen Staatsangehörigen bzw. Anmeldern mit Sitz oder Wohnsitz in der BRD wahlweise beim Deutschen Patent- und Markenamt (DPMA), beim Europäischen Patentamt (EPA) oder über ein Patentinformationszentrum mittels Formblatt PCT/RO/101 oder der PCT-EASY-Software in deutscher Sprache eingereicht werden (Artikel III § 1 Absatz 2 des Gesetzes über internationale Patentübereinkommen IntPatÜG i. V. m. § 34 Absatz 2 PatG, Artikel 10 PCT, Regel 19 AusfO PCT).[11] Innerhalb der ersten Monate nach dem Anmelde- bzw. Prioritätsdatum wird die internationale Anmeldung zentral behandelt (Internationale Phase). Es erfolgen eine Formalprüfung, die Erstellung eines internationalen Rechercheberichts und die Veröffentlichung der Anmeldung (Artikel 12ff PCT).

Für jede internationale Anmeldung wird von der zuständigen internationalen Recherchenbehörde (International Search Authority, ISA)[12] ein internationaler Recherchenbericht zum Stand der Technik erstellt (Artikel 15ff PCT), der einen im Allgemeinen

---

11 „Ausführungsordnung zum Vertrag über die internationale Zusammenarbeit auf dem Gebiet des Patentwesens vom 19. Juni 1970" in der ab 1. Januar 2004 geltenden Fassung, BGBl. 1976 II, S. 649, 721 ff.

12 Die internationalen Recherchenbehörden sind erfahrene Patentämter, die speziell mit der Durchführung internationaler Recherchen betraut wurden. Die nationalen Patentämter folgender Staaten sind internationale Recherchenbehörden: Australien, China, Japan, Österreich, Republik Korea, Russische Föderation, Schweden, Spanien sowie die USA und das Europäische Patentamt. Vgl. o.V.: Die Grundzüge des Vertrags über die internationale Zusammenarbeit auf dem Gebiet des Patentwesens (PCT), WIPO Veröffentlichung Nr. 433(G), S. 8.

recht guten Überblick über den druckschriftlichen Stand der Technik enthält. Nach Ablauf von 18 Monaten ab dem Prioritätsdatum wird die internationale Anmeldung von der WIPO veröffentlicht (Regel 48.3 AusfO PCT).

Der Anmelder kann zudem vor Ablauf von drei Monaten nach Erstellung des internationalen Recherchenberichts oder 22 Monate ab dem Prioritätsdatum einen Antrag auf internationale vorläufige Prüfung stellen, dessen Gegenstand die Erstellung eines vorläufigen und nicht bindenden Gutachtens darüber ist, ob die beanspruchte Erfindung als neu, auf erfinderischer Tätigkeit beruhend und gewerblich anwendbar anzusehen ist (Artikel 33 Absatz 1 PCT). Dieses Gutachten bindet die Bestimmungsämter bei ihrer späteren Entscheidung über die Patentfähigkeit der Erfindung jedoch nicht, da die Art und Weise und die Voraussetzungen, unter denen die Anmeldung vor den einzelnen Bestimmungsämtern in der nationalen Phase sachlich geprüft wird, durch den PCT nicht berührt werden. Allerdings wird dadurch die Frist zur Einleitung der nationalen Phase in China auf 30 Monate seit dem Prioritätsdatum verlängert (Artikel 39 Absatz 1 PCT). Wird keine internationale Prüfung beantragt, muss die nationale Phase in China nach 20 Monaten eingeleitet werden. Die Gebühren für die vorläufige Prüfung liegen derzeit bei 1.530 Euro plus einer Bearbeitungsgebühr von 129 Euro.

Die Anmeldung eines Patentes über das PCT-Verfahren erzeugt zwar zusätzliche Kosten in Form von Amtsgebühren, die nicht entstehen würden, wenn sofort in den gewünschten ausländischen Staaten Anmeldungen eingereicht würden. Dabei ist allerdings zu berücksichtigen, dass viele der nationalen Patentämter Ermäßigungen der Recherchen- und Prüfungsgebühr in der nationalen bzw. regionalen Phase einräumen, so dass die bei der PCT-Anmeldung gezahlten Gebühren zum Teil wieder eingespart werden können. Das SIPO gewährt dabei eine Ermäßigung von 20%, wenn eine internationale Recherche vom Japanischen Patentamt, vom Schwedischen Patent- und Registrieramt oder vom EPA durchgeführt wurde. Sie gewährt sogar eine Ermäßigung von 50%, wenn eine internationale Recherche beim SIPO selbst durchgeführt wurde. Die Behörde erhebt überhaupt keine zusätzliche Prüfungsgebühr, wenn die internationale vorläufige Prüfung beim SIPO selbst durchgeführt wurde.

Der Recherchenbericht und die internationale vorläufige Prüfung können als Entscheidungshilfe bei der Frage dienen, ob in jedem der im Antrag bestimmten Länder die nationale Phase eingeleitet werden soll oder ob die damit verbundenen Kosten für Übersetzungen und weitere Verfolgung der Anmeldung gespart werden können. Im Endeffekt kauft der Anmelder somit über die PCT-Gebühren Zeit und Informationen, um die Erteilungschancen oder die wirtschaftliche Bedeutung der Erfindung besser abschätzen zu können.

Auch bei Einleitung der nationalen Phase besteht vor dem SIPO Vertreterzwang, und es müssen folgende Dokumente eingereicht werden:

- die ursprüngliche PCT-Beschreibung und der Erteilungsantrag,
- die internationale Veröffentlichung der PCT-Anmeldung,

- der internationale Recherchenbericht,
- der internationale Prüfungsbericht mit Anlagen (falls vorhanden),
- wenn relevant, unter Artikel 19 PCT geänderte Ansprüche,
- Name, Nationalität und Anschrift des Erfinders, falls nicht im Antrag oder in der Veröffentlichung angegeben,
- Übersetzung der Anmeldung, des Antrags sowie eventuell vorhandener Änderungen in die chinesische Sprache sowie
- ein ausgefülltes und vom Vertreter unterschriebenes Antragsformular.

Für Mikroorganismen gelten die Bestimmungen für nationale Anmeldungen, es ist also zusätzlich die Hinterlegung einer Kultur beim China Centre for Type Culture Collections bzw. eine Hinterlegungsbescheinigung und ein Nachweis über die Lebensfähigkeit der Kultur von einer Institution des Budapester Vertrags erforderlich. Innerhalb von drei Monaten nach Einreichung sind ggf. ein Übertragungsvertrag als Original oder in Form einer notariell beglaubigten Kopie und eine vom Anmelder unterzeichnete Vollmacht in doppelter Ausfertigung in Original und Kopie einzureichen.

Bewertung von Patentanmeldungen

Die Anmeldung eines Patentes ist eine der wichtigsten Grundlagen für das weitere juristische Vorgehen gegen Produktpiraten. Vor jeder Anmeldung eines Patentes in China sollte aber grundsätzlich die Überlegung stehen, wofür der Patentschutz erworben werden soll. Macht es beispielsweise überhaupt Sinn, einzelne mechanische Bestandteile eines Produktes zu schützen, obwohl die Käufer des Originals auf das Design und die Marke Wert legen und nur deswegen zum Kauf bewogen werden?

Deutsche Unternehmen könnten die Überlegung in Betracht ziehen, in China der Anmeldung von Erfindungs- oder Gebrauchsmusterpatenten die Anmeldung eines Geschmacksmusterpatentes vorzuziehen. Der Schutz eines Geschmacksmusters ist in der Regel einfacher zu erhalten, da der Antrag keiner Sachprüfung unterzogen wird. Außerdem herrscht in China ein vergleichsweise großer Spielraum für Produkte, die Designschutz genießen können. Während Chinesen dazu tendieren, zuerst an den Schutz des Designs zu denken, steht für deutsche Anmelder zumeist der Schutz der Technik eines Produktes an erster Stelle. So wurden in China in der Vergangenheit auch Geschmacksmuster für Auspuffanlagen, Lichtmaschinen, elektronische Komponenten oder Getriebe hinterlegt, die in anderen Ländern für die Gewährung eines Geschmacksmusterschutzes eher ungeeignet wären.

Grundsätzlich sollte immer bedacht werden, dass von der Anmeldung und der damit verbundenen öffentlichen Bekanntmachung der hinterlegten Schutzrechte möglicherweise ein Signalcharakter ausgehen kann, der das Interesse potentieller Nachahmer an dem geschützten Produkt erst weckt. Gerade im Bereich hoher technischer Innovation wird daher gern auf die Anmeldung von Patenten verzichtet, weil damit Einblick in die neue Technologie gewährt würde und so der Schutzeffekt der Patentanmeldung durch den Informationseffekt bei der Offenlegung des Know-hows zunichte gemacht werden kann.

Anmeldung von Marken

Unternehmen sollten sich schon vor der Anmeldung von Marken in China über das vorgelagerte Problem der Namensfindung im Klaren sein. Abgesehen von den notwendigen materiellen Voraussetzungen für die Eintragung kann die richtige Wahl der Bezeichnung über Erfolg oder Misserfolg des Unternehmens oder des Produktes entscheiden. Wenn keine Übersetzung oder Transkription der Marke in die chinesische Sprache erfolgt, dann wird der Markt dies von sich aus erledigen. Denn die chinesischen Verbraucher können sich normalerweise nicht an Worte in lateinischer Schrift erinnern. Das hat den unerwünschten Nebeneffekt, dass eine Verballhornung der Marke zu einem negativen Image des Unternehmens führen kann. So entstehen Spitznamen, die oft nicht mehr aus der Welt zu schaffen sind und die im ungünstigsten Fall sogar von Dritten als Marke geschützt werden.

Schlechte Erfahrungen musste beispielsweise die amerikanische Kaffeehauskette Starbucks machen. Als die Starbucks Corporation ihre erste Filiale in Shanghai eröffnen wollte, musste sie feststellen, dass es dort bereits einige Kaffeehäuser mit dem Namen Xingbake gab. Xingbake ist die für den Bestandteil „star" sinnentsprechende und für den Bestanteil „bucks" phonetische Wiedergabe von Starbucks auf Mandarin. Der Betreiber der Kaffeehäuser verwendete außerdem ein dem Hauslogo der Starbucks Corporation sehr ähnliches Logo und hatte sich daran entsprechende Markenrechte gesichert. Die Starbucks Corporation selbst hatte es versäumt, sich rechtzeitig entsprechende Markenrechte registrieren zu lassen, obwohl zum fraglichen Zeitpunkt bereits eine Filiale in Beijing eröffnet war. In dem anhängigen Rechtsstreit muss sich die Starbucks Corporation nun auf nicht eingetragene Unternehmenskennzeichenrechte stützen, deren überregionale prioritätsbegründende Entstehung naturgemäß schwer nachzuweisen ist.

Wer also in China Produkte erfolgreich absetzen will, muss dafür einen passenden chinesischen Namen finden. Chinesen sehen in den Zeichen Bilder, die einen negativen oder positiven Eindruck erwecken können. Gewöhnlich wird für Fantasienamen die Methode der Transkription angewandt, bei beschreibenden Namen wird zumeist die Übersetzung gewählt.[13] Da die Transkription zu Unstimmigkeiten zwischen den verschiedenen chinesischen Dialekten führen kann und übersetzte Namen oftmals nicht werbewirksam sind, bietet es sich oft an, eigenständige Marken in chinesischen Zeichen zu entwickeln.

Die Namensfindung ist nicht einfach und schon seit Jahrzehnten ein heikles Thema – viele ausländische Firmen sind daran schon gescheitert, darunter große

---

13 Es ist ausreichend, eine Marke in vereinfachten chinesischen Zeichen anzumelden, um auch Schutz gegen die Verwendung von traditionellen Zeichen zu erlangen. Vgl. Bottenschein: Die Bekämpfung der Markenpiraterie in der Volksrepublik China und Hongkong, GRURInt 2005, S. 121, hier S. 126.

Konzerne. Als Coca-Cola in den 20er Jahren nach China kam, versuchten einige Getränkehändler sofort, den Namen ins Chinesische zu übertragen. Danach stand auf den Schildern zwar phonetisch korrekt ko ka ko la, die Übersetzer hatten aber nicht bedacht, dass chinesische Zeichen auch etwas bedeuten. So las ein Chinese damals auf Werbetafeln der Limonade die Aufforderung „Trink die mit Wachs beschleunigte Stute" oder auch „Beiß die Wachskaulquappe" – je nachdem, welche Zeichen man zur Lautnachahmung benutzte. Unzufrieden mit den kreativen Laienübersetzern, beauftragte Coca-Cola Profis, die nach langem Überlegen endlich einen adäquaten Namen fanden. Das Raffinierte daran ist: ke kou ke le klingt nicht nur fast so wie das Original, sondern beinhaltet auch eine passende Bedeutung: Lecker und glücklich.

Diese Form der Namensfindung für Marken gilt mittlerweile als die erfolgreichste und wird beispielsweise von den deutschen Autobauern angewandt. So wird ein Mercedes-Benz als ben-che bezeichnet, das bedeutet galoppieren. Ein BMW heißt in China bao ma, wertvolles Pferd, und ein Porsche bao shi jie, in Garantiezeit schnell. Auch Siemens hat mit der Umschrift Xi-men-zi, das Tor zum Westen, eine positive Bedeutung, und der chinesische Name der Fastfood-Kette Subway, sai bai wie, bedeutet „so gut wie hundert Geschmäcker". Wer in China ein McDonald's-Restaurant besucht, speist im mai dang lao, Weizen als Arbeit.

Andere Unternehmen wenden eine Mischung aus Phonetik und Metaphorik an, wie das Beispiel der Kaffeehauskette Starbucks zeigt. Auch beim chinesischen Pizza Hut bi shen ke ist nur das erste Wort ein phonetisches Imitat, der ganze Name bedeutet soviel wie „Der Gast gewinnt immer". Nur in den seltensten Fällen hat der westliche Name auch im Chinesischen schon eine passende Bedeutung, etwa beim Internet-Dienstleister Yahoo oder bei dem Schriftsteller Hemingway. Ja hu heißt eleganter Tiger, hai ming wei bedeutet so viel wie „Meer, strahlend, kräftig".

Doch auch beim Einsatz professioneller Dolmetscher können Probleme nicht vollständig ausgeschlossen werden. Manche Dolmetscher verstehen nur Mandarin. Da man in der Provinz Kantou oder in Hongkong aber nur Kantonesisch spricht, kann ein Name dort eine völlig andere, unter Umständen negative Bedeutung haben. Dieses Problem tritt allerdings nicht nur in China auf. Auch im spanischen, portugiesischen und lateinamerikanischen Geschäft können unangenehme Überraschungen auftreten, weshalb die Modelle Ford Pinto oder auch der Pajero vom japanischen Automobilkonzern Nissan in diesen Ländern andere Namen haben.

Zuständige Stelle für die Anmeldung einer Marke ist das chinesische Markenamt (Trademark Office, TMO). Das TMO prüft von Amts wegen, ob der Antragsteller mit seinem Antrag die formellen Voraussetzungen erfüllt hat und ob der Eintragung keine absoluten oder relativen Schutzhindernisse entgegenstehen (Artikel 2, 27 ff. chin. MarkenG). Wie bei der Anmeldung eines Patents gilt auch bei der Anmeldung von Marken strikt das First-to-file-Prinzip (Artikel 29 chin. MarkenG). Daher kann ein Schutzrecht selbst dann angemeldet und eingetragen werden, wenn es bereits von einem Dritten genutzt wird.[14] Lediglich bei gleichzeitiger Einreichung zweier Anmeldungen entscheidet die Benutzungsaufnahme über den Rang der Anmeldung. Kollidieren zwei nicht genutzte Marken oder wurde die Nutzung gleichzeitig aufgenommen, fordert das Amt die Parteien zu einer gütlichen Einigung auf. Kommt keine Einigung zustande, erfolgt ein Losverfahren (Artikel 19 chin. MarkenG-DB).

Die Anmeldung einer Marke kann sowohl von einer natürlichen als auch einer juristischen Person vorgenommen werden (Artikel 4 chin. MarkenG) und setzt keinen Geschäftsbetrieb voraus. Darüber hinaus kann eine Marke von zwei oder mehreren Berechtigten gemeinsam angemeldet werden (Artikel 16 MarkenG-DB). Auch bei der Beantragung einer Markeneintragung und bei allen anderen Markenangelegenheiten müssen sich Ausländer ohne ständigen Wohnsitz und ausländische Unternehmen ohne gewerbliche Niederlassung in China durch eine staatlich genehmigte Vertretungsorganisation vertreten lassen (Artikel 18 MG i. V. m. Artikel 7 MarkenG-DB). Diese Agentur übernimmt in der Regel auch die Recherche nach möglichen älteren Rechten. Das TMO führt keine öffentlich zugängliche Datenbank, die Antragsteller zur Recherche der Anmeldevoraussetzungen oder auch möglicher Verletzungen nutzen könnten. Durch die Inanspruchnahme einer erfahrenen Agentur kann man sich also viel Zeit und Aufwand ersparen und Probleme von Anfang an vermeiden.

China ist mit Wirkung vom 9. August 1994 dem Abkommen von Nizza vom 15. Juni 1957 über die internationale Klassifikation der Waren und Dienstleistungen für die Eintragung von Marken[15] beigetreten, das Waren und Dienstleistungen in 42 Klassen unterteilt. Um bei der Anmeldung Unklarheiten zu vermeiden, sollten die Begriffe der internationalen Klassifikation möglichst genau übernommen werden (Artikel 12 und 15 MarkenG-DB). Strategische Erwägungen lassen es oft sinnvoll erscheinen, auch verwandte Klassen zu benennen. Dadurch können Lücken geschlossen werden, die sich Produktpiraten zunutze machen könnten.

Der Antrag auf Markeneintragung muss grundsätzlich für jede Klasse separat gestellt werden (Artikel 13 MarkenG-DB). Diese Vorschrift wird jedoch dadurch gemildert, dass alle Klassen in einer einzigen Anmeldung angegeben werden können, dann aber entsprechend höhere Gebühren zu bezahlen sind.[16] Für die nationale Anmeldung einer Marke in China sind folgende Dokumente und Angaben in chinesischer Sprache einzureichen (Artikel 8 MarkenG-DB):

- bei ausländischen Anmeldern ein vom Vertreter ausgefülltes und unterzeichnetes Anmeldeformular;

- Name, Adresse und Nationalität des Anmelders in chinesischer Schrift;

---

14 Zum Schutz bekannter Marken in China siehe z.B. Blasek: Der Schutz bekannter Marken nach Chinas Beitritt zur WTO, GRURInt 2004, S. 13 ff., oder auch Baronikians: The Protection of Well-known Marks in Asia, GRURInt 2002, S. 458.

15 In der in Genf am 13. Mai 1977 beschlossenen und am 2. Oktober 1979 geänderten Fassung, BGBl. 1981 II S. 358; 1984 II, S. 799.

16 Dazu Scheil/Scheil: Praxis und Probleme der Anmeldung gewerblicher Schutzrechte in der Volksrepublik China, GRURInt 1996, S. 999, hier S. 1004.

- für jeden Antrag ein Muster des Antrags auf Markeneintragung und fünf Muster der Marke. Beinhaltet die Marke Farben, müssen fünf farbige Muster und ein schwarz-weißer Entwurf in der Größe von mindestens 5x5 cm bis maximal 10x10 cm eingereicht werden. Bei dreidimensionalen Marken muss ein die dreidimensionale Form ausreichend bestimmendes Muster eingereicht werden;

- Angabe der Klasse;

- Warenverzeichnis;

- Vollmacht in zweifacher Ausfertigung, das heißt in Original und Kopie, unterzeichnet vom Anmelder. Die erste Vollmacht ist für alle Anmeldungen einer Marke in verschiedenen Klassen ausreichend;

- bei chinesischen Anmeldern eine Kopie der Geschäftslizenz;

- bei Prioritätsanmeldungen Datum, Aktenzeichen und Land der Prioritätsanmeldung;

- innerhalb von drei Monaten nach der Anmeldung ein beglaubigter Prioritätsbeleg bei Inanspruchnahme einer Priorität.

Je nach Branche bzw. Klasse können verschiedene zusätzliche Unterlagen notwendig werden. Bei der Eintragung von Marken beispielsweise für pharmazeutische Erzeugnisse, Tabakprodukte, Kindernahrung oder auch Zeitungen und Magazine müssen die dafür erforderlichen Genehmigungen vorgelegt werden. Bestimmte Produktgruppen müssen unter registrierten Marken vertrieben werden (Artikel 6 chin. MarkenG), zum Beispiel Medikamente und Tabakerzeugnisse, Babynahrung und diätetische Lebensmittel. Die Marke fungiert hierbei als Qualitätsgarantie.

Bei der Einreichung der Anmeldeunterlagen ist zu beachten, dass der Name des Anmelders in chinesischen Schriftzeichen anzugeben ist (Artikel 8 Absatz 2 MarkenG-DB). Um Probleme bei der Erkennung älterer Zeichen eines Anmelders durch das TMO oder auch bei Verletzungsfragen zu vermeiden, sollte eine einmal gewählte Transkription des Namens und der Geschäftsbezeichnung in die chinesische Sprache beibehalten werden. Verschiedene Umschriften für Markeninhaber und Kläger können im Extremfall sogar zur Unzulässigkeit des geltend gemachten Anspruchs führen, wenn Markeninhaber und Kläger als nicht identisch angesehen werden. Auch bei einem Wechsel der chinesischen Vertretungsagentur sollte der neue Vertreter unbedingt auf die einmal gewählte Umschrift hingewiesen werden.

Eintragungsverfahren

Alle vom TMO als eintragungsfähig befundenen Marken werden im Warenzeichenblatt der VR China (Shangbiao Gongbao) veröffentlicht (Artikel 27 chin. MarkenG i.V.m. Artikel 21 Absatz 1 MarkenG-DB). Gegen die einleitend geprüfte und bestätigte Marke kann jedermann innerhalb einer dreimonatigen Frist vom Tag der öffentlichen Bekanntmachung an Widerspruch erheben (Artikel 30 chin. MarkenG). Im Falle konkurrierender Drittanmeldungen ist ein entsprechender Antrag beim TMO zu stellen. Ist dies bis zum Ablauf der Frist nicht der Fall, wird dem Anmelder vom TMO ein Eintragungszertifikat ausgestellt und die erfolgte Anmeldung öffentlich bekannt gemacht.

Über zurückgewiesene und nicht öffentlich bekannt gemachte Anträge wird der Antragsteller schriftlich benachrichtigt. Dieser kann innerhalb von 15 Tagen vom Tag des Erhalts der Mitteilung an beim Markenüberprüfungsausschuss (Trademark Review and Arbitration Board, TRAB) eine erneute Überprüfung und Entscheidung beantragen. Mit der Implementierung der TRIPS-Bestimmungen in das chinesische Markenrecht wurde auch die Möglichkeit geschaffen, die Entscheidungen des TRAB einer gerichtlichen Kontrolle zu unterziehen. Jede Partei, die mit der Entscheidung des TRAB nicht einverstanden ist, kann demnach innerhalb von 30 Tagen, gerechnet vom Tag des Erhalts der Mitteilung an, vor den Volksgerichten Klage erheben (Artikel 32 chin. MarkenG). In der Regel ist das zuständige Gericht der Beijing No. 1 Intermediate People's Court.

Benutzungszwang und Löschung

Der Artikel 41 des chinesischen Markengesetzes ermöglicht die Löschung bereits eingetragener Marken, wenn diese gegen die Bestimmungen des Markengesetzes verstoßen oder deren Eintragung durch betrügerische oder andere unlautere Mittel erlangt wurde. Ein Antrag auf Löschung kann innerhalb von fünf Jahren nach Eintragung der Marke – oder unbefristet bei notorisch bekannten Marken oder betrügerischer Eintragung – von jedermann beim TRAB gestellt werden. Der Zeicheninhaber kann gegen die Löschung innerhalb von 15 Tagen nach Erhalt der Löschungsmitteilung Überprüfung verlangen. Gegen die Entscheidung des TRAB kann innerhalb von 30 Tagen ein Gerichtsverfahren eingeleitet werden.[17] Die nachträgliche Löschung einer eingetragenen Marke ist in China aber schwieriger und zeit- und kostenaufwändiger als ein Widerspruch, weshalb ein permanentes Monitoring der Veröffentlichungen und ein rechtzeitig eingelegter Widerspruch die bessere Variante darstellen.

Darüber hinaus kann das TMO oder jeder Dritte (gemäß Artikel 44 chin. MarkenG i.V.m. Artikel 39 Absatz 2 MarkenG-DB) diejenigen eingetragenen Marken wieder

---

17 Scheil/Scheil: Praxis und Probleme der Anmeldung gewerblicher Schutzrechte in der Volksrepublik China, GRURInt 1996, S. 999, hier S. 1006.

löschen lassen, die während einer Dauer von drei Jahren nicht benutzt wurden.[18] Markeninhaber müssen also rechtserhaltende Nutzungen vornehmen, wozu in erster Linie die Nutzungen der Ware selbst, in der Werbung oder während Ausstellungen zählen. Es genügt aber auch schon eine einmalige Veröffentlichung des Zeichens während dieser drei Jahre im chinesischen Warenzeichenblatt oder in einem anderen offiziellen Organ.[19] Selbst bei regelmäßiger Nutzung der Marke ist eine solche Veröffentlichung als Absicherung gegenüber der Löschung von Amts wegen gut geeignet, sie ist aber auch ein Warnsignal an mögliche Verletzer.

Die Gebühren eines Agenten für eine Markenanmeldung belaufen sich auf etwa 2.000 RMB pro Klasse. Zusätzliche Marken werden gegen eine Gebühr von 100 RMB registriert. Die Kosten für die Eintragung einer Marke dürften also zwischen 500 bis 2.000 Euro liegen, einschließlich der Markenrecherche.

Internationale Markenanmeldungen

Wie beim PCT-Verfahren für Patente steht auch den Anmeldern von Marken ein vereinfachtes System zur Verfügung. Da China dem MMA und auch dem Protokoll zum MMA beigetreten ist, kann durch eine einzige Anmeldung im Heimatland oder bei der WIPO der Markenschutz einer Basismarke auf China erweitert werden. China hat sich, wie die meisten anderen Verbandsstaaten, das Recht zur Schutzrechtsverweigerung vorbehalten. Eine solche Schutzrechtsverweigerung kann beispielsweise ausgesprochen werden, wenn die Marke den nationalen materiellen Schutzanforderungen nicht entspricht oder der Eintragung ältere Rechte entgegenstehen.

Im Jahr 2004 erreichten die bei der WIPO eingegangenen Anträge für internationale Markenanmeldungen, die eine Basismarke auf die Volksrepublik China erweitern wollten, mit 29.459 einen neuen Höchststand. Davon stammten 5.393 aus der Bundesrepublik Deutschland, die mit 18,3 % den Spitzenreiter unter den Anmeldestaaten darstellt.

Bewertung von Markenanmeldungen

Die strategische Wirkung einer Marke lässt sich verstärken, wenn diese auch auf benachbarte Lösungen erstreckt werden kann. Für interessierte Wettbewerber und potentielle Nachahmer wird es dann erheblich schwieriger, Ausweichlösungen gegenüber diesem strategischen Schutzrecht zu finden, ohne dabei die benachbarten Schutzrechte zu verletzen.[20] Anmelder sollten sich deswegen nicht nur auf die eigentliche Marke fokussieren, sondern den Fälschern auch die Umgehung des Schutzrechts durch Inanspruchnahme von Ersatzlösungen so schwer wie möglich machen. Zu

---

18 Dazu der Artikel 19 Absatz 1 TRIPS.
19 Zum Beispiel in der von der China Patent Agency, Hongkong herausgegebenen Zeitschrift „China Patents & Trademarks".
20 Harte-Bavendamm: Handbuch der Markenpiraterie in Europa, S. 43, Rdnr. 62.

beachten ist aber der einzuhaltende Benutzungszwang, da diese strategische Wirkung sonst verloren geht.

Die Durchsetzung von Schutzrechten

In der Volksrepublik China existiert ein den meisten Rechtsordnungen fremdes System der doppelspurigen Rechtsdurchsetzung. Neben den Volksgerichten in ihrer jeweiligen erstinstanzlichen Zuständigkeit können für die Untersuchung und Sanktionierung von Schutzrechtsverletzungen auch die jeweils zuständigen Verwaltungsbehörden eingeschaltet werden. Grundsätzlich sollte aber vor jeder Einschaltung von Behörden oder Gerichten mit dem Verletzer informell Kontakt aufgenommen werden, beispielsweise in Form eines Mahnschreibens, verbunden mit der Aufforderung, die Verletzungshandlung sofort einzustellen. Aufgrund der unterschiedlichen kulturellen Auffassungen und Hintergründe könnte ein unmittelbar eingeleitetes formelles Verfahren gegen den Verletzer zu unnötigen Komplikationen führen.[21] Daneben sieht auch der Artikel 57 des chinesischen Patentgesetzes vor der Einleitung eines Verfahrens die außergerichtliche Streitbeilegung durch die beteiligten Parteien vor.

Einstweiliger Rechtsschutz

Das chinesische Zivilprozessgesetz vom 9. April 1991 (chin. ZPG) kennt die Institution der einstweiligen Verfügung im Sinne des deutschen Rechts nicht, stellt aber den Schutzrechtsinhabern in der Vorwegvollstreckung und der Vermögenssicherung ähnliche Instrumente wie die einstweilige Verfügung als vorläufige prozessuale Maßnahme zur Seite.[22]

Nach Artikel 57 chin. MarkenG, Artikel 61 chin. PatG und auch Artikel 49 chin. UrhG kann der Schutzrechtsinhaber oder der Inhaber eines ausschließlichen Nutzungsrechts beim zuständigen Volksgericht den Erlass einer Anordnung auf Unterlassung beantragen, wenn die sofortige Einstellung von Verletzungen, die Beseitigung von Behinderungen oder auch die sofortige Unterlassung einer bestimmten Handlung erforderlich und somit die notwendige Dringlichkeit gegeben ist, um Schäden aus der potenziellen Verletzung geistigen Eigentums zu verhindern. Das Volksgericht behandelt einen solchen Antrag gemäß der Artikel 92 ff. chin. ZPG und entscheidet in der Regel zugunsten des Antragstellers.[23]

Neben Fragen des notwendigen Inhalts des gerichtlichen Antrags und der vorzulegenden Beweisstücke ist in Artikel 98 Absatz 2 chin. ZPG festgelegt, dass der Antragsteller eine Sicherheit zu leisten hat. Die Sicherheit kann durch Bargeld, in Form einer

---

21 Heath: Gewerblicher Rechtsschutz in Südostasien - Ein Überblick, GRURInt 1997, S. 194f.
22 Xiaohai Liu: Enforcement of Intellectual Property Rights in the People's Republic of China, IIC 2001, 141, S. 144.
23 Xiaohai Liu: Enforcement of Intellectual Property Rights in the People's Republic of China, IIC 2001, 141, S. 145.

Bürgschaft oder eines Pfandes, mit Zustimmung des Volksgerichts auch in anderer Form erbracht werden. Sie richtet sich nach der Höhe des potenziellen Schadens, der dem Antragsgegner durch ungerechtfertigte einstweilige Maßnahmen entstehen könnte.[24]

Vorprozessuale Vermögenssicherung

In Fällen, in denen das Verhalten des Antragsgegners ein Urteil als nicht oder nur schwer vollstreckbar erscheinen lässt, kann das Gericht auf Antrag der klagenden Partei – oder wenn es ihm als notwendig erscheint auch von Amts wegen – eine Vermögenssicherung gegenüber der beklagten Partei anordnen (Artikel 92 Absatz 1 chin. ZPG). Auch bei Beantragung einer vorprozessualen Vermögenssicherung nach Artikel 93 Absatz 1 chin. ZPG zur Vermeidung eines nicht wiedergutzumachenden Schadens muss der Antragsteller eine Sicherheit leisten, ohne die der Antrag zurückgewiesen wird. Nach Eingang des Antrags beim Gericht hat das Gericht innerhalb von 48 Stunden über diesen zu entscheiden. Im Falle einer Vollstreckung muss diese gemäß Artikel 93 Absatz 2 chin. ZPG sofort beginnen.

Die Vermögenssicherung kann für Schutzrechtsinhaber vor allem deswegen interessant sein, weil das Gericht auf diesem Wege dem Antragsgegner die weitere Verwertung des betroffenen Schutzrechts untersagen oder andere einen weiteren Schaden verhindernde Maßnahmen anordnen kann, zum Beispiel die Versiegelung oder Pfändung (Artikel 94 Absatz 2 chin. ZPG). Die Sperrwirkung der Vermögenssicherung ist jedoch begrenzt, da der Antragsgegner durch Leistung einer Sicherheit seinerseits die Anordnung einer Vermögenssicherung verhindern kann (Artikel 95 chin. ZPG).[25]

Zivilrechtliche Durchsetzung

Im Jahr 1993 errichtete China die ersten Kammern für gewerblichen Rechtsschutz in den Volksgerichten. Diese haben im Jahr 2004 insgesamt 8.832 Zivilverfahren in Streitigkeiten über geistiges Eigentum geführt, ein Zuwachs von fast 47 % im Vergleich zu 2003. Es wird erwartet, dass aufgrund der jüngsten Änderungen und Ergänzungen der relevanten Gesetze diese Zahl auch in den kommenden Jahren stark ansteigen wird.

In China gibt es vier gerichtliche Instanzen: den Basic Court, den Intermediate Court, den High Court und den Supreme People's Court.[26] Bei Marken- und Urheberrechtsstreitigkeiten ist der Basic Court die erste Instanz. Um die technisch bedingte Kom-

---

24 Bottenschein: Die Bekämpfung der Markenpiraterie in der Volksrepublik China und Hongkong, GRURInt 2005, 121, hier S. 122.
25 Xiaohai Liu: Enforcement of Intellectual Property Rights in the People's Republic of China, IIC 2001, 141, hier S. 146 f.
26 Artikel 18ff „Gesetz über die Organisation der Volksgerichte" vom 01.01.1980, englische Übersetzung abrufbar unter http://www.novexcn.com/organic_law.html, besucht am 10.06.2005.

plexität von Patentstreitigkeiten zu berücksichtigen, ist bei Patentverletzungsklagen der Intermediate Court erstinstanzlich zuständig.[27]

Grundsätzlich sind bei der zivilrechtlichen Durchsetzung die Gerichte am Ort der Verletzungshandlung zuständig, also in der Regel diejenigen am Ort des Verkaufs oder am Ort der Herstellung. Zu beachten ist das so genannte Forum-Shopping, bei welchem dem Kläger mehrere örtlich zuständige Gerichte zur Verfügung stehen. Er kann wählen, vor welchem Gericht er klagen will. Dies wird normalerweise das Gericht sein, vor dem er sich die größten Chancen auf einen Sieg ausrechnet. In internationalen Streitigkeiten können Kriterien für diese Wahl die anwendbare Rechtsordnung des betreffenden Landes sein, die Möglichkeit, das Urteil später auch tatsächlich in diesem Land durchzusetzen oder auch die Dauer und Kosten des Verfahrens. Forum-Shopping wird häufig mit einem negativen Beiklang verwendet, kann aber den Qualitätswettbewerb zwischen verschiedenen Gerichten fördern.

Um dem Problem des Forum-Shoppings zu begegnen, hat der Supreme People's Court in Artikel 7 der Interpretations of the Supreme People's Court of Several Issues Concerning the Application of the Law to the Trial of Civil Dispute Cases Involving Trademarks (Interpretations) vom 16. Oktober 2002 folgende Prinzipien hinsichtlich der örtlichen Zuständigkeit aufgestellt:

- Erfolgen die Herstellung und der Verkauf der schutzrechtsverletzenden Produkte an unterschiedlichen Orten oder in unterschiedlichen örtlichen Zuständigkeitsbezirken und will der Schutzrechtsinhaber gegen den Hersteller klagen, nicht aber gegen den Verkäufer, so ist der Intermediate Court am Ort der Herstellung zuständig.

- Finden die Herstellung und der Verkauf an unterschiedlichen Orten statt und möchte der Schutzrechtsinhaber sowohl gegen den Hersteller als auch den Verkäufer vorgehen, dann ist der Intermediate Court am Ort des Verkaufs zuständig.

- Sofern der Verkäufer zum Unternehmen des Herstellers gehört und nur der Hersteller belangt werden soll, ist ebenfalls das Gericht am Ort des Verkaufs der geschützten Waren zuständig.

Um ein zivilrechtliches Verfahren einzuleiten, ist nach Artikel 110 chin. ZPG beim zuständigen Volksgericht eine Klageschrift mit dem folgendem Inhalt einzureichen:

- Name, Geschlecht, Alter, Staatsangehörigkeit, Beruf, Arbeitseinheit und Wohnsitz der Parteien;

- die Bezeichnung juristischer Personen und anderer Organisationen, ihr Sitz sowie Name und Amt ihres gesetzlichen Vertreters bzw. Hauptverantwortlichen;

- das Klageverlangen und die ihm zugrundeliegenden Tatsachen, Gründe und Beweise sowie Beweisquellen, Namen und Wohnsitze von Zeugen.

---

27 Kessler/Qiao: China: Aktuelle Entwicklungen im Patent- und Markenrecht, RIW 2003, 174, S. 177, Fn. 39.

Bei Gerichtsverfahren in China stellen die hohen Anforderungen an die Zulässigkeit von Beweismitteln eine Barriere dar, etwa über den Umfang der Verletzungshandlungen oder auch über die Identität des Verletzers oder des Eigentümers der Produktionsstätte. Aus dem Ausland stammende Beweismittel dürfen grundsätzlich nur in notarisierter und legalisierter Form in das Verfahren eingebracht werden (Artikel 242 chin. ZPG). Gleiches gilt für die mit der Klageschrift einzureichende Prozessvollmacht sowie für die Gründungsunterlagen der klagenden ausländischen Gesellschaft. Es kann daher von großem Vorteil sein, wenn diese Dokumente vorsorglich für diesen Zweck erstellt werden, da Notarisierung und Legalisierung erfahrungsgemäß mehrere Wochen in Anspruch nehmen und ein schnelles Vorgehen gegen Fälscher somit ohne Vorwarnung kaum möglich wäre.

Bei komplexen Streitigkeiten können die Gerichte oder die Behörden auch ein Sachverständigengutachten gemäß Artikel 72 chin. ZPG und Artikel 35 chin. VerwaltungsprozessG bei einem von ihnen zu bestimmenden Gutachter in Auftrag geben. In der Vergangenheit bot eine unüberschaubare Anzahl von Organisationen juristische Sachverständigengutachten an, deren Unabhängigkeit nicht unbedingt gewährleistet war. Deswegen soll ein neues Gesetz über Gutachten juristischer Sachverständiger in Kraft treten, nachdem künftig nur noch von juristischen Behörden unabhängige Sachverständige – etwa von Kriminalämtern und anderen unabhängigen Untersuchungsbehörden – zur Erstellung von Gutachten herangezogen werden dürfen, die ihre Gutachten nicht mit Gewinnzielen erstellen sollen.

Verwaltungsverfahren

In China können Ansprüche aus der Verletzung geistigen Eigentums auch über ein administratives Verfahren bei den jeweils zuständigen Behörden geltend gemacht werden.[28] Im Gegensatz zum Verfahren vor den Volksgerichten gelten administrative Verfahren allgemein als flexibler und sind deswegen sowohl bei Chinesen als auch bei Ausländern gleichermaßen beliebt. Administrative Sanktionen gegen den Verletzer können vergleichsweise schnell getroffen werden[29], sind kostengünstiger, und der Rechteinhaber kann bei den Ermittlungen auch selbst mitwirken.

Die Verwaltungsbehörden sind nicht an die strengen Regeln über die Zulässigkeit von Beweismitteln und an die sonstigen formellen Verfahrensvorschriften der Volksgerichte gebunden. Schutzrechtsinhaber können auf diese Weise an wichtiges Beweismaterial für ein mögliches anschließendes Gerichtsverfahren gelangen, das

---

28 Die verfassungsrechtliche Grundlage für dieses Mitbestimmungsprinzip bildet Artikel 2 der chin. Verfassung vom 04.12.1982, wonach das Volk „entsprechend den gesetzlichen Bestimmungen die Staatsangelegenheiten, die wirtschaftlichen, kulturellen und sozialen Angelegenheiten durch verschiedene Kanäle und in verschiedener Form" verwaltet.

29 Bspw. dauern Gerichtsverfahren in Markenrechtsstreitigkeiten in der Regel zwischen sechs Monaten und einem Jahr, Verwaltungsverfahren dagegen können mit einer Dauer von wenigen Wochen deutlich schneller durchgeführt werden. Vgl. Bottenschein: Die Bekämpfung der Markenpiraterie in der Volksrepublik China und Hongkong, GRURInt 2005, S. 121, hier Fn. 26.

ansonsten entweder gar nicht oder nur durch den Einsatz eines Detektivs zu erlangen wäre. Zudem entsteht bei diesem Verfahren keine negative Publizität, es kann ohne größeres Aufsehen in der Öffentlichkeit durchgeführt werden. Da die Klage vor Gericht bei Chinesen nach wie vor als nicht gesellschaftsfähig gilt, kann so ein Gesichtsverlust vermieden werden und für alle beteiligten Parteien von großem Vorteil sein. Chinesen scheuen Gerichte wie der Teufel das Weihwasser. Um das Verwaltungsverfahren effektiv gegen Produkt- und Markenpiraten einzusetzen, sollte man auch nach der Anzeige der Verletzungshandlung um eine enge Zusammenarbeit mit den Behörden bemüht sein und das Interesse der Verwaltungsbehörden an dem konkreten Fall ständig aufrechterhalten.

Die Anträge für ein administratives Einschreiten der Behörden in Patentangelegenheiten sind bei dem Büro des SIPO einzureichen, in dessen örtlicher Zuständigkeit die Verletzungshandlung erfolgt oder vermutet wird (Artikel 3 chin. PatG). Das SIPO hat in jeder Provinz, regierungsunmittelbaren Stadt und autonomen Gebiet eine Niederlassung, die meistens in deren Hauptstadt liegt. Beim administrativen Vorgehen gegen Urheberrechtsverletzungen ist die NCAC einzuschalten (Artikel 46 chin. UrhG). Aufgrund starken Personalmangels war es in den vergangenen Jahren dort allerdings Erfolg versprechender, trotz der Vorteile des Verwaltungsverfahrens bei Urheberrechtsverletzungen auf die Einleitung eines gerichtlichen Verfahrens auszuweichen. Für die administrative Durchsetzung von Markenangelegenheiten und der Verletzung des Schutzes von Geschäftsgeheimnissen ist die SAIC in Beijing oder deren Niederlassung am Ort der Verletzungshandlung verantwortlich (Artikel 53, 54 chin. MarkenG, Artikel 25 chin. UWG).

Neben diesen Behörden kann die Zuständigkeit je nach Branche aber auch einer Reihe weiterer Behörden zufallen. So ist bei der Verletzung von pharmazeutischen Erzeugnissen die State Drug Administration mit verantwortlich. Bei Markenangelegenheiten kann zusätzlich das State Bureau of Quality and Technical Supervision (SBQTS) oder die Administration of Quality Supervision Inspection and Quarantine (AQSIQ) zum Einschreiten befugt sein, wenn neben der Marke selbst auch sicherheitsrelevante Warenbestandteile wie Strichcodes oder Produktetiketten gefälscht werden oder die Qualität der gefälschten Waren minderwertig ist.

Die Verwaltungsbehörden werden auf formellen Antrag des Schutzrechtsinhabers tätig und nehmen daraufhin ihre Ermittlungen auf. Bei Verletzungshandlungen in mehreren Zuständigkeitsbereichen ist üblicherweise die zentrale Verwaltungsstelle in Beijing zuständig, die die Aktivitäten vor Ort koordiniert. Bei der Ermittlung der Fakten kann die jeweilige Behörde u.a. Verträge, Quittungen, Geschäftsbücher und andere Beweismittel beim Antragsgegner einsehen und auch beschlagnahmen. Es ist ratsam, dass der Antragsteller oder sein gesetzlicher Vertreter bei diesen Maßnahmen anwesend ist, da Originale und Fälschungen oft schwer voneinander zu unterscheiden sind.

Die Behörde kann neben der Unterlassung der rechtsverletzenden Handlungen, dem Entzug der Geschäftslizenz und der Aussprache einer Geldstrafe auch die Beschlag-

nahme und Vernichtung der rechtsverletzenden Waren, der verwendeten Produktionsanlagen und auch der aus dem Verkauf erzielten Umsätze anordnen, was in der Praxis
allerdings nur selten geschieht. Vielmehr werden die Waren wohltätigen Organisationen zur Verfügung gestellt oder sogar versteigert und nur dann vernichtet, wenn eine
andere Verwertung nicht möglich oder angebracht ist.

Der Weg über die administrative Durchsetzung hindert weder den Rechtsinhaber
noch den Verletzer daran, dieses Ergebnis durch ein Volksgericht überprüfen zu lassen. Entscheidungen der SAIC können von beiden Parteien gemäß Artikel 11 Absatz
1 chin. VerwaltungsprozessG innerhalb einer Frist von 15 Tagen den Volksgerichten
zur Überprüfung vorgelegt werden, wenn diese sich den angeordneten Verwaltungs-
strafen oder Zwangsmaßnahmen nicht unterwerfen wollen.

Bewertung des Verwaltungsverfahrens

Das Verwaltungsverfahren wird dem Problem des Counterfeiting unter verschiedenen
Gesichtspunkten nicht gerecht. Zum einen sind die Behörden nicht immer in der Lage
oder Willens, mit dem notwendigen Engagement gegen die potentiellen Verletzer vorzugehen. Dies ist nicht selten durch mangelnde personelle Ressourcen, durch Lokalpatriotismus und regionalen Protektionismus, der meist noch ausgeprägter ist als bei
den Volksgerichten, sowie durch Korruption begründet.[30] Oft beantragt ein Schutzrechtsinhaber administratives Einschreiten der lokalen Behörden gegen Geschäfte in
Einkaufszentren, die wiederum mit finanzieller Unterstützung genau dieser Behörde
entstanden sind. Viele lokale Behörden fahren dann einen Kurs der Konfliktvermeidung, da in solchen Fällen direkte Interessenkonflikte bestehen und das Einschreiten
der Behörde zu einem Verlust der eigenen Investitionen führen würde. Diesen Problemen kann man durch ein gezieltes Forum-Shopping oder auch durch die Unterstützung der Behörden bei deren Ermittlungen begegnen.

Zum anderen bestehen bei den behördlichen Maßnahmen ein geringeres Maß an
Transparenz sowie ein hohes Maß an Willkür. Die Entscheidungen einer Behörde sind
für eine andere nicht maßgebend. Häufig wird der Mangel an schriftlichen oder veröffentlichten Entscheidungen kritisiert, anhand derer sich Dritte über das Vorgehen
der Behörde in ähnlichen Fällen informieren könnten.

Auch sind die Bußgelder, die Verwaltungsbehörden gegen Verletzter verhängen
dürfen, meist nicht hoch genug, um eine Wiederholungsgefahr auszuschließen und
eine Abschreckungswirkung zu erzielen. Zivilrechtliche oder strafrechtliche Maßnahmen können demnach zusätzlich erforderlich sein, um eine dauerhafte Wirkung

---

30 So wurden im Jahr 2000 in mehreren Provinzen Fälle bekannt, in denen Funktionäre staatlicher
Behörden systematisch die Ermittlungen behinderten. Vgl. z.B.: Some functionaries protect counterfeiters, beat up law-enforcement people and „shelter" fake product manufacturers, S. 4f. Um lo-
kalem Protektionismus entgegenzuwirken, hat der Staatsrat sogar Vorschriften gegen die Errichtung
regionaler Handels- und Investitionsbarrieren erlassen, die seit April 2001 in Kraft sind. Vgl. Bottenschein: Die Bekämpfung der Markenpiraterie in der Volksrepublik China und Hongkong, GRURInt
2005, S. 121.

zu erzielen. Außerdem besteht eine Eigenart des behördlichen Verfahrens darin, dass der in seinen Schutzrechten Verletzte mittels eines Verwaltungsverfahrens keinen Schadensersatz vom Verletzer erhalten kann, denn zu Schadensersatzzahlungen können nur die Volksgerichte verpflichten.[31] Die lokalen AICs können zwar auf Antrag des Berechtigten ein Schlichtungsverfahren über die Festsetzung von Schadenersatz durchführen. Allerdings sind die dabei ausgehandelten Beträge mit Blick auf den tatsächlich entstandenen Schaden oftmals viel zu gering.

Vor allem bei der Verletzung technischer Schutzrechte und des Urheberrechts sollte man sich darüber im Klaren sein, dass die Verwaltungsbehörden mangels juristischer Ausbildung die Gesetze im Hinblick auf den Schutzumfang eher eng auslegen. Mit der effizienten Bearbeitung eines Falles kann deshalb erfahrungsgemäß nur bei offensichtlichen Rechtsverletzungen gerechnet werden.

Die Durchsetzungsmöglichkeiten mittels Verwaltungsverfahren müssen also in vielerlei Hinsicht gestärkt werden. Als eines der größten Probleme ist der Mangel an detaillierten Durchführungsbestimmungen zu nennen, die die Berechnung der anfallenden Geldbußen regeln. Zurzeit liegt die Höchstgrenze, die bei Markenverletzungen von der SAIC erhoben werden kann, bei 300 % des Fallwertes. Es sind jedoch keine Mindeststrafen in den einschlägigen Regelungen getroffen, und die Berechnung des Fallwertes erfolgt anhand der niedrigen Verkaufspreise des Verletzers anstatt zu den hohen Preisen des Originals. Auch finden in der Praxis die Beschlagnahme und Vernichtung der gefälschten Produkte und der Produktionsanlagen bisher wenig Anwendung.

Strafrechtliche Maßnahmen

Aufgrund Artikel 61 TRIPS war China verpflichtet, strafverfahrensrechtliche Durchsetzungsmöglichkeiten bei Verletzungen geistigen Eigentums in gewerblichem Umfang zu schaffen. In den einschlägigen Gesetzen (beispielsweise Artikel 58 und 64 chin. PatG, Artikel 59 chin. MarkenG und Artikel 47 chin. UrhG) ist vorgesehen, dass direkt durch eine Anzeige des Schutzrechtsinhabers oder auf Veranlassung der zuständigen Verwaltungs- oder Zollbehörden schwerwiegende Verletzungshandlungen an die Polizei oder die Staatsanwaltschaft der Behörde für öffentliche Sicherheit (Ministry of Public Security, MPS) übermittelt werden, welche diese dann unter strafrechtlichen Gesichtspunkten untersuchen.

In einigen Provinzen existieren lokale Büros dieser Behörden, um vor Ort Aufklärungsarbeit leisten und die Durchsetzung koordinieren zu können. Diese Büros

---

31 Der Supreme People's Court hat nach seinen bisherigen offiziellen Erläuterungen den dreifachen Schadensersatz (den tatsächlichen Verlust des Verletzten, den Verletzergewinn und die angemessene Lizenzgebühr) als Methoden der Schadensberechnung nur bei Verletzungen des Patentrechts zugelassen. In der Rechtsprechung der Instanzgerichte demgegenüber wird diese dreifache Methode bei Verletzungen aller Rechte des geistigen Eigentums öfter verwendet. Zur ausführlichen Berechnung des Schadensersatzes siehe Xiaohai Liu: Enforcement of Intellectual Property Rights in the People's Republic of China, IIC 2001, S. 141, hier S. 154ff.

sind eine gute Anlaufstelle für Unternehmen, die sich über mögliche Möglichkeiten der Durchsetzung informieren wollen. Der bisher größte Schlag gegen organisierte Markenpiraterie gelang dem MPS in Zusammenarbeit mit dem Netzwerkausrüster Cisco. Bei der Durchsuchung von 14 Produktionsstätten in Shenzhen und Dongguan wurden gefälschte Cisco-Produkte im Wert von umgerechnet ca. 20 Millionen Euro sichergestellt.

Straftaten hinsichtlich der Verletzung von Rechten des geistigen Eigentums sind in den Artikeln 213 bis 220 des siebten Abschnitts des chinesischen Strafgesetzbuches (chin. StGB)[32] in seiner neuesten Fassung vom 14. März 1997 geregelt. Die darin enthaltenen Straftatbestände enthielten bis Ende 2004 einige sehr unklare, aber bei weitem nicht unwichtige Begrifflichkeiten, weshalb die strafrechtliche Verfolgung aufgrund der relativ hohen Hürden und einer schweren Beweislast bisher nur vergleichsweise selten zum Einsatz kam. So ist zum Beispiel die strafrechtliche Verfolgung von Fälschern nur unter ernsthaften Umständen (Artikel 216 chin. StGB) vorgesehen, oder wenn die von ihnen abgesetzten Mengen an Plagiaten als relativ groß oder enorm (Artikel 217 chin. StGB) angesehen werden. Mittlerweile wurden diese Unklarheiten durch eine richterliche Auslegung des Supreme People's Court vom 21. Dezember 2004[33] präzisiert und vor allem der Höhe nach definiert.

Danach kann die unbefugte Markenbenutzung bei der Herstellung und beim Vertrieb von Waren bei einem relativ großen Umsatz von mehr als 50.000 RMB bzw. einem Gewinn von mehr als 30.000 RMB mit bis zu drei Jahren Haft oder Geldstrafe belegt werden (Artikel 213 chin. StGB). Bei gleichzeitiger Verletzung von zwei oder mehr Marken reduziert sich der erforderliche Umsatz auf 30.000 RMB bzw. der Gewinn auf 20.000 RMB. In besonders schwerwiegenden Fällen muss mit bis zu sieben Jahren Freiheitsentzug und Geldstrafe gerechnet werden. Berichten zufolge liegen die Geldstrafen in normalen Fällen für natürliche Personen bei ca. 20.000 RMB und für juristische Personen bei ca. 100.000 RMB. In schwerwiegenden Fällen betragen die Geldstrafen für natürliche Personen ca. 100.000 RMB und für juristische Personen ca. 500.000 RMB.

Im Falle einer Patentverletzung ist in Artikel 216 chin. StGB eine Freiheitsstrafe von bis zu drei Jahren und/oder die Verhängung einer Geldstrafe vorgesehen, wenn die Umsätze aus den patentverletzenden Verkäufen mehr als 200.000 RMB, die daraus erwirtschafteten Gewinne mehr als 100.000 RMB betragen oder dem Inhaber des Patents ein direkter wirtschaftlicher Schaden von mehr als 500.000 RMB entsteht. Bei der gleichzeitigen Verletzung von zwei oder mehr Patenten sinken die Umsatz- bzw. Gewinnschwellen jeweils auf die Hälfte.

---

32 Ursprünglich am 01. Juli 1979 in Kraft getreten, englische Übersetzung abrufbar unter http://www. qis.net/chinalaw/prclaw60.htm, besucht am 23.03.2005. Ausführlich z.B. Bodewig: Volksrepublik China – Neufassung des Strafgesetzbuchs mit umfassenden Straftatbeständen im Bereich des geistigen Eigentums, GRURInt 1997, S. 1037.

33 Interpretation by the Supreme People's Court and the Supreme People's Procuratorate on Several Issues of Concrete Application of Laws in Handling Criminal Cases of Infringing Intellectual Property (Auslegungsregeln), abrufbar unter http://www.chinaiprlaw.com/english/laws/laws20.htm.

Bei den relativ ausführlichen Regelungen über Urheberrechtsverletzungen (Artikel 217 und 218 chin. StGB) handelt es sich um die praktisch unveränderte Übernahme einer entsprechenden Regelung aus dem Beschluss des Ständigen Ausschusses des Nationalen Volkskongresses über die Bestrafung von Urheberrechtsverletzungs-straftaten vom 5. Juli 1994, der schon damals dem Bedürfnis nach einer strengeren Bestrafung von Urheberrechtsverletzungen entgegenkommen war. Auch hier sind Freiheitsstrafen von bis zu sieben Jahren und Geldstrafen möglich, wenn die Gewinne mehr als 30.000 RMB bzw. die Umsätze mehr als 50.000 RMB betragen oder mehr als 1.000 illegale Kopien hergestellt und vertrieben werden.

Die Verletzung von Geschäftsgeheimnissen (Artikel 218 chin. StGB) auf der Grundlage der unerlaubten Erlangung von Geschäftsgeheimnissen, beispielsweise durch Diebstahl oder Bestechung oder der unerlaubten Weitergabe eines solchermaßen oder aufgrund vereinbarter Vertraulichkeit erlangten Geheimnisses, kann neben einer Freiheitsstrafe von bis zu drei Jahren auch mit einer Geldstrafe bestraft werden. Artikel 220 chin. StGB sieht schließlich in allen Fällen der Verletzung von Rechten des geistigen Eigentums sowohl eine Haftung der betroffenen Unternehmen wie auch der direkt verantwortlichen Personen vor.

Neben den erwähnten Regelungen sind in Artikel 140 chin. StGB Rechtsfolgen enthalten, die bei der Herstellung oder dem Verkauf von minderwertigen Produkten anzuwenden sind, wenn diese die Gesundheit oder Sicherheit der Verbraucher gefährden. Bei vielen Nachahmungen kann dies durchaus der Fall sein, weshalb diese Vorschrift bei der strafrechtlichen Verfolgung von Fälschern von großer Bedeutung sein kann. Verfolgende Unternehmen sollten versuchen, beim Fälscher eine Schädigung der Konsumenten zu entdecken.

Bewertung des strafrechtlichen Verfahrens

Das Interesse ausländischer Schutzrechtsinhaber an der strafrechtlichen Verfolgung der Produktpiraten ist groß, weil häufig nur dadurch eine wahrnehmbare Abschreckungswirkung erzielt werden kann. Jedoch wird bei weitem nicht jede strafbare Verletzung strafrechtlich verfolgt. Kritiker argumentieren, dass die erwähnte richterliche Auslegung die Schwellen für eine strafrechtliche Verfolgung nicht weit genug gesenkt haben. So soll auch hier die Berechnung des Wertes der verletzenden Waren immer noch anhand ihrer Marktpreise erfolgen anstatt mit dem Wert und der Bekanntheit der Originale. Im Hinblick auf die Fälschung bekannter Marken werden die Strafverfolgungsbehörden meistens nur dann tätig, wenn das Zeichen in einem vorangegangenen Zivilverfahren als solches anerkannt worden ist. Da viele der Fälscher im Untergrund agieren, sollte die Regierung zusätzliche personelle und finanzielle Ressourcen aufwenden, um in stärkerem Maße strafrechtliche Ermittlungen durchführen zu können. Die Auslegungen des Supreme People's Court werden generell als Schritt in die richtige Richtung angesehen, und auf Druck der USA, der EU und vieler Interessenverbände ist mit einer erneuten

Überarbeitung der Richtlinien und einer damit verbundenen Herabsetzung der Aufgreifschwellen zu rechnen.

Schiedsgerichtsverfahren

Am 1. September 1995 trat in China ein neues Schiedsverfahrensgesetz[34] in Kraft, das zum einen die Systeme innerhalb des Landes vereinheitlicht und zum anderen die nationalen Bestimmungen den internationalen Standards angeglichen hat. Es gelten also auch in China die international gültigen Grundprinzipien der Freiwilligkeit, Unabhängigkeit und Rechtmäßigkeit.

China hat auch das New Yorker Übereinkommen über die Anerkennung und Vollstreckung ausländischer Schiedssprüche vom 10. Juni 1958 (New Yorker Übereinkommen)[35] ratifiziert und sich dadurch einerseits verpflichtet, auf dem Hoheitsgebiet eines anderen Vertragsstaates ergangene Schiedssprüche anzuerkennen und zu vollstrecken. Andererseits ist damit aber auch die Anerkennung und Vollstreckung chinesischer Schiedssprüche im Hoheitsgebiet der Vertragsstaaten verbunden, was im Kampf gegen die international organisierten und agierenden Produkt- und Markenpiraten von großem Vorteil sein kann.

Streitigkeiten mit Beteiligung ausländischer Unternehmen werden auch in China zunehmend vor Schiedsgerichten ausgetragen. In China existieren für internationale Rechtsstreitigkeiten zwei Organisationen: seit 1954 die China International Economic and Trade Arbitration Commission (CIETAC) für Handelsstreitigkeiten, und seit 1956 die China Maritime Arbitration Commission (CMAC) für seerechtliche Streitigkeiten, wobei die CIETAC hier von größerer Bedeutung sein dürfte. Neben der CIETAC und ihren beiden Zweigstellen in Shanghai und der Sonderwirtschaftszone Shenzhen bestehen seit 1995 auch in anderen Provinzen zahlreiche lokale Schiedsgerichtsorganisationen, die sich bemühen, internationales Geschäft zu bekommen. Es dürfte daher von Interesse sein, auch auf deren Schiedsordnungen oder bekannt gewordene Schiedssprüche einen Blick zu werfen.

Die CIETAC-Schiedsgerichte konnten in den letzten Jahren beachtliche Fortschritte erzielen und gewährleisten größtenteils faire Verfahren. Die neue Schiedsordnung der CIETAC vom 1. Mai 2005 (Arbitration Rules)[36] weist jedoch einige Besonderheiten auf, derer sich die Parteien bei Abschluss einer entsprechenden Schiedsvereinbarung bewusst sein sollten. So obliegt die Entscheidung über die Wirksamkeit einer Schiedsvereinbarung nicht dem Schiedsgericht, sondern der Organisation (CIETAC). Bei Zweifeln an der Rechtmäßigkeit eines Schiedsspruches können die Parteien aber das zuständige Volksgericht bitten, den Schiedsspruch zu überprüfen und über dessen Annullierung zu entscheiden.

---

34 Verabschiedet vom Ständigen Ausschuss des Nationalen Volkskongresses am 31.08.1994, deutsche Übersetzung abrufbar unter http://www.jura.uni-goettingen.de/chinarecht/1994.zip.
35 Für die BRD in Kraft getreten am 28.09.1961, BGBl. 1961 II, S. 122.
36 CIETAC Arbitration Rules, in englischer Sprache abrufbar unter http://www.cietac.org.cn/english/rules/rules.htm.

Es gibt zwei Formen des Schiedsgerichts: das Kollegialgericht, das sich aus drei Schiedsrichtern zusammensetzt, von denen einer während der Schlichtung den Vorsitz führt, und das Alleingericht, das aus nur einem Schiedsrichter besteht (Artikel 20 Arbitration Rules). In der Praxis hat sich bewährt, dass von beiden Parteien zwei der drei Schiedsrichter eines Kollegialgerichts bestellt werden, die wiederum einen Dritten als Vorsitzenden auswählen. Die Parteien können aber nur von der CIETAC zugelassene Schiedsrichter ernennen.[37] Eine weitere Besonderheit der chinesischen Schiedsgerichtsbarkeit ist schließlich, dass sie traditionell stark den Schlichtungsgedanken in das Schiedsverfahren integriert.

Bewertung des Schiedsgerichtsverfahrens

Die Einschaltung eines Schiedsgerichts in Angelegenheiten des gewerblichen Rechtsschutzes kann also durchaus sinnvoll sein, wenn diese Vorgehensweise sich in die vom Unternehmen verfolgte Gesamtstrategie integrieren lässt. Wenn beispielsweise die Chancen auf dem chinesischen Gesamtmarkt größer sind als die Verluste in einem einzelnen von der Patentverletzung betroffenen Marktsegment, dann sollte man während der Einführungsphase eines neuen Produktes aufgrund der negativen Publizitätswirkung und einem damit verbundenen Gesichtsverlust eher auf den Klageweg verzichten und sich außergerichtlich einigen.

In den letzten Jahren haben sich auch Hongkong und Singapur zu beliebten Foren für internationale Schiedsverfahren mit chinesischer Beteiligung entwickelt. In Hongkong und Singapur ist sowohl Chinesisch als auch Englisch offizielle Amtssprache, und als ehemalige britische Kolonien wurden diese stark von der englischen Rechtstradition geprägt. Dort bestehen moderne Schiedsverfahrensrechte und etablierte und international angesehene Schiedsgerichtsinstitutionen, weshalb diese Alternative für Europäer und Chinesen gleichermaßen interessant sein kann.

Grenzbeschlagnahmeverfahren

TRIPS verpflichtet China, die Ein- und Ausfuhr von schutzrechtsverletzenden Waren nach oder aus China durch Beschlagnahmeverfahren zu unterbinden. Am 1. März 2004 traten in der Volksrepublik deshalb neue Bestimmungen zur Wahrung gewerblicher Schutzrechte durch den Zoll (Zollbestimmungen, ZB)[38] in Kraft, nach denen der Import und Export von Fälschungen grundsätzlich verboten ist.[39] Die Zollbehör-

---

37 Die Schiedsrichter müssen eine der folgenden Voraussetzungen erfüllen: Sie haben acht Jahre lang als Schiedsrichter, Rechtsanwälte oder Richter gearbeitet oder sie besitzen juristische Kenntnisse, beschäftigen sich mit Wirtschaft und Handel und haben einen hohen akademischen Titel oder ein vergleichbares fachliches Niveau. Vgl. Artikel 10 Arbitration Rules.

38 Verabschiedet vom Staatsrat am 26.11.2003, englische Übersetzung abrufbar unter http://www.chinaiprlaw.com/english/laws/laws19.htm.

39 Ein Grenzbeschlagnahmeverfahren war aber auch schon vor Chinas Beitritt zur WTO möglich. Als erstes Unternehmen ließ der japanische Elektrokomponentenhersteller Tanashin Denki seine Marke im Jahr 1995 bei den chinesischen Zollbehörden registrieren. Daraus resultierte die wahrscheinlich

den können zwar auch bei einem Transit schutzrechtsverletzender Produkte durch das Hoheitsgebiet Chinas eingreifen, praktische Bedeutung hat diese Bestimmung jedoch nicht. Nahezu alle durchgeführten Beschlagnahmeverfahren betreffen den Export von Waren.

Registrierung

Eine wesentliche Änderung in den neuen ZB liegt im Wegfall der Registrierungspflicht des Schutzrechts bei der zentralen Zollverwaltung (General Administration of Customs in China, GACC) in Beijing. Die freiwillige Registrierung ist jedoch zu empfehlen, da in den neuen Bestimmungen die Gültigkeit der Registrierung von sieben auf zehn Jahre angehoben wurde und die Behörden bei registrierten Anträgen auch von Amts wegen tätig werden.

Für die Registrierung bei der Zollbehörde sind folgende Unterlagen einzureichen, deren Angaben vom Antragsteller ausreichend belegt werden müssen (Artikel 7 ZB):

▪ Name, Adresse bzw. Geschäftssitz und Nationalität des Inhabers des zu registrierenden Schutzrechts;

▪ Bezeichnung, Inhalt und sonstige relevante Informationen über das Schutzrecht;

▪ Vergebene Lizenzen an dem Schutzrecht, soweit vorhanden;

▪ Bezeichnung, Ursprung sowie Ein- und Ausfuhrpunkte der originalen Waren, Namen der berechtigten Im- und Exporteure, Eigenschaften und Preise der Waren, in/an denen das Schutzrecht legal verwendet wird;

▪ im Zusammenhang mit Verletzungen des Schutzrechts bekannte Hersteller, Im- und Exporteure, Ein- und Ausfuhrpunkte der schutzrechtsverletzenden Waren und deren Eigenschaften und Preise.

Anmeldung

Nach erfolgreicher Registrierung (innerhalb 30 Tagen) können ausländische Schutzrechtsinhaber auf Antrag bei der GACC ein Zollzertifikat erhalten. Mit dessen Hilfe können sie sich bei Kenntnis oder Verdacht eines Im- oder Exports, der ihr Schutzrecht verletzt, direkt mit einer der lokalen Zollbehörden in Verbindung setzen (Artikel 12 f. ZB). Der Antrag muss folgende Unterlagen beinhalten:

▪ Name, Anschrift bzw. Geschäftssitz und Nationalität des Schutzrechtsinhabers bzw. des Vertreters und Identitätsnachweis;

---

erste Grenzbeschlagnahme unter Beteiligung eines ausländischen Unternehmens von 2.000 Mechanismen für Kassettengeräte. Vgl. Bottenschein: Die Bekämpfung der Markenpiraterie in der Volksrepublik China und Hongkong, GRURInt 2005, S. 121, hier Fn. 30, 33.

- Nummer, Schutzgegenstand und Gültigkeit des jeweiligen Schutzrechts;

- Kopie des Erteilungs- bzw. Eintragungszertifikats;

- Bezeichnung und Herkunftsort der geschützten Ware;

- Angaben zu Lizenznehmern oder anderen Personen, denen eine Genehmigung zur Nutzung des Schutzrechts erteilt wurde;

- Angaben zu den geschützten Waren wie hauptsächlicher Import- bzw. Exporthafen, Importeur bzw. Exporteur, wesentliche Merkmale und Preis der Ware;

- Angaben zum möglichen Verletzungsgut oder über frühere Verletzungen;

- Eintragungsurkunden von Lizenzen und Umschreibungsdokumente;

- Bei registrierten Schutzrechten die Registrierungsnummer der GACC;

Das Zollzertifikat gilt zehn Jahre ab Erteilung und kann, bei noch gültigem Schutzrecht, sechs Monate vor Ablauf jeweils um weitere zehn Jahre verlängert werden (Artikel 10 ZB). Es erlischt jedoch automatisch mit Ablauf des Schutzrechts (Artikel 10 Absatz 3 ZB).

Verfahren

Die zuständige Zollbehörde kann nach Vorlage des Zollzertifikats oder dessen beglaubigter Kopie die betreffende Ladung inspizieren und auch vorübergehend zurückhalten, was einen schnellen Zugriff auf potentielles Verletzungsgut ermöglicht und die Möglichkeiten der Durchsetzung des Schutzrechtsinhabers erheblich stärkt. Vor einer endgültigen Beschlagnahme der zurückbehaltenen Ware muss der Antragsteller jedoch eine Sicherheitsleistung hinterlegen, die im Ermessen der Zollbehörden bis zu 100 % des CIF- bzw. FOB-Wertes[40] der zu beschlagnahmenden Waren betragen kann. Hinzu kommen die den Zollbehörden für die Lagerung der beschlagnahmten Waren anfallenden Lagerkosten (Artikel 14 und 25 ZB).

Nach einer Beschlagnahme unterrichtet die Zollbehörde den Eigentümer der beschlagnahmten Ware (Artikel 17 Absatz 1 ZB). Dieser kann innerhalb von 7 Tagen gegen die Beschlagnahme schriftlich Einspruch erheben (Artikel 17 Absatz 2 S. 1 ZB), ansonsten kann der Zoll die beschlagnahmte Ware als Verletzungsgut behandeln (Artikel 17 Absatz 2 S. 2 ZB). Gleichzeitig kann der Schutzrechtsinhaber während einer Frist von 15 Tagen ab Benachrichtigung des möglichen Verletzers das zuständige Volksgericht oder die zuständige Verwaltungsbehörde anrufen und eine Entscheidung über die Verletzung herbeiführen. Neben diesen zivilrechtlichen Schritten kann die Zollbehörde auf Antrag oder von Amts wegen auch strafrechtliche Schritte einleiten (Artikel 30 ZB).

---

40 CIF (cost, insurance, freight) im Falle von Importen, FOB (free on board) bei zu beschlagnahmenden Exporten. Weiterführende Informationen zu den INCOTERMS der International Chamber of Commerce sind abrufbar unter http://www.iccwbo.org/index_incoterms.asp.

Bewertung des Beschlagnahmeverfahrens

Die chinesischen Zollbehörden tun sich aufgrund der relativ schwierigen Erkennbarkeit der Verletzungshandlung momentan mit der Grenzbeschlagnahme von Waren noch schwer, die ein Erfindungs- bzw. Gebrauchsmusterpatent verletzen. Wahrscheinlicher ist aber der zollrechtliche Schutz von Geschmacksmustern. Es bietet sich daher an, dass die um ihren Schutz bemühten deutschen Unternehmen über die Antragstellung einer Grenzbeschlagnahme hinaus die Zöllner über Warendokumente, Verpackungen und Kennzeichnungen sowie besondere Produktmerkmale aufklären. Es kann sich dabei um die Platzierung von Etiketten oder Logos handeln oder auch um die besondere Gestaltung von Gebrauchsanweisungen und Sicherheitsmerkmalen.

Parallel zu den technischen Fortschritten bei den Kontrollmöglichkeiten der Zollbehörden und deren erhöhter Aufmerksamkeit entwickeln sich auch die Vorgehensweisen der Fälscher. Doppelte Böden in Containern und Taschen sind keine Seltenheit. Es gibt sogar wasserdichte Schmuggel-Container, die am Kiel großer Schiffe befestigt sind und unter Wasser nicht zu entdecken sind. Innerhalb einzelner Ladungen werden auch gefälschte Waren mit Originalen vermischt, um so die Wahrscheinlichkeit der Entdeckung bei Stichproben zu vermindern.

Beweissicherung

Man könnte annehmen, dass Verletzungshandlungen rechtlich einfach nachweisbar sind, da sie mit der Herstellung oder dem Handel einer Ware verbunden sind. Tatsächlich reicht nach Artikel 11 chin. PatG oder auch Artikel 52 chin. MarkenG bereits ein vom Schutzrechtsinhaber nicht autorisierter Verkauf oder ein Anbieten der gefälschten Ware aus, um nach chinesischem Recht einen Verletzungstatbestand zu begründen. Bei der Ermittlung der notwendigen Beweise können aber einige Probleme und Besonderheiten auftreten.

Neben der Beweisermittlung durch die beteiligten Parteien haben nach Artikel 64 Absatz 1 chin. ZPG zwar die Volksgerichte selbst die Beweise zu sammeln und zu untersuchen, welche die Parteien oder ihre Prozessvertreter aus objektiven Gründen nicht selbst sammeln können oder die das Volksgericht für die Behandlung des Falles als erforderlich ansieht. Sowohl bei der Durchsetzung der geistigen Eigentumsrechte auf gerichtlichem als auch auf administrativem Weg liegt es aber in erster Linie am Antragsteller, die für eine Verletzung seines geistigen Eigentums maßgeblichen Beweise selbst beizubringen.

Betroffene Unternehmen sollten also in der Lage sein, unmittelbar nach Entdeckung einer Verletzungshandlung die Beweisaufnahme aufnehmen bzw. veranlassen zu können, da meistens nur durch eine frühzeitige Sicherung von Beweisen eine Ausweitung des Schadens oder auch die Beseitigung von Beweismitteln durch den Verletzer verhindert werden kann. Dabei können die Menge und Qualität der gesammelten Beweise für ein erfolgreiches Verfahren ausschlaggebend sein. Aufgrund der gesammelten Beweise sollte vor allem ein eindeutiger Rückschluss des schutzrechtsverletzenden Produktes auf den beklagten Hersteller oder Händler möglich sein. Es ist deshalb in vielen Fällen sinnvoller, eine Durchsuchung durch die Behörde erst dann zu beantragen, wenn die notwendigen Hintergrundinformationen bereits beschafft worden sind.

Unter dem Aspekt eines gezielten Forum-Shoppings sollte vorab die Überlegung angestellt werden, wer im Mittelpunkt der Beweissicherung steht oder gegen wen vorgegangen werden soll – gegen den Hersteller, den Händler oder auch gegen beide. Darüber hinaus gilt es festzustellen, ob der Auftraggeber überhaupt ein chinesisches Unternehmen ist oder der Auftrag gar von einem deutschen oder europäischen Konkurrenten stammt. Für ein erfolgreiches Untersuchungsergebnis ist es wichtig, wenigstens ein Exemplar des verletzenden Artikels, eine verlässliche Herkunftsangabe hiervon sowie einen Hinweis auf den Ort der Herstellung vorlegen zu können. Auch die Kenntnis über den Umfang der Verletzungshandlung und den dadurch entstandenen finanziellen Schaden ist von Bedeutung. Bei Durchsuchungen kann man erfahrungsgemäß kaum erwarten, verlässliche Unterlagen über Verkaufszahlen, Preise und dergleichen zu finden, da diese häufig gar nicht notiert werden.

Um aussagekräftige und vor allem gerichtsfähige Beweismittel sammeln zu können, müssen die Verletzer ausfindig gemacht und nachgewiesen werden – eine zuweilen nicht einfache Suche, da die Hersteller und Vertreiber üblicherweise im Untergrund agieren und als fliegende Fabriken laufend ihren Standort wechseln. Meist sind in die Angebotsaktivitäten Zwischenhändler, Makler oder Scheinfirmen eingeschaltet, die sich im Falle eines gerichtlichen Zugriffs oft genauso schnell wieder im Nichts auflösen, wie sie aufgetaucht sind. Von großer Bedeutung können Informationen und Beweise über die jeweiligen Vertriebskanäle sein. Es kann sich aber als sehr schwierig erweisen, deren Struktur zu erkennen und zurückzuverfolgen. Denn wenn die Ware erst einmal im europäischen Binnenmarkt ist, entsteht oft ein europäischer Durchlauf (breaking bulk), in dessen Verlauf der zahlreichen Eigentumsübergänge innerhalb der Mitgliedsstaaten sämtliche Hinweise auf den tatsächlichen Ursprung der Ware verschleiert werden. Durch das Ausstatten der Fälschungen mit neuen Herkunftsangaben und manipulierten Ursprungszeugnissen werden die Waren letzten Endes als EU-Erzeugnisse ausgewiesen, bei gleichzeitiger Fälschung der Verpackung sogar als Erzeugnis eines bestimmten Unternehmens. In diesen Fällen ist es also nicht besonders Erfolg versprechend, gegen einzelne Vertriebsstufen vorzugehen, wenn der eigentliche Hersteller der Produkte nicht bekannt ist.

Während Messen, Ausstellungen und Betriebsführungen in China sind die Produkte oder Produktionsanlagen nahezu jedem zugänglich. Dadurch ist es kaum kontrollierbar, wer sich Details erklären lässt. Aus diesem Grunde sollte das Standpersonal für eine Messeteilnahme für diesen Einsatz sensibilisiert und geschult werden, um einerseits das eigene Know-how zu schützen und andererseits Fälschungen anderer Messeteilnehmer entdecken zu können. Bei Entdecken einer Verletzung kann es sehr hilfreich sein, entsprechende Nachweise über die eigene Eintragung von Schutzrechten – am besten in chinesischer Übersetzung – schon vor Ort bereitzuhaben. Auch eine Vollmacht für einen Rechtsanwalt oder ein in chinesischer Sprache vorgefertigter Beschlagnahmeantrag oder Antrag auf Vorwegvollstreckung kann hier ein schnelles Eingreifen der Behörden erleichtern.

In einigen Branchen kann es ungleich schwieriger sein, die notwendigen Beweise zu ermitteln – im Bereich pharmazeutischer Erzeugnispatente etwa gestaltet sich der Nachweis bei Stoffen, die nicht als solche, sondern nur als unmittelbare Verfahrensprodukte geschützt sind, als äußerst schwierig. Dem Inhaber des Verfahrenspatents steht hier aber die Beweislastumkehr des Artikel 57 Absatz 2 chin. PatG zur Seite.

In eher untypischen Einzelfällen kann das Ergebnis des Verletzungsrechtsstreits bei vorhandener internationaler Verflechtung zumindest indiziell durch Beweise beeinflusst werden, die in anderen Ländern gewonnen wurden. Man sollte sich bei der Beschaffung der notwendigen Beweismittel also nicht ausschließlich auf den chinesischen Markt beschränken.

Detekteien

All diese Umstände erfordern seitens der Schutzrechtsinhaber hohe zeitliche und finanzielle Investitionen, um eine Verletzung ihrer Rechte dingfest zu machen. In den meisten Fällen schalten die Antragsteller in China dazu private Detekteien und Testkäufer ein. Als Ausländer gestalten sich Ermittlungen auf eigene Faust vor Ort äußerst schwierig oder sind so gut wie unmöglich.

Der Einsatz professioneller Detekteien ist in der Regel auch deswegen von großem Vorteil, weil diese als Bindeglied zu den jeweiligen Verwaltungsbehörden, zur Polizei, zur Staatsanwaltschaft und zur Presse auftreten. Sie können dabei auch von ihren guten Beziehungen profitieren. Erfahrene Detekteien sind in der Lage, angemessen mit den verantwortlichen Stellen zu kommunizieren, und können deswegen öffentlichkeitswirksame Razzien durchführen, die schneller, effektiver und oftmals sinnvoller sind als langwierige und kostspielige Rechtsverfahren in China.

Die Zulässigkeit von durch Privatdetektive gesammelten Beweismitteln aus Video- und Tonaufnahmen sowie Testkäufen bleibt aber unklar. Privatdetektive sind in China nicht lizenziert oder auf andere Weise staatlich anerkannt, sie sind bestenfalls toleriert. Viele Justizbehörden befürworten die Beweiskraft dieser Informationen, aber es bedarf einer zusätzlichen Klärung der gerichtlichen Verwertbarkeit, um die Verlässlichkeit dieser Instrumente zu etablieren.

Rechtsdurchsetzung in China

In China bestehen im Bereich des gewerblichen Rechtsschutzes vergleichsweise weit entwickelte Rechtsgrundlagen. Deren Durchsetzung bleibt aber nach wie vor problematisch, da sie durch Lokalpatriotismus, Korruption, konfuzianisches und sozialistisches Denken und Mängel im Rechts- und Strafverfolgungssystem erschwert wird.

Durch den Beitritt zur WTO im Jahre 2001 und aufgrund der Tatsache, dass die chinesische Regierung die Auswirkungen der Produktpiraterie einerseits auf das Investorenklima, andererseits aber auch auf die Entwicklung lokaler Marken erkannt hat, wurden zwar schon enorme Anstrengungen unternommen, um die straf-, zivil- und verwaltungsrechtlichen Durchsetzungsmöglichkeiten von geistigen Eigentumsrechten zu stärken. Verschiedene Behörden und Gerichte in China ziehen mittlerweile auch die Erwägung in Betracht, gegen Grundbesitzer in einschlägig bekannten Pirate Districts vorzugehen, auf deren Grundstücken regelmäßig Fälschungen verkauft werden. Die spürbaren Auswirkungen auf die Fälscherszene waren bisher aber nur marginal, weshalb in Zukunft noch einige Gesetzeslücken geschlossen werden müssen.

Möglicherweise wäre die Einführung entsprechender gesetzlicher Regelungen, die die Verurteilung der Fälscher zur Zahlung von Strafschadensersatz mit US-amerikanischem Charakter ermöglichten, ein wirksamer Schritt zur weiteren Verschärfung des Strafrechts. Von einer solchen Maßnahme ginge wahrscheinlich auch eine größere Abschreckungswirkung auf die Fälscher aus. Schutzrechtsinhaber müssen den Counterfeitern im Hinblick auf eine erfolgreiche Bekämpfung mit einer auf den Einzelfall abgestimmten Kombination aus behördlichen, zivilrechtlichen und strafrechtlichen Maßnahmen sowie der Einschaltung der Zollbehörden begegnen. Insbesondere bei gewerblichen Ausmaßen oder bei komplexen Streitigkeiten sollte auch aufgrund der zunehmenden Spezialisierung der Gerichte der Rechtsweg in Anspruch genommen werden.

12. Betriebswirtschaftliche Maßnahmen

Mit ihrer Ankündigung, im Zusammenhang mit dem Verkauf von Flugzeugen nach China in der Volksrepublik auch eine Airbus-Montage aufbauen zu wollen, hat die European Aeronautic Defence and Space Company EADS NV die europäische Diskussion um das Counterfeiting weiter angeheizt. EADS hatte im Dezember 2004 den Verkauf von 150 Flugzeugen der Typen Airbus A319, A320 und A321 an China bekannt gegeben und gleichzeitig erklärt, bis Mitte des Jahres 2006 den Bau eines Montagewerks für diese Flugzeugtypen in Südchina zu prüfen. Mit diesem Schritt will Airbus in China den Rückstand zu Boeing aufholen und den Chinesen eine Alternative zum Aufbau einer eigenen Fertigung bieten, die Airbus und Boeing Konkurrenz machen würde. Bisher stellt Airbus nur 27 % der chinesischen Verkehrsflotte.

Nach Ansicht von EADS-Vizevorstandschef Thomas Enders ist es nicht mehr länger möglich, dass Airbus seine Flugzeuge weiterhin ausschließlich in Europa fertigt und dann weltweit ausliefert. Die Spielregeln ändern sich, weil sich China seines Wertes als großer Markt bewusst ist. Airbus kann nicht auf die Großaufträge aus China verzichten, weil durch die Zulieferungen Beschäftigung und Wertschöpfung in Europa gesichert werden. Dazu kommt, dass China langfristig das Potenzial hat, das den Weltmarkt beherrschende Duopol aus Airbus und Boeing aufzubrechen. Russland oder Brasilien könnten sich mit China im Flugzeugbau verbünden, wenn die beiden westlichen Hersteller den chinesischen Markt nicht mehr ausreichend beliefern können. Der Aufbau einer Montage in Südchina ist also eine Markterschließungsstrategie, um mit der Volksrepublik eine langfristige Partnerschaft und keine Gegnerschaft aufzubauen.

Die Kritiker dieser Strategie befürchten, dass Airbus bei einer Fertigung in China es den chinesischen Partnern ermöglichen würde, Technologie und Methoden zu kopieren. Die Chinesen wären mittelfristig in der Lage, selbst hochwertige Flugzeuge zu bauen und würden Airbus dann als Wettbewerber auf dem Weltmarkt gegenübertreten. Ausgestattet mit billigen Arbeitskräften, modernen Maschinen und neuester Technologie können sie den Weltmarkt aufrollen. Es ist die erklärte Strategie der chinesischen Zentralregierung, chinesische Unternehmen auf allen wichtigen Gebieten der Hochtechnologie selbst zu Global Playern zu machen. Sie sollen technisch hochwertige Produkte ohne ausländische Hilfe herstellen können und dann weltweit vermarkten. Die Europäer könnten im Flugzeugbau also denselben Fehler machen, den sie in der Textilindustrie gemacht haben: ihre Technologieführerschaft aus der Hand geben und durch Technologietransfer in China einen unerbittlichen Konkurrenten aufbauen.

Airbus ist bei einer Montage der Flugzeuge in China gleich drei Gefahren ausgesetzt. Gefälschte Zulieferteile könnten in die Beschaffungskette eingeschleust werden, bei der Montage könnten die erfolgskritischen Schlüsseltechnologien (Cockpit, Steuerung etc.) ausspioniert werden, und falsche Ersatzteile könnten in die Distributionskette gelangen, was die Marke Airbus im Falle von Störungen und Unfällen beschädigen würde. Auch in China darf es bei der Einhaltung der Sicherheitsstandards keinerlei Kompromisse geben. Die zentrale Frage ist, wie Airbus die sensiblen Technologien sowie die Zuliefer-, Montage- und Distributionsprozesse schützen kann.

Fälscher in der eigenen Wertschöpfungskette

Obwohl in China viele Produktfälschungen nur deshalb möglich sind, weil die Wertschöpfungskette der Unternehmen gefährliche Lücken hat, werden die betriebswirtschaftlichen Maßnahmen im Anti-Counterfeiting noch immer deutlich unterschätzt. Viele dieser Maßnahmen oder ihre Kombinationsmöglichkeiten sind dem Management häufig sogar unbekannt. Auch in China delegieren deutsche Unternehmen die Bekämpfung der Produkt- und Markenpiraterie überwiegend an ihre Rechtsabteilungen, die auf einzelne entdeckte Fälle nur mit juristischen Mitteln reagieren, sie aber nicht wirklich verhindern können. Der Blick der Unternehmen ist nach außen auf den Markt gerichtet, die Ermöglichung von Fälscheraktivitäten im eigenen Unternehmen gerät nur selten ins Visier.

In vielen Fällen gelangen die relevanten Informationen aber direkt aus dem Unternehmen nach außen – sei es durch Mitarbeiter, Dienstleister in der Wertkette oder Geschäftspartner. So belegt die von PricewaterhouseCoopers durchgeführte Studie Wirtschaftskriminalität 2005, dass die Täter der Kriminalität in Unternehmen meist aus den eigenen Reihen kommen. Gut die Hälfte der Delikte wird von Mitarbeitern des geschädigten Unternehmens begangen, von denen 75% länger als zwei Jahre und 55% sogar länger als fünf Jahre im Unternehmen beschäftigt waren. Auch das Landesamt für Verfassungsschutz betont, dass die meisten und schwerwiegendsten Sicherheitsverletzungen auf menschliches Fehlverhalten der Geheimnisträger in den eigenen Reihen zurückzuführen sind, welche die Abläufe und Schwachstellen des Unternehmens am besten kennen. Die Spur zum Fälscher führt oft nicht über nächtliche Observationen von Fabriken durch getarnte Detektive, sondern über die genaue Durchleuchtung der eigenen Prozesse und der darin involvierten Mitarbeiter.

Während die juristische Implementierung von Schutzrechten immer nur eine schwache ideelle Barriere errichtet, die dem Fälscher keinen materiellen Widerstand entgegensetzt und von ihm deshalb einfach übersprungen wird, können betriebswirtschaftliche Maßnahmen materielle Mauern errichten, mit denen der Pirat zu kämpfen hat oder an denen er ganz scheitert. Das bedeutet, dass viele deutsche Unternehmen in China die wirksamsten Mittel zur Bekämpfung der Produkt- und Markenpiraterie am seltensten einsetzen. Wenn man größere Barrieren gegen die chinesische Fälscherindustrie errichten will, muss man die betrieblichen Abläufe des Unternehmens und deren Schnittstellen zum Markt sicher machen. Dieser Ansatz erfordert die analytische Zerlegung der gesamten Wertschöpfungskette des Unternehmens – vom Zulieferer bis zum Endkunden – und die Berücksichtigung der Wertketten der Lieferanten und der Endkunden.

Die Erfahrungen in China zeigen, dass Plagiatoren bereits in den weit vorgelagerten Aktivitäten eines Unternehmens ansetzen oder erst in der nachgelagerten Wertkette des Abnehmers aktiv werden. Piraten schleusen bereits beim Zulieferer des Unternehmens (first tier) oder bei dessen Sublieferanten (second tier) gefälschte Rohstoffe und Teile ein, und Fakes werden erst beim Kunden des Kunden in die Lieferkette eingebracht. Dennoch machen die chinesischen Gerichte den Hersteller der Originale für den Schaden haftbar – wie im Fall des Generatorbauers in Taizhou, der einen falschen Generatorkern gekauft hatte. Die Fälschung kam vom Zulieferer, entdeckt wurde sie vom Kunden des Käufers, haftbar war jedoch der Generatorbauer. Indem die Produkte auf dem langen Weg der vertikalen Kette bewegt werden, wird also nicht nur an vielen Stellen Wert geschöpft, sondern auch an Plagiatoren abgegeben. Das Ziel ist, die gesamte Wertkette vollständig dicht und damit sicher zu machen, so dass keine originären Ressourcen abfließen und keine falschen eindringen können.

Dabei muss berücksichtigt werden, dass Counterfeiter und ihre Gehilfen sowohl in den primären Aktivitäten des Unternehmens als auch in seinen unterstützenden Prozessen ansetzen können. Die Piraterie setzt überall an:

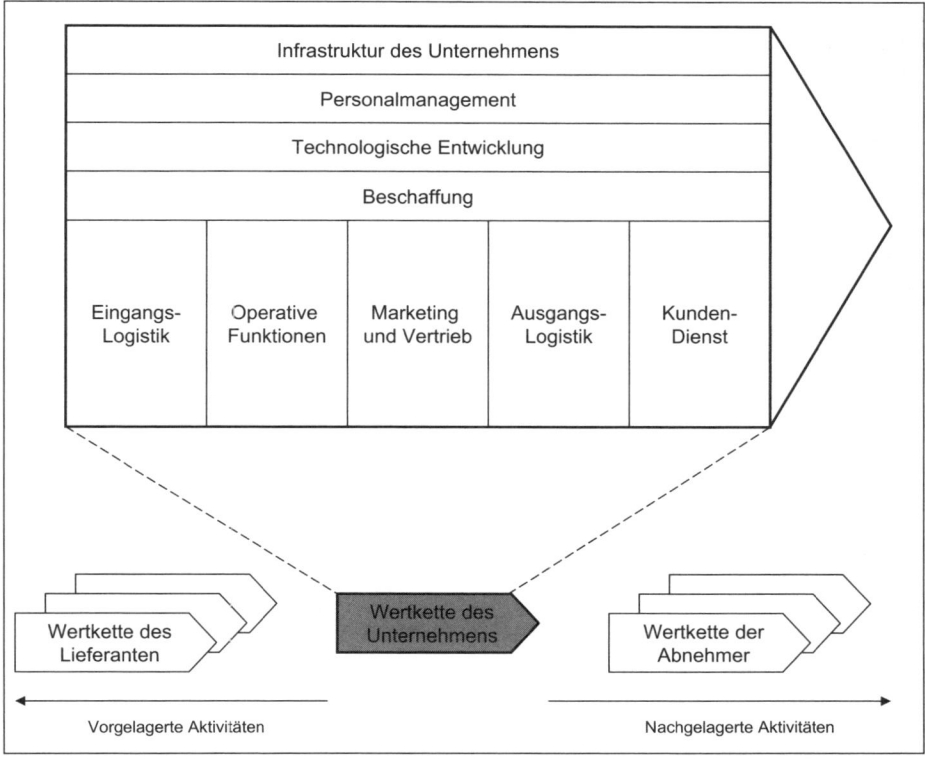

Wertkette eines Unternehmens mit vor- und nachgelagerten Aktivitäten.

- Infrastruktur: Eindringen in schlecht oder nicht gesicherte Räume und Anlagen.
- Personalmanagement: Einschleusen oder Beeinflussung von Mitarbeitern.
- Forschung & Entwicklung: Abzug von Know-how durch Diebstahl von Daten, Unterlagen, Komponenten und Prototypen.
- Beschaffung: Täuschung des Einkäufers, Korruption, Manipulation.
- Eingangslogistik: Anlieferung von Fakes.
- Operative Funktionen: Diebstahl von Teilen, Formen, Werkzeugen, Know-how.
- Marketing und Vertrieb: Diebstahl von Kundenlisten, Fälschung von Verkaufsunterlagen, Einschleusen von Fakes (Fälscherlogistik).
- Ausgangslogistik: Austausch von Produkten.
- Kundendienst: Manipulation beim Kunden, Austausch von Teilen, Ausspionieren von Information (Fälschermarktforschung).

All diese Ansatzpunkte des Counterfeiting finden sich auch in den Zuliefer- und in den Abnehmerunternehmen. Da die meisten Hersteller mehrere Zulieferer und Abnehmer haben, vervielfacht sich das Problemvolumen also. Das bedeutet, dass die betriebswirtschaftliche Analyse der Produkt- und Markenpiraterie eine umfassende Perspektive haben muss. Wir gliedern die Darstellung der betriebswirtschaftlichen Maßnahmen diesem prozessorientierten Ansatz entsprechend in drei Teile: die Prozesse der Beschaffung und Zulieferung, die operativen Prozesse im eigenen Unternehmen und die Vertriebs- und Logistikprozesse in den Markt hinein.

Maßnahmen in der Beschaffung

Nach der Studie Assessment of Excellence in Procurement 2004 von A. T. Kearney entwickelt sich der Einkauf in der global vernetzten Wirtschaft zunehmend vom Kostensenker zum Werttreiber. Der Anteil der Unternehmen, die ihren Einkäufern konkrete Wertsteigerungsziele vorgeben, ist von 28 % im Jahr 1999 auf derzeit 66 % angestiegen. Die Studie belegt zudem, dass das Beschaffungsmanagement weltweit

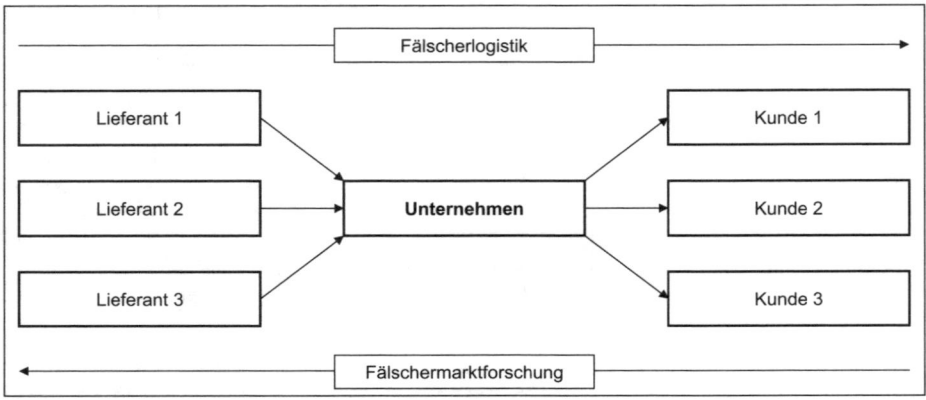

Wertschöpfungskette mit vor- und nachgelagerten Aktivitäten.

zum Vorstandsthema geworden ist. Zwei Drittel der 270 befragten Unternehmen aus 25 Branchen besitzen auf Vorstandsebene zumindest einen Beschaffungsmanager (Chief Procurement Officer, CPO), 1999 waren es nur 40 %. Die Kosten stehen zwar weiter im Mittelpunkt der Beschaffung, sind aber nicht mehr alleine im Fokus. Das Management erwartet von den Lieferanten einen echten Wertbeitrag durch Innovationsstärke, Qualität, Flexibilität und Sicherheit.

China wird dabei zur internationalen Drehscheibe der Beschaffung. Bis zum Jahr 2009 werden 72 % der befragten Unternehmen China, Indien oder Osteuropa als Beschaffungsmarkt nutzen, im Jahr 1999 waren es nur 30 %. Europäische Unternehmen werden bereits im Jahr 2009 mehr Güter aus China beziehen als aus irgendeinem anderen nicht-europäischen Land. Dennoch geben zahlreiche Unternehmen an, nicht ausreichend auf den weiteren Anstieg der Beschaffung aus Niedriglohnländern vorbereitet zu sein. Nur 39 % haben konkrete Pläne über die Ausweitung ihres Beschaffungsvolumens aus Niedriglohnländern, 41 % führen die Entwicklung spezieller Fähigkeiten für diese neuen Märkte mit einer hohen Priorität für ihre Beschaffungsorganisation an. Lediglich 53 % haben Strategien für die Beschaffungsgruppen formuliert, die auf einem tief greifenden Verständnis der Logistikkette und der Kosten in den neuen Märkten beruhen.

Die große Herausforderung der Beschaffung in China ist, die Zuverlässigkeit der Lieferanten, die Qualität ihrer Lieferungen und die zuverlässige Lieferung der eingekauften Rohstoffe, Teile und Produkte sicherzustellen. Der Vermeidung unzulässiger Overruns und der Absicherung der Lieferkette gegen Fälscher kommt dabei eine große Bedeutung zu. So hat der Mikrofonhersteller Sennheiser Electronic beispielsweise erfahren, dass sein chinesischer Zulieferer von Mikrofon-Drahtkörben pro Jahr rund 3,5 Millionen Drahtkörbe herstellte. Da Sennheiser aber nur 200.000 Stück abnahm und die westlichen Wettbewerber wie Shure, AKF oder Neumann nicht bei diesem Lieferanten kauften, war klar, dass der Lieferant große Mengen der Drahtkörbe an chinesische Nachahmer westlicher Mikrofone verkaufte. Ein Blick in den Katalog eines chinesischen Mikrofonherstellers bestätigte den Verdacht, er sah aus wie der Gesamtkatalog aller namhaften europäischen und amerikanischen Mikrofonmarken.

Das Counterfeiting auf der Lieferantenseite fordert die Einkäufer heraus. Sie müssen sich vor Ort mit den Besonderheiten und Schwierigkeiten des chinesischen Beschaffungsmarktes auseinander setzen, der in großen Teilen noch immer relativ intransparent ist. Es gibt kaum objektive und zuverlässige Einkaufsführer. Bei einem Messebesuch treffen Einkäufer überwiegend auf Import- und Exportgesellschaften, nur ein Bruchteil der Aussteller sind chinesische Hersteller. Viele Lieferanten sind nicht im Internet präsent, betreiben kein Marketing und sind nicht in Verbänden organisiert. Erschwerend ist auch die unüberschaubare Anzahl an Neugründungen von Firmen. Diese Situation führt dazu, dass brauchbare Informationen über das unterschiedliche Niveau und die Zuverlässigkeit der Anbieter auf diesem wachsenden Markt nur schwer erhältlich sind.

Beschaffungsmarktforschung

Wurde die Beschaffungsmarktforschung in der Vergangenheit eher dazu eingesetzt, Daten über Preise, Produkte und die Vertriebspolitik der Lieferanten zu erhalten und ihre betriebsinternen Leistungspotenziale zu ermitteln, geht es heute auch darum, den politischen und wirtschaftlichen Rahmenbedingungen sowie der Analyse der Angebots- und Nachfragestrukturen von Beschaffungsmärkten mehr Aufmerksamkeit zu schenken. Gerade in China stehen nicht selten Einfuhrbeschränkungen, Schutzzölle oder verteidigungspolitische Restriktionen einer effektiven Beschaffung im Wege.

Im Anti-Counterfeiting sind die Lieferanten- und die Marktanalyse für die Bekämpfung der Produkt- und Markenpiraterie unmittelbar relevant. Nicht nur die einzelnen Lieferanten, auch der Aufbau und die Bewegungen der Märkte können wertvolle Hinweise auf Counterfeiting geben. So sind die Beschaffungsmärkte für Automobilkomponenten massiv mit gefälschten Teilen durchmischt, und andere Fälschermärkte weisen regionale Schwerpunkte auf, die sich ständig ändern.

Bei der Beschaffungsmarktforschung kann ein Benchmarking sinnvoll sein, um Hinweise auf Fälscherkontakte zu erhalten. Wie verhalten sich Mitbewerber bei der Beschaffung einem Lieferanten gegenüber? Auch Kooperationen mit Unternehmen, die ähnliche oder gleiche Rohstoffe oder Komponenten benötigen, aber andere Endprodukte herstellen oder andere Märkte und Kunden bedienen, ermöglichen eine sehr viel tiefer gehende Analyse. Die Bildung von Einkaufskooperationen erlaubt es den Unternehmen, ihr Wissen zu bündeln und über ihre größere Einkaufsmacht auf den Lieferanten Einfluss in Richtung Anti-Countefeiting auszuüben.

Lieferantenaudit

Bei der Bekämpfung der Produkt- und Markenpiraterie spielt das Lieferantenaudit eine wichtige Rolle. Es kann neben dem Austausch von Erfahrungen mit anderen Unternehmen wichtige Hinweise auf die Zuverlässigkeit und Vertrauenswürdigkeit chinesischer Zulieferer geben. So wirken viele in Betracht gezogene Zulieferer auf den ersten Blick vertrauenswürdig, weil sie professionell auf Messen auftreten, über (gefälschte) Qualitätszertifikate verfügen oder mit (fingierten) Kundenreferenzen überzeugen. Bei der Besichtigung der Produktionsstätten ergibt sich dann aber ein ganz anderes Bild. Nicht selten stellt sich sogar heraus, dass das Unternehmen bisher nur mit einem Zwischenhändler und nicht mit dem eigentlichen Hersteller der Zulieferware verhandelt hat. Die Auditierung von Zulieferern gilt auch für die Hersteller von Verpackungsmaterial, das neben seinem ursprünglichen Zweck des Beschädigungsschutzes um die Dimension des Fälschungsschutzes erweitert wurde. Denn viele Fälschungen werden in China in Originalverpackungen an den Käufer gebracht.

Das Lieferantenaudit ist ein Untersuchungsverfahren, das dazu dient, Systeme, Prozesse und die Einhaltung unternehmensinterner Vorgaben bei den Zulieferern zu analysieren und zu überprüfen. Es wird von einem Auditor durchgeführt, der den Ist-Zustand analysiert oder die ursprüngliche Zielsetzung mit den tatsächlich erreichten Zielen ermittelt. Oft soll ein Audit auch allgemeine Probleme oder einen generellen Verbesserungsbedarf aufspüren, damit beim Zulieferer Schwachstellen beseitigt werden können. Ziele des Lieferantenaudits sind die Auswahl qualitätsfähiger und zuverlässiger chinesischer Lieferanten, ihre systematische Beobachtung und die ständige Verbesserung ihrer Qualität.

Wenn die Gefahr besteht, dass im Rahmen von Lieferantenbeziehungen erfolgskritisches geistiges Eigentum verloren geht, sollte das Unternehmen von externen Fachleuten eine weitergehende Due Diligence durchführen lassen. Eine detaillierte Due Diligence ist in China aufgrund der kulturellen und sprachlichen Barrieren in der Regel zwar schwierig zu realisieren, relativ aufwendig und teuer, sie kann in diesem unübersichtlichen Markt aber Folgekosten in enormer Höhe verhindern.[1]

Bei der Due Diligence können Kriterien wie die Qualität seiner Kunden und seine Vertriebsstrukturen ausschlaggebend sein. Außerdem stellen die Eigentumsstrukturen, der Geschäftssitz unter besonderer Berücksichtigung der bekannten Pirate Districts und vor allem auch die Interessen und Motive des Lieferanten für eine Kooperation aufschlussreiche Kriterien über dessen Eignung als Geschäftspartner dar. Als Faustregel gilt, nur mit solchen Lieferanten zusammenzuarbeiten, die selber einen guten Ruf, Kunden und Investitionen zu verlieren haben. Bei der Auswahl der Zulieferer sollte auf die Gewährleistung eines Sicherheitsniveaus, das dem des eigenen Unternehmens vergleichbar ist, ein besonderes Augenmerk gelegt werden. Dieses Sicherheitsniveau kann manchmal durch die Integration des Geschäftspartners in das eigene Sicherheitssystem erreicht werden, aber auch durch die vertragliche Zusicherung bestimmter Sicherheitsstandards wie getrennte Räume für Fremdentwickler.

Bewertung der weichen Faktoren

Unserer Erfahrung nach ist es in China unabdingbar, bei der Überprüfung und Bewertung von Lieferanten auch die so genannten weichen Faktoren zu berücksichtigen. Subjektive Kriterien wie F&E-Know-how, Ansprechverhalten, Guanxi oder Aversionen gegen Ausländer sind zwar schlecht objektivierbar und daher mit einer großen Unschärfe behaftet, in ihnen können aber wertvolle Hinweise auf Fälscherpotenziale liegen. Besonders wichtig ist der geschäftliche Kontext des Zulieferers. Chinesische Unternehmen sind immer in Netzwerke eingebunden, die über Guanxi von Fälschern beeinflusst sein können. Auch dürfen der Faktor Vertrauen und die Bereitschaft zur Zusammenarbeit nicht unterschätzt werden. Rein objektive Lieferantendaten wie die Produktqualität, die Qualität der Lieferlogistik, Fehlerraten, eingehaltene Lieferzeiten oder die Anzahl der durch einen Lieferanten verursachten Störfälle sind für solche Einflussfaktoren auf die Produkt- und Markenpiraterie blind und haben im Anti-Counterfeiting deshalb nur eine eingeschränkte Aussage-

---

1   Dazu Martin: Due Diligence in China: Revealing the Dark Side of the Moon.

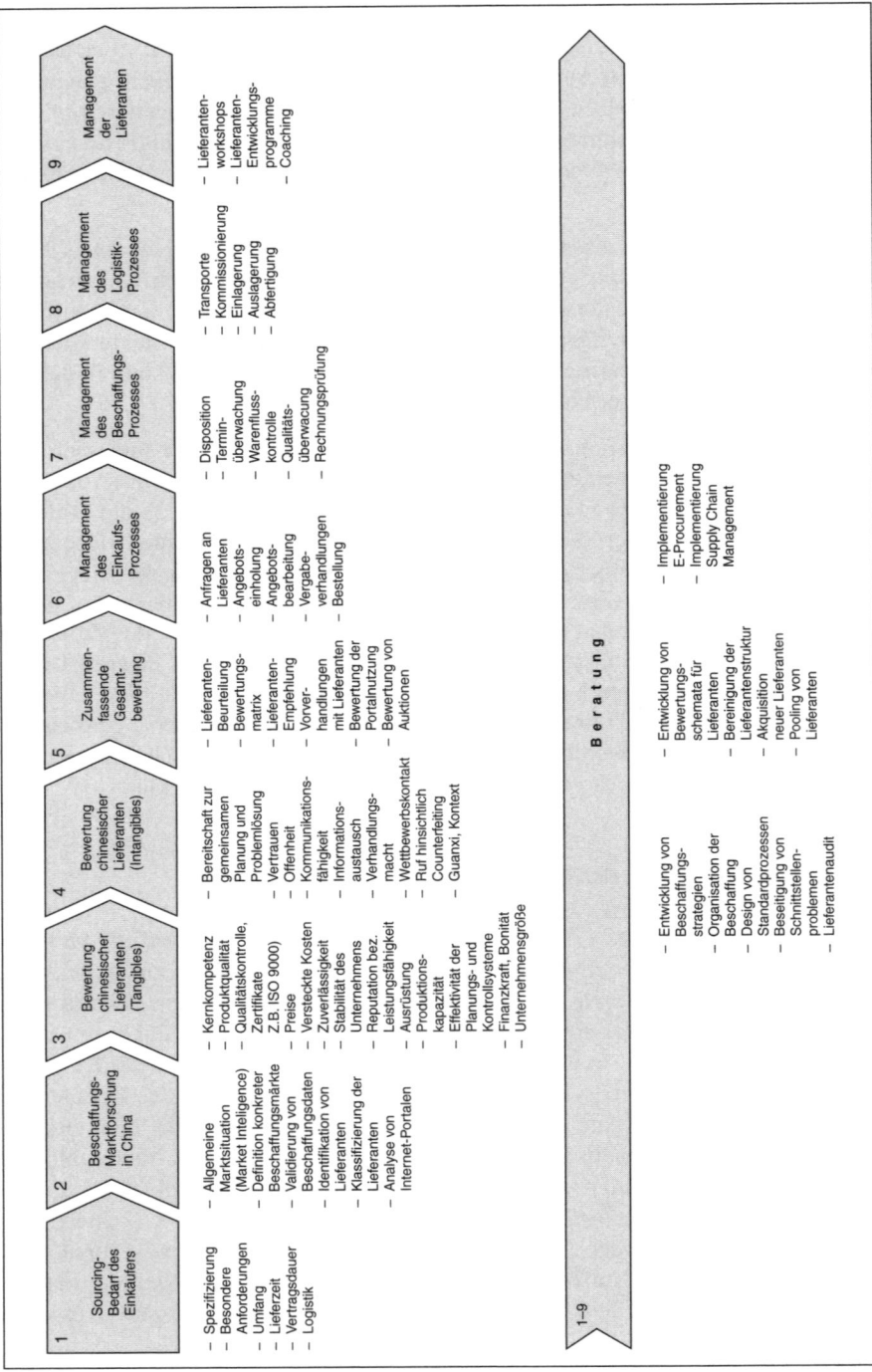

Ganzheitliches Analyse- und Bewertungsverfahren für chinesische Lieferanten Copyright: CHINABRAND

kraft. Die Grafik auf der Seite 224 zeigt das von CHINABRAND angewendete ganzheitliche Analyse- und Bewertungsverfahren für chinesische Lieferanten inklusive des Unterstützungsprozesses.

Vertragsgestaltung

Nicht nur das Lieferantenaudit, auch die Gestaltung der Lieferantenverträge hat Potenzial zur Verringerung der Risiken der Produkt- und Markenpiraterie. Verträge können die Lieferanten dazu bewegen, Fälschungen durch geeignete Maßnahmen von vorneherein zu unterbinden. Gelingt ihnen das nicht, sind sie für den entstandenen Schaden verantwortlich. Durch eine professionelle Vertragsgestaltung können Fälschungsrisiken also zum Teil auf die Lieferanten abgewälzt werden.

Wir empfehlen, in den Lieferantenprozessen keine eigenständigen Systeme des Anti-Counterfeiting aufzubauen, sondern das ACF in die bereits vorhandenen Prüf- und Kontrollsysteme der Zulieferkette zu integrieren. So kann die lieferantenseitige Produkt- und Markenpiraterie im Rahmen des Qualitätsmanagements behandelt werden, da Fälschungen als fehlerhafte Lieferungen minderer Qualität definiert werden können. Der Lieferant ist im Sinne des Null-Fehler-Prinzips verpflichtet, nur authentische Produkte anzuliefern, und muss seine Leistungen dahingehend kontinuierlich überprüfen.

Ein Lieferant kann beispielsweise vertraglich dazu verpflichtet werden, ein Qualitätsmanagementsystem nach DIN EN ISO 9001:2000 einzuführen und zu unterhalten, das auch Fälschungen in Materialien, Teilen, Produktionsmitteln, Dienstleistungen, Software oder sonstigen Vorlieferungen von Unterlieferanten einbezieht. Der Auftraggeber kann vom Lieferanten den Nachweis verlangen, dass er sich von der Echtheit aller ihm zugelieferten Produkte und Leistungen überzeugt hat und für Schäden aufkommt, die aus Fälschungen resultieren, die in seinem Unternehmen nicht erkannt wurden. Darüber hinaus kann der Lieferant vertraglich verpflichtet werden,

- für kundenspezifische Vormaterialien und -leistungen nur vom Hersteller freigegebene Unterlieferanten bei der Beschaffung zu berücksichtigen, für deren Wechsel vom Hersteller eine Bewilligung einzuholen ist oder

- einen beabsichtigten Wechsel seiner Unterlieferanten so frühzeitig mitzuteilen, dass der Auftraggeber prüfen kann, ob sich die Änderungen nachteilig auf die Sicherheit vor Fälschungen auswirken können.

Wenn eine Fälschung festgestellt wird, sind die Nachverfolgbarkeit und die Eingrenzung der falschen Chargen, Produkte oder Teile wichtig. Der Vertrag sollte den Lieferanten deshalb auch dazu verpflichten, die Rückverfolgbarkeit der von ihm gelieferten Produkte sicherzustellen. Der Hersteller kann den Zulieferer auch daran binden, die Produkte nur durch die Hausspedition des Herstellers zu versenden oder sie nur in freigegebenen Transportmitteln anzuliefern. Kommt es zu fälschungsbehafteten Lieferungen, kann der Lieferant dazu verpflichtet werden, unverzüglich Maßnahmen zu ergreifen, um den Schaden einzugrenzen sowie weitere Fälschungen dauerhaft aus-zuschließen. Dazu gehören Ersatzlieferungen sowie Sortier- oder Nacharbeit. Wenn beim Kunden Verlesekosten anfallen, gehen sie zu Lasten des Lieferanten. Grund-sätzlich ist vom Lieferanten eine schriftliche Stellungnahme über die Ursachen der fälschungsbehafteten Lieferungen und Gegenmaßnahmen abzugeben.

Lieferantenmonitoring und Schulung

Chinesische Zulieferer halten die ACF-Vorgaben ihrer ausländischen Kunden aller Erfahrung nach nur mehr oder weniger ein und sind deshalb unterschiedlichen Risi-kokategorien zuzuordnen. Das bedeutet, dass Lieferanten nach dem Fälschungsrisiko, das sie für Unternehmen darstellen, in verschiedene Risikokategorien eingestuft werden. Riskante Betriebe sollten dann häufiger und intensiver kontrolliert werden. Diese Selektion führt dazu, dass im Lieferantenportfolio des Herstellers zwar weniger Zulieferer kontrolliert werden, diese aber umso genauer. Ergebnis ist eine deutliche Erhöhung der Kontrolleffizienz.

Verbesserungen in Bezug auf die Einhaltung von ACF-Standards sind bei den meisten Zulieferern ein reaktiver Prozess. Die Mitarbeiter des Kunden kontrollieren die Be-triebe, zeigen Schwachstellen oder Verstöße gegen die Standards auf und entwickeln entsprechende Maßnahmenpläne, damit der Zulieferer die Mängel beseitigen kann. Dieser Prozess ist oft ineffektiv, weil er nur zu oberflächlichen Veränderungen anstatt zu einer nachhaltigen Umsetzung der Standards führt. Das strategische Lieferanten-monitoring stellt dagegen die Risiken gefälschter Lieferungen fest und identifiziert die Ursachen für die Nichteinhaltung von Standards. Es prüft auch, wie engagiert sich das Management des Lieferanten für die Einhaltung von Standards einsetzt.

Ausländische Hersteller sollten ihre chinesischen Lieferanten aber nicht nur auf Fälschungsaktivitäten und -potenziale hin überprüfen, sondern sie auch im Anti-Counterfeiting schulen und beraten. Schulungen sind ein wichtiges Mittel zur Sen-sibilisierung für ACF-Standards. Deutsche Unternehmen müssen ihren Zulieferern die nötige Hilfe und Unterstützung geben, damit diese ihre Probleme mit der Pro-dukt- und Markenpiraterie lösen können. Dafür bieten sich Schulungen zum Anti-Counterfeiting an, die entweder durch Mitarbeiter des Herstellers oder qualifizierte externe Dienstleister durchgeführt werden.

Sie können auf die Anforderungen eines einzelnen Zulieferers abgestimmt sein oder in Gruppenseminaren für mehrere Zulieferer durchgeführt werden. Es bietet sich auch an, Schulungsveranstaltungen zum Anti-Counterfeiting zusammen mit anderen Markenunternehmen durchzuführen. Wichtig ist, dass effektive Unterlagen zur Ver-fügung gestellt und die Inhalte regelmäßig den Erfordernissen der schulenden Unter-nehmen angepasst werden. Außerdem muss der Schulungsbedarf bei den Mitarbeitern der Zulieferer genau ermittelt werden. Wir empfehlen, die Struktur und Inhalte dieses Buches als Grundlage für ACF-Schulungen zu verwenden.

Supply Chain Management

Das Supply Chain Management (SCM) zielt auf die Verbesserung der Effektivität und Effizienz industrieller Lieferketten ab. Während die Logistik die Objektflüsse weitgehend unabhängig von organisatorischen Einheiten betrachtet, bezieht das SCM die Struktur und das spezifische dynamische Zusammenwirken der selbständig agierenden Lieferkettenglieder in die Analyse ein. Das SCM betont damit im Unterschied zur Logistik die Koordination der Organisationseinheiten im logistischen Management, was sich besonders im Management des Transports und der Lagerhaltung bemerkbar macht.

Eine zentrale Aufgabe des Supply Chain Management ist die Sicherheit der Lieferkette. Je mehr Unternehmen an einer Supply Chain beteiligt sind, desto größer wird das Risiko des Counterfeiting. Besonders an den Schnittstellen der einzelnen Glieder des Zulieferprozesses sollen Eingriffsmöglichkeiten, Fehlerquellen und Störpotenziale eliminiert werden. SCM soll dafür sorgen, dass die Supply Chain an den Schnittstellen vor ungewollten Einflüssen sicher ist. Ein wichtiges Element dieser Sicherheit in der Lieferkette ist Tracking & Tracing – die Fähigkeit, jederzeit zu wissen, was sich wann an welchem Ort befindet und wo es wann war. Dazu wird beispielsweise die Übergabe der Güter entlang der Kette an bestimmten Punkten durch das Scannen eines Barcodes oder das Einlesen eines Chips überprüft, wodurch die Transparenz auf den Bereich außerhalb des Unternehmens ausgedehnt wird.

Auch während des Transportes kann die Lieferkette durch SCM-Systeme überwacht werden. Erfahrungen in China zeigen, dass beispielsweise Aushilfsfahrer von Speditionen, die ohne das Wissen des chinesischen Spediteurs im Auftrag von Produktpiraten arbeiten, die ihnen zugewiesenen Routen verlassen, um unterwegs in einem illegalen Lager Teile der originären Ladung gegen Plagiate auszutauschen. Eine durch ein Navigationssystem überprüfte Routenführung kann dieses Abweichen sichtbar machen. Sobald der Lastwagen einen vorab definierten Toleranzbereich verlässt, gibt das System ein Signal. Der Spediteur kann prüfen, ob eine Ausweichstrecke erforderlich war oder ob ein Austausch stattgefunden haben könnte.

Supply Chain Management hat für die Bekämpfung der lieferantenseitigen Produktpiraterie größte Relevanz. Unter organisatorischen Gesichtspunkten bieten sich zwei Maßnahmen zur Risikominimierung an: die Steigerung der Prozesstransparenz und die Erhöhung der Flexibilität und Agilität des Unternehmens. Indem sie die Lieferkette transparent macht, können Fälschungen erkannt werden, die bereits in die Lieferkette eingeschleust wurden, aber auch neue Einschleusungen verhindert werden. Darüber hinaus können durch ein flexibles Handeln sehr schnell Maßnahmen ausgelöst werden, wenn Plagiate in der Lieferkette entdeckt oder vermutet werden. Neue Schutztechnologien wie Radio Frequency Identification (RFID) spielen im Supply Chain Management eine immer größere Rolle. Wir gehen im nächsten Kapitel genauer auf diese Technologien ein.

Wareneingangskontrolle

Zulieferseitige Fälschungen können durch eine strenge Wareneingangskontrolle entdeckt werden. Der Wareneingang sollte dabei aber nicht nur im Rahmen von Stichproben durch eine reine Sichtprüfung kontrolliert werden, weil Plagiatoren in betrügerischer Absicht häufig Originale und Fälschungen in ein und derselben Lieferung vermischen. Gerade bei großen Volumina und hoch sensiblen oder sicherheitsrelevanten Zulieferungen sollten Unternehmen den größeren Zeitaufwand und die damit verbundenen erhöhten Personalkosten in Kauf nehmen, um spätere Schäden durch eingeschleuste Fälschungen zu vermeiden. Wichtig ist jedoch, dass die Eingangsprüfer zuverlässig sind. Nur dann kann eine strenge Wareneingangskontrolle auch ein präventives Instrument gegen zukünftige Produktpiraterie sein, weil die Zugangsbarriere bei den Fälschern in der Regel bekannt ist.

In China gehören auch Lager- und Umfüllvorgänge in der Chemie ins Visier des Anti-Counterfeiting, weil sie Angriffspunkte für Produktpiraten beinhalten, die gefälschte oder verdünnte Chemikalien einschleusen wollen. Hier sind neben der Kontrolle der Fahrzeuge und Tanks die Entnahme und Prüfung von Proben relevant. Dabei gewinnen kennzeichnende Stoffe, die den echten Chemikalien zur Markierung beigemischt werden, an Bedeutung. Um bei der Wareneingangskontrolle eine höchstmögliche Sicherheit zu erzielen, sollte das Verfahren standardisiert werden. Dabei ist ein Umlaufformular hilfreich, auf dem sämtliche Prüfschritte aufgeführt sind. Abweichungen, die im Umlaufformular vermerkt werden, führen zu einer verstärkten weiteren Wareneingangskontrolle oder werden mit dem Vorlieferanten oder dem Transporteur sofort geklärt.

Die Proben müssen nach der Kontrolle aufbewahrt werden, um beim Auftauchen von Fälschungen auch später noch eine Zuordnungs- und Beweismöglichkeit zu haben. Sie sollten so lange gesichert werden, bis gefälschte Stoffe durch die Verwendung im eigenen Betrieb oder beim Kunden aufgefallen sein müssen. Wenn Ladungen zwischengelagert oder Gebinde mehrfach umgefüllt werden, dann ist der Rückgriff auf die Proben oft die einzige Möglichkeit, Fälschungen nachträglich einer bestimmten Liefercharge zuzuordnen.

Fazit: Die Zulieferer kontrollieren

Deutsche Unternehmen sind auf chinesische Zulieferer angewiesen und können das mit ihnen verbundene Fälschungsrisiko nicht umgehen. Wer in China einkauft, kann sich schnell den Piratenvirus einfangen. Es kommt deshalb darauf an, ein genaues Auge auf die chinesischen Lieferanten zu werfen. Auf der Beschaffungsseite des Anti-Counterfeiting geht es um permanente Bewertung und Kontrolle.

Maßnahmen im eigenen Unternehmen

In vielen Fällen der Produktpiraterie findet der Diebstahl geistigen Eigentums im eigenen Unternehmen statt. Die Fälscher oder ihre Helfer beschaffen sich bei einem Hersteller sensible Dokumente, wichtige Teile, einzelne Werkzeuge oder komplette Datensätze, um dessen Produkte erfolgreich kopieren zu können. Das Spektrum der Eingriffe reicht von der Mitnahme eines weggeworfenen Abfallteils, das dem Fälscher als Kopiervorlage dient, bis hin zur professionellen Wirtschaftskriminalität mit der digitalen Kamera. Die Herausforderung für ausländische Unternehmen in China ist, den eigenen Betrieb in Bezug auf Fälscher sicher zu machen.

Ein Beispiel gibt die ZF AG, die in China Achsen, Lenkungen und Getriebe unter anderem für VW und BMW herstellt. Das Unternehmen hat in China wie viele andere Automobilzulieferer Probleme mit der Produktpiraterie. Chinesische, aber auch koreanische Unternehmen bauen zunehmend mechanische Lenkungsteile, Kupplungen und Hydraulikpumpen westlicher Markenhersteller nach und verkaufen sie an chinesische Kfz-Werkstätten. Dabei schrecken die Fälscher selbst vor der Einprägung fremder Firmenlogos nicht zurück. In China verursachen Billigkopien von Markenersatzteilen nicht nur Verluste im lukrativen Reparatur- und Ersatzteilgeschäft, sie erschweren auch die Beweisführung nach Verkehrsunfällen, bei denen beispielsweise ein Lenkgestänge gebrochen ist oder ein Bremssystem versagt hat. Das Problem der Piraterie verschärft sich, weil die Autohersteller seit Anfang 2004 im Fall von Produktionsmängeln auch in China im Rahmen der Produktgewährleistung zu Rückrufaktionen verpflichtet sind.

Um für solche Fälle gerüstet zu sein, versucht die ZF AG, ihre Produktion in China völlig transparent zu machen und die einzelnen Fertigungsschritte zu dokumentieren. Im ZF-Achswerk in Shenyang, wo Vorder- und Hinterachsen für BMW montiert werden, hat das Unternehmen ein aufwändiges Datensicherungsverfahren eingeführt. Alle Werkzeuge sind mit Kleincomputern verbunden, die jede Schraubenumdrehung registrieren und speichern. Jeder Arbeiter hat eine eigene Codenummer, die den Arbeitsprozessen zugeordnet wird. Auf diese Weise will ZF im Streitfall die Herkunft und die sachgerechte Montage der konzerneigenen Bauteile nachweisen.

Unternehmen sollten nicht nur in China auf ihre innere Sicherheit vor Piraten achten. In einem metallverarbeitenden Betrieb in Baden-Württemberg ist ein chinesischer Praktikant aufgefallen, weil er entgegen den strengen Sicherheitsvorschriften seinen privaten Laptop in das Unternehmen einschleuste und aus dem firmeninternen Computernetz die gesamten Daten eines kurz vor Beendigung stehenden Projekts auf seine Festplatte lud. Außerdem bemühte er sich, Gespräche von Kollegen mitzuhören, und hielt sich auch außerhalb der Arbeitszeiten im Unternehmen auf.

Nach Erkenntnissen des Verfassungsschutzes betreiben die chinesischen Nachrichtendienste auch in Deutschland eine intensive Aufklärung im wissenschaftlichen und wirtschaftlichen Bereich. Dabei spielen die vielen chinesischen Wissenschaftler und Doktoranden eine große Rolle, die nicht nur über fundiertes Wissen verfügen, sondern häufig auch noch unbeschränkten Zugang zu sensiblen Arbeitsbereichen haben. Dadurch hat dieser Personenkreis ideale Möglichkeiten zur Ausspähung wertvoller Informationen. In Einzelfällen konnten die Verfassungsschützer Kontakte von Wissenschaftlern zu Angehörigen chinesischer Nachrichtendienste an der Chinesischen Botschaft in Berlin feststellen.

Dem Diebstahl geistigen Eigentums kann mit präventiven, integrierten und unternehmensspezifischen Schutzkonzepten begegnet werden, die auch den bisherigen Personaleinsatz, eingespielte Arbeitsroutinen und langjährig gepflegte Außenbeziehungen kritisch hinterfragen und vorbeugende Schutzmechanismen vorsehen. Diese betriebsinternen Systeme konzentrieren sich darauf, den Diebstahl geistigen Eigentums in allen relevanten Bereichen zu erschweren, den Aufwand des Fälschers nachhaltig zu steigern und sein Risiko der Entdeckung unkalkulierbar zu machen.

Bei der Konzeption eines betriebsinternen Anti-Counterfeiting-Systems kommt es darauf an, alle Organisationseinheiten und betrieblichen Prozesse unter Sicherheitsgesichtspunkten zu analysieren. Das Ziel ist eine solide Bestandsaufnahme der Gefahren, die dem Unternehmen von innen und außen drohen. Dabei bietet es sich an, alle Unternehmensbereiche aus dem Blickwinkel eines potenziellen Angreifers zu durchleuchten.[2] Auf diese Weise können die wichtigsten Schwachstellen identifiziert und Korrelationen von Gefährdungsfaktoren erkannt werden. Es gilt, das Zusammenwirken mehrerer Gefährdungsfaktoren und die daraus abzuleitende Gefahrenpotenzierung bereits im Ansatz zu erkennen. Doch nicht alles, was im Unternehmen als sensibel angesehen wird, ist tatsächlich schützenswert. Die Herausforderung ist, das relevante geistige Eigentum zu identifizieren und wirksam zu schützen. Das bedeutet auch, dass das Unternehmen akzeptable Sicherheitsrisiken in Kauf nehmen muss.

Maßnahmen beim Personal

Viele schwerwiegende Sicherheitsverletzungen sind auf menschliches Fehlverhalten der Geheimnisträger und Wissensarbeiter im eigenen Unternehmen zurückzuführen, da gerade sie die Abläufe und Schwachstellen ihres Betriebes am besten kennen. Betriebliche Sicherheitskonzepte müssen deshalb gezielt auf die Schwachstelle Mensch ausgerichtet sein und die Erhöhung des Bewusstseins, der Kompetenz und der Akzeptanz in Sachen Sicherheit bei den Mitarbeitern zum Ziel haben.

Der deutsche Baustofflieferant Alcan Composites begann Anfang der 90er Jahre, Aluminiumverbundplatten mit dem Markennamen Alucobond nach China zu liefern. Aufgrund des steigenden Marktbedarfs wurde im Jahr 1998 eine Gemeinschaftsproduktion mit einem chinesischen Partner gestartet, seit 2000 agiert die Alcan Composites Ltd. Shanghai als eigenständiges Tochterunternehmen (Wholly Foreign Owned Enterprise, WFOE). Das Unternehmen beliefert die chinesische und asiatische Bauindustrie mit Aluminiumverbundplatten.

---

2   Know-how-Schutz, Handlungsempfehlungen für die gewerbliche Wirtschaft, S. 11.

Die Platten sind mit einem Logo und einer Schutzfolie versehen, die das Produkt deutlich von allen Konkurrenzprodukten unterscheiden. Da die Marke nicht über allgemeine Distributionskanäle, sondern nur projektbezogen geliefert wird, ist die kontrollierte Verwendung des eigenen Produkts auf dem chinesischen Markt relativ einfach. Das Produkt, das heißt die Aluminiumverbundplatten, ist nicht mehr rechtlich geschützt, weil das Patent bereits ausgelaufen ist. Der Markenname Alucobond ist jedoch registriert. Das bewahrt Alcan Composites allerdings nicht davor, dass Markenpiraten den gleichen Namen verwenden und damit den Umsatz des Unternehmens untergraben.

Gegen die Piraterie geht Alcan Composites sehr strikt vor. So wurden im Rahmen eines Gebäudeprojekts Platten verwendet, die nachweislich nicht aus der Herstellung des deutschen Unternehmens stammten. Alcan Composites hat daraufhin interveniert und den Bauträger gemäß Projektvertrag verpflichtet, die falschen Platten wieder zu entfernen und stattdessen Originalplatten der Marke Alucobond zu verwenden. Dadurch ist Alcan Composites kein finanzieller Schaden entstanden, aber dem Bauträger.

In einem anderen Fall hatte eine kleine chinesische Firma den Namen Alucobond in ihren Firmennamen integriert. Durch ein formelles Anschreiben wurde eine Namensänderung durchgesetzt. Ein anderes Unternehmen ist gerade dabei, sich das Alcan Composites Firmenlogo registrieren zu lassen. Auch dagegen geht das deutsche Unternehmen strikt vor. Bei der Verwendung des Logos für produktfremde Güter reagiert Alcan Composites gelassener, weil eine rechtliche Intervention hier keine nennenswerten Vorteile bringen würde.

Geschäftsführer Wolfgang Ueberschaer, der seit zehn Jahren in China arbeitet, erachtet beim Anti-Counterfeiting gerade betriebsinterne Schutzmaßnahmen als sehr wesentlich. Er setzt hauptsächlich auf weit reichende Sicherheitsmaßnahmen, den beschränkten Zutritt zu kritischem Know-how und eine Verschwiegenheitsverpflichtung für Mitarbeiter und für die Zulieferanten von Vormaterialien. Wichtig sei auch der Einsatz deutscher Mitarbeiter auf der Managementebene. Beim Kampf gegen Produktpiraten sei es sinnvoller, einen deutschen Manager vor Ort zu stationieren, ihn zu schulen und zu unterstützen, als einen chinesischen MBA-Absolventen einzustellen. Die Personalauswahl ist im Anti-Counterfeiting ein Risikofaktor, der in jedem Fall berücksichtigt werden sollte. Hinsichtlich der Sicherheit fordert Ueberschaer, auch die Service-Stationen zu kontrollieren, weil nicht nur in den Kernprozessen Wissen verloren gehen kann.

Wichtig sei auch, im Unternehmen ein positives Betriebsklima aufzubauen und zu pflegen, um die Fluktuation der Mitarbeiter zu reduzieren. Mit jedem Mitarbeiter verlässt ein Stück Wissen das Haus. Darüber hinaus sollten Joint-Venture-Partner nicht unterschätzt werden. Wolfgang Ueberschaer sieht den Grund für den Misserfolg mittelständischer europäischer Unternehmen in Joint Ventures mit chinesischen Partnern nicht nur in dem defizitären chinesischen Rechtssystem, sondern vielmehr in der noch immer verbreiteten Blauäugigkeit vieler europäischen Firmen. Wer in China ein wasserdichtes Joint Venture gründen will, sollte sich Zeit für die Partnerwahl nehmen, Qualitäts- und Sicherheitsaspekte analysieren, eine langfristige Geschäftsstrategie entwickeln und ständig das Marktumfeld beobachten.

Personalscreening

Betriebsinterne Maßnahmen des Anti-Counterfeiting müssen den gesamten Beschäftigungszyklus eines Mitarbeiters umfassen. Der Verlust geistigen Eigentums kann häufig schon durch eine sorgfältige Personalauswahl, die die Möglichkeiten der modernen Personaldiagnostik und die Ausschöpfung von externen Informationsquellen einbezieht, verhindert werden. Hier kommt es in erster Linie auf die Echtheit, Lückenlosigkeit und Schlüssigkeit der vorgelegten Unterlagen und auf den persönlichen Eindruck des Bewerbers an.

Da in China nicht wenige Zeugnisse und Referenzen gefälscht sind, empfiehlt sich der Einsatz einer Agentur zur Überprüfung von Bewerbern. Solche Agenturen haben sich in Großstädten wie Beijing oder Shanghai etabliert. Im Einzelfall sollten sich Unternehmen nicht scheuen, Wirtschaftsdetektive einzuschalten oder Kontakt zu Sicherheitsbehörden aufzunehmen, wenn bei einem Bewerber Auffälligkeiten zu erkennen sind. Beim Pre-Employment Screening durchleuchten Experten die eingereichten Bewerbungsunterlagen auf mögliche Ungereimtheiten, inspizieren das persönliche Umfeld des Kandidaten und prüfen Vermögensverhältnisse, Beteiligungen sowie frühere Tätigkeiten.

Die größte Spionagegefahr geht von enttäuschten und unzufriedenen Mitarbeitern aus. Sie haben als Beschäftigte direkten Zugang zu Informationen, lassen sich durch Geld anwerben und spähen für ihre Auftraggeber Betriebsgeheimnisse aus. Dazu kommt, dass unzufriedene Mitarbeiter, die sich bei Konkurrenten bewerben, auch in China intensiv ausgefragt werden und durch die Mitteilung von Details angeblich ihre Kompetenz beweisen müssen, wenn sie eine Stelle erhalten wollen.

Auch Diplomanden und Praktikanten wird unter Sicherheitsaspekten zu wenig Aufmerksamkeit geschenkt. Bei ihrem Einsatz sollte zumindest die Beschäftigung in besonders sensiblen Bereichen wie der Führungsebene, Forschung & Entwicklung oder EDV sorgfältig geprüft und gegebenenfalls durch Sicherheitsmaßnahmen flankiert werden. Das Gleiche gilt für Servicetechniker, die Computer, Fax- und Kopiergeräte warten.

Arbeitsverträge

Unternehmen können die Produktpiraterie auch mit Hilfe des chinesischen Arbeitsrechts ausbremsen. Ganz allgemein gilt, dass sich die gesetzlichen Vorschriften, die den Arbeitgeber schützen, in China immer mehr den westlichen Standards annähern und Arbeitgeberrechte immer besser durchzusetzen sind. So ist es bei der Gestaltung von Arbeitsverträgen mit Know-how-Trägern und leitendem Personal sinnvoll, eine Geheimhaltungsklausel aufzunehmen. Damit der Vertrag im Konfliktfall gerichtlich wirksam ist, müssen der Begriff des zu schützenden Wissens (Geschäftsgeheimnis) und die Geltungsdauer des Schutzes so genau wie möglich definiert werden. Auch Wettbewerbsverbote sind in China möglich, wenn eine Geheimhaltungsklausel vereinbart und eine Entschädigung gezahlt wurde. Sie muss in Shanghai mindestens 50 % der vor dem Ausscheiden gezahlten Vergütung betragen, das nachvertragliche Wettbewerbsverbot darf dort eine dreijährige Laufzeit nicht überschritten. Eine ähnliche Regelung gilt in der Provinz Jiangsu, in der die Entschädigung auf ein Drittel der durchschnittlichen Vergütung des letzten Jahres vor dem Ausscheiden des Arbeitnehmers beschränkt ist. Ein nachvertragliches Wettbewerbsverbot kann dabei mit einer Vertragsstrafe kombiniert werden.

Verstoßen Arbeitnehmer gegen Geheimhaltungsklauseln, entsteht zwar grundsätzlich ein Beweisproblem. Das geschädigte Unternehmen muss den Verstoß gerichtsfest nachweisen. Es gibt aber Hinweise darauf, dass bewiesene Verstöße konsequent geahndet werden. Im Jahr 2004 hat ein Beijinger Gericht in zweiter Instanz einen ehemaligen Arbeitnehmer und seinen neuen Arbeitgeber dazu verurteilt, dem alten Unternehmen wegen der Nichteinhaltung eines vereinbarten nachvertraglichen Wettbewerbsverbots einen Schadensersatz in Höhe von 500.000 RMB zu bezahlen. Solche Urteile tragen in China dazu bei, potenzielle Betriebsspione abzuschrecken und finanzielle Verluste der Produktpiraterie in Grenzen zu halten.

Im neueren chinesischen Arbeitsrecht zeichnen sich weitreichende Änderungen der bisherigen Rahmenbedingungen ab, die sämtliche Unternehmen in China betreffen, also auch alle Joint Ventures, 100-%ige Tochtergesellschaften und Repräsentanzbüros ausländischer Unternehmen. Ein allgemeiner Trend ist, die in China üblichen befristeten Arbeitsverträge für Arbeitgeber weniger attraktiv zu gestalten und vertragliche Wettbewerbsverbote grundlegend zu reformieren. War es bisher möglich, befristete Arbeitsverträge über einen längeren Zeitraum abzuschließen, gilt jetzt eine Obergrenze von drei Jahren. Wettbewerbsverbote für Arbeitnehmer, die das Unternehmen verlassen haben, sollen von drei auf maximal zwei Jahre verkürzt werden. Außerdem sollen Arbeitgeber verpflichtet werden, für den Zeitraum des Wettbewerbsverbots Arbeitnehmern als Ausgleich 50 % des ursprünglichen Gehalts weiter zu zahlen. Wenn das nicht der Fall ist, ist das Wettbewerbsverbot unwirksam.

Fluktuationsmanagement

Durch die in China übliche hohe Mitarbeiterfluktuation entstehen weitere Risiken des Verlustes geistigen Eigentums. Ein herausragendes Ziel des Anti-Counterfeiting im Unternehmen muss deshalb sein, die Mitarbeiter möglichst lange an das Unternehmen zu binden. Da rechtliche Maßnahmen aufgrund der mangelnden Umsetzung bestehender Gesetze oft nicht greifen, ist ein präventives Fluktuationsmanagement gefragt.

Das Ziel des wissensorientierten Fluktuationsmanagement ist es, unerwünschte Wissensverluste durch den frühen Weggang zentraler Wissensträger mit Hilfe geeigneter Maßnahmen zu verhindern oder einzudämmen. Dabei werden im Unternehmen zunächst die relevanten Wissensbestände und ihre Träger identifiziert. Die Wissenskategorien werden im Rahmen einer qualitativen Studie ermittelt, die auf problem- und leitfadengestützten Interviews mit Vorgesetzten und Mitarbeitern sowie auf vorliegenden Dokumenten basiert.

Eine Risikoanalyse gibt im zweiten Schritt Aufschluss über das Fluktuationsrisiko der zentralen Wissensträger. Aus der Sicht des Unternehmens stellt die Kündigungsbereitschaft oder -absicht dieser Personen ein Risiko der Produktpiraterie dar, weil mit dem Weggang die Gefahr eines Wissensabflusses zu Fälschern droht. Im Rahmen der Risikoanalyse ist daher zu fragen, wie viele und welche der identifizierten Wissensträger risikobehaftet sind. Die beiden wichtigsten Indikatoren zur Ermittlung des Gefahrenpotenzials sind die subjektive Fluktuationsneigung der Kandidaten und die objektive Angebotssituation auf dem Markt. Die Fluktuationsneigung wird durch Mitarbeiterbefragungen ermittelt. Im Rahmen der Risikoanalyse interessieren auch die Faktoren, die einen hohen Einfluss auf die Fluktuationsneigung haben, da diese Ansatzpunkte für den Einsatz von Maßnahmen zur Verringerung der Fluktuationsneigung sind.

Maßnahmen und Instrumente sollen die kritischen Personen langfristig an das Unternehmen binden. Materielle Anreize spielen dabei eine große Rolle. Damit sind nicht nur Gehälter und Boni gemeint, sondern auch Sachzuwendungen wie Unterkunft und Verpflegung, kostenloser Transport oder ein Firmenwagen. Ein namhafter deutscher Textilhersteller in Ningbo bindet seine Top-Führungskräfte durch die Finanzierung von Eigentumswohnungen. Kündigt der Manager, verliert er die Wohnung.

Auch in China zeigt sich zunehmend, dass nicht nur die materielle Kompensation und die Position, sondern auch die Identität und die persönlichen Entwicklungsmöglichkeiten das Zugehörigkeitsgefühl der Mitarbeiter zum Unternehmen (Commitment) erhöhen. Neben den Arbeitsinhalten, dem internationalen Bezug der Tätigkeit und der Qualität der Kunden haben die Vision und Strategie des Unternehmens, das Angebot an Weiterbildung und die Möglichkeiten des Networking bei den lernbegierigen und am Kollektiv orientierten chinesischen Mitarbeitern einen sehr hohen Stellenwert. Deutsche Unternehmen können ihre chinesischen Mitarbeiter am ehesten binden, wenn sie ihnen Entwicklungsmöglichkeiten bieten.

Chinesische Mitarbeiter wollen von Führungskräften umsorgt und betreut werden. Den Mitarbeitergesprächen kommt in der chinesischen Wirtschaft deshalb eine große Bedeutung zu. Die regelmäßig durchgeführten Gespräche werden mit der Zielsetzung geführt, eine dauerhafte, zielorientierte und konstruktive Zusammenarbeit von Vorgesetzten und ihren direkten Mitarbeitern sowie die Entwicklung kooperativer Arbeitsbeziehungen zu fördern. Dies geschieht durch das Aussprechen von Lob, Anerkennung und Kritik und durch das gemeinsame Vereinbaren von Zielen sowie persönlichen Qualifizierungs- und Fördermaßnahmen. Zudem sollen die Mitarbeiter durch den Einsatz der Gespräche bezüglich ihrer individuellen Weiterentwicklung beraten, unterstützt und gefördert werden. Degussa hat in China beispielsweise die Development Reviews eingeführt, durch die jeder einzelne Mitarbeiter seine Perspektiven im Unternehmen gut einschätzen kann.

Mitarbeiterschulung

Dem Grundsatz der Prävention muss durch ein gezieltes Qualifizierungs- und Sensibilisierungsprogramm Rechnung getragen werden, das sowohl die aktuelle Gefährdungssituation als auch das Selbstverständnis der Mitarbeiter berücksichtigt. Ein Sicherheitskonzept gegen den Diebstahl geistigen Eigentums sollte einem Unternehmen nicht voreilig übergestülpt werden. Gerade im kulturell sensiblen China dürfen neue Sicherheitsmaßnahmen nicht einfach angeordnet werden, sie müssen psychologisch geschickt vorbereitet werden.

Es hat sich als sinnvoll erwiesen, zunächst eine allgemeine Grundsensibilisierung der Mitarbeiter vorzunehmen, dieses Niveau durch ergänzende Maßnahmen zu erhalten und schließlich zielgruppenorientiert weiter zu steigern. Dabei sollten die Mitarbeiter in die Lage versetzt werden, Sicherheitsvorkommnisse selbst zu erkennen. Den Mitarbeitern sollten die Unterscheidungsmerkmale zwischen Original und Fälschung genau erläutert werden. Das Management, Führungsverantwortliche und Beschäftigte mit Zugang zu Betriebsgeheimnissen aller Art, professionelle Informationsmittler sowie Angehörige des Bereichs Unternehmenssicherheit verdienen bei diesen Schulungen, in denen auch die Konsequenzen des Diebstahls geistigen Eigentums erläutert werden, eine besondere Aufmerksamkeit.

ACF-Belohnsysteme

Um die Mitarbeiter für den Kampf des Unternehmens gegen die Produkt- und Markenpiraterie auch materiell zu motivieren, können die Vergütungsstrukturen Belohnungen für den Schutz geistigen Eigentums enthalten. So kann zum Grundgehalt der Mitarbeiter, die mit sensiblen Informationen arbeiten, ein Bonus für die sichere Aufbewahrung der Informationen hinzugefügt werden. Andererseits können Boni vergeben werden, wenn Mitarbeiter Fälschungen aufdecken oder auf Schwachstellen hinweisen.

Social Engineering Audit

Beim Social Engineering Audit versucht eine Person, dem Mitarbeiter im Rahmen eines persönlichen oder telefonischen Kontakts vertrauliche Informationen zu entlocken, beispielsweise eine User-ID oder ein Passwort, oder physischen Zugang zum Unternehmen zu erhalten. Der Social Engineer täuscht dem Mitarbeiter eine glaubwürdige Identität als Mitarbeiter einer anderen Abteilung, Führungskraft, IT-Support oder Reparaturdienst vor, um dessen Zuverlässigkeit prüfen zu können. Beim Online-Audit versuchen die Tester, mit Hilfe des Internet an vertrauliche Informationen zu gelangen. Sie suggerieren dem Mitarbeiter zum Beispiel über eine E-Mail eine vertrauenswürdige Quelle und fordern ihn dann auf, bestimmte Daten preiszugeben oder eine manipulierte Software herunterzuladen.

Beim Social Engineering Audit wird auf der Basis von Hintergrundinformationen des Unternehmens und weitergehenden Recherchen zuerst ein Anforderungsprofil erstellt, das den Einsatzraum, den Umfang der Prüfung und das Vorgehen festlegt. Danach werden die technischen Hilfsmittel erstellt, zum Beispiel fingierte Hausausweise oder E-Mail-Funktionen. Nach der Durchführung des Audits werden die Resultate analysiert und mit dem Unternehmen diskutiert. Danach wird ein Katalog mit Maßnahmen zur Sensibilisierung der Mitarbeiter entwickelt, mit deren Hilfe das Sicherheitsniveau unternehmensintern nachhaltig verbessert werden kann. Alternativ können im Unternehmen bedarfsgerechte Sicherheitskampagnen durchgeführt werden.

Korruptionsbekämpfung

Piraterie korreliert im hohen Maße mit Korruption, weil Mitarbeiter von Unternehmen durch Fälscher bestochen werden, vertrauliche Informationen, Teile oder Werkzeuge zu beschaffen. Die Bekämpfung der Korruption geht deshalb mit der Bekämpfung der Produkt- und Markenpiraterie Hand in Hand. Erfahrungen im öffentlichen Dienst und in der Wirtschaft zeigen, dass die Korruptionsanfälligkeit der Mitarbeiter mit der Verweildauer im Unternehmen zunimmt. Gerade im korruptionsreichen China kann die langjährige Zusammenarbeit derselben Personen zu engen Bindungen führen, in denen die Grenzen zwischen privaten und beruflichen Interessen verschwimmen.

Die operative Bekämpfung der Korruption konzentriert sich auf Verhaltensregeln, mit denen Mitarbeiter zur besonderen Aufmerksamkeit angehalten werden, und auf organisatorische Maßnahmen. Die wichtigsten sind:

- das Vier-Augen-Prinzip, das die Kontrolle von Handlungen und die Gegenzeichnung von Aufträgen durch eine zweite Stelle vorsieht, und das Need-to-know-Prinzip, nach dem kein Mitarbeiter mehr Informationen und Rechte hat, als zur Erfüllung seiner Aufgabe unbedingt notwendig sind;

- die Personalrotation, bei der Unternehmen unabhängig von konkreten Verdachtsmomenten und in angemessenen Zeitabständen bei kritischen Stellen einen Personalwechsel vornehmen;

- die Funktionstrennung, das heißt die strikte organisatorische Trennung von Entscheidung, Ausführung, Kontrolle und Berichterstattung sowie

- die vollständige, präzise und transparente Buchführung und Dokumentation von Vorgängen, die Korruptionsfälle nachträglich rekonstruierbar machen.

Bei der Bekämpfung der Korruption im Unternehmen ist darauf zu achten, dass die eigenen Bemühungen nicht durch gegensätzliches Handeln von chinesischen Joint-Venture-Partnern unglaubwürdig gemacht oder unterlaufen werden. Durch Verträge muss sichergestellt werden, dass auch die Partner am gleichen Strang ziehen.

Job Rotation

Job Rotation, der systematische Wechsel von Arbeitsplätzen oder Aufgaben, ist im Kampf gegen den Diebstahl geistigen Eigentums ein zweischneidiges Schwert. Bei der Job Rotation erhalten die Mitarbeiter zwar Zugang zu vielen Stellen des Unternehmens, was das Risiko des Wissensverlustes klar erhöht. Sie können aber nur ein relativ breites und oberflächliches Know-how bilden, das ihnen keine tieferen Einblicke in die Prozesse ermöglicht. Für viele Fälscher bedeutet Job Rotation, dass sie nur schwer Beziehungen zu den Mitarbeitern aufbauen können, da die Abteilungen immer wieder mit neuen Mitarbeitern besetzt werden. Unter dem Gesichtspunkt des möglichen Abflusses geistigen Eigentums sollten Unternehmen ihre Job-Rotation-Programme in China immer nach Breite und Tiefe des vermittelten Wissens gestalten.

Organisatorische Maßnahmen

Beim innerbetrieblichen Schutz vor Fälschern sind neben dem Faktor Mensch die organisatorischen Maßnahmen relevant. Es sind die Organisationsstrukturen und Arbeitsabläufe, die den Produkt- und Markenpiraten große Angriffsflächen bieten. Das gilt besonders für die sensiblen Unternehmensbereiche Forschung und Entwicklung sowie Fertigung. Grundlegende organisatorische Maßnahmen sind die räumliche Abschottung sensibler Arbeitsbereiche (Sicherheitsinseln), die klare Zuordnung von Verantwortungen und die Einrichtung von Kontrollorganen.

Sicherheit in Forschung & Entwicklung

Viele Produktpiraten versuchen, bereits in der Forschung & Entwicklung der Zielunternehmen anzusetzen und sensibles Wissen für innovative und zukünftige Produkte zu stehlen. Die chinesische Wirtschaftsspionage in F&E trifft die deutschen Unternehmen besonders empfindlich, weil ihr Wettbewerbsvorteil in China häufig auf technologischen Innovationen beruht. Wenn dieser Wettbewerbsvorsprung durch den Diebstahl geistigen Eigentums zunichte gemacht wird, laufen die betroffenen Unternehmen Gefahr, aufgrund massenhaft auftretender billiger Plagiate der Produkte ihre hohen Entwicklungskosten nicht mehr amortisieren zu können. Das unternehmerische Risiko steigt exponentiell.

Dennoch sind die Maßnahmen, die Unternehmen gegen F&E-Spione einsetzen, oft völlig unzureichend. So hatte Gillette vor einigen Jahren rund 750 Millionen US-

Dollar in die Entwicklung eines neuen Rasiersystems mit 3 Klingen investiert, das unter der Produktmarke Mach 3 bekannt wurde. Obwohl die 100 Mitarbeiter, die an diesem Projekt beteiligt waren, mit Holzwänden vor neugierigen Blicken geschützt wurden und nicht mit ihren Ehepartnern über ihre Arbeit sprechen durften, gelangten die Konstruktionszeichnungen über einen Spion zur Konkurrenz.

Auch im Bereich Forschung & Entwicklung gibt es zahlreiche Maßnahmen, mit denen die Produkt- und Markenpiraterie begrenzt oder verhindert werden kann. Der Einsatz von Aushilfen, Praktikanten oder Doktoranden sollte in der F&E-Abteilung grundsätzlich eingeschränkt werden. Wenn er dennoch erforderlich ist, müssen diese Personen genauer geprüft werden. Für F&E-Personal sollte das Unternehmen besondere Arbeitsverträge mit Geheimhaltungsklauseln und Wettbewerbsverboten vorsehen, die auch Vertragsstrafen vorsehen. Geistiges Eigentum kann schlechter gestohlen werden, wenn F&E-Bereiche abgespalten und als Insellösung organisiert werden, in denen isolierte Teams nur Module entwickeln. Keines dieser Teams kennt die Gesamtlösung. Auch durch die Aufspaltung von Entwicklungsaufgaben und die Vergabe von Teilaufträgen an unterschiedliche externe Zulieferer, die sich nicht kennen und räumlich ausreichend voneinander entfernt sind, kann die Kopie des Gesamtergebnisses verhindert werden.

Unternehmen sollten im Bereich Forschung und Entwicklung nicht nur Datenbestände und Dokumente, sondern auch materielle Komponenten wie mechanische Teile oder Platinen verschlossen aufbewahren, beispielsweise in Tresoren. Das IT-System der Forschungs- & Entwicklungsabteilung sollte von den Computersystemen des Unternehmens (Intranet) und den externen Datennetzen (Internet) getrennt sein und als Insellösung betrieben werden, um ein Eindringen durch Unbefugte unmöglich zu machen. Dabei sollte man auch eigene, von externen Netzen physikalisch getrennte Kabelnetze verlegen.

Neue Produkte oder Komponenten müssen durch Schutzrechte wie Patente geschützt sein, bevor sie von chinesischen Behörden und Organisationen geprüft und zertifiziert werden. So müssen Unternehmen den Ingenieuren beispielsweise bei der Erteilung des China Compulsory Certificate (CCC) technische Details offenbaren. Ein deutsches Unternehmen sollte auch auf einen Gerichtsprozess gegen einen Fälscher verzichten, wenn bei der Beweisführung technische Details offen gelegt werden müssen. Der Schaden des Verfahrens kann größer sein als der Nutzen.

Bereits in der Produktentwicklungsphase können die Weichen für ein erfolgreiches Vorgehen gegen Produktpiraten gestellt werden. So kann ein durchdachtes Design des gefährdeten Produkts Nachahmungsversuche erschweren oder aufgrund des erforderlichen Aufwands wirtschaftlich uninteressant machen. Komplementärprodukte können so gestaltet werden, dass nur Erzeugnisse des gleichen Herstellers problemlos miteinander verwendet werden können. Beim separaten Verkauf dieser Komponenten wird der Verbraucher schnell auf Nachahmungen aufmerksam. Unternehmen können Piraten auch durch den Einsatz komplizierter und aufwändiger Herstellungstechnologien, die Notwendigkeit teurer Werkzeuge, aufwendige Schnitte in der Textilindustrie oder eine absichtlich komplizierte Zusammensetzung der Inhaltsstoffe bei Medikamenten ausbremsen.

Mit der bewussten Verkomplizierung eines Produkts – beispielsweise durch aufwändige Details, eine komplexe Zusammensetzung, die Verwendung besonders hochwertiger Materialien oder einen hohen Anteil an Handarbeit – kann manchmal eine adäquate Nachahmung verhindert werden. Umgekehrt kann der Originalhersteller auch die Simplifizierung seines Produktes anstreben und Details reduzieren, einfache Materialien verwenden und in Verbindung mit hohen Investitionen in Massenproduktionsanlagen niedrige Stückkosten realisieren. Dadurch wird die Nachahmung möglicherweise wirtschaftlich unattraktiv, weil die Fälscher keine großen Skaleneffekte oder Margen erreichen können. In den meisten Branchen wird weder die eine noch die andere Variante vollständig zu realisieren sein, weshalb eine Optimierung der Produktgestaltung durch die Kombination von Elementen der Komplizierungsstrategie und der Simplifizierungsstrategie als sinnvoller erscheint.

Sicherheit in der Fertigung

Die Fälscher und ihre Mittelsmänner setzen häufig in den Fertigungsprozessen an. Ausländische Unternehmen müssen sich deshalb neben der Zulieferung und der Forschung & Entwicklung auf die Sicherheit des gesamten Produktionsprozesses konzentrieren. Dabei sind zahlreiche Anforderungen an Schwachstellen zu beachten. So muss die Verantwortung für den Fertigungsbereich klar geregelt sein. Es muss Personen geben, die für die einzelnen Teilprozesse und für das Counterfeiting in diesen Teilprozessen verantwortlich zeichnen. Schutzbedürftig sind Informationen und Unterlagen in den Produktionsbereichen. Rezepturen, Pläne oder Maschinenspezifikationen sind von diesen Personen sicher aufzubewahren, beispielsweise in Tresoren.

Um Schwund durch Diebstahl erkennen zu können, sollte die Zahl der beschafften Teile permanent mit der Zahl der gefertigten Produkte verglichen werden. Fehlmengen weisen auf Fälscheraktivitäten hin. Auch die Bestände des Lagers und des Ersatzteilbereichs sind regelmäßig auf Schwund zu überprüfen. Dazu sind die Einsatzmengen an Rohstoffen, Halbfabrikaten sowie Fertigfabrikaten aus eigener und fremder Herstellung zu kontrollieren. Weil Fälscher Kopiervorlagen nicht selten auf dem Müll finden, sollte der Ausschuss kontrolliert entsorgt werden. Sensible Abfallteile sollten vor der Entsorgung vernichtet werden. Es darf nicht möglich sein, dass chinesische Entsorger Abfallteile an Fälscher liefern. Das gilt auch für Verpackungen, Bedienungsanleitungen oder Garantiekarten. Diese sollten im Werk abgefragt, dokumentiert und kontrolliert werden, da sonst die Gefahr besteht, dass sie von Produktpiraten unberechtigt in Umlauf gebracht werden.

Wenn die Produktion im Schichtbetrieb läuft, sind besonders die Nachtschichten ausreichend zu überwachen. Es muss sichergestellt werden, dass nur vertrauenswürdige Mitarbeiter, Leiharbeiter und Aushilfen eingesetzt werden. In den einzelnen

Fertigungsphasen sind stichprobenartig Qualitätskontrollen durchzuführen, um Fälschungen entdecken zu können. Unternehmen müssen Stillstandszeiten ermitteln, protokollieren und auswerten, weil sie Hinweise auf Fälschereingriffe geben. Bei einer automatischen Fertigungssteuerung muss sichergestellt werden, dass unberechtigte Personen die maschinennahen Steuerungsanlagen oder das zentrale Steuerungssystem nicht außer Betrieb setzen und manuell in den Produktionsprozess eingreifen können. Bei Gebäuden und Grundstücken ist zu fragen, wer als Eigentümer oder Verwalter der betrieblich genutzten Gebäude und Grundstücke Zugang hat. Oft gibt es in der unmittelbaren Umgebung des Unternehmens weitere Firmen, die zu einem erhöhten Gefahrenpotenzial führen.

Die geschickte Aufteilung der Fertigung kann eine wirkungsvolle Maßnahme zum Schutz geistigen Eigentums sein. Dabei werden die Aufträge zur Herstellung von Einzelteilen oder Baugruppen auf mehrere Lieferanten und eigene Produktionsstätten verteilt, wobei die Mehrkosten durch die aufwändige Logistik zu beachten sind. Ebenso kann ein gezieltes Insourcing sensibler Teile, beispielsweise durch deren ausschließliche Fertigung oder Endmontage in Deutschland, zum Schutz des Knowhows beitragen.

Eine andere fertigungsbezogene Strategie gegen Fälscher nutzt die Economies of Scale. Der Originalhersteller produziert in China nur solche Produkte, die hohe Fixkosten und niedrige variable Kosten aufweisen. Die Einführung der Fertigungsprozesse erfordert sehr hohe Investitionen, die nur durch Skaleneffekte eingespielt werden können, die aus dem Export stammen. Der Export fertiger Produkte kann jedoch für nicht organisierte chinesische Fälscher problematisch sein.

Outsourcing und Fremdfirmen

Mit dem Trend, aus Kostengründen einzelne Bereiche auszugliedern oder bestimmte Aufgaben an Fremdfirmen zu übertragen, wächst auch in China die Gefahr des ungewollten Abflusses von Know-how. Im Zusammenhang mit der Produkt- und Markenpiraterie besonders kritisch sind in diesem Zusammenhang die Vergabe von Entwicklungsaufträgen an chinesische Zulieferer, der Einsatz der jetzt zugelassenen privaten Sicherheitsdienste oder die Übertragung von EDV-Aufgaben an externe Fachleute. Grundsätzlich sollten Teilaufgaben an verschiedene Unternehmen vergeben werden, damit kein Zulieferer oder Dienstleister das Gesamtergebnis kennt und kopieren kann.

Deutsche Unternehmen sollten in China auch den Einsatz lokaler technischer Übersetzer überdenken, weil viele Übersetzer heimlich Kopien der Dokumente anfertigen. Geschäftsverbindungen, die das Risiko der Piraterie in sich bergen, sollten deshalb genau auf Schwachstellen hin untersucht und ggf. nicht realisiert werden. Bei der Auswahl der Geschäftspartner muss darauf Wert gelegt werden, dass der Partner ein vergleichbares Sicherheitsniveau wie das eigene Unternehmen aufweist. Wenn das nicht der Fall ist, muss die externe Partnerfirma in das eigene Sicherheitssystem integriert werden, beispielsweise durch die vertragliche Zusicherung bestimmter Sicherheitsstandards, getrennte Räume für Fremdentwickler oder abgeschlossene IT-Systeme. Wichtig sind die laufende Kontrolle der Einhaltung von Sicherheitsanforderungen und die Sicherung des eigenen Know-hows bei einem Abspringen oder einer Insolvenz der Fremdfirma.

Bestellung eines ACF-Managers

In vielen Unternehmen ist der Einsatz eines fachlich versierten, unternehmensweit zuständigen und mit umfassenden Kompetenzen ausgestatteten Verantwortlichen für den Schutz geistigen Eigentums (Anti-Counterfeiting-Manager) sinnvoll. Dieser ACF-Manager sollte möglichst hochrangig in der Firmenhierarchie verankert sein und in alle fälschungskritische Vorgänge wie Zulieferer- und Partnersuche, Kündigungen und Neueinstellungen von Wissensträgern sowie Verträge mit Logistikern und Händlern involviert werden. Er sollte über ein angemessenes Budget verfügen und bei seiner Arbeit auf die Ressourcen der unterschiedlichen Bereiche zurückgreifen können. Der ACF-Manager sollte als unabhängige Vertrauensperson für die Belegschaft, die Kontrollorgane des Unternehmens und Partner jederzeit als Ansprechpartner für vertrauliche Hinweise zur Verfügung stehen, etwa bei einem Verdacht auf Ausspähung, Diebstahl von Teilen, organisierter Kriminalität oder Korruption.

Um seine Aufgaben erfüllen zu können, muss der ACF-Manager besonders eng mit den für Produktpiraten interessanten Bereichen des Unternehmens zusammenarbeiten: Forschung & Entwicklung, Fertigung, Einkauf und Vertrieb, die Personalabteilung, das Controlling, die Revision und die EDV. Er kann seinen Wissensstand durch intensive Kontakte zu chinesischen Behörden, die Piraterie bekämpfenden Organisationen der Wirtschaft, Sicherheitsdienstleistern, Anbietern von Schutztechnologie und zu ACF-Managern anderer Unternehmen systematisch vergrößern und dadurch Fälschungspotenziale frühzeitig erkennen. Bei Unternehmen mit einem eigenen ACF-System liegt es nahe, die Stelle des ACF-Managers mit der zentralen Steuerungsfunktion des Anti-Counterfeiting zusammenzulegen. Wir kommen auf diese Lösung im Kapitel über die Organisation des Anti-Counterfeiting zurück. Die Querschnittsfunktion des ACF-Managers umfasst alle Sicherheitsfunktionen des Unternehmens:

- Schutz von Informationen,
- Schutz von Teilen, Produkten und Werkzeugen,
- Personalauswahl, Einstellungen, Versetzungen und Freistellungen,
- Einsatz von Fremdpersonal,
- Datensicherheit sowie
- Werkssicherheit.

Der ACF-Manager kann auch eine Signalwirkung auf die Kunden haben. Lässt ein Kunde seine Produkte nach eigenen Vorgaben fertigen, so hat er ein Interesse daran, dass die Spezifikationen, nach denen sein Produkt gefertigt werden soll, vertraulich behandelt werden. Bei der Auswahl der Lieferanten und der Auftragsvergabe kann der Schutz des geistigen Eigentums durch einen ACF-Manager beim Zulieferer deshalb ein nicht zu unterschätzendes Kriterium darstellen. Die Leistungsfähigkeit eines Unternehmens steigt durch die Existenz einer effizienten Sicherheitsorganisation auch deshalb, weil das Unternehmen die Sicherheitsanforderungen der Kunden kurzfristig erfüllen kann.

Ombudsmann und Fake-Hotline

Neben dem ACF-Manager, der immer ein Mitarbeiter oder eine Führungskraft des Unternehmens ist, kann eine neutrale Vertrauensperson außerhalb des Unternehmens etabliert werden, die eine Brückenfunktion zwischen Hinweisgebern und Unternehmen hat. Dieser Ombudsmann ist eine Anlaufstelle für Hinweisgeber, die aus Gründen des Selbstschutzes zunächst anonym bleiben wollen. Er muss kraft seines Amtes, beispielsweise als Rechtsanwalt oder Notar, oder durch eine Vereinbarung zur Verschwiegenheit verpflichtet sein. Ohne ausdrückliche Zustimmung des Hinweisgebers darf er weder berechtigt noch verpflichtet sein, dem Unternehmen die Kontaktaufnahme durch den Hinweisgeber, dessen Identität und die gelieferten Informationen oder Unterlagen zu offenbaren.

Auch die Einrichtung einer unternehmenseigenen internen oder extern organisierten Hotline kann dabei helfen, möglichen Hinweisgebern ein Kommunikationsmittel zur Verfügung zu stellen, mit dessen Hilfe sie einen Piraterieverdacht unter Wahrung ihrer Anonymität mitteilen können. Je stringenter der Schutz der Vertraulichkeit im Anti-Counterfeiting-System eines Unternehmens ist, desto größer ist die Chance, dass sich auch Personen offenbaren und zum Ausstieg entschließen, die in den Pirateriefall verstrickt sind. Wegen der sprachlichen und kulturellen Differenzen sollten Ombudsmann und Hotlinepersonal Chinesen sein.

Interne technische und bauliche Maßnahmen

In einem Traditionsunternehmen, das seit vielen Jahren spezielle Farben und Lacke nach geheim gehaltenen Rezepturen herstellt, wechselte ein Mitarbeiter aus der Marketingabteilung zur Konkurrenz. Ein halbes Jahr später brachte das Konkurrenzunternehmen nahezu identische Lacke auf den Markt. Zunächst war nicht ersichtlich, wie die geheimen Formeln aus dem Unternehmen verschwinden konnten, da die Entwicklungsabteilung aus Sicherheitsgründen weder an das Intranet noch an das Internet angeschlossen ist. Das Unternehmen vermutete Industriespionage des früheren Mitarbeiters und erstattete Anzeige.

Die Kriminalpolizei konnte nachweisen, dass auf dem PC des Verdächtigen Dateien abgespeichert und später wieder gelöscht wurden, die die fraglichen Rezepturen enthielten. Konfrontiert mit diesem Sachverhalt, legte der Verdächtige ein Geständnis ab. Die Räume der Entwicklungsabteilung waren nachts nicht verschlossen und konnten von jedem Mitarbeiter, der über einen Schlüssel zum Gebäude verfügt, unbemerkt betreten werden. Nach Feierabend hatte der Spion die Entwicklungsabteilung aufgesucht und sich mit Hilfe einer Boot-Diskette unter Umgehung des Kennwortschutzes Zugang zu den entsprechenden Rechnern verschafft. Sein neuer Arbeitgeber hatte ihn bei seiner Bewerbung gefragt, ob er auch über wertvolle Zusatzkenntnisse aus dem Unternehmensumfeld verfüge, die ihn gegenüber anderen Bewerbern hervorheben würden. Obwohl der Spion und zwei Manager des neuen Arbeitgebers zu einer Vorstrafe verurteilt wurden und sich die beiden Unternehmen außergerichtlich auf eine Schadensersatzzahlung einigten, hat das geschädigte Unternehmen seinen Wettbewerbsvorteil weitgehend eingebüßt. Der Geist war aus der Flasche und damit für immer verloren. Die Folge war eine zunehmende Verschlechterung der wirtschaftlichen Lage des Unternehmens.

Der Diebstahl geistigen Eigentums wird oft dadurch begünstigt, dass Mitarbeiter oder Betriebsfremde unerkannt sensible Bereiche eines Unternehmens betreten können, ohne dass sie große Hindernisse überwinden müssen. Dieser Gefahr kann durch die bauliche, mechanische und elektronische Absicherung des gesamten Betriebes oder einzelner Gebäude, Gebäudeteile, Räume und Objekte begegnet werden. Dabei haben Unternehmen vielfältige Möglichkeiten.

Außenhautüberwachung

Der Schutz von Objekten beginnt bei der Außenhaut. Unter Außenhautüberwachung versteht man die Sicherung aller von außen angreifbaren Schwachstellen des zu sichernden Objektes. Das sind im Wesentlichen Türen, Fenster, Glasflächen und Luken, aber auch Dachabdeckungen und schlecht gemauerte Wände. Alle Außenöffnungen müssen sich sicher verschließen lassen.

Den verschlossenen Zustand kontrollieren Magnetkontakte, die an jedem Fensterflügel, Oberlicht und Türrahmen angebracht sein müssen. Glasbruchsensoren, die auf die Glasflächen aufgeklebt sind, lösen beim Einschlagen oder Zerschneiden des Glases sofort Alarm aus. Eine Alarmtapete, bei der ein feinmaschiges Drahtgitter auf die Tapete aufgebracht wird, überwacht ganze Wände auf Durchbruch. Eine große Schutzwirkung haben Multi-Sensorsysteme, die die Eigenschaften mehrerer Systeme in sich vereinigen, beispielsweise Vibrations- und Magnetsysteme.

Innenraumüberwachung

Die meisten Bewegungsmelder zur Überwachung von Innenräumen arbeiten auf Infrarotbasis. Betritt eine Person den Überwachungsbereich, so registriert der Melder einen Wärmeunterschied, der zu einer Alarmauslösung führt. Ultraschall- und Hochfrequenz-Bewegungsmelder kommen eher selten zum Einsatz. Bei ihnen wird eine veränderte Frequenz zurückgeworfen, wenn eine Person den Überwachungsbereich betritt. Lichtschranken werden entweder mit Licht, Infrarot oder Ultraschall betrieben. Sie lösen Alarm aus, wenn die Strahlen zwischen Sender und Empfänger unterbrochen werden. Körperschallmelder setzt man zur Überwachung von Wertbehältern und Tresoren ein. Sie sprechen auf Erschütterungen und Vibrationen durch Gewaltanwendung an. Weitere Alarmmelder für den Innenbereich sind Trittmatten, Druckmelder und kapazitive Feldänderungsmelder.

Zutrittskontrollsysteme

Die Sicherung von Gebäuden, Gütern und Informationen gegen unbefugte Benutzung beruht im ersten Schritt auf einer mechanischen Umschließung mit einem definierten Widerstandszeitwert, der vom Schutzziel abhängig ist. Die mechanischen Schließsysteme und die personelle Überwachung haben noch immer die größte Bedeutung, werden aber zunehmend durch die Prüfung der Identität der zutrittsbegehrenden Personen ergänzt. Die Aufgabe ist die Organisation der Zutrittsberechtigung: Wer hat wann wo Zutritt? Mit der zunehmenden Komplexität der Gebäude und Organisationen und mit den steigenden Sicherheitsanforderungen wächst die Bedeutung der elektronischen Zutrittskontrolle. Mit ihr lassen sich komplexe Systeme des Zutrittsmanagements umsetzen, die kurzfristig an veränderte Sicherheitsbedürfnisse angepasst werden können.

Das primäre Ziel eines Konzepts zur Zutrittskontrolle ist, die Nutzung der zu schützenden Werte und Informationen im Rahmen eines integralen Sicherheitssystems abgestuft zu kontrollieren. Dabei sollen Vertraulichkeit, Integrität und Verfügbarkeit bei größtmöglichem Komfort sichergestellt werden. Ein solches Konzept sollte die folgenden Anforderungen erfüllen:

- zeitliche und räumliche Zuordnung von Zutrittsberechtigungen zu vorbestimmten Personen;
- flexible und schnelle Änderung von Berechtigungen;
- sicherer Ausschluss nicht berechtigter Personen;
- sichere Meldung von Manipulationsversuchen am System;
- lückenlose Dokumentation aller Ereignisse;
- sichere Steuerung der sonstigen, vom Zutrittsmanagement beeinflussten Abläufe;
- möglichst hoher Zusatznutzen der getätigten Investitionen durch Einbindung zusätzlicher Anwendungen.

Die Schutzfunktion der technischen Einrichtungen steht und fällt mit ihrer sachgemäßen Bedienung. Voraussetzung hierfür sind Anwenderfreundlichkeit, Nutzerakzeptanz, Transparenz und Nachvollziehbarkeit technischer Lösungen. Sicherheitsrelevante Meldungen und Protokolle müssen konsequent erfasst und zentral ausgewertet werden. Bei der Planung von Bauvorhaben sind von Anfang an Sicherheitsüberlegungen zu berücksichtigen, da eine nachträgliche technische Aufrüstung oft nicht mehr möglich oder mit erheblichen zusätzlichen Kosten verbunden ist. Der ACF-Manager sollte an jedem Planungsvorhaben teilhaben.

Informations- und Kommunikationstechnik

Computersysteme sind ein primäres Ziel von Wirtschaftsspionen. Weil das sensible Wissen von Unternehmen meistens in elektronischen Informations- und Kommunikationssystemen abgelegt ist, müssen diese Systeme durch Schutztechnologien abgesichert werden. Dabei kommt deutschen Unternehmen in China der technologische Vorsprung in der Sicherheitstechnologie zugute. Moderne amerikanische oder europäische Schutztechnologie für Computersysteme ist den in China verbreiteten Standardtechnologien der Informations- und Kommunikationstechnologie überlegen und kann nur selten von Counterfeitern überwunden werden. Viele Sicherheitsexperten gehen davon aus, dass leistungsfähige Technologien des Datenschutzes nur von Geheimdiensten ausgehebelt werden können.

Produkt- und Markenpiraten können auf vielfältige Weise versuchen, in die Informations- und Kommunikationssysteme deutscher Unternehmen einzudringen. Dazu gehören

- Angriffe am unternehmenseigenen Computer vor Ort,
- Abhör- und Lauschangriffe auf Räume,
- Eindringen in Computernetze und Telekommunikationseinrichtungen,
- unbefugte Zugriffe auf Datenfernübertragungskanäle,
- Zugriffe auf interne (vor Ort) und externe (Remote-Access) Fernwartungs- und Administrationskomponenten,
- Einschleusung von Viren, Würmern, Trojanern und anderen ausführbaren Programmen mit Schadfunktion,
- Manipulation von System- und Anwendungssoftware sowie
- Diebstahl von Hardwarekomponenten wie PCs, Laptops, mobilen bzw. kabellosen IT- und TK-Systemen, Datenträgern und sonstigen Speichermedien.

Auch die in China festzustellende schnelle Verbreitung kleiner und handlicher digitaler Helfer wie Pocket-PCs, Handhelds, PDAs, Tablet-PCs, Smartphones, BlackBerrys, Telematiksysteme oder USB-Sticks unterstützt den Diebstahl geistigen Eigentums. Mit ihrem Einsatz verschärft sich das Risiko mehrfach, dass sensible Informationen in die falschen Hände gelangen. Zum einen bieten diese Geräte noch keine oder nur schwache Schutzmechanismen, sie enthalten aber eine Fülle sensibler, scheinbar unentbehrlicher Informationen. Zum anderen eignen sie sich ganz hervorragend zum unbemerkten und bequemen Diebstahl von Daten. Schutzmaßnahmen müssen in China diese modernen Szenarien berücksichtigen.

So zahlreich die Instrumente des Angriffs sind, so vielfältig sind die Schutztechnologien, die deutschen Unternehmen in China beim Schutz ihrer Informations- und Kommunikationssysteme zur Verfügung stehen. Beispiele sind:

- Zugriffsrechte.
- Single Sign On (SSO).
- One Time Password (OTP).

- Signaturen.
- Verschlüsselung.
- Authentifizierung.
- Biometrie.
- Challenge-Response-Verfahren.
- Firewallkonzepte.
- Demilitarisierte Zone (DMZ).
- Intrusion Detection System (IDS).
- Network-based Intrusion Detection System (NIDS).
- Host-based Intrusion Detection System (HIDS).
- Intrusion Prevention System (IPS).
- Remote Authentification Dial-in User (RADIUS).
- Role Based Access Control (RBAC).
- Identitätsmanagement.

Die Unternehmen können aus der Vielfalt der heute angebotenen Schutztechnologien diejenigen auswählen, die ihren Sicherheitsbedürfnissen entsprechen und die sich in das gesamte System des Anti-Counterfeiting einfügen lassen.

Corporate Identity

Die Maßnahmen des Anti-Counterfeiting müssen von den Mitarbeitern und Partnern des Unternehmens nicht notwendig als restriktiv und feindlich angesehen werden. Sie können in ein psychologisches Gesamtsystem eingebettet werden, so dass sie von den beteiligten Akteuren als Elemente einer modernen und attraktiven Identität wahrgenommen werden. Das bedeutet, dass die von den Mitarbeitern und Partnern erfahrbare Identität des ausländischen Unternehmens (Corporate Identity) in China ein wichtiges Element im Kampf gegen die Produkt- und Markenpiraten sein kann.

Corporate Identity versucht, Prozesse und Strukturen im Unternehmen transparent und begreifbar zu machen und bei den Mitarbeitern ein einheitliches Bild des Unternehmens zu erzeugen. Sie strebt die Zustimmung der Mitarbeiter zu einem Handeln an, das auf der Grundlage eines gemeinsamen Selbstverständnisses und vereinbarter Werte und Spielregeln steht. Alle Mitarbeiter arbeiten auf ein großes gemeinsames Ziel hin. Dadurch wird ein Wir-Gefühl erzeugt, das nicht nur die Arbeitszufriedenheit und damit die Motivation und Leistung steigert, sondern auch die Bereitschaft zur Verteidigung des geistigen Eigentums.

Corporate Identity soll in den Augen der wichtigen Bezugsgruppen ein eindeutiges, konsistentes und widerspruchsfreies Abbild der angestrebten Identität entstehen lassen, das Corporate Image. Ein Beispiel gibt Xerox, die Document Company. Der Name des Unternehmens steht für modernstes Dokumentenmanagement. Xerox-Mitarbeiter sind keine Kopiermaschinenmechaniker, sondern Dokumentenmanager. Durch den Aufbau einer sicherheitsorientierten Corporate Identity entsteht bei den Mitarbeitern, den Geschäftspartnern und den Marktteilnehmern ein klares und stabiles Vorstellungsbild des Unternehmens als einem modernen, an Sicherheit orientierten Unternehmen, das sein geistiges Eigentum verteidigt und konsequent gegen Produkt- und Markenpiraten vorgeht. Durch diese Selbstdarstellung sendet das Unternehmen klare Signale an den Markt – und an mögliche Plagiatoren.

Der Ansatz der Corporate Identity fällt in der Volksrepublik China auf fruchtbaren Boden. China sucht den Anschluss an den technologischen Fortschritt der westlichen Welt. Chinesische Mitarbeiter sind heute emanzipierter, sie wollen sich entwickeln und an vorderster Front mitarbeiten. Die Identität eines ausländischen Arbeitgebers, der sich als ultramodernes, hochgradig sicheres Unternehmen darstellt, kann chinesi- sche Mitarbeiter stolz machen. Sie haben den Eindruck, in einem hoch entwickelten Unternehmen zu arbeiten. Fingerprintleser, Raumkameras und strenge Zugangs- kontrollen durch Mehrfach-Passwörter senden in einem solchen Unternehmen keine Misstrauenssignale, sondern Zeichen des Fortschritts und der Modernität. Nicht nur das FBI ist stets mit der neuesten Sicherheitstechnik ausgestattet, auch unser Unter- nehmen.

Eine sicherheitsorientierte Corporate Identity muss im Unternehmen und auf dem Markt sichtbar und erlebbar sein. Sie muss sich in einem Leitbild, einer Unternehmens- philosophie, Vision oder Mission niederschlagen, die in Dokumenten und Schulungen vermittelt wird. Sie muss sich in Handlungen offenbaren, damit sie glaubhaft ist. Das Unternehmen muss deshalb Leitsätze entwickeln, die grundlegende Werte, Ziele und Erfolgskriterien hinsichtlich des Schutzes geistigen Eigentums festlegen. Ein Motto sollte die gesamte sicherheitsorientierte Corporate Identity in einem kurzen und präg- nanten Slogan zusammenfassen, geeignete Bilderwelten die Sicherheitsorientierung in Szene setzen. Der Ausgangspunkt des Instrumenten-Mix ist die Persönlichkeit des Unternehmens. Sie wird durch das Erscheinungsbild (Corporate Design), die Kom- munikation (Corporate Communications) und das Verhalten (Corporate Behaviour) nach innen und außen vermittelt.

Fazit: Den Betrieb dicht machen

Auch das ausgefeilteste unternehmensinterne Sicherheitskonzept garantiert keinen absoluten Schutz gegen den Diebstahl geistigen Eigentums in China. Um den drohen- den Schaden möglichst gering zu halten, müssen alle erdenklichen Anstrengungen unternommen werden, die undichten Stellen im Unternehmen möglichst frühzeitig zu entdecken und wirksame Gegenmaßnahmen zu treffen. Bei den betriebsinternen Maßnahmen des Anti-Counterfeiting geht es darum, das Unternehmen nach außen hin dicht zu machen.

Viele Fälle werden nur durch Zufall aufgedeckt, konkrete Hinweise auf bestimmte Personen sind eher selten. In der Regel ist die Aufdeckung von Spionagefällen auf die Auswertung mehr oder weniger vager Hinweise zurückzuführen, die auf einen Verrat hindeuten. Erfolg versprechend ist der Ansatz, durch gezielte Analysen wie Beobach- tung von Umfeldveränderungen, systematische Auswertung von Auffälligkeiten,

Begutachtung von Kontrollergebnissen oder Bewertung von Sicherheitsgesprächen Hinweise auf drohende Gefahren zu erhalten. Durch eine derartige Vorgehensweise kann die Frühwarnzeit entscheidend verkürzt werden.

Indikatoren für das Vorliegen eines Spionagefalls können eine bestimmte Person betreffen, aber auch auf das Gebaren chinesischer Geschäftspartner bezogen sein. Daneben gilt es, eine Reihe sonstiger Faktoren, die im Einzelfall den Verlust von Know-how begünstigen können, zu berücksichtigen. Hinweise von Betriebsangehörigen sind immer ernst zu nehmen. Im Bedarfsfall muss eine vertrauliche Behandlung der Mitteilung zugesichert und auch eingehalten werden. Der ACF-Manager koordiniert die notwendigen Ermittlungsschritte und entscheidet über die Einschaltung externer Spezialisten. Die Furcht vor Imageverlusten sollte kein Unternehmen davon abhalten, vertrauensvoll mit anderen Unternehmen und chinesischen Sicherheitsbehörden zusammenzuarbeiten, da sonst die Chance vertan wird, auf Erfahrungen Dritter zurückgreifen zu können.

Maßnahmen im Vertrieb

Auch im eigenen Vertriebssystem kann es Sicherheitslücken geben, die Counterfeitern Zugang zu den offiziellen Absatzkanälen in China und im Ausland ermöglichen. Sie brauchen diesen Zugang, weil gefälschte Waren im Wert von Milliarden Euro nicht nur über inoffizielle Vertriebswege zum Endkunden gelangen können. Die Vertriebskraft der grauen Kanäle wie Märkte oder Fake-Händler ist viel zu klein, um das große Volumen an Plagiaten zu vermarkten. Chinesische Produkt- und Markenpiraten sind darauf angewiesen, ihre Produkte in den Großhandel, in Einzelhandelsgeschäfte und Kaufhäuser einzuschleusen. Der Auswahl, Absicherung und Kontrolle der Vertriebswege kommen beim Anti-Counterfeiting deshalb eine entscheidende Bedeutung zu.

Management des Vertriebs

Der Versuch, chinesische Vertriebsmitarbeiter ausländischer Unternehmen zu bestechen, gehört in China zum Standardrepertoire von Produkt- und Markenpiraten. Bargeld oder teure Geschenke sind häufig ein wirksamer Schlüssel zum Öffnen der Vertriebsketten. Dieser Gefahr kann durch verschiedene Maßnahmen in der Organisation des Vertriebs begegnet werden. Das wirksamste Mittel gegen die Korruption ist die Bildung von Vertriebsteams, in denen sich die Mitglieder gegenseitig kontrollieren. Teams machen es für den einzelnen Vertriebsmitarbeiter schwierig, ein Bestechungsgeld anzunehmen oder es vor dem firmeninternen Controlling zu verbergen.

Eine andere wirksame Gegenmaßnahme ist, Vertriebsmitarbeiter zwischen verschiedenen Produktgruppen oder Kunden rotieren zu lassen. Dadurch wird der Aufbau allzu persönlicher Beziehungen zu externen Personen verhindert. Ein professionelles Management des Vertriebsaußendienstes kann dabei helfen, den Einfluss von Fälschern auf den eigenen Vertrieb zu minimieren. Wichtige Maßnahmen sind die Aufteilung der Verkaufsbezirke und der Kunden im Rahmen des Key-Account-Managements sowie die Festlegung von Verkaufsquoten, Routen und Besuchshäufigkeiten. Dadurch entsteht ein transparentes und kontrollierbares Vertriebssystem, das illegale Handlungen deutlich erschwert, erkennbar und rekonstruierbar macht.

Für das Anti-Counterfeiting interessant ist auch der Ansatz des Unit of Use-Packaging, bei dem die Produkte bereits beim Hersteller nicht en gros, sondern in endkundengerechte Verbrauchseinheiten zusammengestellt werden. Vor allem für Pharmaunternehmen bietet dieses Verpackungssystem den Vorteil, dass fälschungskritische Neu- und Umverpackungen entfallen. Fälscher suchen Bulkladungen und vermeiden individuelle Sendungen mit unterschiedlichen Kennzeichnungen.

Selektiver Vertrieb

Ein vorbeugendes Mittel gegen die Piraterie besteht darin, sich nur auf eine kleine Zahl ausgesuchter Verkaufsstellen festzulegen, die zuverlässig und kontrollierbar sind. Durch diese Auswahl wird für jeden Käufer offensichtlich, dass Produkte, die außerhalb dieses selektiven Vertriebssystems angeboten werden, Fälschungen sein müssen. Die Strategie des selektiven Vertriebs reicht von der exklusiven Belieferung selbständiger Einzelhandelsunternehmen über Vertragshandelssysteme und Franchising bis hin zu eigenen Filialen des Herstellers. Aufgrund der weiteren Liberalisierung des Marktes gewinnen in China für ausländische Hersteller besonders die Franchisesysteme und eigenen Filialketten an Bedeutung. Die gute Kontrolle über diese Systeme engt den Spielraum für das Eindringen von Fälschern in die Vertriebskette ein.

Bei vertraglichen Vertriebssystemen vereinbaren Hersteller und Absatzmittler eine längerfristig angelegte Kooperation. Der Händler erhält in seinem Einzugsgebiet für bestimmte Vertragswaren Exklusivrechte, die ihn aber an den Hersteller binden und den Vertrieb konkurrierender oder gefälschter Produkte ausdrücklich ausschließen. Er darf an alle Endverbraucher verkaufen, nicht aber an Zwischenhändler, die nicht zu diesem exklusiven Netz gehören. Der Hersteller garantiert im Gegenzug, in einem bestimmten Gebiet nur einen oder mehrere zugelassene Händler zu beliefern.

Der Exklusivvertrag verpflichtet den Händler, bestimmte vom Lieferanten festgelegte Kriterien zu erfüllen. Dazu können Maßnahmen zum Schutz vor Fälschern gehören, beispielsweise die Installation von Sicherheitstechnologien, die Vernichtung oder Rückgabe von Originalverpackungen oder die Schulung des Verkaufspersonals. Ein ausländischer Hersteller kann den chinesischen Händler zur Einhaltung des Vertrages motivieren, wenn er bestimmte Leistungen wie eine moderne Warenpräsentation, Service, Schulungen oder Marketingkommunikation erbringt, auf die der Händler nicht verzichten möchte.

Deutsche Markenunternehmen sollten von ihren chinesischen Händlern Nachweise über die Vertriebswege der Markenprodukte fordern. Die Erfassung von Seriennummern ist ein bewährtes Mittel, mit dem der Graumarkt für Fälschungen eingeschränkt werden kann. Obwohl die Methode den Verwaltungsaufwand von Herstellern und Händlern erhöht, lohnt sie sich bei vielen Produktgruppen. Bei Projektgeschäften und Rabattaktionen sollten Warenlieferungen vom Händler nachgewiesen werden, und die Warenflüsse sollten strenger kontrolliert werden. Wer seine Vertriebskanäle nicht weitgehend oder sogar vollständig kontrollieren kann, sollte sich die Echtheit der Produkte wenigstens schriftlich zusichern lassen und sich durch Kontrollmaßnahmen so weit wie möglich absichern. Es ist damit zu rechnen, dass sich der Druck auf chinesische Händler und Gelegenheitsanbieter beim Vertrieb von Piraterieware auf dem chinesischen Binnenmarkt zukünftig verstärken wird, weil immer mehr Hersteller von Markenware gegen Fälscher vorgehen. Die Folge wird sein, dass Chinas Fälscher stärker auf den Export setzen.

Um den Missbrauch exklusiver Vertriebsvereinbarungen zu verhindern, müssen autorisierte chinesische Händler regelmäßig kontrolliert werden. In China nutzen viele Händler den guten Ruf der westlichen Markenhersteller aus, um chinesische Kunden anzulocken. Sie versorgen sich aber gleichzeitig mit billigen Fälschungen, die sie unbemerkt ins Sortiment mischen, um ihre Profitabilität zu verbessern. In vielen Branchen nutzt ein großer Teil der seriösen Händler den grauen Markt zum Kauf und Verkauf von Plagiaten, weil sie nur so im ruinösen Preiswettbewerb Chinas mithalten können. Der Kunde geht davon aus, beim Vertragshändler echte Markenware zu kaufen, wird aber getäuscht. Dazu kommt, dass der graue Markt oft schneller ist als der Hersteller der Originale, weil Piraten ihre Fälschungen bei einer Anfrage häufig sofort liefern.

Sicherheit durch Gebietsschutz

Deutsche Unternehmen, die in China verkaufen, können chinesischen Händlern nach dem Vorbild der Gruppenfreistellungsverordnungen (GVO) der deutschen Automobilindustrie einen Gebietsschutz anbieten und dafür im Gegenzug fordern, das Distributionssystem im geschützten Gebiet von Piraterieware freizuhalten. Dabei kann ein Händler mehrere originale Marken vertreiben, was seine Wettbewerbsfähigkeit stärkt. Durch den Gebietsschutz wird erreicht, dass ein chinesischer Vertragshändler einen bestimmten Kundenstamm in einem abgegrenzten Gebiet erhält und durch einen garantierten Mindestumsatz eine ausreichende wirtschaftliche Basis für seinen Betrieb hat. Dies wird ihn motivieren, auf die Echtheit der Ware zu achten und Fälschungen aus seinem Gebiet fern zu halten. Die Partner tauschen Existenz gegen Echtheit. Der Vertragshändler erhält wirtschaftliche Sicherheit, der Hersteller Sicherheit im Vertrieb.

Beim Gebietsschutz wälzt der Hersteller das Risiko des Counterfeiting und die Aufgabe seiner Bekämpfung auf die exklusiven Händler. Die Bewerber müssen zunächst den objektiven Auswahlkriterien des Herstellers entsprechen, die auf die Sicherheit des gesamten Vertriebssystems zielen. Sie sollten zertifiziert und nach einem festen Zeitplan kontrolliert werden. Werden innerhalb eines exklusiven regionalen Distributionssystems Fälschungen entdeckt, ist der Händler zur Rechenschaft zu ziehen. Durch das Verbot des Verkaufs von Produkten an nicht zum Händlernetz gehörende freie Händler wird sichergestellt, dass die echte Ware nicht in dubiose Kanäle gerät und manipuliert werden kann. Weil der Händler seine Tätigkeit auf das Vertriebsgebiet konzentriert und keine Niederlassungen oder Auslieferungslager außerhalb dieses Vertragsgebiets unterhält oder Dritte mit dem Verkauf von Vertragswaren betraut, hat er einen relativ hohen Grad an Kontrolle.

Vertragsgestaltung

Nach der Auswahl zuverlässiger Vertriebspartner stellt die Gestaltung der Verträge einen Stolperstein dar. Viele Verträge, die ausländische Unternehmen in China schließen, enthalten gravierende Lücken, die im Konfliktfall zu signifikanten Nachteilen für den Hersteller führen. So sollten Speditionsverträge immer Sondervorgaben für Logistikdienstleister enthalten, die beispielsweise vorsehen, dass der Spediteur keine Aushilfsfahrer beschäftigt, feste Routen einhält, keine Bedarfstouren durchführt oder Stichproben durch den Auftraggeber ermöglicht.

In Händlerverträgen und OEM-Vereinbarungen sollte grundsätzlich eine Vereinbarung zum Schutz des geistigen Eigentums (Piraterie-Agreement) enthalten sein. Diese kann den Absatzmittler verpflichten, die Rechte des Herstellers am geistigen Eigentum zu schützen und sich nach besten Kräften für die Echtheit der gehandelten Ware einzusetzen. Die Vereinbarung kann beispielsweise genau festlegen, wie der Händler seine Versorgungskette sicher zu machen und zu kontrollieren hat, welche technischen Schutzmaßnahmen er installieren muss und wann er bei Pirateriefällen Schadenersatz zu leisten hat. Sie kann den Händler verpflichten, seine Verkäufe genau zu dokumentieren und Hinweise auf Plagiate sofort an den Hersteller weiterzuleiten.

Händleraudit und Zertifizierung

Händler sollten ähnlich wie Zulieferer vom Hersteller auf ihre Zuverlässigkeit hin überprüft und möglichst zertifiziert werden. Dabei kann der Hersteller den Händler auffordern, einen Nachweis zu erbringen, dass er angemessene organisatorische und technische Sicherheitsmaßnahmen getroffen hat, die Produkt- und Markenpiraterie im Distributionssystem wirksam verhindern. Im ersten Schritt nimmt der Händler eine Bewertung seiner Sicherheitsmaßnahmen anhand eines vom Hersteller zur Verfügung gestellten Fragebogens (Self-Assessment Questionnaire) vor. Dieser Fragebogen muss jährlich neu ausgefüllt werden. Die Fragen betreffen sämtliche Bereiche des Anti-Counterfeiting im Detail: rechtliche Maßnahmen wie Verträge, Sicherheit der Zuliefer- und Vertriebsprozesse, organisatorische und personelle Maßnahmen, technische Schutzmaßnahmen, die regelmäßigen Prüfungen der Sicherheitssysteme etc. Hersteller mit großen Händlernetzen können den Fragebogen ins Internet stellen und über ein Passwort zugänglich machen.

Im zweiten Schritt führt der Hersteller vor Ort ein Sicherheitsaudit durch, das sich auf Schwachstellen im Distributionssystem konzentriert, die von Fälschern ausgenutzt werden könnten. Wir empfehlen auch hier, auf den Kontext zu achten. Plagiatoren stammen oft aus dem unmittelbaren geschäftlichen Umfeld eines Händlers. Ergebnisse des Audits sind eine Bewertung der Zuverlässigkeit des Absatzmittlers und die Ableitung von Maßnahmen zum Schutz vor Produkt- und Markenpiraterie im Handelssystem.

Nach Informationen der Chain Store & Franchise Association (CCFA) will die chinesische Zentralregierung jetzt Maßnahmen gegen den Betrug durch Händler ergreifen. Dazu gehört, dass die Qualifikation der Händler zukünftig von Behörden oder Verbänden überprüft wird. Im Mittelpunkt dieser Prüfung werden die Finanzen, die Immobilen und Grundstücke sowie das Personal der Händler stehen. Darüber hinaus müssen die Händler den Prüfern zukünftig exakte Daten über die Geschäftätigkeit zur Verfügung stellen.

Lagerschutz

Manipulationen durch Piraten finden häufig in Zwischenlagern statt, die in China oft eine ausgesprochen schlechte Qualität aufweisen. Dort werden komplette Originallieferungen gegen gefälschte ausgetauscht, einzelne Sendungen umverpackt oder Etiketten und Begleitpapiere manipuliert. Der Lagerschutz beschränkt sich nicht auf physische und elektronische Maßnahmen wie räumlich abgetrennte und verschlossene Bereiche, Zugangskontrollen oder Videoüberwachung. Sicherheit bietet auch ein professionelles Lagermanagement, das den Warenfluss überwacht und jede Warenbewegung dokumentiert. Besonders kritisch sind unbekannte Frachtführer, Beiladungen und Begegnungsverkehre, bei denen Transportmittel aufeinander zufahren und im Lager Teile der Fracht austauschen, freie Lagerungen ohne feste Lagerplatzzuteilung in Güterverteilzentren, das Outsourcing von Dienstleistungen der Lagerlogistik und die unkontrollierte Kommissionierung.

Tracking & Tracing

Transparenz, Rückverfolgbarkeit und Rückruf von Waren sind wichtige Elemente im Anti-Counterfeiting. Tracking & Tracing bezeichnet ein elektronisches System zur Verfolgung und Rekonstruktion von Sendungen, wobei der Begriff Tracking die Ermittlung des aktuellen Status der Sendung bezeichnet. Unter Tracing wird das Rekonstruieren des genauen Sendungsverlaufs verstanden, wobei das Finden von Einbruchstellen für Fälschungen oder Rückrufaktionen im Vordergrund steht. Die logistische Einheit muss nicht zwingend eine Sendung sein, sondern kann auch ein Schiff, ein Lkw oder ein Container sein. Wichtig ist, dass auch die letzte Phase der Auslieferung an den Kunden überwacht wird, die in China oft durch unqualifizierte lokale Dienstleister mit Kleinfahrzeugen durchgeführt wird. Moderne Tracking &

Tracing-Anwendungen können logistische Einheiten nicht nur sendungsgenau, sondern auch packstückgenau verfolgen.

Das grundlegende Prinzip des Tracking & Tracing ist die Erzeugung von Statusmeldungen entlang der Prozesskette durch umfassende und standardisierte Identifikations- und Kommunikationssysteme. Die Statusmeldungen werden in der Regel durch einen manuellen Vorgang wie die Erfassung durch Mitarbeiter oder den Barcode-Scan an bestimmten Kontrollstellen erzeugt. Echtzeit-Daten der generierten Statusmeldungen sind dadurch nicht erzielbar. Bessere Daten liefern neue Technologien wie die Radio-Frequenz-Identifikation (RFID) oder satellitengestützte Navigationssysteme, mit denen der Standort einer Sendung zu jeder Zeit bestimmt werden kann. Wir gehen auf diese Technologien im Kapitel über technische Maßnahmen näher ein.

Efficient Consumer Response

Das Risiko der Produkt- und Markenpiraterie kann durch Efficient Consumer Response (ECR) verringert werden. ECR ist ein Ansatz für die Zusammenarbeit zwischen Hersteller und Händler, der nicht nur auf Kostenreduktion zielt, sondern auch die Bedürfnisse der Endabnehmer besser befriedigt. Dabei wird die gesamte Versorgungskette von der Auslieferung bis zur Kaufentscheidung der Abnehmer auf Potenziale zur Optimierung des Absatzes untersucht und effizienter gestaltet. Hersteller und Händler versuchen gemeinsam, die Möglichkeiten auf der Seite der Logistik mit dem Wachstumspotenzial des Marktes zu verknüpfen. Durch die Kooperation von Hersteller und Händler können Potenziale aufgedeckt werden, die bei einer isolierten Betrachtung eines Unternehmens nicht möglich wären.

Efficient Consumer Response kann für die Sicherung der Vertriebskette vor Fälschern eingesetzt werden. Das Ziel ist dabei, den Endkunden vor Pirateriware zu schützen. Hersteller und Händler sind gemeinsam dafür verantwortlich, dass der Käufer nur echte Ware erhält. Die zentralen Mechanismen des ECR sind:

- Die Schaffung von Standards, die das schnelle Erkennen und Beseitigen von Fälschungen ermöglichen. In vielen Branchen wird der Kampf gegen die Piraterie noch durch das Fehlen von Standards erschwert, was Intransparenz und Unübersichtlichkeit und damit Möglichkeiten für Fälscher schafft. Bei der Standardisierung der Versorgungskette geht es im Wesentlichen um die einheitliche Gestaltung von Transportverpackungen und Verpackungsträgern, um einheitliche Warenauszeichnungen und Artikelnummern sowie um einen papierlosen elektronischen Austausch von Daten wie Bestellungen, Rechnungen oder Lieferscheinen zwischen den Betrieben mit Hilfe einer einheitlichen Software.

- Das Cross Docking, bei dem der Prozess des Einlagerns oder Zwischenlagerns entfällt. Dies wird durch die zeitliche und mengenmäßige Abstimmung zwischen der Anlieferung an einen Cross-Docking-Punkt wie ein Zentrallager und der Auslieferung an den Händler möglich. Durch den permanenten Warenfluss können austauschbare stehende Lagerbestände reduziert und die Verfügbarkeit echter Ware verbessert werden. Weil Lager entfallen, reduziert sich die Zahl der Angriffspunkte, an denen Counterfeiter Fälschungen in die Versorgungskette einschleusen können.

▨ Während sich Kooperationen ausländischer Hersteller mit chinesischen Händlern bislang auf bilaterale Aktivitäten beschränkten, stellt das Konzept des Efficient Consumer Response einen multilateralen Kooperationsansatz dar, der die Sicherheit vor Fälschungen in einem größeren Vertriebssystem mit vielen Partnern deutlich erhöhen kann. Die Nachteile sind die hohen Investitionen in die EDV-Systeme, der Abstimmungsaufwand, die Offenlegung von Informationen wie Scannerdaten und die Gefahr des Missbrauchs der Daten.

Franchising

Das Franchising wurde in China in den 90er Jahren eingeführt und Anfang des Jahres 2005 durch neue Vorschriften zur Regelung der Geschäfte mit Sondererlaubnis weitgehend liberalisiert. Darin werden die Beschränkungen für auswärtige Geschäftsleute aufgehoben, die bei Geschäften mit Sondererlaubnis künftig den chinesischen Geschäftsleuten gleichgestellt sind. Seitdem setzen immer mehr ausländische Unternehmen in China auf das Franchising als eine Vertriebsform, die zur Erschließung eines großflächigen Marktes mit rund 1,3 Milliarden Menschen und einem jährlichen Wachstum von rund 9 % immer interessanter wird. Selbst der renommierte All England Club, Veranstalter des alljährlichen Tennisturniers in Wimbledon, vergibt im Reich der Mitte mittlerweile Lizenzen für die Nutzung der Marke Wimbledon. Über 20 Franchiseunternehmer haben bereits die Rechte für Wimbledon-Shops in China gekauft.

Franchising hat sich in der Volksrepublik China zum wichtigsten Motor für die Verbreitung von Ladenketten entwickelt. Besonders in Konsumgütermärkten nimmt der Anteil an Franchisegeschäften sehr schnell zu. Nach einer Studie der chinesischen Chain Store & Franchise Association (CCFA) gibt es in ganz China momentan mehr als 1.900 Franchisesysteme mit rund 87.000 Outlets, die Entwicklung der Franchiseläden soll laut CCFA die Entwicklung der Filialgeschäfte schon bald übersteigen. Nach Informationen der China Industry and Commerce Federation macht der Umsatz von Franchiseketten bereits 5 % der landesweiten Verkäufe aus.

Das Franchising verbindet das Know-how und die Markenstärke großer deutscher Unternehmen mit den lokalen Marktkenntnissen und den Guanxi mittelständischer chinesischer Unternehmen. Darüber hinaus eignet sich die Vertriebsform Franchising in vielen Branchen hervorragend für den großen chinesischen Markt, weil sie deutschen Unternehmen ein schnelles und zugleich kapitalschonendes Wachstum ermöglicht. Mit Hilfe des Franchisings können deutsche Hersteller mit einem begrenzten Investment relativ schnell in den noch wenig entwickelten Westen der Volksrepublik expandieren. Das heißt, dass das Franchising gerade in China zu einer Win-Win-

Situation führen kann. Wir empfehlen deutschen Markenunternehmen oft, in einer ausstrahlungsstarken chinesischen Metropole wie Beijing, Shanghai oder Guangzhou einen Flagship-Store zu eröffnen, der das Konzept der Marke sichtbar macht und über Mundpropaganda bei Chinesen Nachfrage nach einer Lizenz stimuliert.

Die Idee des Franchisings trifft in China auf einen fruchtbaren Boden, weil viele Chinesen gerne ihr eigener Chef sein möchten und sich deshalb für Lizenzen interessieren. Immer mehr chinesische Existenzgründer sind begierig darauf, ihr eigenes Unternehmen zu gründen und damit Karriere zu machen. Selbständige Franchisenehmer bemühen sich aller Erfahrung nach intensiver als angestellte Manager um die Kundenbeziehungen – eine Tatsache, die sich auf dem wettbewerbsintensiven chinesischen Markt schnell positiv bemerkbar macht. Dazu kommt der Vorteil des Informationsaustauschs im Netzwerk. Die lokalen Erfahrungen der chinesischen Franchisenehmer fließen in der Zentrale zusammen und bilden eine wertvolle Informationsgrundlage für die Ausbreitung und Weiterentwicklung des Systems in der Volksrepublik. Aufgrund dieser Informationen können Franchisesysteme auch schnell auf veränderte Marktbedingungen im chinesischen Hyperwettbewerb reagieren.

Der Schutz des Franchisesystems vor Produkt- und Markenpiraten ist eine zentrale Aufgabe des Franchisegebers, die er im Rahmen der Qualitätssicherung bearbeiten kann. Die Herausforderung ist, das Eindringen von Piratenware in das Franchisesystem und die illegale Nutzung des Labels durch Nachahmer zu verhindern. Dies kann durch eine Reihe von Maßnahmen erreicht werden:

- Das permanente Monitoring von Lizenznehmern, Distributoren und Absatzkanälen auf Produkt- und Markenverletzungen hin.

- Das Angebot von Schulung und Beratung zum Anti-Counterfeiting für das Management und die Mitarbeiter der Franchisenehmer.

- Die Sicherung der betrieblichen Abläufe vor Fälschern.

- Die Erarbeitung organisatorischer ACF-Richtlinien für das ganze System.

- Die Bereitstellung von Schutztechnologien wie Barcodeleser oder Hologramme.

- Die sofortige Einleitung juristischer Maßnahmen gegen erkannte Produkt- und Markenpiraten und ihr Supportsystem.

- Die vertragliche Verpflichtung der Systempartner, die Verletzung geistigen Eigentums bei Produkten und Geschäften umgehend an die Zentrale zu melden.

- Die vertragliche Verpflichtung der Systempartner, die Schutzrechte des Franchisegebers zu achten und ausschließlich dessen Produkte und Dienstleistungen zu verkaufen oder einzusetzen, also nicht selbst mit Fälschern zusammenzuarbeiten.

Die Kontrolle, die der Franchisegeber über den Franchisenehmer und das System hat, hängt von seinem zeitlichen und finanziellen Investment ab. Je mehr Zeit und Geld er investiert, desto besser kann er seine Partner kontrollieren. Die größte Kontrolle des Lizenznehmers ist bei einem direkten Franchisemodell gegeben, bei dem der

Franchisegeber Lizenzen an einzelne Unternehmer mit individuellen Geschäften vergibt. Die Kontrolle resultiert aus der Nähe des Markenunternehmens zum einzelnen Unternehmer, der identifiziert und überprüft sowie regelmäßig trainiert, beraten und unterstützt werden muss.

Bei einem Franchisemodell, das eine Verkaufsregion entwickeln soll, vergibt der deutsche Markeninhaber eine Lizenz an einen chinesischen Franchisenehmer, der für die Standorte der Geschäfte und für die Umsatzplanung verantwortlich ist, aber keine Unterlizenzen vergeben darf. Aufgrund der relativen Selbständigkeit des chinesischen Partners verringert sich für den Franchisegeber die Möglichkeit zur Kontrolle des Systems. Dieses Modell ist zu einem gewissen Grad für das Counterfeiting anfällig. Beim so genannten Master Franchising, bei dem der Lizenznehmer eigene Geschäfte betreiben und darüber hinaus Unterlizenzen an Dritte vergeben darf, sind die Möglichkeiten der Kontrolle durch den Lizenzgeber weitgehend reduziert. Bei diesem Modell sind der Produkt- und Markenpiraterie Tür und Tor geöffnet. Hier kommt es darauf an, dass der Lizenzgeber seinem Master-Lizenznehmer ausdrücklich vertraut.[3]

Direktvertrieb

Eine vor Produkt- und Markenpiraten relativ sichere Vertriebsmethode ist der Direktvertrieb, bei dem Unternehmen ohne Absatzmittler direkt an den Endkunden verkaufen und dadurch den gesamten Vertriebsprozess vom Lager bis zum Kunden kontrollieren. Der Direktverkauf, der in China erst im Jahr 1990 eingeführt wurde, führte dort sehr schnell zu einem neuen Boom im Absatz. In der Branche entwickelten sich jedoch massenhaft skrupellose und betrügerische Pyramidenverkaufsfirmen, die sich als Direktverkäufer ausgaben. Ihr Ziel war nicht nur der Vertrieb von Produkten und Dienstleistungen, sondern vor allem die Erweiterung ihres persönlichen Verkäufernetzwerkes durch den Aufbau pyramidaler Verkaufsorganisationen (Multilevel-Marketing oder Pyramidenverkauf). Resultat waren wirtschaftliche Verluste und soziale Unruhen.

Aufgrund der Beeinträchtigung der Märkte durch diese unseriösen Vertriebsmethoden beschloss der chinesische Staatsrat im Jahr 1998, sämtliche Aktivitäten des Direktverkaufs zu unterbinden. Durch die Entwicklung neuer Verbrauchsformen und die notwendigen Zusagen Chinas beim Eintritt in die Welthandelsorganisation WTO wurde jedoch die Wiedereinführung des Direktverkaufs erforderlich. Vor diesem Hintergrund hat die chinesische Regierung eine neue Vorschrift über Direktverkäufe und das Verbot des mehrschichtigen Marketings verabschiedet, die am 1. Dezember 2005 in Kraft getreten ist und beide Vertriebsarten klar voneinander unterscheidet.

Nach dieser Vorschrift ist der Direktverkauf eine Vertriebsform, bei der Produkte und Dienstleistungen nicht über Läden, sondern durch persönlichen Kontakt vertrieben wer-

---

3   Dazu Kellog on China, S. 71 ff.

den. Direktverkäufer müssen von den entsprechenden Unternehmen angestellt werden. Direktverkaufsfirmen müssen darüber hinaus nachweisen, dass sie ihre Handelstätigkeit in den zurückliegenden fünf Jahren im Rahmen der Gesetze ausgeübt haben, sie müssen ein eingetragenes Kapital von mehr als 80 Millionen RMB vorweisen und 20 Millionen RMB in einen Garantiefonds einzahlen. Um die Verbraucher besser zu schützen, dürfen die im Direktverkauf erworbenen Produkte innerhalb von 30 Tagen zurückgegeben werden. Um den pyramidalen Vertrieb zu unterbinden, ist in der neuen Vorschrift vorgesehen, dass Direktverkäufer ausschließlich nach ihrer Vertriebsleistung bezahlt werden dürfen. Dabei darf die Entlohnung nicht über 30 % des Verkaufserlöses hinausgehen. Bei Verstößen gegen die Regelungen drohen Strafen von bis zwei Millionen RMB.

Die direkt verkaufenden Unternehmen haben positiv auf die neuen Regelungen reagiert und erklärt, ihre Vertriebssysteme anzupassen und geforderte Lizenzen zu beantragen. So hat der Kosmetikhersteller Avon ein Pilotprogramm für die versuchsweise Einführung eines Direktvertriebsystems vorgestellt, das als Meilenstein auf dem Weg zu einem staatlich kontrollierten Direktverkauf in China gewertet wird. Das Kosmetikunternehmen wird 3.000 Direktverkäufer einstellen, um seine Produkte an Konsumenten in Beijing, Tianjin und in der südchinesischen Provinz Guangdong verkaufen zu können.

Vor dem Start des Direktvertriebs wird Avon China die Verkäufer ausbilden und sie mit befristeten Zertifikaten ausstatten. Die Daten der Verkäufer werden an das Handelsministerium und an das Ministerium für Industrie und Handel gemeldet und dort archiviert. Schüler und Studenten, Lehrpersonal und staatliche Bedienstete dürfen sich nicht als Direktverkäufer betätigen. Wenn Avon mehr als 100 Direktverkäufer zur gleichen Zeit ausbilden will, muss sich das Unternehmen bei einer lokalen Regulierungsbehörde um eine Genehmigung bemühen. Auch ist es Avon nicht gestattet, mehr als 500 Personen auf einmal auszubilden.

Factory Outlets

Die Vertriebsform des Factory Outlet gewinnt auch in China an Bedeutung. Im Frühling 2005 hat der italienische Bekleidungshersteller Ferramonti in Hangzhou sein erstes Factory Outlet eröffnet, Ende 2005 folgte die Baoshendaoji Ltd., ein Händler des US-Sportartikelherstellers Nike in China, mit einem Outlet in Beijing. Die Hersteller verkaufen Markenwaren mit deutlichen Preisnachlässen in der Fabrik oder in einer unternehmenseigenen Verkaufsstelle direkt an die chinesischen Endverbraucher. Sie umgehen dadurch den Groß- und Zwischenhandel.

Dieser Vertriebsweg ist für ausländische Hersteller von Markenprodukten interessant, weil sie durch die Kosteneinsparungen einen Wettbewerbsvorteil erhalten, das Eindringen von Fälschungen verhindern und chinesische Konsumenten an authentische Markenware gewöhnen können. Factory Outlets haben also immer auch einen Erziehungseffekt. Dazu kommt, dass die Hersteller nicht nur Saisonware mit der üblichen Markenqualität verkaufen können, sondern auch Ware aus Vorjahreskollektionen, Überschussproduktionen, Artikel der 2. Wahl, Auslaufmodelle und Produkte für Markttests. Das Konzept der Factory Outlets lockt die Chinesen, weil die Waren direkt vom Hersteller kommen und sie die Kosten für die Zwischenhändler sparen können. Dazu kommt die Zuverlässigkeit des Angebots. Weil die Factory Outlets direkt von den Herstellern betrieben werden, ist die Echtheit der Markenware garantiert. Chinesische Kunden akzeptieren deshalb auch eingeschränkte Öffnungszeiten und längere Anfahrtswege.

Auch die Factory Outlet Center (FOC), die von einem Betreiber organisierten, zentralen und großflächigen Hersteller-Direktverkaufzentren zur Vermarktung von Produkten durch mehrere Markenhersteller, sind in der Volksrepublik China ein interessanter Vertriebskanal. Diese Verkaufseinrichtungen von Herstellern, die sich beispielsweise auf Bekleidung, Schuhe und Lederwaren sowie Porzellan, Glas, Spielwaren, Sportartikel, Bücher oder Hausrat konzentrieren, vereinen viele Ladengeschäfte unter einem Dach. Durch diese Konzentration vieler Anbieter an einem gemeinsamen, oft verkehrsgünstig gelegenen Standort verringert sich das Absatzrisiko der Anbieter erheblich. Factory Outlet Center werden in China von verschiedenen nationalen und ausländischen Betreibergesellschaften errichtet, beispielsweise die Firmen Beijing Yansha Friendship Shop und Shanghai Outlet.

Internationale Premiummarken sind in Hersteller-Direktverkaufszentren oft nicht vertreten, die Angebotsstruktur orientiert sich überwiegend an den national und international bekannten Marken der oberen Mittelklasse. Durch die Nutzung des Direktvertriebs unter Ausschaltung des Groß- und Zwischenhandels sind in Hersteller-Direktverkaufszentren erhebliche Preisnachlässe gegenüber gängiger Markenware üblich. Bei Markenprodukten oder so genannter Designerware liegen die Verkaufspreise in der Regel 40 bis 60% unter vergleichbaren Angeboten des klassischen Einzelhandels. Auslaufmodelle oder Waren der 2. Wahl sind oft mit Nachlässen von 70 bis 90% erhältlich.

Foreign Trade Operators

Die bislang geltenden Beschränkungen für ausländische Handelsunternehmen wurden im Jahr 2004 weitgehend aufgehoben. Ausländische Unternehmen können nach den Verwaltungsvorschriften für Handelsaktivitäten ausländisch-investierter Unternehmen seit dem 1. Juli 2004 überall in China Handelsunternehmen (Foreign Trade Operators) gründen. Die neuen Vorschriften beziehen sich auf inländische Vertretungsgeschäfte auf Provisionsbasis, Groß- und Einzelhandels- sowie Franchise-Aktivitäten. Das erforderliche Mindeststammkapital beträgt 300.000 RMB für Einzelhandels- und 500.000 RMB für Großhandelsunternehmen. Die Gründungsformalitäten entsprechen denen von Produktionsunternehmen. In der Regel werden ausländische Handelsgesellschaften bei den lokalen Behörden registriert, die aber nur eine vorläufige Genehmigung erteilen. Für die endgültige Genehmigung ist das Ministry of Commerce in Beijing zuständig

Fazit: Den Vertrieb selbst in die Hand nehmen

Fehlender Zugang und schlechte Erfahrungen mit dem chinesischen Handelssystem veranlassen immer mehr ausländische Hersteller in China dazu, im Vertrieb eigene Wege zu gehen: durch eigene Ladenketten, Franchise-Systeme oder den Direktvertrieb. Auch bei der Logistik verlassen sich ausländische Hersteller in China selbst zunehmend auf eigene Transportkapazitäten, die sie mit anderen ausländischen Unternehmen teilen, oder auf westliche Transportunternehmen wie DHL. In der Beschaffung kommt es darauf an, den Zulieferern auf die Finger zu schauen. In der Fertigung geht es darum, die Produktionsstätte nach außen hin abzudichten. Im Vertrieb geht der Trend dahin, die Dinge selbst in die Hand zu nehmen.

13. Technische Maßnahmen

Schutztechnologien nehmen im Kampf gegen Produkt- und Markenpiraten einen immer größeren Raum ein, weil sie ausgereift sind, hohe Barrieren für Fälscher errichten und kostengünstig eingesetzt werden können. Bezogen auf das einzelne Produkt kosten technische Schutzmaßnahmen oft nur wenige Eurocent. Das vielfältige Angebot wirkungsvoller und preiswerter Schutztechnologien führt im Anti-Counterfeiting bereits zu einem heftigen Wettbewerb der Anbieter, die um die Gunst der Kunden kämpfen.

Die Schutztechnologien gegen Produkt- und Markenpiraten lassen sich unterschiedlich kategorisieren, manche bilden auch schwer einzuordnende Grenzfälle. Wir teilen sie in drei Hauptkategorien ein, die miteinander kombiniert werden können: sichtbare, unsichtbare und maschinenunterstützte Technologien.

Sichtbare Technologien (overt technologies) sind Schutzmaßnahmen, die direkt auf dem Produkt oder der Verpackung angebracht und mit dem bloßen Auge zu erkennen sind. Dazu gehören:

- Hologramme,
- OVD/ DOVID,
- Folien,
- Sicherheitsetiketten und -siegel,
- Sicherheitstinten und
- Sicherheitspapier und -druck.

Unsichtbare Technologien (covert technologies) sind für das menschliche Auge nicht zu erkennen, für ihre Erkennung sind besondere Geräte erforderlich. Hierzu gehören mikroskopisch kleine Farbpartikel, auf ultraviolettes Licht reagierende Spezialtinten, fluoreszierende und absorbierende Farbstoffe oder unsichtbare Strichcodes. Wichtige unsichtbare Technologien sind:

- Mikrofarbstoffe,
- DNA und DNA-Computing,
- Nanotechnologie,
- Nanobiotechnologie,
- Isotope und
- Chromogene Systeme.

Die maschinenunterstützten Technologien stützen sich bei der Planung und Steuerung auf Daten, die mit speziellen Geräten eingelesen werden müssen. Beispiele sind:

- RFID,
- Barcodes,
- Chipkarten,

- OCR,
- Biometrie,
- Klebestreifen als Datenträger,
- Internet Monitoring,
- Digital Rights Management,
- digitale Wasserzeichen,
- intelligente Verpackung,
- chemische Marker und
- Selbstzerstörungsmechanismen.

Kombinierte Technologien sind beispielsweise:

- Sicherheitslabels,
- Certificate of Authenticity und
- Track & Trace-Technologien.

Schutztechnologien versehen das Originalprodukt mit einer Markierung und/oder einem Schutzmechanismus, der das Erkennen von Fälschungen durch Mitarbeiter, Händler, Kunden, Ermittler oder den Zoll ermöglicht und damit eine gerichtsfeste Zuordnung der Ware zum Hersteller sicherstellt. Wenn die Schutztechnologie technische Barrieren aufbaut, kann sie eine Nachahmung erschweren oder verhindern. Schutztechnologien können sowohl bei der Prävention als auch in der Bekämpfung der Piraterie eingesetzt werden. Beim Einsatz in der Produktion können technische Maßnahmen den Herstellungsprozess der gefährdeten Produkte absichern und auch damit Imitationen erschweren. Beispiele sind der Einsatz komplizierter Herstellungstechnologien oder Werkzeuge im Maschinenbau, die raffinierte Zusammensetzung der Inhaltsstoffe eines pharmazeutischen Produktes oder aufwendige Schnitte in der Textilindustrie.

Manche Kategorisierungen unterscheiden noch forensische Schutztechnologien, die ihren Ursprung in der forensischen Chemie haben und deren Einsatz eine technisch hoch entwickelte Ausrüstung erfordert. Darunter fallen vor allem die chemischen und biologische Markierungen, beispielsweise mit Hilfe von DNA. Die meisten Schutztechnologien können miteinander kombiniert werden, was die Wirkung des technischen Schutzsystems deutlich erhöht, aber auch die Kosten treibt und den Implementierungs- und Supportaufwand steigert. Ein Beispiel ist der Einsatz sichtbarer Hologramme, die mit einer unsichtbaren Markierung im Nanometerbereich versehen sind. Der kritische Punkt und ein zentrales Auswahlkriterium ist die Fälschungssicherheit der Sicherheitstechnologien. Technologische Maßnahmen des Anti-Counterfeiting nutzen wenig, wenn sie imitiert und damit ausgehebelt werden können.

Sichtbare Technologien

Hologramme

Sie zählen mittlerweile zu den am häufigsten verwendeten Sicherungsmitteln. Der Whiskyhersteller Usquaebach setzte auf seinen Flaschen als einer der ersten Unternehmen Hologramme ein, um gegen Fälschungen vorzugehen. In den auf die Kennzeichnung folgenden Monaten registrierte das Unternehmen vor allem im Fernen Osten einen Rückgang der Fälschungen um 15 % und eine Steigerung des Umsatzes um 45 %. Visa und MasterCard beziffern den durch Hologramme auf Kreditkarten verhinderten Schaden auf über 100 Millionen US-Dollar jährlich.[1]

Es gibt mehrere Arten von Hologrammen. Zu nennen sind vor allem Präge-, Polymer-, Display- und Reflexionshologramme sowie Techniken wie die Lentikular-Technik, die 3D-Animation und die Stereoskopie. Wegen ihrer geringen Größe und Flexibilität sind die Präge- und die Polymerhologramme für den Kampf gegen die Produkt- und Markenpiraterie am besten geeignet. Prägehologramme haben weltweit den größten Marktanteil an 3D-Produkten. Sie sind im Einsatz und der optischen Gestaltung variabel und können ohne größeren Aufwand auf nahezu allen Produkten oder deren Verpackungen, vor allem im Konsumgüterbereich, angebracht werden. Polymerhologramme sind im Vergleich zu den Prägehologrammen optisch schärfer und darüber hinaus bei nahezu allen Lichtverhältnissen gut zu erkennen.

Dies kann beispielsweise in Form von Etiketten, Labels, auf den Covern von CDs und DVDs, auf Stickern oder auf Zellophan-Aufreißstreifen geschehen. Sie sind optisch leicht zu erkennen und haben beim Verbraucher eine verkaufsfördernde Wirkung, weil sie die Echtheit der Produkte signalisieren. Mit einer Delaminationsfolie ist es möglich, dem aufgeklebten Hologrammetikett einen Selbstzerstörungsmechanismus hinzuzufügen, so dass das Hologramm nicht mehr zerstörungsfrei vom Produkt oder der Verpackung abgelöst werden kann. Darüber hinaus lassen sich zusätzlich unsichtbare optische Informationen wie Wechselbildeffekte oder Kippfarben in ein Hologramm integrieren. Bei Kippfarben, die je nach Lichteinfall individuell ihre Farbe wechseln, kann jede Farbkombination weltweit einmalig vergeben und in neutralen Trust-Centern rechtssicher niedergelegt werden. Kippfarbenfolien sind thermisch, mechanisch und chemisch stabil und können deshalb auch für die Kennzeichnung von Produkten eingesetzt werden, die stark belastet werden.

Hologramme können auch als transparente holografische Overlays oder Laminatfolien zur Sicherung der auf dem Produkt verwendeten Strichcodes oder anderer Informationen eingesetzt werden. Dabei wird das holografische Bild nur unter einem bestimmten Einfallswinkel des Lichts in der transparenten Folie dargestellt. Die Basisinformationen sind durch das Hologramm hindurch immer sichtbar. Die Kosten für Standardhologramme liegen je nach Größe und Modell zwischen 8 und 24 Eurocent pro Stück. Weitere Kosten resultieren aus dem Produktionsschritt, der für die Auf-

---

1   Harte-Bavendamm: Handbuch der Markenpiraterie in Europa, S. 39.

bringung der Hologramme erforderlich ist. Wenn die Hologramme als selbstklebende Etiketten aufgebracht werden, fallen diese Kosten vergleichsweise gering aus.

Wer Hologramme fälschen will, benötigt zahlreiche Geräte wie hochwertige Laser, Präzisionsoptiken, schwingungsfreie optische Labortische und eine Ausrüstung für die photochemische Entwicklung. Wenn mehrere holografische Techniken verknüpft und ausschließlich maschinenlesbare optische Zusatzinformationen und holografische Codierungen eingesetzt werden, wird die Nachahmung durch Fälscher stark erschwert. Aufgrund der Komplexität der Technologie ist eine gute Fälschung nur über die Wiederholung des gesamten Herstellungsprozesses möglich. Weil chinesische Piraten beim Fälschen von Hologrammen aber weit fortgeschritten sind und die Sicherheitsbemühungen der ausländischen Unternehmen immer wieder zunichte machen, muss der Einsatz dieser Schutztechnologie im Chinageschäft sehr genau geplant werden. Wichtig ist, dass den Händlern und Kunden kommuniziert wird, wie das Hologramm der Originalware genau aussieht. Wenn Händler und Kunden nicht wissen, wie das Original aussieht, können Fälscher beliebige Hologramme anbringen, die den Eindruck von Authentizität vermitteln.

OVD-/DOVID-Technologien

Optisch variable Elemente (Optically Variable Devices, OVD) bezeichnen als Oberbegriff alle optisch veränderbaren Sicherheitsfeatures. Die beugungsoptisch wirksamen Mikrostrukturen mit hoher Auflösung (Diffractive Optically Variable Image Devices, DOVID) sind Hologrammfolien oder Fäden, die auf Basis von Lichtbeugung funktionieren und die Sicherheitsmerkmale der Hologramme und der konventionellen optischen Systeme verbinden. Diese Technologiegruppe umfasst zahlreiche Sicherungsmittel, beispielsweise sehr dünne Filme, reflektierende Oberflächen und verzerrte Bilder. Optisch variable dünne Filme verändern ihre Farbe, wenn sie geneigt werden. Reflektierende Materialien zur Produktsicherung sind Laminate lichtdurchlässiger Filme, in denen ein unterscheidungskräftiges Sicherheitslogo gespeichert ist, das nur unter einer bestimmten Lichtquelle sichtbar wird. Verzerrte Bilder werden mit einer individuell programmierten elektronischen Kamera hergestellt, die Gegenstände so aufnimmt, dass diese entstellt oder verzerrt werden oder sich überlagern und nur mit Hilfe speziell abgestimmter Decoder wieder zu entschlüsseln sind.

Das Interessante an diesen Technologien ist, dass sie nicht nur eine Sicherheitsfunktion haben, sondern bei einer attraktiven Gestaltung auch als Designelemente fungieren können. So kann das Design von Kennzeichnungen bei einer normalen Betrachtung dunkel erscheinen und erst bei einem sehr flachen Sichtwinkel ein faszinierendes, farbig leuchtendes Element offenbaren. Gewöhnliche Logos oder Schriften können mit einem Linseneffekt zu einem visuellen Sicherheitsfeature aufgewertet werden, was die Markierung aufwertet. Dabei lassen sich mehrere Linsen, die aus dem Zentrum heraus strahlen, miteinander kombinieren. Das Design der Linsen ist kundenspezifisch gestaltbar. Verschiedene Unternehmen bieten proprietäre Kennzeichnungen und Siegel an, die nach einem geheimen, nur dem Anbieter zugänglichen Verfahren hergestellt werden und einen besonders hohen Fälschungsschutz bieten, weil die Herstellungsverfahren in der Öffentlichkeit nicht bekannt sind. Ein Beispiel ist das Echtheits-Kennzeichen Trustseal® der Firma Leonhard Kurz GmbH & Co. KG.

Folien

Mit Folien können Verpackungen veredelt und Marken geschützt werden, ohne dabei das Produktdesign verändern zu müssen. Die Wiedererkennung des Originaldesigns bleibt vollständig erhalten. Bei einer professionellen Gestaltung können die eingesetzten Folien zusätzliche Akzente setzen und das Design des Produkts hervorheben und verstärken. Ein Beispiel sind Designelemente einer Marke wie der Originalschriftzug oder das Signet, die als holografisches Motiv in die Folie eingearbeitet werden. Spezialfolien, beispielsweise transparente diffraktive Folien, sind schwer nachzuahmen, weil die Produktion ein besonderes folientechnisches Know-how erfordert.

Sie bieten darüber hinaus eine Möglichkeit, sicherheitsrelevante Elemente wie wichtige lesbare Texte, personalisierte Daten, Fotos, Herstellungs- und Verfallsdaten oder Produkt- und Garantiecodes vor der Fälschung zu schützen. Die Informationen bleiben unter der Folie deutlich lesbar, sind aber geschützt, weil Manipulationen an der Folie, die eine Fälschung der hinterlegten Daten und Informationen ermöglichen sollen, sofort erkannt werden. Diese Art von Kopierschutz wird bei Dokumenten, Tickets, Pharmaverpackungen oder Garantiesiegeln für Computer oder Original-Ersatzteile verwendet.

Bei der so genannten Demetallisierung sind nur Teilbereiche einer Heißprägefolie mit einer Aluminiumschicht versehen. Dabei sind sowohl beliebige geometrische Muster als auch Ziffern, Buchstaben und ganze Schriftzüge mit filigranen Strukturen erzeugbar. Sogar winzige Schriftzüge mit scharf begrenzten, gerade einmal 0,5 mm hohen Buchstaben lassen sich mit dieser Technik erzeugen, die anders nicht eingeprägt werden könnten. Die Folientechnologie der Demetallisierung ist hoch entwickelt und erlaubt unzählige individuelle Designs, die das Originalprodukt des Anwenders vor der Piraterie schützen.

Die November AG hat eine kopiersichere Folie mit dem Namen Colour-Switch entwickelt, die über einen ausgeprägten Effekt des Farbumschlags verfügt. Während Kippfarben, wie etwa auf dem 50-Euro-Schein, auf einfachen Pigmentfarben basieren, die auch von Fälschern beschafft werden können, gilt die Colour-Switch-Folie nicht nur wegen des komplizierten Herstellungsverfahrens als sicherer. Ihr Farb-Umschlageffekt ist auch wesentlich intensiver. Dadurch können falsche Geldscheine auch von Laien auf den ersten Blick sicher identifiziert werden. Die Folie ist zudem maschinenlesbar und kann innerhalb von Sekunden mit einem Handscanner geprüft werden.

Sicherheitsetiketten und -siegel

Stark haftende Siegel und Etiketten aus unterschiedlichen Basismaterialien schützen Produkte und Verpackungen vor dem unbemerkten Öffnen und damit den Inhalt vor Manipulationen. Sicherheitsetiketten aus silbermatter Delaminationsfolie, die sowohl mit Laserdruckern als auch mit Thermotransfer-Druckern beschriftet werden kann, eignen sich sehr gut für die Herstellung von Typenschildern, Originalitätsnachweisen und Produktsiegeln. Beim Abziehen löst sich ein schachbrettartiges Muster aus der Folie heraus, und nach dem Ablösen kann ein Etikett nicht mehr in den ursprünglichen Zustand zurückgesetzt werden. Sicherheitssiegel aus metallisierter Folie sind mit einem Spezialkleber beschichtet, der bei der Ablösung des Siegels partiell auf dem Untergrund verbleibt und die Folienstruktur zerstört.

Die HERMA GmbH hat ein Verschlusssiegel aus einem spaltbaren Etikettenmaterial entwickelt, das sich für die in der Industrie häufig verwendeten Gitterboxen aus Metall besonders gut eignet, in denen oft Ersatzteile transportiert werden. Dabei wird der üblicherweise als Abdeckung verwendete Karton mit dem Sicherheitsetikett an allen vier Ecken des Transportbehälters befestigt. Durch die Verwendung eines besonderen Klebematerials haftet das Siegel zuverlässig auf allen gängigen und auch schwierigen Oberflächen. Bei Gitterboxen sind das der raue Karton und der nicht immer saubere Metallrahmen. Beim Versuch, das Siegeletikett zu entfernen, spaltet es sich in seine beiden Schichten auf, lediglich einzelne Fragmente lassen sich abziehen. Das Etikett wird dadurch zerstört, der Manipulationsversuch ohne weitere Hilfsmittel sofort sichtbar. Die Siegel können optisch gestaltet werden, beispielsweise mit Markenlogos. Die Etiketten können zusätzlich mit fortlaufenden Seriennummern oder Codes bedruckt werden, so dass jede Lieferung schnell und zuverlässig zurückverfolgt werden kann.

Ein anderes Beispiel sind die Security Tapes der Firma Flexicom, die wie handelsübliche Verpackungsklebebänder eingesetzt werden. Beim Abziehen des Sicherheits-Siegelbandes löst sich der Klebstoff partiell vom Trägermaterial und verbleibt auf dem Untergrund. Dabei wird ein roter Warnhinweis „Geöffnet/Opened" sichtbar. Der abgezogene Teil des Security Tapes kann nicht mehr verklebt werden, um eine unberechtigte Öffnung zu verheimlichen. Flexicom Security Tapes sind mit einer Nummer versehen, die auf den Versandpapieren genannt werden kann. Auch dadurch können Manipulationen verhindert oder sichtbar gemacht werden.

Zusätzliche Sicherheit bietet das mit fälschungssicheren Merkmalen versehene Echtheitszertifikat, das so genannte Certificate of Authenticity (COA). Das COA-Label enthält gleich mehrere Sicherheitsfeatures: den spezifischen Programmnamen, einen eindeutigen Produktschlüssel in der Mitte des Labels, einen Hologrammstreifen, einen farbreflektierenden Streifen und einen grünen Punkt, der sich beim Reiben gelb verfärbt. Wenn Software zusammen mit einem Computer verkauft wird, ist es möglich, dass das COA-Label bereits am Gehäuse des PC angebracht ist. Ansonsten befindet es sich auf der Rückseite des Produkthandbuches.

Sicherheitstinten

Sicherheitstinten bestehen aus einer Kombination von Flüssigkristallen mit bestimmten wasserlöslichen Harzen sowie Additiven, die das Fließverhalten und andere Charakteristika der Tinte beeinflussen. Sie sind als Sicherungsmittel gegen Fälschungen geeignet, weil sie auf Versuche reagieren, gedruckte Angaben zu ändern oder zu entfernen. Manche Tinten sind so empfindlich, dass schon ein Wechsel des Umfelds zu einer chemischen Veränderung führt, die aber nur durch spezielle Instrumente erkennbar ist.

Produktfälscher können blaue und violette UV-Kennzeichnungen inzwischen gut kopieren. Die britische Firma Linx Printing Technologies Plc. bietet deshalb eine Sicherheitstinte an, die einzigartige rote Farbstoffe verwendet, die im Unterschied zu anderen fluoreszierenden Tinten unter ultraviolettem Licht in einer markanten roten Farbe leuchtet. Dadurch kann diese Tinte, die speziell für diskrete Kennzeichnungen von Alkohol-, Tabak, Pharma-, Software- und Musikprodukten entwickelt wurde und die auf Papier, Kunststoff, Metall und Glas haftet, bei der Beschriftung von Produkten und Verpackungen nur sehr schwer nachgemacht werden. Dazu kommt, dass die Hersteller von Primärverpackungen ihre eigenen diskreten Kennzeichnungen ergänzend einfügen können, ohne dass es zwischen den verschiedenen Kennzeichnungen zu

Unsichtbare Sicherheitstinte. Foto: Bluhm Systeme GmbH

Störungen kommt. So kann beispielsweise ein Produzent von Glasflaschen auf seinen Produkten eine diskrete Kennzeichnung aufbringen, die sich von dem Kennzeichen unterscheidet, das beim Getränkehersteller oder Abfüller zusätzlich aufgebracht wird.

Sicherheitspapier und Drucktechniken

Es sind wohl die Hersteller von Banknoten und Wertpapieren, die unter allen Industriezweigen die größte Erfahrung darin haben, Fälschern das Geschäft zu erschweren. Beim Sicherheitspapier und sicheren Drucktechniken sind im Laufe der Geschichte zahlreiche Verfahren entwickelt worden, unter anderem komplexe Darstellungen, Farbkombinationen, Schattierungen, komplizierte Wasserzeichen, Metallstreifen, irisierende Plaketten oder in das Papier eingebrachte Erkennungsfäden sowie spezielle Druckverfahren. Bis vor kurzem waren diese Technologien der Fälschungssicherheit von Geldscheinen und anderen wertvollen Dokumenten wie Schecks, Aktien oder Gutscheinen vorbehalten. Mittlerweile werden sie jedoch auch eingesetzt, um bekannte Markenprodukte mit fälschungssicheren Etiketten und Echtheitszertifikaten zu versehen.

Die meisten Sicherheitspapiere und sicheren Druckverfahren sind zwar mit unsichtbaren Barrieren versehen, sie haben aber auch sichtbare Komponenten, die sehr schwer zu fälschen sind. Massentauglich, aber sehr teuer, sind die Intaglio-Druckmaschinen. Der Intaglio-Druck bewirkt, dass sich Geldnoten reliefartig und rau anfühlen und neue Exemplare einen farbigen Fleck zurücklassen, wenn man sie auf weißem Papier reibt. Basis für sichere Druckverfahren sind alle Motive, die auf eine transparente Folie übertragen werden können. Dazu gehören Zeichnungen auf wasserfester transparente Folie, Fotokopien und Ink-Jet-Ausdrucke auf OHP-Folie, Ausbelichtungen auf transparenter Folie oder Positivkopien auf Filmmaterial. Diese Motive werden mittels UV-Licht auf den Polymerfilm übertragen, nach der Entwicklung entstehen in der Polymerschicht die Vertiefungen, die die Farben für den Druck halten.

Das deutsche Unternehmen Giesecke & Devrient ist einer der weltweit bekanntesten Anbieter von sicherem Papier und Druckverfahren. G&D stellt Sicherheitspapiere im Rundsiebverfahren mit mehrstufigen Wasserzeichen und Sicherheitsfäden her, die entweder vollständig eingebettet oder als Fensterfäden teilweise sichtbar sind und mit optischen und maschinenlesbaren Informationen versehen werden können. Weitere Features sind

- mehrfarbige, verschlungene und parallel verlaufende Streifen, wie sie von Wertpapieren bekannt sind (Guillochendruck);

- die vermischte, ineinander laufende Widergabe der Regenbogenfarben (Irisdruck);

- Durchsichtsregister, mit denen durch ein abwechselndes Halten der Folie vor einem weißen oder schwarzen Untergrund die Echtheit geprüft werden kann;

▧ fluoreszierende Farben sowie Farben, die ausschließlich unter Infrarotlicht sichtbar sind und

▧ verschiedene 3D-Effekte.

G&D hat mehrere proprietäre Sicherheitstechnologien entwickelt. PEAK® (Printed and Embossed Anticopy Key) ist ein im Stahlstich hergestelltes, dreidimensionales, optisch variables Bild, dessen Farben und Informationen sich je nach Betrachtungswinkel und Lichteinfall verändern. Ein Farbkopierer kann diese Effekte nicht nachahmen. Bei FIT® (Fine Intaglio Technology) ermöglicht eine hochauflösende Gravurtechnologie, auch feinste Linien im Stahlstich darzustellen. Dadurch lassen sich völlig neue Sicherheitsmerkmale konstruieren. STEP® (Shimmery Twin Effect Protection) ist eine optisch variable Druckfarbe, bei der unter zwei verschiedenen Betrachtungswinkeln auch zwei unterschiedliche Farben erkennbar werden, beispielsweise ein Wechsel von blau zu grün und umgekehrt. Hinter dem Begriff LEAD® (Longlasting Economical Anticopy Device) verbirgt sich ein metallisch glänzender Streifen, wie er auf Banknoten zu sehen ist, der mit holografischen Informationen versehen ist. Eine extrem hohe Sicherheit wird durch innovative Kombinationen von LEAD®, PEAK® und STEP® erreicht werden.

Unsichtbare Technologien

Mikrofarbcodes

Mikroskopisch kleine und äußerst widerstandsfähige Partikel aus Melamin-Alkyd-Polymer mit einer Größe von 5 bis 45 µm bilden die Basis des Systems. Der Sicherheitscode wird durch das sogenannte Sandwichverfahren erzielt, das 4 bis 11 farblich unterschiedliche Schichten mit einer Stärke ab 0,0008 Millimeter aufbaut. Die Vielzahl der möglichen Kombinationen von Schichten ermöglicht die Darstellung von mehr als 4,35 Milliarden Basis-Farbcodes, wobei jeder Farbcode nur einem einzigen Anwender zugeordnet wird. Bei Dualcodes, der Kombination mehrerer Partikel, ist die Zahl der möglichen Verschlüsselungen praktisch unendlich. Um ein Produkt eindeutig zu identifizieren, reichen jedoch bereits fünf Partikel aus.

Die Code-Nummer ergibt sich aus der Zuordnung eines bestimmten Zahlenwertes zu jeder einzelnen Farbe. Ein Vorteil ist, dass für das Auftragen der Partikel und den Nachweis der Echtheit eines Produkts keine teuren und komplizierten Verfahren notwendig sind. Der Code, der die Produkte wie ein genetischer Fingerabdruck markiert, kann von Ermittlern oder dem Zoll mit einem einfachen Stab-Mikroskop oder mit automatischen Lesegeräten gelesen werden und wird vor Gericht als Beweismittel anerkannt. Durch das Sicherheitsmerkmal können nicht nur Plagiate nachgewiesen und ungerechtfertigte Forderungen aus dem Bereich der Produkthaftung abgewiesen werden, es können auch dunkle Vertriebswege ausgeleuchtet werden.

Die Mikrofarbcode-Technologie, die auch bei Großserien störungsfrei in jeden Fertigungsprozess integriert werden kann, kann stündlich 50.000 Produkte markieren.

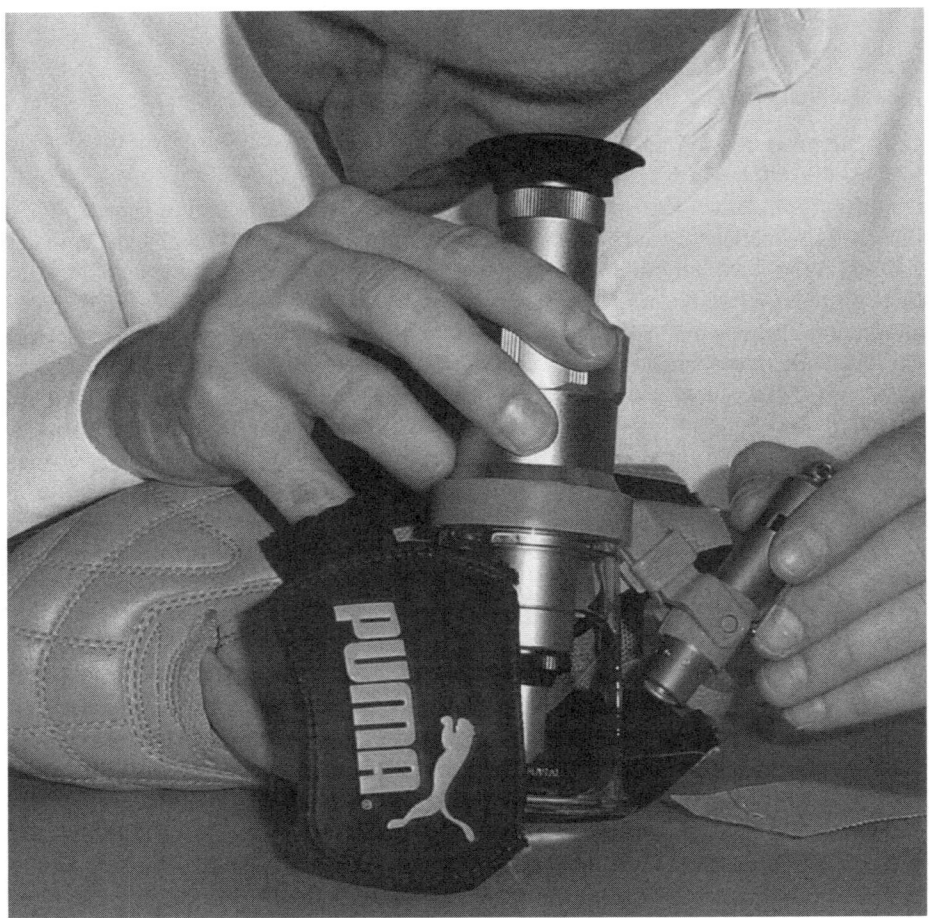

Überprüfung des unsichtbaren Farbcodes im Produkt. Foto: Simons Druck und Vertrieb GmbH

Sie wird in Deutschland von der Simons Druck und Vertrieb GmbH angeboten, die auch den Sportartikelhersteller Puma ausgerüstet hat. Puma integriert den unsichtbaren Code in das Markenlogo, den springenden Puma, und unterscheidet die Originalware so von den massenhaften Fakes. Wenn die Produkte jedes Fertigungsstandortes ihren eigenen Farbcode haben, kann man genau nachvollziehen, wo jedes einzelne Produkt, das auf den Weltmärkten auftaucht, hergestellt wurde. Das Farbcodiersystem ist relativ preisgünstig. Mit einer Partikelgröße zwischen 25 und 32 µm kosten bei SECUTAG® 1.000 Sicherungen 4,17 Euro, das entspricht dem Bruchteil eines Eurocents für ein gesichertes Produkt.

Kennzeichnung durch DNA

Im Zentrum der molekularbiologischen Ansätze steht die Desoxyribonukleinsäure (Desoxyribonucleic Acid, DNA). Die langen Kettenmoleküle, die aus den Basenmolekülen Cytosin, Guanin, Thymin und Adenin bestehen und auch die menschlichen Erbanlagen festlegen, erlauben Milliarden möglicher Kombinationen. Beim Einsatz als Sicherheitstechnologie wird DNA synthetisch erzeugt, wobei die beiden Stränge getrennt und in zwei verschiedenen Medien wieder zusammengeführt werden. Grundlage der neuen Technik sind künstliche DNA-Stücke, die entweder mit einem Stempel auf den Oberflächen von Verpackungen aufgetragen oder in einen Aufkleber integriert werden. Eine geringe Menge DNA befindet sich an einer Stelle des Produktes oder der Verpackung, das Gegenstück dazu in einem Spezialstift.

DNA-Etiketten arbeiten nach dem Schlüssel-Schloss-Prinzip. Das Etikett ist das Schloss, der Stift der Schlüssel. Wer auf der Suche nach einer Fälschung ist, streicht einfach mit dem Stift über das Erbgut-Etikett. In der Tinte des Spezialstifts befindet sich der andere Teil der DNA, der die DNA des Etiketts aktiviert. Nur wenn sich auf den DNA-Strängen des Schlüssels und des Schlosses die jeweils zusammengehörenden Basen (Cytosin, Guanin, Thymin und Adenin) exakt ergänzen, leuchtet das System. Das Leuchten wird mit einem Scanner erfasst, der anzeigt, dass die Ware echt ist. Weil es unter Milliarden unterschiedlicher Kombinationen nur einen einzigen passenden DNA-Schlüssel gibt, sind die DNA-Label nicht zu fälschen. Dieser Test dauert nur wenige Sekunden.

Ein Anbieter dieser neuen Technologie aus Röhrchen und Pipetten ist die November AG. Der weltweit tätige Pharmakonzern Bristol-Myers Squibb ist der erste Auftraggeber für das Sicherheitssystem zur Abwehr von Imitationen und Fälschungen. Er kennzeichnet seine Medikamentenverpackungen mit DNA-Etiketten, um den Weg jedes Medikamentes vom Hersteller über die diversen Distributionskanäle bis hin zum Patienten lückenlos dokumentieren zu können.

Das DNA-Computing, ein noch sehr junges Forschungsgebiet im Grenzbereich von Informatik, Molekularbiologie und Nanotechnik, nutzt die Mittel und Methoden der Genforschung, um Information zu verschlüsseln und sicher zu speichern. Aus der DNA wird durch die neue Technik ein digitaler Datenspeicher. Den organischen Basen, aus denen der DNA-Strang zum großen Teil besteht, werden Zahlen zugeordnet. Die Wissenschaftler kodieren aus der DNA wie im Computer kurze Nachrichten als Folge von Nullen und Einsen. Die zu verschlüsselnde Information wird dann mit vielen Milliarden anderer DNA-Nachrichten gemischt und damit sicher versteckt.

Nanotechnologie

Ein Nanometer ist ein Milliardstel Meter, das ist etwa 50.000-mal kleiner als der Durchmesser eines menschlichen Haares. Mit Nanopartikeln lassen sich Tinten herstellen, die nur unter einer speziellen UV-Lampe erkennbar sind. Geldscheine, Kunstwerke oder Pässe können auf diese Weise fälschungssicher markiert werden.

Die Informium AG ist unter anderem auf Additive für Druckfarben, Beschichtungen und Verpackungen spezialisiert. Diese ermöglichen die Verschlüsselung der Kennzeichnung von Produkten. Kunden sind die Hersteller hochwertiger Markenartikel. Das Unternehmen hat neuartige Verfahren entwickelt, Produkte unsichtbar zu kennzeichnen. Mit Hilfe der ScanDeepTM-Technologie lassen sich beispielsweise Medikamentenverpackungen über die Druckfarbe mit einem verschlüsselten, individuellen Binärcode markieren. Nur spezielle Lesegeräte können diesen Code entschlüsseln. Die ScanDeepTM-Technologie ist eine Alternative zu den Funketiketten der Radio Frequenz Identifikation (RFID), bei der Daten an einem Produkt über einen so genannten Transponder per Radiowellen verfügbar gemacht werden. Neben den im Vergleich zu RFID deutlich geringeren Kosten und der einfacheren Handhabung wahrt ScanDeepTM die Privatsphäre der Kunden, weil keine Datenschutzprobleme wie bei RFID entstehen.

Nanobiotechnologie

Die Nanobiotechnologie kann Nano- und Biotechnik verbinden, weil sie sich mit Systemen in der Größe von 100 Nanometern bis zu weniger als einem Nanometer beschäftigt, was genau dem Größenbereich von Zellen entspricht. Ein Beispiel für eine nanobiotechnologische Kennzeichnung ist der biologische Farbstoff Bakteriorhodopsin (BR), der unter Licht seine Farbe von lila nach gelb wechselt. Danach nimmt das Biomolekül, das über Millionen von Jahren der Evolution optimiert wurde, sofort wieder seinen Ausgangsfarbton an. Das Biomolekül wird chemisch verändert und als Nanopartikel verpackt, damit es als optisches Sicherungselement eingesetzt werden kann. Wird ein mit BR beschichtetes Dokument belichtet, ändern die Elemente sofort ihre Farbe. Eine Kopie ohne BR-Beschichtung wird als Fälschung erkannt, weil sie bei Belichtung die Farbe nicht ändert. Die mit der Vermarktung beschäftigte Munich Innovative Biomaterials GmbH konnte die bislang hohen Produktionskosten des Bakteriorhodopsins, das nicht künstlich hergestellt werden kann, inzwischen senken und den Stoff erfolgreich bei Ausweisen einsetzen.

Um seinen internationalen Vertrieb vor minderwertigen gefälschten Ersatzteilen zu schützen, suchte die Stihl AG nach einer einfachen, aber effektiven Lösung, die jederzeit und an jedem Ort der Welt einen zuverlässigen Originalitätsnachweis erbringen kann. Das Unternehmen setzte Bio-Code-Etiketten von HERMA ein. Bei diesen Etiketten weist eine optisch zunächst nicht erkennbare Markierung der Etikettenoberfläche das Produkt als original aus. Wird das Etikett, das sich bei Stihl auf der direkten Umverpackung befindet, mit einer Testflüssigkeit beträufelt, erscheint aufgrund einer chemisch-biologischen Reaktion der Originalitätsbeweis. Bei der grafischen Gestaltung der Etiketten sind keine Änderungen oder Einschränkungen notwendig, und neben der Testflüssigkeit sind keine teuren Mess- oder Prüfgeräte erforderlich. Ein großer Vorteil ist, dass der Identifikations-Schriftzug abwaschbar ist, wodurch der Prüfvorgang bis zu 20 Mal wiederholt werden kann. Dieses Sicherungssystem ist deshalb für mehrstufige Vertriebsketten geeignet, in denen der Originalitätsbeweis immer wieder neu erbracht werden muss.

Isotope

Lebensmittel werden zunehmend nicht nur über klassische Qualitätskategorien wie Geschmack, Frische, Vitamingehalt oder Naturbelassenheit, sondern auch über die Angabe einer speziellen Herstellungsart oder geografischen Herkunft vermarktet – sogar beim Frischfleisch. Doch wie kann kontrolliert werden, ob ein Stück Rindfleisch tatsächlich von einem deutschen Biobauern stammt, wie vom Hersteller behauptet wird? Es könnte sich um hormonbehandeltes Fleisch aus Argentinien, also um eine Fälschung, handeln. Neben dem Konsumenten haben auch die Lebensmittelwirtschaft und die Behörden ein vitales Interesse daran, dass die Angaben zweifelsfrei überprüft werden können. Auch im Zusammenhang mit der EU-Verordnung EG 178/2002, dem General Food Law, entsteht ein Bedarf an Methoden zur Herkunftsbestimmung.

Weil die Herkunft und damit die Authentizität eines Lebensmittels meist in keinem direkten Zusammenhang mit den funktionalen Qualitätsparametern des Produktes wie dem Vitamingehalt stehen, können sie auch nicht mit herkömmlichen sensorischen und analytischen Methoden bestimmt werden. Die Herkunft wird mit Hilfe der Isotopenmessung bestimmt. Isotope sind die verschiedenen Varianten eines Atoms, die in jedem Gebiet der Erde anders sind. Die Atome im Grundwasser einer Region unterscheiden sich unverwechselbar von denen im Grundwasser eines anderen geografischen Gebiets. Das gilt auch für Pflanzen, die das Wasser aufnehmen. Isotope können auch in Fleisch von Rindern, in Honig, Eiern, Milch, Obst oder in Fischen identifiziert werden. Damit kann ihre Herkunft belegt werden.

Die Methode basiert auf der Bestimmung der Mengenverhältnisse der Atome, die von verschiedenen regional unterschiedlichen Umweltfaktoren wie dem Klima, der Topografie oder den Kulturbedingungen beeinflusst werden. Dadurch entsteht für ein bestimmtes Produkt ein isotopischer Fingerabdruck der Herkunftsregion. Bislang wurden angegebene Weinbauregionen, das Ausgangsmaterial bei Spirituosen, Rohr- und Rübenzucker sowie Butter isotopisch charakterisiert. Die Ergebnisse werden in Referenzdatenbanken gespeichert, die Landkarten der Isotopenzusammensetzung von Produkten aus jeder Region darstellen. Jede Probe kann schnell mit dieser Datenbank abgeglichen werden, die Trefferquoten liegen bei 90 bis 95 %. Eine Überprüfung kostet ab 100 Euro aufwärts, die Ergebnisse liegen nach wenigen Tagen vor.

Chromogene Systeme

Chromogene Systeme zeichnen sich dadurch aus, dass sie ihre Farbe oder Transparenz als Reaktion auf äußere Einflüsse wie Temperatur, Licht, Druck und elektrische Spannung ändern. Viele Sicherheitspapiere und sichere Drucke, Sicherheitstinten und Folien basieren neben den fluoreszierenden Farben auf chromogenen Systemen. Die Fraunhofer-Gesellschaft entwickelt neuartige thermochrome Polymerwerkstoffe, die ihre farblichen und transparenzbezogenen Eigenschaften in engen Temperaturbereichen ändern. Im Ergebnis sollen Polymerfolien im µm-Bereich und Kunststoffe im mm-Bereich mit stark ausgeprägten thermochromen Eigenschaften hergestellt werden, die schon mit Temperaturdifferenzen von 2 bis 8 °C gesteuert werden können. Die Polymerfolien schalten bei diesem geringfügigen Temperaturwechsel von einem hochtransparenten farblosen in einen farbigen transluzenten Zustand um.

Sicherheitspapiere mit unsichtbaren Features

Normale Produktetiketten und -verpackungen, Bonus-, Club- oder Eintrittskarten, CD-Leaflets oder Software-Garantiekarten nachzudrucken, ist heute kein Problem mehr. Dokumente auf Sicherheitspapier können von Fälschern aber nur unter einem großen technischen Aufwand nachgemacht werden. Die Ziegler Papier AG hat ein Papier mit einem hohen Sicherheitslevel und ein geeignetes Testinstrument zur Marktreife gebracht. Das Sicherheitspapier Z-Bond Classic Security Features verfügt über eine chemische Oberflächenbeschichtung, in der die Security Features eingebaut sind. Bei Verwendung des Test Pen zeigt das Papier eine farbliche Reaktion. Dadurch können Packungsprospekte und Garantiedokumente unkompliziert und schnell auf ihre Echtheit hin geprüft werden. Ein Sicherheitspapier mag auf den ersten Blick unscheinbar sein – doch beim Fotokopieren erscheint auf jeder Kopie mehrsprachig das Signalwort „Raubkopie".

Beim Fluoreszenzdruck werden im Rahmen des Folienoffsetdruckprozesses auf Bereichen, die mit dem Kunden festgelegt werden, fluoreszierende Farbelemente aufgebracht, die unter normalen Lichtbedingungen unsichtbar sind. Die Überprüfung der Echtheit findet unter einer UV-Lampe statt. Beim Original werden durch die UV-Strahlen die mit der fluoreszierenden Farbe bedruckten Teile sichtbar, bei den Kopien ist dagegen nichts zu sehen. Der Kopierschutz lässt sich noch erhöhen, wenn die fluoreszierende Farbe in schwer nachzuahmenden Formen und Linien aufgedruckt wird. Die Sicherheitsmerkmale können mit herkömmlichen Geräten wie Kopierer oder Scanner nicht sichtbar gemacht oder kopiert werden. Es ist auch nicht möglich, die Sicherheitsmerkmale mit einem Farblaserdrucker zu vervielfältigen. Wenn das Papier eine versteckte Seriennummer enthält und der Käufer protokolliert wurde, kann den ermittelnden Behörden der Käuferkreis genannt werden.

Folien mit unsichtbaren Features

Die österreichische Papierfabrik Louisenthal hat auf der Konferenz „Banknote 2005" in Washington eine neue Generation von Geldscheinen vorgestellt. Die Noten haben ein Durchsichtsfenster, das aus einer Fensteröffnung im Papier aus einer neuartigen Sicherheitsfolie besteht. Durch abwechselndes Halten der Folie vor weißen oder schwarzen Untergrund lässt sich die Echtheit prüfen. Auf hellem Untergrund ist im Fenster beispielsweise ein V erkennbar, vor einer dunklen Fläche wird das V zu einer grün-schwarz schraffierten Fläche. Ein solcher Geldschein besitzt eine hohe Fälschungssicherheit, da dieser Effekt durch alternative Methoden wie Stanzen oder Schneiden nicht nachzuahmen ist. Zahlreiche Zentralbanken, die an neuen Ausgaben ihrer Währungen arbeiten, haben bereits Interesse an der neuen Notengeneration bekundet.

Unsichtbare Sicherheitstinten

Sicherheitstinten werden typischerweise auf Etiketten und Verpackungen verwendet. Wenn sie Wärme oder Licht ausgesetzt werden, verändern sie wie die Sicherheitspapiere und -folien die Farbe. Wird dieser Vorgang wiederholt, so tritt der Originalzustand wieder ein. Dieser Effekt ist bei den meisten Tinten beliebig oft wiederholbar. Darüber hinaus sind Tinten entwickelt worden, die für das menschliche Auge unsichtbar, aber von Barcode-Scannern lesbar sind. Sie finden unter anderem in der Arzneimittel- und der Kosmetikindustrie Anwendung. Andere reaktive Tinten ändern ihre Farbe, wenn sie mit bestimmten Substanzen in Verbindung kommen, etwa mit der Tinte eines Filzstiftes.

Maschinenunterstützte Technologien

Radio Frequency Identification (RFID)

Die in der Presse viel zitierte Radio Frequency Identification (RFID) gilt als Favorit unter den Technologien zum Schutz vor Produkt- und Markenpiraten. RFID ist eine Technologie für die Markierung von Waren zum Zweck der Kennzeichnung physischer Objekte. Zur Zeit werden meist Anwendungen eingesetzt, bei denen eine codierte Information über das individuelle Produkt zur Verfügung gestellt wird, in der Regel in Form einer elektronischen Artikelnummer. Ein solcher elektronischer Produktcode macht es möglich, dass jeder einzelne Gegenstand auf der Erde sein eigenes und einzigartiges Kennzeichen erhält. RFID stellt sicher, dass Güter vom Punkt der Herstellung bis zum Punkt der Ausgabe einfach rückverfolgt werden können und dass die Produkte innerhalb der Logistikkette nicht verloren gehen, gestohlen oder gegen Plagiate ausgetauscht werden, um anschließend unberechtigt in Umlauf gebracht zu werden. RFID braucht jedoch große Datenbanken, in denen die individuellen Daten jedes Etiketts enthalten sind.

Der RFID wird von Marktforschern ein rasantes Wachstum vorausgesagt. Bis zum Jahr 2015 soll sich der Wert des weltweiten RFID-Marktes von knapp 2 Milliarden US-Dollar im Jahr 2005 auf fast 27 Milliarden US-Dollar in 2015 erhöhen.[2] Allein durch die Einführung des ID-Karten-Systems in China wird die Vergabe von Aufträgen in Milliardenhöhe erwartet.

Die beiden zentralen technischen Komponenten der RFID-Systeme sind der Transponder oder RFID-Tag, der am Produkt angebracht ist, und ein Lesegerät, das die gespeicherten Daten auf dem Transponder elektronisch erfasst. Passive Transponder haben keine, aktive Transponder dagegen eine eigene Stromversorgung. Die Transponder sind heute schon kleiner als $0,5$ mm^2 und dünner als 100 µm. Sie bestehen aus einem Computerchip mit Prozessor und Betriebssystem, das bis zu mehrere 100 Bit Speicherkapazität hat, sowie einem Sender und einem Empfänger mit Antenne, die in Kunststoff, Papier oder Keramik eingebettet sind.

In passiven Transpondern werden keine Daten verarbeitet. Gibt ein Lesegerät ein Funksignal ab, so geben alle Transponder in Reichweite ihre gespeicherten Daten an das Lesegerät ab. Bei passiven RFID-Systemen beträgt die Leseentfernung bis zu zehn Metern. RFID-Leser können bei einer Fahrgeschwindigkeit bis zu 300 km/h rund 200 Transponder pro Sekunde auslesen. Bei aktiven Transpondern kann der integrierte Prozessor Daten verarbeiten und diese auch verschlüsseln. An diese Transponder können Sensoren, Displays und Tastaturen angeschlossen werden. Diese Systeme ermöglichen eine Leseentfernung von bis zu 30 m. Aktive Transponder sind zwar teurer, benötigen aber weniger Infrastruktur.

Die Preise für Transponder werden aufgrund der Massenproduktion in naher Zukunft erheblich sinken, beispielsweise auf $0,01$ Euro pro passivem Transponder. Der Grund ist die Verwendung von Polymerchips anstelle bisheriger Silizium-basierter Chips, die nur noch einen Bruchteil kosten werden.

Diese Komponenten ermöglichen das berührungslose Auslesen der auf dem Chip gespeicherten Informationen und können im Gegensatz zu Barcodes auch ohne Sichtkontakt ausgelesen werden, beispielsweise durch Gewebe, Plastik und andere Materialien hindurch. Dadurch entfällt eine platzraubende Sichtverbindung zwischen Transponder und Leser. Auf den Tags können erheblich mehr Informationen gespeichert werden als auf Barcode-Etiketten, und die Informationen können bei bestimmten Transpondern mit Hilfe des Lesegeräts verändert werden. Die Transponder sind wartungsfrei, langlebig und gegenüber Verschmutzung oder Verschleiß unabhängig, da zum Auslesen keine mechanischen Kontakte erforderlich sind.

Wegen ihrer äußerst geringen Größe können Transponder in so gut wie alle Waren integriert werden. Sie können als Smart Labels in Kleidungsstücke oder Geldschei-

---

2   Eine umfassende Studie des britischen RFID-Marktanalysten IDTechEx ist unter http://www.idtechex.com/products/en/articles/00000136.asp abrufbar.

nen eingewebt oder in Schlüssel oder Dosen eingearbeitet werden. Sie werden auf Paketen, Boxen und Paletten, aber auch zur Waren- oder Preisauszeichnung oder als Gepäckaufkleber angebracht. Smart Labels sind Identifikationsetiketten, die meist auf Papier, Pappe oder Kunststofffolie aufgebracht sind. Card-Transponder haben das Format von Scheckkarten und sind in Kunststoff eingebettet. Sie dienen der Zugangskontrolle oder als Ticket sowie Kunden-, Bonus- oder Servicekarte.

Für robuste Anwendungen gibt es Transponder, die in einer Kunststoffhülle eingebaut sind, beispielsweise laminierte Disc-Tags. Metallische Industrietransponder werden im Bereich der industriellen Fertigung mit besonderen Anforderungen an die Hitze- und Chemikalienbeständigkeit eingesetzt. Bei Anwendungen, die kleine Abmessungen erfordern, kommen oft Transponder aus Glaszylindern zum Einsatz. In der Container- und Waggonlogistik findet man großformatige Transponder. Beim Einsatz gegen Produkt- und Markenpiraten ist der RFID-Tag häufig ein integraler Bestandteil des zu kennzeichnenden Produktes oder seiner Verpackung.

Auch bei RFID gibt es Möglichkeiten der Manipulation. Counterfeiter können die Daten verfälschen, wenn sie einen unautorisierten Schreibzugriff auf das Tag haben. Es kommt aber nur dann zu einer gezielten Täuschung, wenn dabei die Seriennummer und Sicherheitsinformationen unverändert bleiben, so dass das Lesegerät die Identität des Transponders weiterhin korrekt erkennen kann. Bei der Fälschung der Identität des Transponders bringt sich der Fälscher in den Besitz von Seriennummer und Sicherheitsinformationen eines Tags und benutzt diese, um gegenüber einem Lesegerät dessen Identität vorzutäuschen. Dies kann durch ein Gerät geschehen, das Tags nachbilden oder ein Duplikat des alten Tags herstellen kann. Diese Manipulation hat zur Folge, dass mehrere Transponder mit der gleichen Identität in Umlauf sind. Beim Deaktivieren wird der Transponder vom Plagiator durch den nicht autorisierten Gebrauch von Löschbefehlen oder durch physische Zerstörung unbrauchbar gemacht. Dadurch kann das Lesegerät die Identität des Tags nicht mehr feststellen oder seine Anwesenheit im Lesebereich nicht mehr erkennen.

Beim Ablösen wird ein Transponder ähnlich wie beim Umkleben von Preisschildern physisch vom Trägerobjekt getrennt und mit einem anderen Objekt verbunden. Da RFID-Systeme davon abhängig sind, dass die Transponder ihre Trägerobjekte eindeutig identifizieren, ist hier ein nicht zu unterschätzendes Sicherheitsproblem gegeben. Wenn Fälscher abhören, fangen sie die Kommunikation zwischen Lesegerät und Transponder über die Luftschnittstelle auf und dekodieren die Funksignale. Das Abhören ist eine der größten Bedrohungen von RFID-Systemen.

Durch so genannte Blocker-Tags wird gegenüber dem Lesegerät die Anwesenheit einer beliebigen Anzahl von Transpondern simuliert, so dass dieses blockiert wird. Der Datenaustausch über die Luftschnittstelle kann durch passive Maßnahmen wie Abschirmen oder durch aktive Maßnahmen wie ein Störsender behindert werden. Weil die Luftschnittstelle offen und empfindlich ist, können schon einfache passive Störmaßnahmen wirksam sein. Technisch anspruchsvoller ist die Fälschung der Identität eines Lesegeräts, weil jedes Lesegerät seine Berechtigung gegenüber dem Tag nachweisen muss. Will ein Counterfeiter die Daten mit einem eigenen Lesegerät auslesen, so muss dieses die Identität eines autorisierten Lesegeräts vortäuschen. Dieser Angriff kann sehr einfach, aber auch praktisch unmöglich sein. Gegen die meisten dieser Bedrohungen gibt es Gegenmaßnahmen, die aber technisch anspruchsvoll und teuer sein können.

Die US-amerikanische Food and Drug Administration (FDA) will künftig Verpackungen von Medikamenten mit RFID-Chips versehen lassen, bis zum Jahr 2007 soll sich der Einsatz der Funktechnik bei allen Unternehmen der US-amerikanischen Pharmabranche durchgesetzt haben. Ziel sei die Bekämpfung des Handels mit gefälschten Medikamenten, teilte die FDA mit. In der US-amerikanischen Pharmaindustrie wird die Radio Frequency Identification als die beste Antwort auf die Herausforderung durch gefälschte Medikamente gesehen.

Eine Arbeitsgruppe soll Hilfestellung bei der Einführung der RFID-Technik in die Produktionsprozesse geben, mit Standardisierungsgremien zusammenarbeiten und den RFID-Einsatz in der Pharmabranche später überwachen. Einige Unternehmen wie Pfizer, GlaxoSmithKline und Purdue Pharma haben ihre Unterstützung zugesagt. So will Pfizer sämtliche Viagra-Flaschen, die in den USA verkauft werden, möglichst schnell mit RFID-Chips kennzeichnen. GlaxoSmithKline will die RFID-Technik spätestens im Jahr 2007 einsetzen. Die Chips sollen gewährleisten, dass es sich bei den Medikamenten auch wirklich um Originalprodukte handelt.

Die in der Luftfahrt genutzten RFID-Tags unterscheiden sich deutlich von den Funketiketten, die von Handelsunternehmen wie Walmart eingesetzt werden. Die Tags müssen extreme Temperaturschwankungen aushalten können und dürfen keine elektromagnetischen Störungen verursachen. Der US-Flugzeugbauer Boeing wird die ersten Spezifikationen zur RFID-Kennzeichnung von Teilen, die beim Flugzeugbau verwendet werden, an seine Zulieferer übermitteln. Dabei sollen unter anderem Frequenz, Speicherkapazität und Größe der RFID-Etiketten standardisiert werden. Die Entscheidung, welche Flugzeugteile die Zulieferer mit RFID-Tags versehen müssen, ist von Faktoren wie Relevanz der Teile für den Flugbetrieb und Stückkosten abhängig. Boeing verspricht sich von der RFID-Technik neben Kostensenkungen im Warenwirtschaftssystem vor allem ein geringeres Risiko, dass gefälschte Neu- oder Ersatzteile den Weg ins Flugzeug finden. Das Unternehmen arbeitet dabei eng mit dem europäischen Konkurrenten Airbus zusammen, der bereits Testläufe für die RFID-Kennzeichnung von Ersatzteilen durchführt.

In Kanada sollen RFID-Etiketten den Weg nachvollziehbar machen, auf dem Lebensmittel zum Verbraucher gelangt sind. Nach verschiedenen Skandalen wollen die Verbraucher wissen, woher ihr Essen kommt und wer was damit gemacht hat. Die zuständige Behörde hat deshalb ein Rahmenwerk erarbeitet, um die Gesetzgebung der Provinzen und Territorien in diese Richtung zu lenken. Das Ziel ist, dass bis zum Jahr 2008 der Weg von 80 % aller Nahrungsmittel kontrollierbar wird. Der kanadische Verband der Lebensmittelhändler hält eine Lösung, bei der die Aufkleber immer wieder eingescannt werden müssen, für zu personalintensiv und zu teuer.

International diskutiert wird auch, zukünftig einen Mikrochip in Banknoten zu integrieren. In Frage käme hierfür wohl der sandkornkleine Mu-Chip von Hitachi, der zur Zeit kleinste mit Funk lesbare Transponder auf dem Markt, der auf der RFID-Technologie basiert. Mit nur 0,4 mal 0,4 mal 0,06 Millimetern Größe wäre er in einen Geldschein integriert mit bloßem Auge kaum auszumachen und kaum zu spüren. Der Chip speichert eine 38-stellige Seriennummer und Ursprungsmerkmale einer Geldnote, die später nicht mehr überschrieben werden können. Beim Einlesen könnte die Herkunft des Chips und damit die Echtheit des Scheins vollautomatisch und zweifelsfrei bestimmt werden. Die Chips könnten den metallenen Sicherheitsstreifen der Banknote als Antenne nutzen.

Barcodes

Der Barcode, der einen Binärcode aus einem Feld von parallel angeordneten Strichen und Lücken darstellt, ist das zur Zeit am weitesten verbreitete automatische Identifikationssystem. Barcodes finden sich auf fast allen Gegenständen des täglichen Lebens – sei es als EAN-Code auf Lebensmitteln oder als ISBN-Code auf nahezu jedem Buch. Sie sind sehr preiswert und speichern Informationsmengen von einigen Bytes bis zu mehreren 100 Bytes bei zweidimensionalen Codes. Barcodes werden in der Industrie in allen Bereichen der Logistik eingesetzt, mit geeigneten Lesegeräten (Scannern) kann man sie auf mehrere Meter Entfernung ablesen. Weil sie mit jedem Drucker erzeugt werden können, sind Barcodes aber extrem fälschungsanfällig.

Der 2D-Barcode ist eine Weiterentwicklung des eindimensionalen Strichcodes. Er benötigt weniger Platz, um eine mehrstellige alphanumerische Verschlüsselung aufzunehmen. Ein 16-stelliger 2D-Code benötigt nur eine Fläche von 4 x 4 mm, ein Strichcode mit gleicher Ziffernfolge braucht mehr als das 20-Fache an Fläche. Ein weiterer Vorteil dieses zweidimensionalen Barcodes liegt in seinem großen Speichervolumen und seiner Unempfindlichkeit gegenüber Verschmutzungen oder geknicktem Papier.

Kostbarkeiten wie Schmuck, Juwelen, Gemälde und antike Gegenstände ließen sich bisher nur sehr kostspielig gegen Diebstahl sichern, die Identifikation gestohlener Schätze und die Zuordnung zum Besitzer waren noch schwerer. Hehlerware lässt sich jetzt mit einem 3D-Barcode, der eine Tiefe von maximal 80 Nanometern hat, sehr einfach identifizieren. Der Barcode hat die Form eines winzigen Würfels und wird mit Spezialwerkzeugen direkt am Objekt angebracht. Er ist so klein, dass er weder mit dem bloßen Auge zu sehen, noch mit der Hand zu spüren ist. In Massen produziert, kostet die Herstellung eines solchen dreidimensionalen Nano-Barcodes rund 1,50 Euro.

Gesicherte Chipkarten

Chipkartensysteme haben zahlreiche Anwendungsgebiete, die mehr oder weniger hohe Sicherheitsanforderungen stellen. So sollte eine Chipkarte, mit der man die Tür eines Tresors öffnen kann, ein deutlich höheres Sicherheitslevel haben als eine Krankenversicherungskarte, die die Adresse des Patienten beinhaltet. Schutz bieten die Verschlüsselungsverfahren, bei denen Kopierer schnell an ihre technischen Grenzen stoßen. So kann ein Schlüssel mit 21.024 Möglichkeiten nicht in einer realistischen Zeit decodiert werden. Eine Schutzfunktion hat auch der technische Aufwand, der notwendig ist, um das System zu überlisten. Ist der Wert des Zielobjektes niedriger als der Aufwand, der für das Überwinden der Barrieren erforderlich ist, rentiert sich der Versuch des Kopierens nicht.

Eine Methode zur deutlichen Erhöhung der Schutzfähigkeit bei gleichzeitiger Wahrung des Datenschutzes besteht darin, die Chipkarte mit biometrischen Features auszurüsten, beispielsweise durch die Integration biometrischer Daten in Chipkarten-Firmenausweisen. Ein Zugang wäre beispielsweise erst dann möglich, wenn die Daten auf der Karte mit denen des Lesegerätes an der Tür übereinstimmen. Ein Fälscher müsste sich zunächst eine Karte und dann die biometrischen Daten besorgen, bevor er versuchen kann, die Zugangsbarrieren zu überwinden, was so gut wie unmöglich ist.

Optical Character Recognition (OCR)

OCR steht für die optische Zeichenerkennung. Bei dieser Schutztechnologie wird im ersten Schritt eine Textseite mit einem Scanner abgetastet. Dann wird die gescannte Vorlage in einzelne Bildpunkte zerlegt und jedem dieser Bildpunkte ein Wert zugeordnet, abhängig davon, ob in Schwarz-weiß, Graustufen oder in Farbe gescannt wurde. Die Aufgabe einer OCR-Software ist es, im gescannten Abbild nach Buchstaben zu suchen und diese zu interpretieren. Bei der Auswertung der Zeichen können verschiedene Technologien zum Einsatz gelangen. Eine Möglichkeit ist, separierte Zeichen mit abgespeicherten Mustern zu vergleichen und je nach Übereinstimmung einem bestimmten Buchstaben zuzuordnen (Pattern Matching). Eine andere Methode ist die Analyse nach Merkmalen von Zeichen (Feature Recognition), wobei ein Zeichen in geometrische Figuren wie Linien und Kreise unterteilt wird und diese Elemente dann einem Buchstaben zugeordnet werden. Dadurch kann beispielsweise nach dem Einlesen von Unterschriften auf Lieferscheinen erkannt werden, ob die Ware wirklich vom authentischen Lieferanten stammt.

Biometrische Verfahren

Die Biometrie wird im Wesentlichen zur Sicherung der Zugangskontrolle eingesetzt. Sie vermisst Merkmale von Lebewesen wie die menschliche Stimme, die Merkmale der Iris oder Retina, die Fingerabdrücke und die Handgeometrie, aber auch die Handschrift oder Unterschrift, das Tippverhalten auf Tastaturen und die Dynamik des Ganges. Da zur Bearbeitung dieser Merkmale große Datenmengen benötigt werden, sind besondere Technologien und Geräte der Informationstechnologie erforderlich. Aus den einzelnen biometrischen Daten oder ihrer Kombination wird auf eine Person geschlossen. Diese kann sich selbst aktiv authentizifieren, etwa bei Zugangsbeschränkungen, oder sie wird vom System automatisch identifiziert.

Voraussetzung der Authentizifierung ist, dass die biometrischen Merkmale in der Einlernphase im biometrischen System als Referenzmuster in digitaler Form verschlüsselt abgespeichert werden. Beim Kontakt mit dem System wird vom Erfassungsgerät ein aktuelles Probemuster aufgenommen und mit dem Referenzmuster verglichen. Das System entscheidet dann, ob die Ähnlichkeit der beiden Muster hinreichend hoch ist und damit beispielsweise ein Zutritt freigegeben werden darf oder nicht.

Ein sehr hohes Maß an Sicherheit kann erst durch die Kombination verschiedener biometrischer Merkmale erreicht werden, weil einzelne Merkmale leicht kopiert werden können. So ist es relativ einfach, sich vom eigenen Finger einen Ersatzfinger in Form eines Stempels anfertigen zu lassen. Dazu erzeugt man von seinem Fingerabdruck eine hochwertige Bilddatei und bereitet diese über ein Bildprogramm so auf, dass sich klare Linienstrukturen ohne Störungen ergeben. Diese Bilddatei übergibt man einem Stempelhersteller, der daraus innerhalb weniger Tage einen Fingerabdruckstempel herstellt.

Klebestreifen als Datenträger

Klebestreifen wie der Tesafilm sind ausgezeichnete Datenträger mit einer sehr hohen Speicherkapazität. Die Neuentwicklung tesa Holospot® der tesa scribos GmbH erlaubt die Speicherung und Authentisierung ausführlicher Informationen auf kleinstem Raum direkt am Produkt. Kernstück der Technologie ist ein nur 1 mm² großes Datenfeld auf einem selbstklebenden Datenträger, der direkt am Produkt angebracht wird. In diesem Feld lassen sich mit einem Laser-Schreibgerät Informationen speichern, die zuvor am Computer in ein digitales Hologramm umgewandelt wurden. Jedes der winzigen Datenfelder lässt sich mit anderen Informationen beschreiben, die jedem einzelnen Produkt seine unverwechselbare Identität geben – ähnlich wie ein Fingerabdruck. Dabei kann es sich um Text, Logos, Bilder oder maschinenlesbare Informationen von bis zu einem Kilobyte handeln.

Die Vorteile dieser Technologie liegen in der hohen Speicherkapazität des Materials sowie in der Vielseitigkeit der Merkmale, die auf einem Datenfeld fälschungssicher abgelegt und miteinander kombiniert werden können. So lassen sich etwa Medikamentenpackungen mit tesa Holospots® ausstatten, die Angaben über Zusammensetzung sowie zu Herstellung und Bestimmungsort des Präparates enthalten. An Auto- oder Flugzeugersatzteilen können die Spots mit verschlüsselten technischen Angaben, Hersteller- und Kundendaten angebracht werden. Dieser elektronische Reisepass beweist nicht nur die Echtheit des Produkts, er macht auch die gezielte Verfolgung jedes Einzelstücks auf seinem Weg zum Empfänger möglich.

Selbst Ausweise lassen sich mit dem neuen Verfahren problemlos und wirksam gegen Fälschung sichern, indem das Foto des Inhabers auf einem Spot gespeichert wird. Weitere persönliche Daten wie der Name oder das Geburtsdatum können ergänzt werden. Kontrolleure können die gesamte Information mit Handlesegeräten sichtbar machen und prüfen, ob sie mit den Angaben auf dem Ausweis übereinstimmen.

Spot als Träger von Sicherheitsdaten. Foto: Tesa AG

Aufgrund seiner Größe kann der Datenträger auch auf kleinsten Produkten unauffällig untergebracht oder in das Verpackungsdesign integriert werden, beispielsweise bei Parfums, Kosmetika oder anderen fälschungsgefährdeten Produkten, bei denen das Design eine wichtige Rolle spielt. Zudem ist der tesa Holospot® robust, weil die Daten in der Molekularstruktur des Materials gespeichert sind. Auch wenn das Datenfeld zerkratzt oder teilweise zerstört wurde, können die Informationen vollständig ausgelesen werden.

Je nach Sicherheitsanforderung kann ein Hersteller mit dem System präzise steuern, wer Zugang zu den gespeicherten Informationen haben darf. Wurde der Spot mit Text in unverschlüsselter Mikroschrift beschrieben, kann jeder Händler oder Kunde die Information an der Packung mit einer Lupe lesen und überprüfen. Soll der Datenzugriff begrenzt sein, etwa auf autorisierte Inspekteure oder den eigenen Vertriebsaußendienst, lassen sich digitale Hologramme mit Markenlogos, Bildern oder Text speichern, die nur mit einem besonderen Lesegerät sichtbar zu machen sind. Ergänzend können Daten für die Produktverfolgung abgelegt werden, die nur maschinell erfasst und weiterverarbeitet werden können. Die Verschlüsselung dieser Information bietet zusätzliche Sicherheit.

Internet-Monitoring

Da Produkt- und Markenpiraten ihre gefälschten Waren zunehmend über das Internet verkaufen, können sie auf diesem digitalen Marktplatz auch aufgespürt, beobachtet und verfolgt werden. Das Internet-Monitoring ist darauf ausgerichtet, Inhaber von Schutzrechten bei der Verfolgung von Verletzern zu unterstützen. Dabei durchstreifen Netz-Detektive, die mit einer speziellen, meist selbst entwickelten Software ausgerüstet sind, auf der Suche nach Verstößen des Markenrechts und unautorisierten Händlern täglich das Internet. Die besonderen Kriterien wie Marken-, Produkt- oder Firmennamen, nach denen gesucht werden soll, werden vorher in Workshops zusammen mit den betreffenden Abteilungen des Kunden ermittelt. Neben den marken- und produktbezogenen Suchbegriffen spielt die Preisgestaltung der angebotenen Artikel eine wichtige Rolle. Das System sucht und findet auffällig Billiges, die Auftraggeber erhalten regelmäßig einen Lagebericht.

Gefahndet wird bei digitalen Auktionshäusern wie eBay, über Suchmaschinen wie Google oder in Chatrooms. Wird das Programm fündig, schlägt es Alarm, und der menschliche Detektiv geht der Spur nach. Bietet beispielsweise ein Onlineshop ein auffällig preiswertes Produkt an, bestellen die Ermittler ein Testobjekt und prüfen über die Seriennummer die Herkunft und Echtheit der Ware. Sie identifizieren die Personendaten von Verkäufern und Versendern, erkennen Links zu Produkten und finden, wenn möglich, die Umsatzprofile der Anbieter heraus. Alle Sachverhalte werden dokumentiert, beweissicher aufbereitet und zur weiteren Bearbeitung an den Kunden oder dessen Anwälte übergeben. Illegale Kaufangebote werden durch Screenshots festgehalten, der Schriftverkehr und E-Mail-Kontakte werden archiviert.

Dadurch ergibt sich eine umfassende Beweiskette, auf der die Strafverfolger aufbauen können.

Auftraggeber sind hauptsächlich Markenartikelhersteller mit einem selektiven Vertrieb, die ihre Produkte nur über autorisierte Händler vertreiben. So werden echte Rolex-Produkte nur durch autorisierte Juweliere verkauft und sind nicht im Internet erhältlich. Wer den Suchbegriff Rolex in eine Suchmaschine eingibt, findet jedoch zahlreiche Onlineshops, die diese Uhren verkaufen. Manche verwenden das Rolex-Logo sogar, um ganz offen Plagiate der Uhren für wenig Geld an den Mann zu bringen.

Ein führendes Unternehmen des Internet-Monitoring ist die Münchner Firma P4M, die für Unternehmen wie Lacoste, Nikon oder Schering arbeitet. P4M betreut auch Markenschutzprogramme von Auktionsplattformen. Das bekannteste dürfte das Programm VeRI/VeRO von eBay sein. Dabei hinterlegt der Markeninhaber eine Erklärung und bestätigt, dass er der Inhaber der Rechte an einer bestimmten Marke ist. Er ist dann berechtigt, Markenrechtsverletzungen an eBay zu melden, um diese Angebote dann von der Plattform entfernen zu lassen und die Personendaten des Anbieters zur weiteren Verfolgung zu bekommen.

Da bei großen Markenartiklern häufig tausende Plagiate in Auktionen angeboten werden, hat P4M den Meldeprozess automatisiert und berichtet Rechtsverletzungen

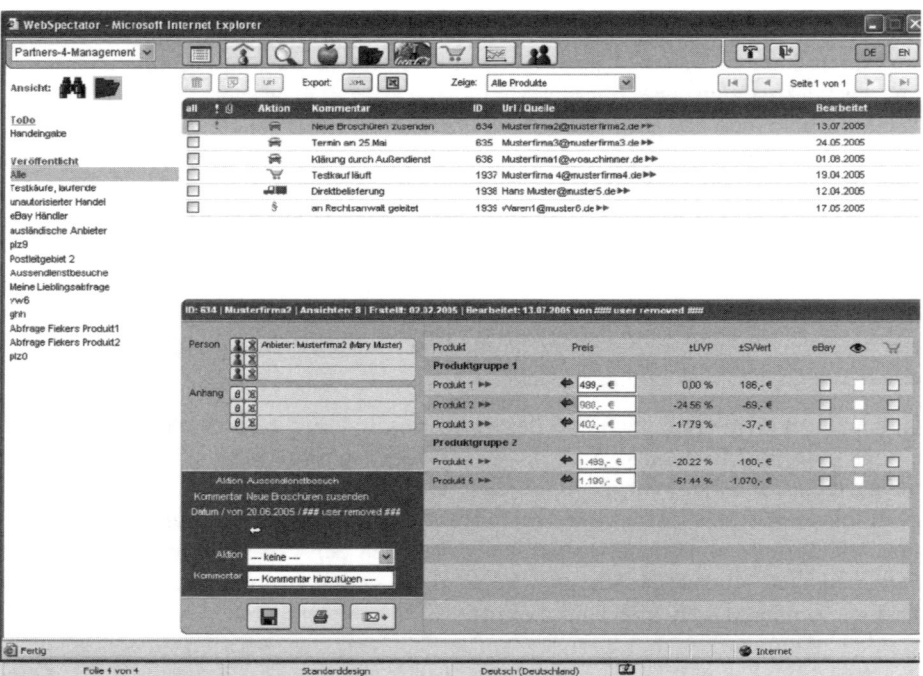

Software für das Internet-Monitoring. Foto: P4M GmbH

direkt an eBay. Monatlich werden mehr als 5.000 Auktionen über VeRI/VeRO von P4M gelöscht, und die Anbieter großer Volumen werden komplett vom Handel in eBay ausgeschlossen. So wurden für Eastpak Deutschland die Auktionen gefälschter Rucksäcke komplett gelöscht. Die Zahl der täglichen in eBay angebotenen Plagiate wurde von durchschnittlich 1.500 mit 80 % Fälschungen auf rund 300 mit nur noch 30 % Fälschungen reduziert. Da die Software über umfangreiche Zusatzmodule verfügt, können alle erfassten Ergebnisse in Datenbanken abgelegt werden, wodurch umfangreiche Ansichten, Auswertungen und Reports möglich werden. So können die Adressen von Anbietern mit ihren geografischen Daten erfasst und auf Landkarten angezeigt werden. Dadurch lassen sich auch bei den Verkäufern von Plagiaten regelrechte Hehlerringe aufdecken.

Digitale Wasserzeichen

Das digitale Wasserzeichen, das in Deutschland besonders von der Fraunhofer-Gesellschaft weiterentwickelt wird, basiert auf kryptografischen und steganografischen Techniken. Dabei werden Druckdaten so verändert, dass ein eindeutiges, kundenspezifisches Bild entsteht. Diese Veränderung ist kaum sichtbar, aber maschinenlesbar. Das digitale Wasserzeichen kann vielfältige Informationen enthalten, mit denen beispielsweise Verpackungen und Etiketten für einen bestimmten Zulieferer gekennzeichnet werden

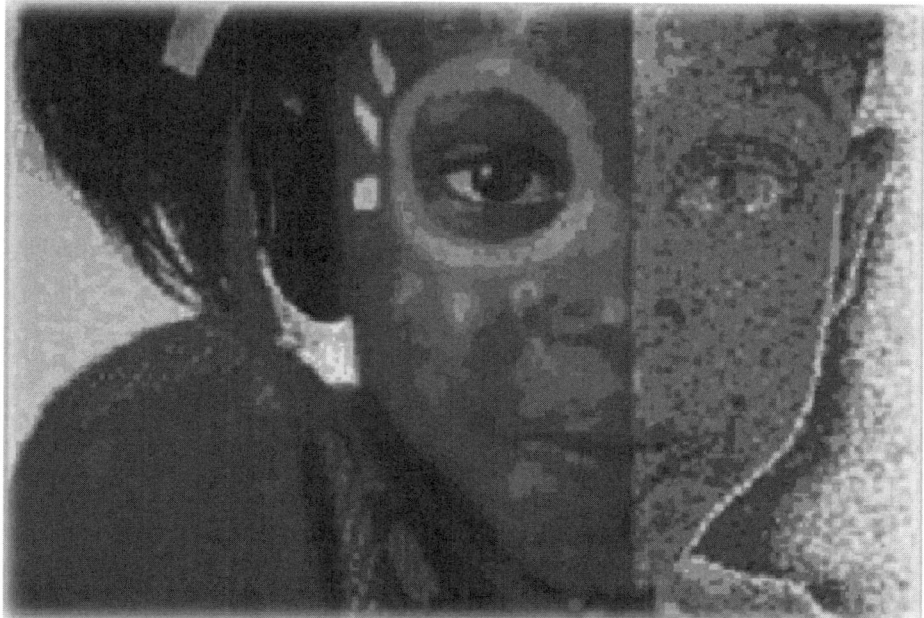

Das digitale Wasserzeichen (rechts) ist im geschützten Bild (links) eingebettet und für das menschliche Auge unsichtbar. Foto: Schweizerischer Nationalfonds

können. Zur Überprüfung reichen ein normaler Scanner, die Webcam, ein Handy oder eine Digitalkamera mit entsprechender Software aus. Ein digitales Wasserzeichen, das geheime und verschlüsselte Informationen trägt, wird untrennbar mit den Bild- oder Videodaten verbunden. Die Informationen können beliebig sein und Angaben zum Eigentümer oder Empfänger der Daten oder zum Verwendungszweck beinhalten.

Das digitale Wasserzeichen ist robust und gegen Formatumwandlungen resistent, weil die eingebetteten Informationen auch nach dem Ausdruck der Daten lesbar bleiben. Dadurch kann ein Missbrauch jederzeit festgestellt werden. Es ist auch möglich, gedruckte personenbezogene Informationen in ein Ausweisfoto zu integrieren. Durch die untrennbare Verknüpfung von Bild und Text kann eine Manipulation des Textes oder des Bildes zuverlässig und automatisiert erkannt werden. Ein Vorteil digitaler Wasserzeichen ist, dass sich die gesicherten Dateien zwar frei kopieren lassen, aber die Daten des Erstnutzers erhalten bleiben. Dadurch lässt sich der Weg einer Datei bis zum ursprünglichen Verbreiter zurückverfolgen, wenn sie in Umlauf kommt.

Intelligente Verpackungen

Die Tablettenpackung, die kurz vor Ablauf des Verfallsdatums im Regal der Apotheke ein Alarmzeichen gibt oder der Karton mit einem Fernsehgerät, der seine Position ständig über das Satelliten-Navigationssystem GPS verrät – die intelligente Verpackung hat zahlreiche Informations- und Schutzfunktionen. Die technische Basis intelligenter Etiketten, die das Know-how der Papier- und der Elektronikindustrie vereinen, ist häufig RFID. Die finnische Firma Rafsec produziert und entwickelt Aufkleber für Verpackungen, bei denen ein extrem dünner und beständiger RFID-Tag ins Papier oder in die Folie eingelagert ist. Diese intelligenten Etiketten können neben der Bestätigung der Echtheit von Produkten und der Verfolgung von Markenartikeln in der Logistikkette auch zur Erhöhung der Produktsicherheit genutzt werden, etwa durch die Kontrolle der in der Logistikkette herrschenden Bedingungen wie Temperatur, Feuchte, Erschütterungen oder Chemikalieneinwirkung.

Chemische Marker

Das Kennzeichnungs- und Identifikationssystem Traceless der amerikanischen Sicherheitsfirma Creo bedient sich einer neuen patentierten Technologie, die einzigartige und mit forensischen Spurenanalysemethoden nicht feststellbare Identifikations-Codes erzeugen kann. Dabei werden zusätzliche Markierungsstoffe eingesetzt, die nur mit den Lesegeräten von Creo nachweisbar sind. Sie lassen sich Papierfaserbrei oder Fasergeweben, Druckfarben, Tonern von Kopier- und Drucksystemen, Lacken, Sprays, Pudern, Anstreichfarben, Glas, Baustoffen, Kunststoffen für Spritzguss- oder Extruder-Verarbeitung, geschmolzenen Metallen, Kraftstoffen, Düngemitteln, Explosivstoffen und weiteren Materialien beimischen. Dadurch entstehen chemische

Codes, die sich zur Fälschungsbekämpfung, Markenauthentifizierung oder Produktverfolgung einsetzen lassen.

Die Stärke des Creo-Markierungssystems liegt darin, dass die Codes mit üblichen Methoden nicht feststellbar sind. Bei einer Konzentration von weniger als zwei Teilen pro Million (Parts per Million, ppm) sind die Traceless-Markierungsstoffe in den Etikettenmaterialien optisch und forensisch ohne die speziellen Creo-Lesegeräte nicht zu identifizieren. Ein Kopieren dieser Sicherheitsetiketten für Markenprodukte ist nahezu unmöglich, weil arglistige Fälscher die spezifischen Markierungsstoffe in den Etikettenmaterialien selbst mit hoch entwickelten forensischen Spurenanalysemethoden nicht auffinden können.

Selbstzerstörungsmechanismen

Das ganz banale, physikalische Auseinanderbauen und Erforschen von Geräten ist eine in China weit verbreitete Methode des Technologiediebstahls. Selbstzerstörungsmechanismen bieten hier einen Schutz. Technische Geräte oder Komponenten, die sich beim Öffnen durch Unberechtigte selbst zerstören, werden gerne im Maschinenbau eingesetzt, beispielsweise zum Schutz von Steuerungsteilen bei Werkzeugmaschinen. Bei solchen Lösungen sind nur autorisierte Personen wie die Servicetechniker des Herstellers in der Lage, das Gerät sicher zu öffnen.

Innovative Ansätze kommen aus den USA. Dort wird ein neues, sich selbst zerstörendes DVD-Format getestet. Wird die Verpackung der DVD geöffnet, kommt sie mit Luft in Berührung. Dadurch wird eine chemische Reaktion ausgelöst, die eine in die DVD eingearbeitete Schicht für Licht und Laserstrahlen undurchsichtig macht. Nach acht Stunden ist die Reaktion abgeschlossen. Die DVD ist untauglich, weil der Laserstrahl des Abspielgeräts die neue Schicht nicht mehr durchdringen kann. Ein anderes Beispiel liefert das amerikanische Unternehmen Cyber Group Network. Es hat ein Sicherheitssystem entwickelt, das die Festplatten gestohlener Computer aus der Ferne vernichten kann.

Kombination von Technologien

Unternehmen können die Barrieren für Fälscher deutlich erhöhen, wenn sie verschiedene Sicherheitstechnologien einsetzen und miteinander kombinieren. Viele chinesische Plagiatoren resignieren, wenn sie für die Nachahmung der gesicherten Produkte gleich mehrere Kopiertechniken lernen, die Geräte anschaffen und unterhalten müssen. Bei der Kombination von Schutztechnologien sind unzählige Zusammenstellungen möglich.

Die Vollständigkeit der Sicherheitsfeatures gelieferter Waren kann ein erster Anhaltspunkt für die Echtheit eines Produktes sein. So bestehen die Einzelhandelsversionen der Softwareprodukte von Microsoft üblicherweise aus der Originalverpackung, dem

Datenträger mit Hologrammen, einem Handbuch, einem Echtheitszertifikat sowie dem Endnutzer-Lizenzvertrag. Fehlt eines der Features, handelt es sich mit großer Wahrscheinlichkeit um eine Raubkopie.

Das Hochsicherheitslabel von MediaSec, Hologram Company Rako und Schleicher & Schuell ist ein Beispiel für die Kombination verschiedener Sicherheitstechnologien. Die einzigartige Kombination verschiedener physikalischer Sicherheitstechnologien wie Intaglio-Druck, Hologramme, UV-Tinte, Microprint und/oder Guilloche Muster, die in dieser Form nur bei Banknoten oder Ausweisdokumenten Standard sind, bietet größtmöglichen Schutz gegen Fälschungen. Zudem bieten die digitalen Sicherheitsmerkmale einen umfassenden Schutz gegen Graumarktimporte und Diversionen jeder Art. Nach dem Druck werden die Labels mit Standard-Hardware wie Scannern, Barcodelesern, Fotohandys oder PDAs auf ihre Echtheit und ihren Distributionsstatus überprüft. Das Hochsicherheitslabel ermöglicht eine Kopiererkennung und Distributionskontrolle und erlaubt somit die zuverlässige Echtheitsprüfung von Verpackungen und Etiketten.

Tracking & Tracing

Soll ein Produkt im Sinne des Tracking & Tracing verfolgbar sein, so ist auf der Verpackung ein individueller und maschinenlesbarer Code anzubringen, beispielsweise in Form eines Barcodes, eines RFID-Tags oder eines Hologramms mit einer fortlaufenden Nummer. Die Codes werden während des Verpackungsprozesses auf dem Produkt und der Verpackung eingelesen, miteinander verknüpft und auf der Datenbank des Herstellers abgelegt. Diese zentrale Datenbank ist das Herz des Systems. Damit können Produkt und Verpackung in der Logistikkette durch autorisierte Instanzen wie Transporteure, Logistikpartner oder Behörden wie dem Zoll verfolgt werden. Wenn die Kontrolleure die Daten einlesen, können sie einerseits die Herkunft der Produkte ermitteln und ihre Echtheit erkennen, andererseits aber auch den Status und den Standort der Produkte an die Datenbank des Herstellers melden.

Dadurch werden Fälschungen, Verzögerungen oder Umleitungen sofort erkannt, weil nur Originalprodukte über eine in der Datenbank registrierte gültige Nummer verfügen, die mit Artikeltyp, Zielmarkt, Produktionsdatum und Fluss durch die Logistikkette übereinstimmen muss. Fälschungen tragen entweder keinen Code, eine ungültige oder bereits verwendete, abgelaufene Nummer, die keine Authentisierung durch die Datenbank ermöglicht. Weil die Anzahl der generierten Codes durch den Markeninhaber vorgegeben wird, können die von den Unterlieferanten legal gefertigten Stückzahlen präzise und ohne großen Aufwand permanent überprüft werden.

Die Codehierarchie auf der äußeren und inneren Verpackung, die für jede Sendung individuell aufgebaut ist, lässt sich kaum manipulieren. Dadurch kann jede einzelne Sendung sicher geprüft werden. Für die Authentisierung sind keine spezifischen Vorkenntnisse erforderlich. Durch die Eingabe des normalerweise auch in arabischen Ziffern abgedruckten Tracing Codes kann selbst der Endkunde über Mobiltelefon oder Internet die Originalherkunft des Produkts prüfen. Diese Möglichkeit führt zu einer intensiven Kontrollaktivität, die Produkt- und Markenpiraterie massiv erschwert. Wenn die aufgebaute Infrastruktur eine Rekonstruktion der Sendungshistorie der Produkte erlaubt, lassen sich auch Graumarktaktivitäten identifizieren.

Das System Brand Protection der TÜV Rheinland Group basiert auf einem 13-stelligen Code aus zufälligen Buchstaben- und Zahlenkombinationen. Wenn ein Unternehmen 100.000 Packungen schützen will, bestellt es beim TÜV 100.000 Codes und markiert jede einzelne Schachtel mit einem dieser Codes. Das Unternehmen erhält einen Zugang zur Internetplattform des TÜV und ordnet den einzelnen Codes dort Informationen wie Marken- oder Produktnamen zu. Wenn die Produkte codiert sind, werden sie an die Händler ausgeliefert. Diese haben ebenfalls Zugang zur Internet-Plattform und können mit den Codes überprüfen, ob das Produkt mit den eingespeisten Informationen übereinstimmt. Brand Protection schlägt Alarm, wenn das Produkt möglicherweise gefälscht ist oder ein Schlüssel wiederholt eingegeben wird. Falls Markenpiraten an einen echten Produktcode herankommen, können sie nicht alle Fälschungen dieser Produktgruppe mit dem einen Code versehen. Um den 13-stelligen Code zu knacken, müssten sie so viel Zeit und Geld investieren, dass sich die Fälschung der Ware nicht mehr lohnt.

Das Unternehmen MediaSec Technologies bietet eine versteckte Tracking & Tracing-Technologie an. Dabei werden die Informationen wie Seriennummer, regionale Marktzugehörigkeit, Empfänger oder Distributor in ein patentiertes digitales Wasserzeichen eingebettet, das in der Verpackung nicht wahrnehmbar ist. Die versteckten Informationen können mit Hilfe eines Scanners gelesen werden.

Fazit: Technologien sind unumgänglich

Der Einsatz technischer Sicherungsmittel kann zu einem Katz- und Mausspiel werden, wenn Schutztechnologien den Angriffen der hervorragend organisierten Fälscher auf Dauer nicht standhalten. Sie garantieren dann nur einen temporären Schutz. Hersteller sollten deshalb darauf achten, welche Systeme sich in China und in ihrer Branche zukünftig durchsetzen. Kein Unternehmen sollte aber auf den Einsatz technologischer Sicherungsmaßnahmen verzichten. Selbst wenn die zum Einsatz kommende Schutztechnologie früher oder später nachgeahmt werden kann, zwingt sie die Piraten zu größeren Investitionen, was ihre Margen schmälert. Ihr Wettbewerbsvorteil wird kleiner, das Geschäft unattraktiver. Die Produktkennzeichnung kann also als wirksame Maßnahme angesehen werden, mit dem Ziel, den Fälschern immer einen Schritt voraus zu sein.

Dazu kommt, dass sich Fälscher von Herstellern, die Schutztechnologien einsetzen, abwenden und dafür Anbieter ohne diese Technologien attackieren. Das heißt, dass auch die Entwicklung auf den chinesischen Märkten die deutschen Unternehmen unter Zugzwang setzt. Gefordert sind vor allem die Hersteller von Konsumgütern, die einfache und günstige Lösungen einsetzen müssen, mit deren Hilfe auch die Endverbraucher Fälschungen erkennen können. Denn letzten Endes muss der chinesische Verbraucher für das Problem des Counterfeiting sensibilisiert werden.

Bei der Auswahl einer oder mehrerer Schutztechnologien sollte ein deutsches Unternehmen in China immer auf die Entwicklung der technischen Standards und die Trends in der eigenen Branche achten. So drängen große Handelsunternehmen wie Wal-Mart oder Metro, die jedes Jahr Waren im Wert von Milliarden US-Dollar aus China beziehen, ihre Zulieferer zum Umstieg auf RFID-Technologien. Gleichzeitig muss die Volksrepublik den Wünschen der Konzerne nachkommen, die in China Fabriken betreiben und dadurch enormen Einfluss auf Geschäftspraktiken nehmen. Die Marktmacht der Konzerne dürfte in China letztlich bestimmte technische Standards definieren und die Technologieauswahl anderer Unternehmen einschränken.

14. Politische Maßnahmen

Bei der Bekämpfung der Produkt- und Markenpiraterie in China wurden politische Maßnahmen lange Zeit unterschätzt. Inzwischen zeigt sich, dass sie oft viel bewegen können. Die politische Einflussnahme durch die deutsche Wirtschaft wird in China auch deshalb immer wichtiger, weil sich die wirtschaftlich motivierte Blockbildung im asiatisch-pazifischen Raum beschleunigt und durch unzählige bilaterale Verträge zwischen den ASEAN-Mitgliedern und China gefestigt wird. Exportabhängige Industrienationen wie Deutschland sind gezwungen, in einem zukünftigen Zentrum der Weltwirtschaft politische Präsenz zu zeigen und Einfluss zu nehmen.

Nicht nur westliche Regierungen, Organisationen und Verbände, auch Einzelunternehmen aus den USA, Europa und Japan versuchen in China zunehmend, auf die Regierung, Behörden, die Medien und die Öffentlichkeit einzuwirken. Vom Counterfeiting betroffene Unternehmen führen öffentlichkeitswirksame Aktionen durch, betreiben systematisches Lobbying mit einzelnen Regierungsstellen, arbeiten in Organisationen mit oder schließen sich mit anderen Unternehmen zu Gemeinschaftsaktivitäten zusammen. Sie nehmen das Ruder selbst in die Hand und setzen sich aktiv für ihre Rechte am geistigen Eigentum ein. Im Rahmen politischer Maßnahmen des Anti-Counterfeiting können sogar Wettbewerber zu Verbündeten werden, wenn eine ganze Branche in China Politik gegen Piraten macht.

Diplomatie trifft in China immer auf offene Türen. Chinesen scheuen den Konflikt, im Geschäftsleben der Volksrepublik gilt der Gesichtsverlust als kommunikativer Gau. Deshalb können deutsche Unternehmen im Umfeld der Piraterie mit diplomatischen Aktivitäten gut ansetzen.[1] Dabei ist es wichtig, das öffentliche Bewusstsein für die Gefahren der Produkt- und Markenpiraterie zu schärfen. Vielen Chinesen ist noch nicht bewusst, dass Counterfeiting letzten Endes auch den chinesischen Konsumenten, Unternehmen und der Nation schadet. Deshalb ist es wichtig, dass die ausländische Industrie das Thema bei jeder sich bietenden Gelegenheit aufgreift und über gefälschte Produkte und ihre Folgen informiert.

Die Grohe (China) Sanitary Products Co. Ltd. gibt ein Beispiel für ein umfassendes Anti-Counterfeiting, das auch auf politische Initiative setzt. Das Unternehmen begann schon im Jahr 1988, mit einem Repräsentative Office in Shanghai auf dem chinesischen Markt zu operieren. Im Jahr 1999 folgten ein zweites Büro in Beijing, 2001 die Gründung einer Produktion in Jinqiao sowie weitere Niederlassungen in Guangzhou, Chengdu und Hongkong. Zur Zeit weitet Grohe sein Vertriebsnetzwerk aus, um möglichst landesweit einen guten und zuverlässigen Service bieten zu können.

Wie viele europäische Unternehmen unterschätzte auch Grohe das Ausmaß und die schnelle Ausbreitung der Produkt- und Markenpiraterie in China und in anderen

---

1 Vgl. Ballhaus: Gegen den Klau hilft nur Offensive, absatzwirtschaft 5/2005, S. 40 f.

asiatischen Staaten. Das Unternehmen ließ in der Volksrepublik anfangs weder seine Marke noch das Design der Produkte registrieren. Ein Grund war, dass Grohe seine neuesten Produkte in Europa zurückhielt und lediglich ältere Produkte auf dem chinesischen Markt vertrieb. Bei dieser Vorgehensweise genoss Grohe in der Volksrepublik keinerlei rechtlichen Schutz, obwohl die Marke und die Produkte in Europa registriert waren. Die Folge dieser Strategie war, dass die Zahl der Beschwerden von Kunden im Lauf der Zeit deutlich zunahm – auch aus Drittmärkten wie dem Mittleren Osten oder Europa, wo mehr und mehr Grohe-Plagiate auftauchten, die ein ähnliches Design wie die Originale hatten. Das Problem wuchs also nicht in China, sondern auf anderen Märkten.

Seit etwa drei Jahren registriert Grohe das Design eines Produktes zeitgleich in Europa und China, selbst wenn es sich nur um ein kurzlebiges saisonales Produkt handelt. Heute stellt Grohe sogar seine neuesten Produkte in China aus und vertreibt diese vor Ort. Wird das geistige Eigentum des Unternehmens von Piraten gestohlen, ergreift Grohe umgehend Maßnahmen. Dabei arbeitet der Sanitärhersteller eng mit Rechtsanwälten und Privatdetektiven zusammen, die Fälscher aufspüren und gegen diese vorgehen. Ein Vorteil ist, dass sich die Sanitärindustrie in China auf die Regionen in Ost- und Südchina konzentriert. Dies erleichtert das Monitoring des Marktes in diesen Regionen.

In manchen Fällen sucht Grohe das Gespräch mit den Investoren von Fälscherfabriken und klärt sie über die möglichen Verluste auf, die sie bei Rechtsschritten durch Grohe zu erwarten hätten. In anderen Fällen klagt das Unternehmen oder droht mit einer Klage. Nicht wenige Counterfeiter ziehen es vor, eine Strafe zu zahlen, sich zu entschuldigen und wenig später ein anderes Markenprodukt zu kopieren. Einmal verhandelte Grohe direkt mit einem Counterfeiter – mit dem Ergebnis, dass dieser das Design seiner Produkte änderte. Er produziert heute zwar weiterhin Sanitärprodukte, aber unter einem anderem Markennamen.

Geschäftsführer Yap Kat Seng bestätigt, dass sich die Counterfeiter weiterentwickelt haben und in ihren Methoden cleverer und einfallsreicher geworden sind. So produziert ein Hersteller beispielsweise ausschließlich die Verpackung, ein weiterer kümmert sich um das Design und ein dritter kopiert lediglich das Label. Am Ende fügen die drei Fälscher ihre Produkte zusammen, das Ergebnis ist eine sehr gute Kopie des Originals, das innerhalb von drei Tagen von China aus in alle Welt verschifft wird. Durch diese Aufsplitterung und die landesweite Verteilung werden ihre Identifikation und Lokalisierung erschwert, was den Fälschern einen zeitlichen Vorsprung verschafft. Außerdem kopieren Plagiatoren vorzugsweise die Produkte von Unternehmen, die das Counterfeiting nach wie vor unterschätzen und daher nur schwache Gegenmaßnahmen ergreifen.

Weil die Behörden den Unterschied zwischen der Originalmarke und der Marke eines Counterfeiters manchmal gar nicht erkennen können, führt das Unternehmen regelmäßig Seminare für die lokalen Behörden durch, in denen die Produkte, das Logo, die Verpackungen und andere Details vorgestellt werden. Darüber hinaus lädt Grohe Beamte von Behörden, die mit der Verfolgung der Piraten zu tun haben, regelmäßig zum Essen ein, um sie mit den Details der Produkte bekannt zu machen und für Fälschungen zu sensibilisieren. Wenn die Behörden eine Marke kennen, zeigen sie sich eher kooperativ und halten von sich aus die Augen nach Fälschungen offen. Für Yap Kat Seng ist es deshalb sehr wichtig, dass die chinesischen Behörden mit der eigenen Firma und ihren Produkten vertraut sind. Wenn eine Behörde einen Fälscher verfolgen will, muss sie sich ganz sicher sein, dass sie auf der richtigen Seite steht.

Lobbying in der Politik

Chinas ehemalige Planwirtschaft wurde früher als negotiated economy oder Verhandlungswirtschaft (tanpan jingji) charakterisiert, die starke vertikale Verbindungen zwischen Regierung und der Wirtschaft aufwies, horizontale Kontakte zwischen den einzelnen Unternehmen aber blockierte. Dieses Erbe der Mao-Ära, das die direkte Interaktion zwischen Regierung und Unternehmen betont, ist noch heute wirksam. Doch während früher nur staatliche Unternehmen in diesem Netzwerk vertreten waren, hat sich die Interaktion heute auch auf private inländische und ausländische Firmen erweitert.

Beim Lobbying westlicher Unternehmen stehen Chinas Verbände im Vordergrund. Das Verbandssystem Chinas geht auf Bemühungen der chinesischen Regierung in der Ära nach Mao zurück, die unzähligen Einrichtungen mit Blick auf eine Marktwirtschaft neu zu ordnen. Bei dieser Neuordnung hat Beijing aber nie eine abgestimmte Strategie verfolgt. Die Folge ist, dass es in China kein strukturiertes System von Verbänden gibt, die vielen Vereinigungen und Handelskammern sind vielmehr ein Konglomerat von Organisationen.

Der für private Unternehmen interessanteste Verband ist die All-China Federation of Industry and Commerce (ACFIC). Er ist in jeder Provinz bis auf die Verwaltungsebene der Townships organisiert und hat unterhalb der Landkreisebene 16.000 Zweigstellen, von denen einige von lokalen privaten Unternehmen ins Leben gerufen wurden. Von den 1,64 Millionen Mitgliedern sind 460.000 Unternehmen, 15.000 davon sind auslandsinvestiert. ACFIC nimmt auf der nationalen und lokalen Ebene am Entwicklungsprozess von Gesetzen und Verordnungen teil und vertritt die Belange seiner Mitglieder.

Auch andere Verbände Chinas richten sich direkt an ausländische Unternehmen. Als die Anzahl von Joint Ventures und Wholly Foreign Owned Enterprises (WFOE) wuchs, gründete das Ministerium für ausländische wirtschaftliche Beziehungen und Handel (Ministry for Foreign Economic Relations and Trade, MOFERT) die China Association of Enterprises with Foreign Investment (CAEFI). Der Verband engagiert sich in der Entwicklung der Märkte, vermittelt bei Problemen zwischen Mitgliedsunternehmen und wirkt bei politischen Diskussionen mit.

Neben den zahlreichen Industrieverbänden gibt es in China verschiedene Branchenverbände. Die China Enterprise Confederation – China Enterprise Directors Association (CEC-CEDA) hat auf der nationalen Ebene 28 branchenspezifische Managementvereinigungen gegründet, beispielsweise für Eisenbahnen, die metallverarbeitende Industrie oder das Baugewerbe. Dazu kommen Industrieverbände auf der nationalen und lokalen Ebene (industry guilds, tongye gonghui), deren Zahl sich innerhalb von vier Jahren vervierfacht hat. Die meisten ihrer Mitglieder gehören gleichzeitig der All-China Federation of Industry and Commerce an.

Der China Council for the Promotion of International Trade (CCPIT) versucht, Handels- und Investitionsmöglichkeiten für chinesische Unternehmen zu finden. CCPIT wird vom Handelsministerium geführt und verfügt über ein ausgedehntes Netzwerk von mehr als 650 lokalen Zweigstellen sowie mehrere branchenspezifischen Handelsräten (trade councils) in den wichtigen Industrien wie Textilien und Elektronik. Die meisten der mehr als 60.000 Mitglieder sind staatliche Unternehmen, zunehmend aber auch private inländische sowie auslandsinvestierte Unternehmen. Schließlich gibt es auch viele ausländische Branchenvereinigungen, die als Zweigstellen ausländischer Verbände gegründet wurden.

Immer mehr ausländische Unternehmen werden auch Mitglieder chinesischer Verbände – zusätzlich zu ihrer Mitgliedschaft in den internationalen und den nationalen Verbänden ihres Heimatlandes. So ist beispielsweise Microsoft Mitglied der China Software Industry Association (BSIA), der Beijing Software Industry Association und der China Software Alliance (CSA). Dadurch verfügt ein Unternehmen über mehrere Wege, sich über geplante Richtlinien und Politikentwürfe zu informieren und seine Positionen zu verdeutlichen.

Die Leistungskraft der Verbände ist unterschiedlich. So wird beispielsweise die China Electronic Video Industry Association (CVA) von ihren Mitgliedern als mehr oder weniger nutzlos angesehen, während die verwandte China Electronic Audio Industry Association (CAA) mehrheitlich als relevant bezeichnet wird. CAA ist aktiver und erfolgreicher als CVA, weil die meisten Mitglieder private Unternehmen sind. Auch der Verband der chinesischen Automobilindustrie gilt als schwach, weshalb die großen Automobilhersteller direkt mit den Ministerien und Behörden sprechen.

Die Arenen, die Initiative und das Timing für direkte Kontakte zwischen Regierung und Unternehmen haben sich schnell weiterentwickelt. Heute haben beide Seiten regelmäßigen Kontakt, bevor Richtlinien angenommen werden. Es ist in China allgemeine Praxis, dass die Regierung die Meinungen der Industrie einholt, bevor sie die Wirtschaft reguliert. Der Meinungsaustausch wird von beiden Seiten initiiert und findet oft parallel zu den Beratungen über Gesetze und Richtlinien statt. So können Verbände und Unternehmen Beamte und Funktionäre regelmäßig auf Pressekonferenzen und Produktvorstellungen einladen und dort Themen von besonderer Bedeutung ansprechen, um Aufmerksamkeit zu wecken.

Ein Unternehmen muss seine Zentrale nicht in Beijing haben, um erfolgreich Lobbying betreiben zu können. Manager können in die Hauptstadt reisen und dort Beamte treffen. Viele große Unternehmen unterhalten in Beijing jedoch Büros, um ständig gute Kontakte zu den relevanten Beamten halten zu können. Der Kontakt zur Regierung ist dabei wichtiger als der Kontakt zur Partei. Wenn sich die Funktionen überschneiden, wählt man den Ansprechpartner nach seiner Funktion in der Regierung aus, nicht nach seinem Amt in der Partei. Die Partei hat sich aus dem Tagesgeschäft zurückgezogen.

Chinesische Regierungsbeamte erwarten, dass Versuche der politischen Einflussnahme einen empfehlenden Charakter haben, also auf Konfrontation verzichten. Geschäftsleute und ihre Repräsentanten werden nur selten als „Teil von Interessengruppen" (liyi jituan) und ihre Aktivitäten kaum als Lobbying (youshui oder yuanwai buodong) oder Einflussnahme (yingxiang) bezeichnet. Solche Begriffe werden in China mit sozialem Druck auf den Staat und mit inhärenten Konflikten assoziiert. Die Einbindung von Business in politische Entscheidungsprozesse wird in Begriffen ausgedrückt, die weniger auf Konfrontation ausgerichtet und neutraler sind. Beispiele sind „an der Politik teilhaben" (canzheng), „Ansichten austauschen" (jiaohuan kanfa) oder „Bereitstellung von Ideen" (tigong jianyi).

Ideen zu politischen Entscheidungen sollten von deutschen Unternehmen deshalb immer so dargestellt werden, dass der gegenseitige Nutzen betont wird. Eine Maßnahme darf nicht nur dem Unternehmen dienen, sondern auch der chinesischen Gesellschaft und der Regierung. Unternehmen können sich durchaus auf eine Auseinandersetzung über politische Richtungen einlassen, politische Kontroversen sollten allerdings nur hinter verschlossenen Türen besprochen und geklärt werden.

Neben den Verbänden gibt es noch andere indirekte Möglichkeiten für den Kontakt zum chinesischen Staat. Dazu gehören vor allem die Rechtsanwaltskanzleien, Kommunikationsagenturen und Lobbying-Dienstleister, deren Zahl ständig zunimmt. In China gibt es zwei Arten von Lobbyisten. Die einen können am besten als PR-Firmen charakterisiert werden, wobei PR nicht für Public Relations, sondern für Private Relations steht. Sie bestehen hauptsächlich aus ehemaligen Beamten oder Verwandten von Offiziellen, die sich noch im Amt befinden, und nutzen ihre Verbindungen für die Lösung spezifischer Probleme einzelner Unternehmen. Dies geschieht hauptsächlich auf der provinziellen und lokalen Ebene im Kontakt zu niederrangigen Regierungsangehörigen und Parteimitgliedern.

Die anderen Lobby-Unternehmen konzentrieren sich auf die nationale Politik. Sie beschäftigen ebenfalls ehemalige Beamte, setzen sie aber nicht als hausierende Vertreter von Einzelinteressen ein, sondern als Umsetzer ihrer Strategie, breitere politische Themen anzugehen. Diesen Unternehmen geht es darum, die in China immer wieder gesuchte Win-Win-Situation für alle Beteiligten herzustellen. Die chinesische Regierung ist für diese Art des Lobbying empfänglicher geworden, weil für sie die wirtschaftliche Entwicklung des Landes Vorrang hat. Die Regierung sieht Unternehmen als Partner, die sie einsetzen kann, um ihre Ziele zu erreichen.

Der direkte Kontakt zur Regierung hängt stark von der Größe des Unternehmens ab. Je größer ein Unternehmen ist, desto mehr Einfluss hat es – unabhängig von seiner

Eigentumsform. Dies wird auch begünstigt durch eine starke Medienberichterstattung, was den Prozess zunehmend transparent macht. Wir beobachten seit einiger Zeit in China eine zunehmend kritische Haltung von Unternehmen gegenüber den Eingriffen der Regierung in den Markt. Immer mehr Unternehmen scheinen bereit zu sein, die Autorität der Regierung offen herauszufordern. Gleichzeitig geben viele Unternehmen an, dass die Bedeutung der Patronage durch die Regierung abnimmt. Die chinesische Wirtschaft emanzipiert sich und wird flügge.

Quality Goods Brands Protection Committee (QBPC)

Eine der wichtigsten Institutionen der politischen Einflussnahme deutscher Unternehmen in Sachen Produkt- und Markenpiraterie in China ist das Quality Goods Brands Protection Committee (QBPC). Das Komitee ist eine Allianz von in China investierten multinationalen Unternehmen, die das Counterfeiting durch Lobbying bekämpfen wollen. Zu den Mitgliedern des QBPC gehören multinationale Konzerne wie Henkel, Procter & Gamble, Johnson & Johnson, Unilever oder Coca-Cola.

Mit seinen 134 Mitgliedern hat das QBPC bei Verhandlungen mit der chinesischen Zentralregierung eine große Verhandlungsmacht. Die Gemeinsamkeit macht sie stark. Die Worte der Gruppe haben auf der politischen Bühne Chinas auch deshalb Gewicht, weil die beteiligten Unternehmen für milliardenschwere Investitionen stehen. Das QBPC ist in 12 Industriegruppen unterteilt, deren Mitglieder Informationen austauschen, sich Hinweise auf Fälscher geben, gemeinsam Beschwerden einreichen und die relevanten Behörden bei allgemeinen Fragen konsultieren.

Der gemeinsame Auftritt führt auch in der direkten Konfrontation mit den Produkt- und Markenpiraten zu Macht. Wenn ein bestimmter Lieferant oder Großhändler in den Verdacht gerät, Fälschungen zu liefern oder zu verkaufen, warnen sich die Mitglieder gegenseitig und verlangen von diesem Händler, die Verbindungen zu den Fälschern sofort einzustellen. Wenn ein chinesisches Unternehmen wegen der Zusammenarbeit mit Counterfeitern auf eine rote Liste gesetzt wurde, brechen alle Mitgliedsunternehmen die bestehenden Geschäftsbeziehungen zu dem Unternehmen ab. Auf diese Weise schaffen sich die Mitglieder des QBPC loyale Zulieferer und Großhändler, und ihre gebündelte Macht bewirkt dabei Wunder.

Das Quality Goods Brands Protection Committee formierte sich, als das Counterfeiting in China auszuufern begann. Während das Komitee am Anfang versuchte, die einzelnen Unternehmen beim Kampf gegen die Produkt- und Markenpiraterie individuell zu unterstützen, wurde sehr schnell klar, dass umfassendere Maßnahmen erforderlich waren. QBPC-Chairman Jack Chang beschreibt die Entwicklung der Strategie seiner Organisation in drei Schritten. Im ersten Schritt geht es darum, das Feuer zu bekämpfen, im zweiten Schritt darum, die Brandstifter zu fangen. Im dritten Schritt versucht man jetzt, das Feuer von vornherein zu verhindern. Die Mitglieder des QBPC sehen die Produkt- und Markenpiraterie heute als einen Flächenbrand, den man an vielen Fronten gleichzeitig bekämpfen muss.

Das Komitee versucht nun, durch Lobbying auf verschiedenen Ebenen der Zentralregierung und der Provinzregierungen, vertrauensvolle und stabile Beziehungen zu etablieren. Über den Aufbau von Vertrauen wurden die verschiedenen Ämter der chinesischen Regierung aktiviert und konsultieren das Komitee immer häufiger. Aus den sporadischen inoffiziellen Symposien der Vergangenheit sind koordinierte vierteljährliche Treffen geworden, bei denen die chinesische Regierung vom Office for Nationwide Rectifying and Regulating Market and Economic Order repräsentiert wird. In den letzten Jahren wurden einige Empfehlungen des QBPC sogar in chinesische Gesetzesänderungen eingearbeitet, beispielsweise in das Product Quality Law, das Trademark Law und in die Regulations for Customs Protection of Intellectual Property Rights. Heute arbeitet das QBPC auch mit dem Wirtschaftsbüro des Ministeriums für Öffentliche Sicherheit, dem Supreme People's Procuratorate, der staatlichen Verwaltung für Industrie und Handel, dem staatlichen Qualitätssicherungsbüro und den Zollbehörden zusammen. Das QBPC hat in China inzwischen einen derart hohen Grad an Legitimität und Akzeptanz erreicht, den kein einziges Mitgliedsunternehmen alleine hätte erreichen können.

Neben dem Lobbying sind Trainings und Aufklärungsarbeit wichtige Instrumente des QBPC. Das Ziel ist, den an der Basis arbeitenden Vollzugsbeamten dabei zu helfen, Gesetze und Verordnungen wirksam durchzusetzen. Dafür werden landesweit jährlich fast 100 groß angelegte Trainingskurse veranstaltet, vor allem für die Beamten des Zolls, des Qualitätssicherungsbüros und der Verwaltungsbehörden von Industrie und Handel. Die Kurse sollen es ihnen erleichtern, gefälschte Produkte zu erkennen. Durch diese Maßnahmen ist es den Mitgliedern des QBPC gelungen, bei der Regierung und den Behörden auf verschiedenen Ebenen Vertrauen aufzubauen.

Einer der wichtigsten Ansätze des Anti-Counterfeiting ist heute die Schulung lokaler Regierungsbeamter, die zum Protektionismus neigen. Das QBPC versucht zu zeigen, wie wichtig legitime Geschäfte für das Wachstum und die Beschäftigung einer Region sind. Auf diese Weise versucht das Komitee, die Lücken zwischen der nationalen Entwicklung im Bereich der Produkt- und Markenpiraterie und der Schließung lokaler Fabriken zu verringern. In China führen von 100 % aller Ermittlungsfälle nur rund 3 % zur Schließung lokaler Fabriken, und nur 0,2 % der Fälle werden den Strafgerichten zugeführt. Das QBPC versucht, Anti-Counterfeiting durch Schulung und Training in die Provinzen, Städte und Ortschaften zu tragen.

Das QBPC wirkt darauf hin, dass Fälle ohne den Umweg über die Verwaltung sofort an die Justizbehörden weitergeleitet werden, wenn Beweise vorliegen. Es kommt darauf an, das gesamte Netz der Fälscher zu ermitteln und aufzulösen. Bei Razzien und Beschlagnahmungen werden nur einzelne Täter gefasst, während die Hintermänner, ihre Aufenthaltsorte, Besitztümer und Bankkonten unentdeckt bleiben. Dadurch sind die Fälscher in der Lage, an einem anderen Ort weiterzumachen.

Lobbying im Westen

Mittlerweile existieren auf der ganzen Welt zahlreiche Verbände und Organisationen[2], die einen Informationspool bilden, in dem ein branchenspezifischer oder auch branchenübergreifender Erfahrungsaustausch stattfindet. Neben einer offensiven Öffentlichkeitsarbeit in Form von Veranstaltungen, Schulungen, Seminaren, Messeauftritten, Presseerklärungen oder Newslettern fungieren die Verbände auch als Bindeglied zwischen Rechteinhabern und staatlichen Stellen wie den Ministerien, dem Zoll, der Polizei, den Staatsanwaltschaften oder den Patent- und Markenämtern. Sie betreiben Lobbying in Form von nationalen Gesetzesinitiativen und Verordnungsvorschlägen an die EU, aber auch durch die Zusammenarbeit mit internationalen Organisationen und Schwesterorganisationen. Außerdem leiten sie Ermittlungen gegen Rechtsverletzer ein und koordinieren diese.

In Deutschland ist der Verein Aktion Plagiarius, der einmal im Jahr den Preis Plagiarius vergibt, eine bekannte politische Plattform. Mit der jährlichen Preisverleihung klärt die Aktion Plagiarius sowohl Designer und Unternehmen, aber auch den Gesetzgeber und nicht zuletzt die Konsumenten über den Umfang und die negativen Auswirkungen von Fälschungen auf. Das Ziel des Vereins ist es, die Öffentlichkeit für einen bewussteren und kritischeren Umgang mit dem Thema Counterfeiting zu sensibilisieren.

Die Geschichte von Plagiarius begann, als der Designer Rido Busse im Jahr 1977 auf der Frühjahrsmesse in Frankfurt a. M. auf dem Stand eines Herstellers aus Hongkong ein exaktes Plagiat der Brief- und Diätwaage Nr. 8600 der Firma Soehnle-Waagen aus Murrhardt entdeckte. Das Original war von seinem Unternehmen entwickelt und im Jahr 1965 von Soehnle auf den Markt gebracht worden. Der chinesische Hersteller bot das Plagiat im Dutzend deutlich billiger an, verwendete aber statt hochwertigem Kunststoff billiges Polypropylen, was die Genauigkeit der Waage beträchtlich beeinflusste. Soehnle erwirkte eine einstweilige Verfügung, der Plagiator musste die Waage von seinem Messestand entfernen und verpflichtete sich, den Vertrieb zu unterlassen.

Als andere Fälscher dasselbe Modell wieder auf dem deutschen Markt anboten, entschloss sich Busse, durch die Vergabe eines Negativpreises über die Medien die Öffentlichkeit und den Gesetzgeber auf die immensen negativen wirtschaftlichen Auswirkungen der Produkt- und Markenpiraterie aufmerksam zu machen. Der Preis hat sich bis heute nicht verändert. Er besteht aus einem schwarz lackierten Gartenzwerg, der mit einer goldenen Nase versehen ist, die den Profit der Fälscher symbolisiert. Der mit Abstand größte Teil der Preisträger kommt aus China.

Der Plagiarius-Wettbewerb hat heute einen derart hohen Bekanntheitsgrad und führt zu einer enormen Resonanz in den Medien, dass Fälscher aus Angst vor einer Straf-

---

2   Bspw. Aktionskreis Deutsche Wirtschaft gegen Produkt- und Markenpiraterie (APM, http://www.markenpiraterie-apm.de), International Anti-Counterfeiting Coalition (http://www.iacc.org), International Intellectual Property Alliance (http://www.iipa.com), The Anti-Counterfeiting Group (http://www.a-cg.com) etc.

verfolgung und öffentlicher Blamage abgeschreckt werden. Nicht wenige Plagiatoren geben ihr illegales Verhalten zu und versuchen, durch die Zahlung einer Lizenzgebühr, Entfernung des Plagiats vom Markt oder eine Schadensersatzzahlung eine Einigung mit dem Original-Hersteller zu erreichen. Bei Designern und innovativen Unternehmen hat der Preis in den letzten Jahren zu einem gesteigerten Bewusstsein für die Bedeutung gewerblicher Schutzrechte geführt. Neben der jährlichen Durchführung des Wettbewerbs und der Verleihung des Negativpreises auf der Frankfurter Messe Ambiente führt Plagiarius Ausstellungen und Vorträge durch, organisiert Workshops und Seminare zum Thema Gewerblicher Rechtsschutz und gibt einen vierteljährlichen Newsletter heraus.

Interessant ist die Plagiate-Rechtsschutzversicherung für Fördermitglieder, die Plagiarius in Kooperation mit der NRV-Versicherung etabliert hat. Gegenstand der Versicherung ist die gerichtliche Wahrnehmung der rechtlichen Interessen von Schutzrechteinhabern aus den Bereichen Patentrecht, Urheberrecht, Markenrecht, Geschmacksmusterrecht und Gebrauchsmusterrecht. Versichert ist die Geltendmachung von Ansprüchen zu Schadensersatz, Unterlassung und Auskunftserteilung. Für die Abwehr derartiger Ansprüche Dritter besteht kein Versicherungsschutz, weil hierfür in der Regel die Haftpflichtversicherung zuständig ist. Die Deckungssumme pro Rechtsschutzfall beträgt 52.000 Euro. Die Versicherungsnehmer können die Höhe der Selbstbeteiligung frei wählen. Der Beitrag verringert sich mit der zunehmenden Anzahl der Teilnehmer und wird im folgenden Jahr automatisch angepasst.

Zusammenschlüsse von Unternehmen

Immer mehr ausländische Unternehmen stellen fest, dass sie den Krieg gegen die chinesischen Produkt- und Markenpiraten niemals allein gewinnen können, sondern höchstens einzelne Schlachten. Das Phänomen Counterfeiting ist für einen Alleingang viel zu komplex und umfassend. Wenn betroffene Firmen direkt zusammenarbeiten und gemeinsam gegen Produkt- und Markenpiraten vorgehen, können sie ihre Schlagkraft deutlich erhöhen. Indem sie Informationen und Erfahrungen über Kopien, Fälscher, Kanäle und Pirateriezentren austauschen und ihre Maßnahmen koordinieren, bündeln sie ihre Kräfte, was ihre Abwehraktionen wirksamer macht.

Beim Kampf gegen die Fälscher können sogar Wettbewerber zusammenarbeiten. Im Oktober 2005 haben 30 renommierte ausländische Möbelhersteller, die in China hochwertige Markenmöbel verkaufen, einen außergewöhnlichen Pakt gegen die Produktpiraten geschlossen: Jedes Unternehmen darf in Beijing fünf Monate lang maximal 3 Exemplare eines Modells verkaufen. Dadurch soll die ausufernde Piraterie in der Branche transparent gemacht und eingedämmt werden. Eine Marktforschungsstudie hatte im Juli 2005 gezeigt, dass 70 % der in China verkauften ausländischen Markenmöbel Fälschungen sind. Die Kampagne der Möbelbauer wird auch in Shanghai, Guangzhou und Shenzhen durchgeführt.

Das Dafenqi Möbelhaus, der größte Importeur in Beijing, hat die Briefe der Hersteller als Erster bekommen. Der Händler war überrascht, als er erfuhr, dass er vorerst nicht mehr wie früher 10 Sets eines Designermöbels verkaufen darf, sondern nur noch 3. Dazu kommt, dass die originalen Sets mit einem Zeichen markiert wurden. Außerdem hat die Gruppe der Möbelhersteller im Dafenqi Möbelhaus ein Anti-Counterfeiting-Büro eingerichtet, das für die Kontrolle des Verkaufs und die Veröffentlichung von Informationen über Möbelkopien zuständig ist und über ein Budget von 10 Millionen RMB verfügt.

Mehrere westliche Hersteller von Golfzubehör, darunter die Callaway Golf Company, Cleveland Golf, PING, Nike, adidas und MacGregor Golf, haben eine Arbeitsgruppe für Anti-Counterfeiting gebildet und gehen gemeinsam gegen Piraten vor. Sie arbeiten dabei eng mit den chinesischen Behörden zusammen. Auf Antrag der Golfprodukthersteller haben die Behörden gegen Fabriken in Dongguan, Ningbo und Xiamen zeitgleich Razzien durchgeführt. Bei den Durchsuchungen wurden tausende gefälschter Schläger, Beutel, Hemden, Hosen und Zusatzgeräte gefunden. In einer der Fabriken fielen den Behörden 10.000 gefälschte Produkte aller großen Golfproduktmarken in die Hände. Fachleute schätzen, dass bei dieser Aktion nachgemachte Golfausrüstung im Wert von mehr als einer Million US-Dollar erbeutet und vernichtet wurde.

Auch Konzerne schließen sich zusammen. So haben die Vorstände mehrerer Großunternehmen im Jahr 2005 eine branchenübergreifende Kampagne gegen die Produktpiraterie gestartet, die von der Internationalen Handelskammer (International Chamber of Commerce, ICC) in Paris koordiniert wird. Beteiligt sind unter anderem der Softwarehersteller Microsoft, der Pharmakonzern GlaxoSmithKline und der Lebensmittelproduzent Nestlé. Die Initiative will mit neuen Studien über den Schaden der Produktpiraterie an Regierungen von Ländern herantreten, in denen der Schwarzmarkt für Fälschungen besonders floriert. Um die Gespräche mit den Regierungen nicht zu belasten, wollten die Vertreter der Kampagne öffentlich keine Staaten nennen, in denen der Urheberschutz besonders schwach ausgeprägt ist.

In London trafen sich prominente Vertreter namhafter Konzerne, um ihren Kampf gegen die Fälschungen besser zu koordinieren. Steve Ballmer von Microsoft, Peter Brabeck-Lethmathe von Nestlé, Jean-René Fortou von Vivendi oder Bob Bright von NBC Universal waren nur einige der Teilnehmer. Sie haben sich zu einer neuen Initiative mit über 130 Firmen und Verbänden zusammengeschlossen, die sich Business Action to Stop Counterfeiting and Piracy (BASCAP) nennt. Die Manager verständigten sich auf einen Plan mit mehreren Punkten, der die Position der Unternehmen im Kampf gegen die Piraterie verbessern soll. Dazu gehört auch die Erstellung von zuverlässigem Datenmaterial und Studien über das Counterfeiting.

Aufklärung durch Kommunikation

Unternehmenskommunikation funktioniert in China nach den gleichen Grundprinzipien wie in anderen Regionen der Welt, hat aber andere Schwerpunkte. Sie ist grundsätzlich kollektivistischer, beziehungsorientierter, emotionaler und bildhafter.

Medienkommunikation: Deutsche Unternehmen sollten in China Beziehungen zu den relevanten Medien aufbauen und pflegen, um jederzeit eine frühzeitige und reibungslose Kommunikation sicherzustellen, die beim Thema Counterfeiting wichtig ist. Effektive Instrumente sind die persönliche Einladung von Journalisten zum Interview mit dem Geschäftsführer, Betriebsbesichtigungen, Einladungen zu Reisen, die Vorstellung neuer Produkte und Dienstleistungen im Rahmen von Veranstaltungen oder Presse-Round Tables zu aktuellen Themen.

Mit diesen Instrumenten können sich deutsche Unternehmen einen Kreis von Journalisten aufbauen, der über gute Kenntnisse des Unternehmens verfügt, ihm vertraut und bei Fällen von Produkt- und Markenpiraterie als Unterstützer wirkt. Unternehmen sollten den chinesischen Medien aber nicht nur Fakten liefern, sondern Geschichten erzählen, Visionen darstellen und Menschen ins Spiel bringen. Berühmte Personen haben in der chinesischen Medienwelt einen großen vertrauensbildenden Effekt.

Regierungsbeziehungen: Im sozialistischen China sind gute Beziehungen zur Regierung oft unerlässlich. Das gilt besonders dann, wenn es um lokale oder regionale Produkt- und Markenpiraterie geht. Die Zentralregierung und die Regionalregierungen spielen aber auch eine wichtige Doppelrolle: Sie sind nicht nur Regulatoren, sondern auch wichtige Käufer, auch von Fakes. Viele Branchen stehen in China noch unter dem starken Einfluss von Regierungsstellen, was eine Herausforderung für die Unternehmenskommunikation bedeutet.

Deutsche Unternehmen müssen die politischen Entscheider identifizieren und regelmäßig über ihre Anliegen und Ideen informieren. Dabei sind vertrauensvolle Beziehungen zu den zuständigen Beamten erfolgskritisch. Ein effektives System des Informationsaustauschs ist für die gesunde Entwicklung eines Unternehmens in China lebenswichtig. Die wichtigsten Maßnahmen sind die Einladung von Regierungsbeamten zu Veranstaltungen, Treffen mit Regierungsstellen, die regelmäßige schriftliche und telefonische Kommunikation mit Regierungsstellen, die Unterstützung von Kranken- und Pflegeanstalten, Spenden, das Sponsoring staatlicher Veranstaltungen sowie die Förderung der Ausbildung von Menschen. Corporate Citizenship hat in China großes Gewicht.

Events und Kampagnen: In der kollektivistischen chinesischen Kultur spielen Veranstaltungen, Zeremonien, Feiern und Kampagnen eine große Rolle. Deutsche Unternehmen sollten bei ihrer Kommunikation deshalb verstärkt auf Events und Kampagnen setzen. Die Rubi Technologies Co. Ltd. gibt hier ein gutes Beispiel. Zum Instrumentarium gehören Pressekonferenzen, Seminare, Ausstellungen, Tage der offenen Tür, Eröffnungszeremonien, Jahrestage, Promotionen sowie aufklärende oder

Moralisch-appellierende Levi's-Kampagne gegen das Counterfeiting in Shanghai.
Foto: CHINABRAND

appellierende Informationskampagnen. Für diese Aktivitäten sind keine besonderen Genehmigungen und Anmeldungen erforderlich. Events und Kampagnen sollten politisch nicht offensiv sein oder sich in irgendeiner Form gegen die chinesische Regierung, Politik oder Kultur wenden. Sie sollten pragmatisch und realitätsbasiert sein, damit sie für die Adressaten einen Nutzwert haben. Events und Kampagnen werden normalerweise von PR-Dienstleistern organisiert.

Marketingkommunikation: Das Marketing ist in der chinesischen Wirtschaft bislang noch wenig entwickelt, ganz besonders außerhalb der boomenden Küstenregionen. Umso größer ist das Potenzial einfallsreicher und gut gemachter Marketingkommunikation, die in der Volksrepublik immer auf Interesse stößt. Zu betonen sind die Kommunikation am Point of Sale, kreative Events für neue Produkte, Road Shows, Ausstellungen und Outdoor-Promotions, Banketts und Cocktailparties, aber auch Hausmessen, verkäuferische Seminare und Veranstaltungen für Händler und Kunden. Im Online-Marketing haben Spiele eine große Bedeutung.

In der Marketingkommunikation sollten immer die visuellen und emotionalen Komponenten sowie der kollektive Charakter einer Maßnahme betont werden. Traditionelle Massenkommunikation wirkt auch in China immer weniger, weil die chinesischen Märkte mit Massenkommunikation geradezu überfrachtet und Chinesen in den Städten oft massiv reizüberflutet sind. Darüber hinaus fördert Massenkommunikation kaum noch die Markenloyalität. Innovative Ansätze wie Buzz-Kampagnen (Word of Mouth), Story Telling oder die theatralische Inszenierung von Unternehmens- und Produktmarken mit faszinierenden Bilderwelten sind in der Volksrepublik oft sehr viel wirksamer.

Corporate Design: Der visuelle Auftritt ausländischer Unternehmen muss im Reich der Mitte immer an die nationale und regionale Ästhetik angepasst sein. Die chinesische Kultur ist eine Zeichenkultur, und Chinesen reagieren auf Bilder und Symbole äußerst sensibel. Bei der Anpassung des optischen Auftritts entsteht die Frage, wie chinesisch und wie westlich der Auftritt eines Unternehmens sein soll. Wir empfehlen grundsätzlich eine Kombination chinesischer und europäischer oder amerikanischer Gestaltungselemente nach dem Motto „Blend the Best of East and West".

In vielen chinesischen Märkten überlagern westliche Werte die traditionellen chinesischen Werte, ohne diese zu verdrängen. Das gilt ganz besonders in den Konsumgütermärkten. Der Grad der Anpassung oder das Mischungsverhältnis der Elemente hängt von den jeweiligen Märkten, Branchen und Regionen ab, in denen kommuniziert werden soll. Deutsche Unternehmen können sich beim Corporate Design auch an fortschrittlichen chinesischen Firmen orientieren, die beide Komponenten oft erfolgreich miteinander verbinden. Sie stellen sich westlich-modern dar, ohne ihre chinesische Identität zu verlieren. Bei der Anpassung und Gestaltung des Corporate Design sind alle Bedeutungsträger relevant, beispielsweise die Gebäude, Einrichtungen und Fahrzeuge, Arbeitsbekleidung, Broschüren, Kataloge und Jahresberichte oder die Website.

Krisenkommunikation: Deutsche Unternehmen sollten es nicht versäumen, in China an die Krisenkommunikation zu denken. Die Volksrepublik ist ein Land mit einem erhöhten Risiko, in dem es beinahe täglich zu kritischen Ereignissen wie Naturkatastrophen, schweren Unfällen, Demonstrationen oder Eingriffen der Politik in die Wirtschaft kommt. Um schnell und angemessen reagieren zu können, sollten sich deutsche Unternehmen auf mögliche Krisen vorbereiten. Die Funktion der Krisenkommunikation kann an einen verantwortlichen Manager delegiert werden, eine Arbeitsgruppe kann eingerichtet werden, krisenbezogene Botschaften und Argumente können vorgehalten werden.

Presse- und Öffentlichkeitsarbeit

Bedingung für den Erfolg von Maßnahmen gegen die Produkt- und Markenpiraten ist eine effektive Pressearbeit. Die Wirkung der Aktionen verpufft, wenn die chinesischen Medien nicht angemessen darüber berichten. Für eine wirkungsvolle Berichterstattung muss ein Unternehmen aber die Spielregeln der Pressearbeit in China kennen. Eine standardisierte Unternehmenskommunikation nach westlichem Muster funktioniert in China wegen des unterschiedlichen kulturellen Hintergrunds nicht, und viele Manager ausländischer Unternehmen sind keine Chinesen. Ihnen fehlt oft das Gespür für die Feinheiten der Kommunikation.

Während die Presse im Bereich der Politik nach wie vor als Sprachrohr der Regierung fungiert, ist das bei den fachlichen und wirtschaftlichen Themen nicht mehr der Fall. Hier herrscht ein zunehmender Wettbewerb unter den rund 9.000 Zeitschriften, 1.900 Zeitungen und 360 Fernsehsendern, der die Journalisten dazu zwingt, spannende und anspruchsvolle Geschichten zu liefern und ihren Lesern einen Mehrwert zu bieten. Sie sind deshalb an spannenden Ereignissen und authentischen, analytischen und kritischen Informationen interessiert. Auch müssen die meisten chinesischen Journalisten einen lokalen Aufhänger finden, an dem sie ansetzen können. Das heißt, dass die regionale Relevanz für den Abdruck einer Geschichte entscheidend ist.

Da Journalisten in China für das, was sie schreiben, persönlich zur Verantwortung gezogen werden können, ist es verständlich, dass sie bei ihren Recherchen zurückhaltend sind. Sie sind aber oft extrem neugierig und schreiben sehr direkt. Persönliche Beziehungen spielen deshalb auch bei der Pressearbeit der Unternehmen eine große Rolle. Zeitungs- oder Zeitschriftenartikel über ein Unternehmen werden in China „soft advertisement" genannt.

Es ist in China deshalb selbstverständlich, dass Firmen für redaktionelle Veröffentlichungen, Interviews oder die Entsendung von Journalisten zu Pressekonferenzen einen gewissen Betrag bezahlen müssen, dessen Höhe den offiziellen Preislisten der Medien entnommen werden kann. Im Herbst 2005 betrug ein typisches Honorar für einen Presseartikel 700 RMB. Zu den offiziellen Preisen für Veröffentlichungen kommen oft noch so genannte Trinkgelder, die von den Journalisten erwartet oder gefordert werden. Nicht wenige europäische und US-amerikanische Unternehmen sehen die chinesischen Medien deshalb als politisch abhängig, profitorientiert und wenig moralisch an.

Deutsche Unternehmen müssen in ihrer Kommunikation glaubhaft machen, dass sie sich in China dauerhaft engagieren und diese Ambitionen auch durch Taten beweisen. Sie müssen auch ein Gespür dafür entwickeln, zu welchem Zeitpunkt bestimmte Themen in den chinesischen Medien platziert werden sollten. Agenda Setting und Issues Management sind deshalb in der Volksrepublik wichtige Ansätze in der Presse- und Öffentlichkeitsarbeit, ebenso die integrierte Kommunikation, die verschiedene Zielgruppen wie Politiker, Meinungsführer, Partnerunternehmen, Verbände, Lobbyisten oder Investoren berücksichtigt.

Auch im Reich der Mitte gibt es grundsätzlich zwei Wege für die Durchführung von Presse- und Öffentlichkeitsarbeit. Unternehmen können entweder professionelle Dienstleistungsunternehmen oder ihre eigenen Fachabteilungen mit der Kommunikation beauftragen. Beide Wege haben Vor- und Nachteile. So bieten Dienstleister professionelle und umfassende Services an und besitzen gute Verbindungen zu chinesischen Medien. Die Fachabteilungen (Pressestelle, Öffentlichkeitsarbeit, Investor Relations etc.) verstehen das Unternehmen und seine Branche besser und können in Krisensituationen schneller und angemessener reagieren.

In der Volksrepublik sind die Planung und Umsetzung der Unternehmenskommunikation bei lokalen chinesischen Agenturen oft besser angesiedelt als bei den chinesischen Niederlassungen der internationalen PR-Dienstleister. Letztere haben ein transparentes Geschäftsmodell und einen westlichen Arbeitsstil, sie besitzen einen guten Ruf und kommunizieren professionell. Ihre Stärke ist jedoch die strategische PR-Planung. Weil in der Presse- und Öffentlichkeitsarbeit ausländischer Unternehmen in China aber immer ein tiefes Verständnis der lokalen Kulturen, Sprachen und Praktiken erfolgskritisch ist, besitzen die chinesischen Agenturen Vorteile bei der Planung und Durchführung der Maßnahmen. Sie haben oft langjährige Beziehungen zu Politikern, Managern, Wissenschaftlern, Journalisten sowie Vertretern von Behörden und Verbänden.

Öffentlichkeitswirksame Zerstörung von Plagiaten

Die Rubi Technologies Co. Ltd. ist eine Tochter der spanischen Firma Germans Boada S. A., die im Jahre 1951 von den Gebrüdern Boada gegründet wurde. Rubi stellt hochwertige und weltweit anerkannte Werkzeuge und Zubehör für den Bau her. Bei der Eröffnungszeremonie der neuen Produktionsstätte der Rubi Technologies Co. Ltd. im Mai 2004 in Suzhou gab es ein ganz besonderes Ereignis: Gefälschte Produkte des Unternehmens wurden mit einer Planierraupe platt gewalzt – vor den Augen der versammelten Presse und der anwesenden hochrangigen chinesischen Politikern.

Öffentliche Zerstörung gefälschter Bauwerkzeuge. Foto: Rubi Suzhou Technologies

Die Botschaft, die das Unternehmen mit der spektakulären Aktion an die chinesische Öffentlichkeit gesandt hat, war mehr als klar: Wir wollen das Problem des Counterfeiting bewusst machen, arbeiten bei seiner Bekämpfung Hand in Hand zusammen und warnen alle, die unsere Rechte am geistigen Eigentum verletzen. Die Nachricht kam an. Nicht nur die Journalisten, auch die Politiker waren beeindruckt. Die Presse überschlug sich mit Meldungen, und die chinesischen Behörden zeigten sich bei der Verfolgung von Produkt- und Markenpiraten von Anfang an äußerst engagiert und kooperativ.

Guillem Clofent, General Manager der Rubi Technologies Co. Ltd., hat für das immer wieder geäußerte Argument mittelständischer Unternehmen in China, sie hätten für das Anti- Counterfeiting weder Zeit noch Geld, kein Verständnis. Er setzt dem zeitlichen und finanziellen Aufwand den enormen Schaden entgegen, der dem Unternehmen durch die Produkt- und Markenpiraterie entsteht. Clofent wünscht sich in dem endlosen Krieg, der nur durch eine klare Kampfansage aller Betroffenen und durch einzelne gewonnene Schlachten eingedämmt werden kann, ein internationales Miteinander. Die Erfahrungen im Anti-Counterfeiting öffentlich zu teilen, sei eine Frage des ethischen Selbstverständnisses seines Unternehmens.

15. Die Organisation des Anti-Counterfeiting

Anti-Counterfeiting ist ganzheitliches, integriertes Management mit interdisziplinärem Charakter. Es muss in das Management des Gesamtunternehmens eingebettet werden, darf dort keinen Fremdkörper darstellen und muss einen ökonomischen Mehrwert haben, damit es akzeptiert wird. Um den bürokratischen Aufwand gering zu halten und Schnittstellenprobleme zu vermeiden, sollte das System des Anti-Counterfeiting in bestehende Organisationseinheiten integriert werden. Die vorhandenen Managementsysteme und Steuerungsinstrumente können zusätzlich für die Aufgaben des Anti-Counterfeiting genutzt werden, um dieses so effizient wie möglich, d.h. ohne großen bürokratischen Mehraufwand, zu gestalten. Es darf kein aufgeblähter Apparat mit hohen Fixkosten geschaffen werden. Das Anti-Counterfeiting kann die bereits bestehenden Systeme und Instrumente anpassen, zusammenfassen und ergänzen.

Bei der Bekämpfung der Produkt- und Markenpiraterie ist die engagierte Mitwirkung der Unternehmensleitung unerlässlich, da in der Regel nur das Top-Management die Tragweite des Counterfeiting beurteilen und den unternehmensweiten Nutzen eines langfristigen und komplexen Programms zur Bekämpfung einschätzen kann. Darüber hinaus kommt es darauf an, in akuten Fällen sehr schnell Entscheidungen zu treffen. Anti-Counterfeiting ist Chefsache, die einzelnen Bereiche können mit ihrer begrenzten Sichtweise und ihren partiellen Interessen das gesamte System nicht überblicken und angemessen steuern. Deshalb sind innerhalb des ACF-Systems auch kurze und schnelle Berichtswege festzulegen. Bei der Organisation des Anti-Counterfeiting muss unnötiger bürokratischer Aufwand vermieden werden, um die für das schnelle Handeln erforderliche Transparenz zu erhalten.

Es macht wenig Sinn, Anti-Counterfeiting ad hoc in Form einmaliger und zeitlich befristeter Projekte zu betreiben. Der Kampf gegen Produkt- und Markenpiraten muss permanent und systematisch betrieben werden. Dazu müssen Aufgaben definiert und Arbeitsabläufe gestaltet werden. Während die Aufbauorganisation des Anti-Counterfeiting festlegt, wer bei der Entdeckung und Verfolgung von Fälschern was macht, beschreibt die Ablauforganisation, wie, wann, wo und womit diese Aufgaben erfüllt werden sollen. Die Aufbauorganisation legt die hierarchischen Strukturen fest und regelt die Verantwortlichkeiten, Befugnisse und gegenseitigen Beziehungen der Beteiligten, zur Ablauforganisation gehören die Prozesse der Ermittlung und Verfolgung von Fälschern, die Informationsflüsse und Entscheidungswege.

Die Organisation des Anti-Counterfeiting hat vor allem die Aufgabe, Verantwortlichkeiten zuzuweisen, Arbeitsabläufe zu definieren und zu überwachen sowie geeignete Hilfsmittel wie Checklisten oder ein IT-unterstütztes Berichtswesen bereitzustellen. Wie ein solches System schließlich konkret ausgestaltet wird, hängt von der Branche, der Unternehmensgröße, der (internationalen) Organisationsstruktur und nicht zuletzt von der Kultur des Unternehmens ab. Die folgenden Grundsätze für die organisatorische Gestaltung des Anti-Counterfeiting sollten jedoch beachtet werden:

■ Die Strategie des Kampfes gegen die Produkt- und Markenpiraterie und die Konfiguration des Gesamtsystems sind durch die Unternehmensleitung zu erstellen – entweder von der Zentrale in Deutschland oder in Abstimmung mit dieser.

■ Wenn nicht nur in China Fälschungen auftauchen, sondern auch in anderen Ländern, kann das für das Unternehmen erhebliche Konsequenzen haben. Deshalb müssen auch andere Auslandstöchter in das System einbezogen werden. In China sind andere Strategien und Systemkonstellationen erforderlich als beispielsweise in Thailand oder Russland.

■ Die Risikofelder des Counterfeiting sollten durch erfahrene Führungskräfte definiert und bearbeitet werden, die sich in den relevanten Märkten bzw. den betroffenen Marktsegmenten am besten auskennen. Das gilt besonders für die Vertriebs- und Verkaufsleiter. Dabei können Verantwortlichkeiten abgestuft werden, so dass nur schwere Fälle von Produkt- oder Markenpiraterie an übergeordnete Stellen gemeldet werden. Hier sind Kriterien für die Schwere von Fällen zu definieren.

■ Für die kontinuierliche oder stichprobenartige Überwachung der Risikofelder sind Verantwortliche festzulegen. Hier eignen sich Vertriebsmitarbeiter im Außendienst, Marktforscher oder freie Mitarbeiter, die erfolgsabhängig bezahlt werden können. In China steht für den Aufbau eines solchen Netzwerkes freier Marktbeobachter ein Heer billiger Arbeitskräfte zur Verfügung.

■ Der Prozess der Kommunikation bottom-up ist klar zu definieren. Dazu gehören die Festlegung von Methoden, Instrumenten und Intervallen der permanenten Informationsbeschaffung, die Ad-hoc-Berichterstattung und die Gestaltung des Berichtswesens – inklusive der Erstellung von Berichtsblättern.

■ Die Funktionsfähigkeit des ACF-Systems muss regelmäßig überprüft werden, da sich die chinesischen Märkte schnell verändern. Hat sich am Ursprung der Plagiate etwas geändert oder benutzen die Fälscher neue Methoden, so dass das System die Fälschungen nicht mehr erkennt? Dazu ist ein systematischer Revisionsprozess zu installieren.

■ Schließlich muss überwacht werden, ob das installierte System von den Mitarbeitern regelmäßig angewendet, d.h. ob die eingeführten Regeln wirklich eingehalten und die beschlossenen Maßnahmen kontinuierlich durchgeführt werden. Das ACF-System darf keine Alibifunktion haben, es muss leben. Hier ist die Unternehmensleitung gefordert.

Bei der Organisation des Anti-Counterfeiting geht es um die weitsichtige Auswahl geeigneter Maßnahmen im Sinne eines integrierten Managementsystems. Ein solches integriertes Managementsystem ist praxisnah, weil sich die einzelnen Maßnahmen auch in der Realität nicht voneinander trennen lassen. Es steigert die

Effizienz der gesamten Unternehmensorganisation, spart durch die Vermeidung von Doppelarbeit und Redundanz Kosten und Zeit und sorgt durch die Optimierung von Schnittstellen, eine verbesserte Kommunikation und höhere Transparenz für klare Zuständigkeiten.

Task Force

In vielen Unternehmen hat sich am Anfang die Einrichtung einer Task Force bewährt, die aus ausgewählten Mitarbeitern der am meisten betroffenen Unternehmensbereiche besteht. Auch die Etablierung eines Verantwortlichen für die Produkt- und Markenpiraterie ist sinnvoll. Dieser sollte in der Unternehmenshierarchie jedoch einen angemessenen Platz einnehmen, um sich durchsetzen und schnell wichtige Entscheidungen treffen zu können. Wenn das Phänomen umfangreicher wird, arbeiten sich die Unternehmen im Laufe der Zeit zu einer komplexeren Organisationsform vor. In Unternehmen, die viele Jahre Erfahrung mit der Produkt- und Markenpiraterie haben, existieren oft ganze Abteilungen, die häufig unter juristischer Leitung stehen.

Procter & Gamble ist ein Unternehmen, das massiv unter den Plagiaten seiner rund 300 Markenprodukte leidet. Die Verluste, die dem Konzern weltweit durch Counterfeiting entstehen, belaufen sich jährlich auf 500 Millionen US-Dollar, davon entstehen 300 Millionen allein in China. Der Schaden resultiert aus dem Loyalitätsverlust enttäuschter Konsumenten und bekannt gewordenen Gesundheitsproblemen, die von falschen P&G-Produkten ausgelöst wurden. Procter & Gamble gibt pro Jahr fünf Millionen US-Dollar für Anti-Counterfeiting aus. Um das Problem wirkungsvoll angehen zu können, hat das Unternehmen eine schlagkräftige interne Organisation geschaffen. So wurde ein Corporate Steering Team aufgestellt, in dem der CEO Mitglied ist. Das Anti-Counterfeiting wird vom Vizepräsidenten des Unternehmens geleitet, ein Schlüsselteam von Spezialisten aus verschiedenen funktionellen Bereichen der Organisation unterstützt ihn dabei. Zusätzlich gibt es bei Procter & Gamble vier regionale Anti-Counterfeiting-Teams.

Beteiligte Bereiche

Als komplexes Phänomen, von dem fast alle Unternehmensbereiche betroffen sein können, erfordert Anti-Counterfeiting die Einbeziehung vieler Mitarbeiter des Unternehmens. Dazu kommt, dass sich in China die Risikoposition eines Unternehmens durch die instabilen Umweltbedingungen schnell verändern kann. Anti-Counterfeiting hat daher durch die klaren Zuordnungen von Verantwortung und eindeutige organisatorische Regelungen in allen faktisch oder möglicherweise betroffenen Bereichen sicherzustellen, dass die Risiken durch Produkt- und Markenpiraterie rechtzeitig identifiziert, bewertet, gesteuert und überwacht werden.

- Produkt- und Markenpiraterie ist Chefsache. Nur die Unternehmensleitung kann die ganze Tragweite und die Folgen des Counterfeiting für das Unternehmen angemessen einschätzen.

- Da es sich beim Counterfeiting um die Verletzung von Rechten am geistigen Eigentum des Unternehmens handelt, muss die Rechtsabteilung immer einbezogen werden – obwohl es unwahrscheinlich ist, dass das Problem rein juristisch gelöst werden kann.

- Dem Vertrieb kommt eine herausragende Rolle zu, da in der Vertriebskette oft die größten Schwachstellen verborgen sind. Der Vertrieb kennt nicht nur die einzelnen Prozessschritte, sondern auch die beteiligten Akteure. Darüber hinaus fungieren die Vertriebsmitarbeiter oft als Frühwarnsystem für Fälschungen, weil sie Beschwerden und Hinweise von Händlern und Kunden entgegennehmen. Die ersten Berichte über Plagiate erreichen das Unternehmen häufig durch das Verkaufsteam.

- Die Beschaffung muss überprüfen, ob und wie die Zulieferer in den Fälschungsprozess involviert sind und wie die Zulieferkette gesichert werden kann, beispielsweise durch Änderungen im Supply Chain Management oder im Outsourcing.

- Aufgabe der Produktion ist es, die sichergestellten Nachahmungen genau zu untersuchen, Schwachstellen im Fertigungsprozess des Unternehmens zu identifizieren und Features für zukünftige Schutzmaßnahmen vorzuschlagen.

- Der Bereich Forschung & Entwicklung bewertet den Verlust von Wissen durch Plagiate und erhält von den Kopien wertvolle Hinweise für die Entwicklung neuer Produkte, die schwieriger zu fälschen sind.

- Das Finanzwesen hat die Aufgabe, die kurz- und mittelfristigen finanziellen Auswirkungen der Produkt- und Markenpiraterie zu ermitteln, die Kosten des Anti-Counterfeiting zu schätzen und ein Budget für die Bekämpfung der Plagiatoren vorzuschlagen.

- Das Brand Management, das im Verantwortungsbereich der Unternehmensleitung liegen sollte, hat den Einfluss der Fälschungen auf die Marke zu überprüfen und Konsequenzen für das Markenmanagement festzulegen.

- Das Marketing kann gefordert sein, die Kunden oder Konsumenten über das Auftreten von Fälschungen zu informieren und Hinweise darauf zu geben, wie die Originale erkannt werden können. Darüber hinaus kann es angebracht sein, den werblichen Auftritt der Originalmarke zu ändern.

- Der Werksschutz bzw. das Sicherheitspersonal erhält durch die entdeckten Fälschungen wichtige Hinweise auf innerbetriebliche Schwachstellen im Sicherheitssystem des Unternehmens.

- Große, überregional oder international operierende Unternehmen müssen ihre verschiedenen regionalen oder ausländischen Einheiten einbeziehen, da Fälschungen oft auf überregionalen und ausländischen Märkten auftauchen.

▨ Schließlich sind externe Berater, private Ermittler, relevante Organisationen, Behörden sowie Lieferanten oder Dienstleister für Sicherungs- und Authentifizierungstechnologien in das Anti-Counterfeiting des Unternehmens einzubeziehen.

Aus dieser Komplexität lassen sich grundlegende Anforderungen an die Organisation des Anti-Counterfeiting ableiten. Sie muss die Schnittstellenproblematik in den Griff bekommen, die bei vielen beteiligten Bereichen notwendig auftritt. Das System muss trotz der vielen Beteiligten schnell und flexibel arbeiten können, um auf die beweglichen Produkt- und Markenpiraten angemessen regieren zu können. Die Organisation muss deshalb alle Stimmen berücksichtigen, dabei aber führungsstark und handlungsfähig bleiben. Der demokratische und partizipative Führungsstil ist in aggressiven und durch Fälscher bedrohten Marktsituationen weniger geeignet. Schließlich muss sichergestellt werden, dass alle betroffenen Bereiche rechtzeitig und angemessen über mögliche Organisationsformen auf ihre Tauglichkeit für das Anti-Counterfeiting hin untersucht werden.

Aufbauorganisation des Anti-Counterfeiting

Da das Counterfeiting viele Bereiche betrifft und oft auch mehrere Produkte eines Unternehmens umfasst, kann seine Bekämpfung nicht in einer einfachen oder mehrfachen Linienorganisation angesiedelt werden. Die Linienorganisation wird der Komplexität des Phänomens nicht gerecht. Die Maßnahmen des Anti-Counterfeiting müssen von einer organisatorischen Einheit umgesetzt werden, die über den einzelnen Linien steht. Nur eine übergeordnete Einheit kann die Zusammenhänge der einzelnen Fälle erkennen und die Maßnahmen koordinieren. Diese den Linien übergeordnete Einheit ist dafür verantwortlich, dass die Maßnahmen des Anti-Counterfeiting effektiv und effizient sowie rechtzeitig und abgestimmt umgesetzt werden.

Um der Verfolgung der Fälle von Piraterie im Unternehmen das erforderliche Gewicht zu geben, sollte die Funktion möglichst nahe an der Unternehmensleitung angesiedelt sein. Anti-Counterfeiting braucht eine offene Tür und das Committment der Leitung. Die Funktion muss selbst nicht entscheidungs- und weisungsbefugt sein, sie kann in einer Organisationseinheit angesiedelt werden, die andere Einheiten berät, unterstützt und koordiniert. Die Stabsfunktion oder die Stab-Linien-Funktion wird diesen Anforderungen am besten gerecht. Stäbe beraten und unterstützen die operativen Organisationseinheiten, ohne selbst Entscheidungsgewalt zu haben. Sie sind dann besonders sinnvoll, wenn die Materie komplex ist, die Unternehmensleitung mit Informationen überlastet ist und die Linienmanager nicht über die notwendige Fachkenntnis verfügen können.

Bei größeren Unternehmen kann in China eine Regionalorganisation des Anti-Counterfeiting interessant sein, bei der die Arbeitsteilung nach geografischen Gesichtspunkten erfolgt. Der Vorteil dieser Organisationsform ist, dass die Aktivitäten des Unternehmens auf die regional abgegrenzten Fälschermärkte zugeschnitten werden können, was besonders bei den juristischen Maßnahmen von Vorteil ist. Es kann aber schwierig sein, Fälscher den einzelnen chinesischen Regionen eindeutig zuzuordnen. Auch die Organisation nach Produkten oder Produktgruppen kann sinnvoll sein, zum Beispiel dann, wenn nur einzelne Produkte von Fälschungen betroffen sind. Wenn sich das Anti-Counterfeiting auf ausgewählte Produkte beschränkt, entlastet es zwar das Unternehmen, ist für Fälle in anderen Produktbereichen aber blind.

Prozessorientierte Organisation

Anti-Counterfeiting hat einen starken Prozesscharakter: Fälscher werden ermittelt und verfolgt, Beschlagnahmungen initiiert und begleitet, Gerichtsverfahren durchgeführt und vieles mehr. All das sind Prozesse, gegenüber denen organisatorische Strukturen und Funktionen in den Hintergrund treten. Es liegt deshalb nahe, die Aufbauorganisation nicht nach Funktionen, sondern nach den Schritten im Gesamtprozess des Anti-Counterfeiting zu gestalten. Die Strategie führt zum Prozess, der Prozess zur Struktur. Bei der prozessorientierten Organisation werden die organisatorischen Einheiten nach der Durchführung der einzelnen Aufgaben ausgerichtet. Die Verantwortlichkeiten, Befugnisse, gegenseitigen Beziehungen und Leistungen der Beteiligten sind nicht an höheren Instanzen ausgerichtet, sondern an den nächst folgenden Schritten im Anti-Counterfeiting-Prozess.

Bei der prozessorientierten Organisation denkt man nicht in Funktionen, Aufbau und Ablauf, sondern in Führungs-, Leistungs- und Unterstützungsprozessen. Bei dieser Organisationsform steuern die beteiligten Einheiten ihre Leistungen weitgehend selbst. Nicht eine übergeordnete Stelle oder Gewalt, sondern jeder Prozessbeteiligte trägt die Verantwortung für die Gestaltung und Verbesserung des ACF-Prozesses.

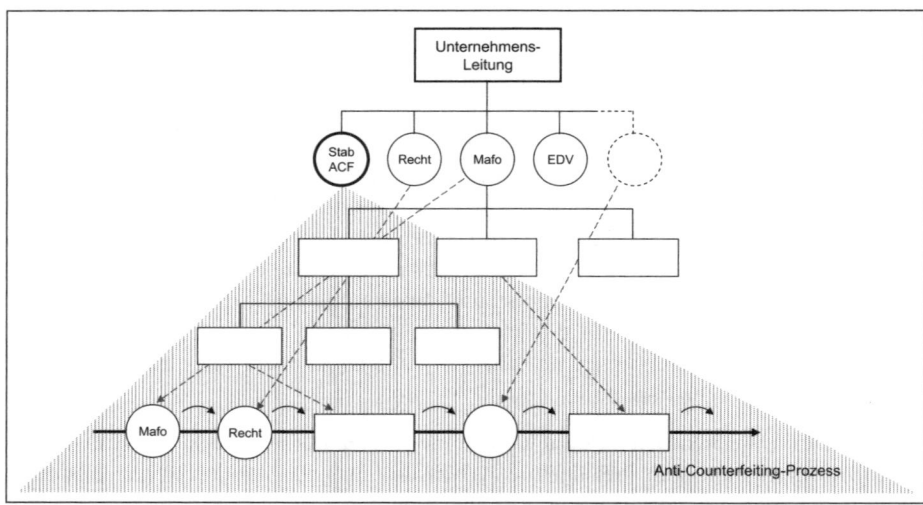

Prozessorientierte Organisation des Anti-Counterfeiting.

Das bedeutet, dass diese Organisationsform von den Mitarbeitern große Motivation, hohe Kompetenz und viel Teamgeist erfordert und daher in der Praxis außerordentlich selten ist.

Die prozessorientierte Organisation des Anti-Counterfeiting wird nicht an den Wünschen von Kunden, sondern an den Erfordernissen der Entdeckung und Verfolgung von Fälschern ausgerichtet. Dadurch wird die Aufbauorganisation so strukturiert, dass jeder Schritt im Prozess optimal zur Wertschöpfung des gesamten Kampfes gegen die Produkt- und Markenpiraterie beiträgt. Bei dieser Organisation der relevanten Stellen und Abteilungen kann der Marktforscher, bei dem erstmals ein Hinweis auf Plagiate eingeht, dem Juristen die Weisung zur Aufnahme des Falles geben und dieser dem F&E-Leiter die Weisung, das Plagiat technisch zu untersuchen usw. Eine solche prozessorientierte Organisation entlastet die übergeordneten Stabs- und Führungsbereiche, setzt aber auch Schulung der betroffenen Mitarbeiter, klare Verfahrensanweisungen sowie Unterstützung durch den Stab voraus.

Eine vollständige Prozessorganisation wird in der Realität nur selten erreicht. Die Aussagen zur prozessorientierten Organisation sind eher als Tendenzen und Handlungsempfehlung aufzufassen und nicht als konkret festgelegte Richtlinien. Sie müssen immer unternehmens- und situationsspezifisch interpretiert werden und können nicht auf jedes Unternehmen pauschal angewendet werden. Letzten Endes kann man nur versuchen, die Anforderungen der Prozessorientierung so gut wie möglich zu erfüllen.

Modulare Organisation

Wenn das Produktportfolio eines Unternehmens sehr groß ist und die einzelnen Linien unterschiedliche gesetzliche Grundlagen, Zuliefertypen, Technologien oder Vertriebskanäle aufweisen, ist es möglich, dass auch die prozessorientierte Organisation dieser Komplexität der Piraterie nicht mehr gerecht wird. In diesem Fall kann es sinnvoll sein, das Anti-Counterfeiting modular zu organisieren. Eine modulare Organisation ist auf der Basis integrierter Prozesse in relativ kleine und überschaubare Einheiten (Module) gegliedert. Diese zeichnen sich durch eine dezentrale Entscheidungskompetenz und Ergebnisverantwortung aus. Die Koordination zwischen den Modulen kann durch eine zentrale Führungsstelle oder durch nicht-hierarchische Koordinationsformen erfolgen.

Auf der Ebene der Arbeitsorganisation führt die Modularisierung der ACF-Organisation zur Bildung von Teams, die in cross-funktionale und sich selbst managende Teams unterschieden werden. Während beim cross-funktionalen Team die Mitglieder ihr Wissen aus unterschiedlichen Disziplinen (beispielsweise technische Schutzmaßnahmen, Schutzrechte, Lobbying) einbringen, sind die Mitarbeiter beim sich selbst steuernden Team für den reibungslosen Ablauf des gesamten ACF-Prozesses zuständig. Große Vorteile der modularen Organisationsform sind die Nähe zur jeweiligen Fälscherarena und die Flexibilität, durch die schnell auf Änderungen in den spezifischen Segmenten reagiert werden kann.

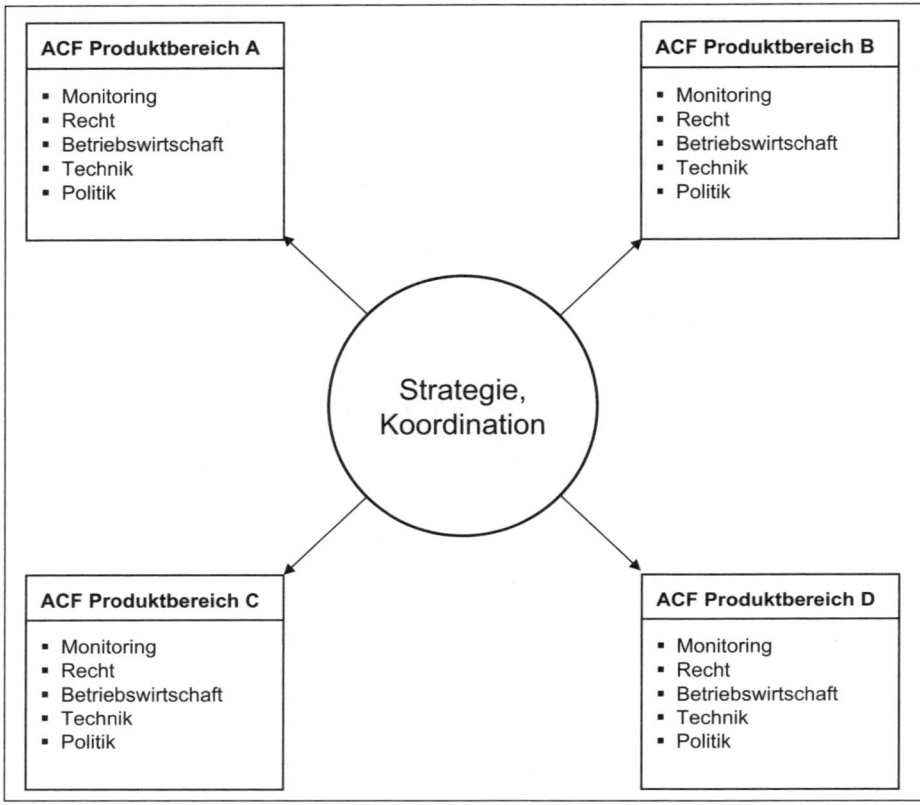

Modulare Organisation des Anti-Counterfeiting in einem Unternehmen.

Externe Netzwerkorganisation

Dieses Modell kann durch die externe Netzwerkorganisation erweitert werden. Bei der Netzwerkorganisation treten rechtlich und wirtschaftlich eigenständige Unternehmen in Kooperationsverbindungen ein. Sie bilden mit anderen Unternehmen zum Zweck des Anti-Counterfeiting polyzentrische Partnerschaften oder strategische Allianzen. Gegenstand derartiger Kooperationen kann der gesamte Prozess des Anti-Counterfeiting in ganz China sein, die Zusammenarbeit kann sich aber auch nur auf eine oder wenige ACF-Funktionen oder auf ausgewählte chinesische Regionen mit starker Fälscheraktivität beziehen.

Die Partner verteilen die Zuständigkeiten und Verantwortlichkeiten in einer Unternehmensgruppe, die Mitglieder bleiben relativ autonom, arbeiten koordiniert zusammen und sind langfristig durch das gemeinsame Ziel miteinander verbunden, die Produkt- und Markenpiraterie effektiv und effizient zu bekämpfen. Dabei kann die Gliederung der Aufgaben objektorientiert nach Zielobjekten (beispielsweise Fälschermetropolen, Banden, Märkte) oder verrichtungsorientiert nach Funktionsbereichen (beispielsweise juristische Maßnahmen, Schutztechnologien, Zollaktivitäten) erfolgen.

Durch diese Organisationsform können im Anti-Counterfeiting Synergieeffekte und Kostenvorteile erreicht werden, die ohne Kooperation aufgrund fehlender Ressourcen in den einzelnen Unternehmen nicht möglich wären, beispielsweise durch die Bündelung von Aktivitäten oder den Austausch des Know-hows. Jedes Unternehmen kann sich in der Pirateriebekämpfung auf seine Kernkompetenzen konzentrieren. Stellen, die ausschließlich mit AFC betraut sind, können besser ausgelastet werden. Dazu kommt die Reduktion der Komplexität der Pirateriebekämpfung, weil sich nicht mehr jedes Unternehmen um alles kümmern muss. Diese Komplexitätsreduktion resultiert in Zeiteinsparungen und Kostensenkungen. Die beteiligten Unternehmen können durch die externe Netzwerkorganisation eine Schlagkraft erreichen, die ohne die Zusammenarbeit nicht denkbar wäre.

Die Partner können über ihre Intranets, die in Teilen zu Extranets zusammengeschlossen werden, informationsseitig miteinander verbunden werden. Sie unterstützen sich gegenseitig bei der Vorbereitung von Entscheidungen und der Durchführung von Maßnahmen, indem sie gegenseitig Ressourcen zur Verfügung stellen und verrechnen. Auf diese Weise können in China branchenspezifische, effektive und dennoch kostengünstige ACF-Netzwerke aufgezogen werden. Eine Herausforderung dieser

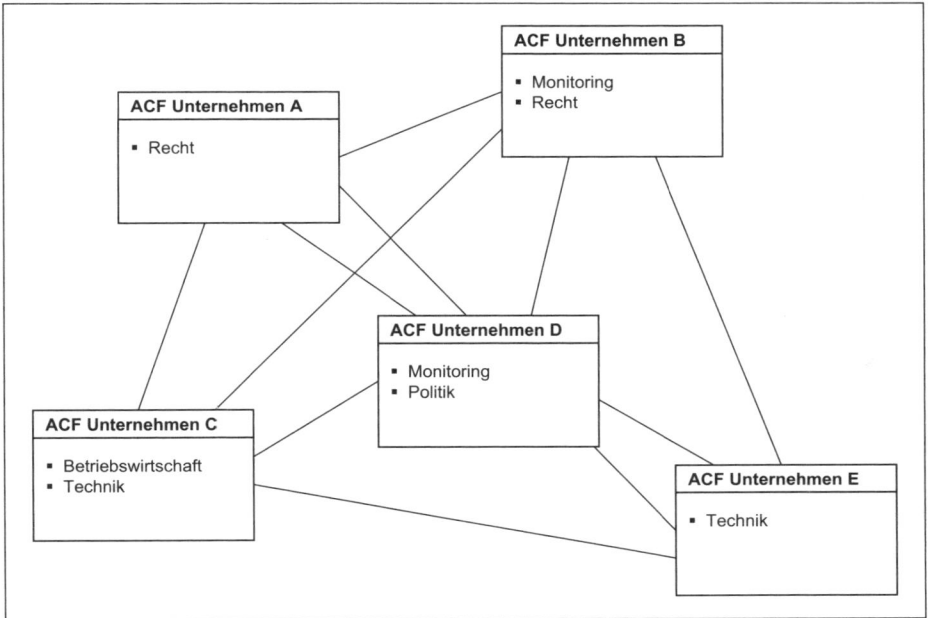

Externe Netzwerkorganisation des Anti-Counterfeiting von 5 Unternehmen.

Organisationsform ist die angemessene Zurechnung der Kosten, die überwiegend in Form von Gemeinkosten auftreten und deshalb oft nicht richtig zurechenbar sind. Zu bewältigen ist auch der vermehrte Aufwand in der Kommunikation und Koordination, weil es bei einer mangelhaften Information und Abstimmung der Netzwerkpartner zu Fehlern und Doppelarbeit kommen kann. Darüber hinaus kann sich die Vertrauensbildung der zukünftigen Netzwerkpartner als schwierig erweisen. Unsere Erfahrungen zeigen aber, dass die Leiter europäischer Unternehmen in China diesem Ansatz relativ offen gegenüberstehen.

Ablauforganisation

Bei der Verfolgung von Produkt- und Markenpiraten ist die Ablauforganisation in den letzten Jahren deutlich in den Vordergrund gerückt. Der Grund für diesen Paradigmenwechsel vom Aufbau zum Ablauf liegt in der höheren Dynamik der chinesischen Fälscherarenen, die von den betroffenen Unternehmen mehr Flexibilität und Anpassungsfähigkeit erfordern, als eine fixe Struktur erbringen kann. Darüber hinaus fördern dynamische Märkte die Entstehung von Prozessorganisationen, weil unter sich schnell verändernden Wettbewerbsbedingungen und bei einer spezialisierten Arbeitsteilung die Transaktionskosten stark ansteigen. Die Prozessorganisation steigert also die Effizienz der Arbeitsteilung. Durch diesen Perspektivenwechsel im ACF werden die Aufbauorganisation in den Hintergrund gerückt und der Fokus auf die Ablauforganisation gelegt.

Die Prozessorganisation hat viele Vorteile. Weil die statische Problemlösung durch dynamisches Prozessdenken ersetzt wird, können die Abläufe besser beherrscht werden. Die Flexibilität der Prozessorganisation ist hoch, was im Hinblick auf die sich ständig ändernde Umwelt in China relevant ist. Erfahrungen haben gezeigt, dass prozessorientierte Unternehmen bei wechselnden Anforderungen des Marktes schnell und kundenorientiert reagieren können. Die überschaubare Anzahl von Schnittstellen führt zu einer Reduktion der Abstimmungs- und Koordinationsprobleme, und klar definierte Verantwortungen beseitigen Fehlerquellen, wodurch die Bearbeitungszeiten verkürzt werden. Schließlich bietet der funktionsübergreifende Charakter, der durch die Verteilung der Prozesse über mehrere Unternehmensbereiche entsteht, den Mitarbeitern eine abwechslungsreiche Tätigkeit und wirkt motivierend.

Die Prozessorganisation des ACF ist wesentlich als Ablaufplan zu gestalten. Die Frage ist, wie die Verfolgung der Fälscher Schritt für Schritt abläuft. Dabei ist das Konzept der Prozessorganisation in drei Phasen unterteilt: die vororganisatorische Prozessanalyse, die Verteilung von Prozesselementen auf Stellen und die Koordination der Prozesse.

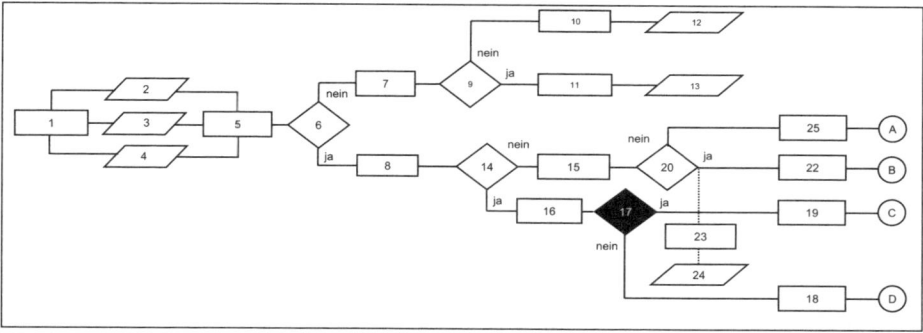

1   Handlung: Externer Hinweis auf Fälschungen
2   Daten: Persönliche Mitteilung durch Außendienst
3   Daten: Anruf durch Händler
4   Daten: Anruf durch Kunden
5   Handlung: Formale Erfassung des Falles und Vorlage beim ACF-Manager (Controller)
6   Entscheidung: Ist der Fall geschäftlich relevant?
7   Entscheidung Nein: Veranlassung einer Rückmeldung
8   Entscheidung Ja: Weiterleitung an Unternehmensleitung
9   Entscheidung: Weitere Maßnahmen einleiten?
10 Entscheidung Nein: Mitteilung an Melder der Plagiate
11 Entscheidung Ja: Rückfrage nach weiteren Informationen an Melder der Plagiate
12 Daten: Information A beim Melder
13 Daten: Information B beim Melder
14 Entscheidung: Ist der Fall juristisch relevant?
15 Entscheidung Nein: Rückleitung an ACF-Manager
16 Entscheidung Ja: Weiterleitung an Rechtsanwalt
17 Entscheidung (IT-gestützt): RA gibt innerhalb eines Tages eine rechtliche Einschätzung
     des Falles
18 Entscheidung Nein: Rückforderung durch Unternehmensleitung
19 Entscheidung Ja: Einberufung eines Meetings mit RA
20 Entscheidung: Ist der Fall imageschädigend?
21 Entscheidung Nein: Rücksprache beim Melder bezüglich Umsatzwirkung
22 Entscheidung Ja: Einberufung einer ACF-Sitzung
23 Mitteilung an Unternehmensleitung
24 Mitteilung von ACF-Manager
A-D Schnittstellen zu den folgenden Teilprozessen

ACF-Teilprozess: Behandlung eines eingehenden Hinweises auf Plagiate (Auszug)

Die vororganisatorische Prozessanalyse ermittelt, welche ACF-Prozesse das Unternehmen braucht, wie sie zu gestalten sind und welche Ergebnisse sie bringen müssen. Am Anfang der Analyse ist es wichtig, die strukturierten ACF-Prozesse nach ihrer Bedeutung für das Unternehmen zu gewichten. Hier kommt es darauf an, eine exakte Trennung zwischen Kernprozessen und unterstützenden Supportprozessen vorzunehmen, die an externe Dienstleister wie Wirtschaftsdetektive oder Experten für

Schutztechnologien ausgelagert werden können. Da die Komplexität des Phänomens zunimmt, wird auch der Grad der Auslagerung von Funktionen des Anti-Counterfeiting zunehmen.

Die wichtigsten Fragen der Prozessanalyse:

- Welche ACF-Prozesse braucht das Unternehmen überhaupt?
- Welche lassen sich zusammenfassen?
- Was sind die ACF-Kernprozesse?
- Welche sind unterstützende Prozesse, die sich auslagern lassen?
- Was soll mit einem Prozessschritt erreicht werden?
- Auf wen zielt der Prozessschritt?
- Wie muss der Prozessschritt gestaltet sein, damit er Wirkung zeigt?
- Welche Schritte müssen aufeinander folgen?
- Wie können Teilergebnisse überprüft werden?
- Sind die beteiligten Mitarbeiter in der Lage, den Prozess durchzuführen?

Bei der Verteilung von Prozesselementen auf Stellen sind mehrere Aufgaben zu lösen. Da die Personalausstattung des Unternehmens in der Regel vorgegeben ist und nicht in einem nennenswerten Umfang geändert werden kann, stimmt die Qualifikation der Mitarbeiter oft nicht mit den Anforderungen der einzelnen Schritte des Anti-Counterfeiting überein. Die Herausforderung ist, die personellen Defizite zu beseitigen, beispielsweise durch externe Spezialisten für Sicherheitstechnologie oder Anwälte für Patentrecht etc. Bei der Einteilung von Mitarbeitern in Gruppen können sich Probleme ergeben, ebenso bei der zeitlichen und räumlichen Anordnung der Abläufe. Um Schnittstellenprobleme zu vermeiden, werden die Prozesse einem Prozessverantwortlichen unterstellt. Diese Aufgabe wird von einer Führungskraft wahrgenommen, die für die Ergebnisse verantwortlich ist und die Koordination innerhalb der Prozesse und zwischen diesen übernimmt. Bei den juristischen Abläufen wäre das beispielsweise der Leiter der Rechtsabteilung, im Vertrieb der Verkaufsleiter. Die Mitarbeiter können einem bestimmten Prozessteam zugeordnet werden, die einen Prozess vom Anfang bis zum Ende betreuen.

Um die Koordination der Prozesse sicherzustellen, müssen die einzelnen Prozesse von einer zentralen Stelle überwacht und gesteuert werden. Besonders gute Ansatzpunkte bieten sich im Controlling, im Treasury oder im Qualitätsmanagement, da in diesen Bereichen bereits eine kontrollierende Haltung vorhanden ist und geeignete Regelungen bestehen. Als zentrale Informations- und Steuerungsstelle des Unternehmens ist das Controlling besonders gut dafür geeignet, wesentliche Aufgaben des ACF-Systems zu übernehmen. Viele Aufgaben der Identifikation und der Überwachung von Fälschungen lassen sich mit den traditionellen Prozessen des Controllings abdecken, weil die Ermittlung, Analyse und Bewertung möglicher Planabweichungen eine zentrale Aufgabe der Controllingfunktion ist. Es ist deshalb nahe liegend, die vorhandenen Instrumente des operativen Controllings konsequent für das Anti-Counterfeiting zu nutzen. Für die quantitative Bewertung der Risiken des Counterfeiting sind die vorhandenen Controlling-Systeme jedoch in der Regel weiterzuentwickeln. So kann ein in das Controlling integriertes Frühwarnsystem beispielsweise neue Fälschungen erkennen und beobachten und damit Trends aufzeigen.

Die Erweiterung des traditionellen Controllings um Kategorien der Produkt- und Markenpiraterie bietet auch eine hervorragende Möglichkeit, um auf der Grundlage bestehender Controlling-Instrumente das Bewusstsein für Fälschungen im Unternehmen zu verankern. Dabei werden alle bisher bekannten und verwendeten Berichte und Auswertungen weiterhin zur Verfügung gestellt und nur durch Daten, Informationen oder Szenarien zum Counterfeiting ergänzt. Für den regelmäßigen Informationsaustausch über das Auftreten von Plagiaten und die Bekämpfung der Produkt- oder Markenpiraterie bieten sich die vorhandenen festen Termine der Controlling-Sitzungen im Unternehmen an. Dieses Vorgehen liefert nicht nur wichtige Daten für das Management in China, es schärft auch den Blick für Plagiate und ebnet auf diese Weise der Überwachung der Piraterie den Weg.

Es gibt einige häufige Fehler in der Organisation des Anti-Counterfeiting, welche die Schlagkraft des Unternehmens im Kampf gegen die Plagiatoren lähmen können:

- Die Zuständigkeiten sind nicht abgegrenzt oder sind unklar.
- Die Abläufe sind unklar, und zusätzlich zeitraubend und kostenaufwendig.
- Organisationsformen sind aufwändig oder veraltet.
- Die ACF-Aufgaben werden nicht sachgerecht an Mitarbeiter delegiert.
- Ein systematischer und standardisierter Informationsaustausch zwischen den beteiligten Bereichen findet nicht statt.
- Das Koordinations- und Überwachungsorgan fehlt.
- Die Arbeitsprozesse des operativen Controllings, der Markforschung und anderer Bereiche werden nicht für das ACF genutzt.
- Es gibt keine geeignete IT-Plattform, die alle Bereiche miteinander verbindet.
- Ein effektives Frühaufklärungs- und Prognosesystem, das möglichst präzise Vorhersagen über die Zukunftsentwicklung ermöglicht, fehlt.
- Die identifizierten Risiken des Counterfeiting werden nicht systematisch erfasst und kontinuierlich überwacht.
- Die Unternehmensleitung ist nicht in das ACF eingebunden.
- Die Unternehmensleitung erhält keine zeitnahen Informationen.
- ACF-Sitzungen werden zu selten, unregelmäßig oder uneffektiv durchgeführt.
- Schriftliche Protokolle der Sitzungen fehlen.
- Piraterifälle und Gegenmaßnahmen werden nicht ausreichend kommuniziert.
- Regelungen zum Umgang mit Reklamationen und Gewährleistungsansprüchen aufgrund von Fälschungen fehlen.
- Erkenntnisse zum Counterfeiting werden nicht an die relevanten Stellen im Unternehmen und an Geschäftspartner weitergegeben.
- Diese Erkenntnisse werden bei weiteren Geschäftsprozessen nicht berücksichtigt.
- Chinesische Gesetze, Vorschriften und Normen sind nicht ausreichend bekannt und werden nicht zeitnah beobachtet.
- Tochterunternehmen, Niederlassungen und Vertriebsbüros werden nicht ausreichend in das ACF-System eingebunden.

Handbuch Anti-Counterfeiting

Die Organisation des Anti-Counterfeiting wird in einem Handbuch (ACF-Handbuch) schriftlich fixiert. Der Inhalt kann auch in eine bereits vorhandene Management-Dokumentation wie die Leitlinien des Unternehmens, Qualitäts- oder Risikohandbücher sowie Verfahrensanweisungen integriert werden. In der Dokumentation des Anti-Counterfeiting sollte einführend die grundsätzliche Haltung des Unternehmens zur Produkt- und Markenpiraterie dargestellt sein. Auch sollte definiert sein, welche konkreten Ziele mit dem ACF-System verfolgt werden.

Die grundlegenden Ziele des Anti-Counterfeiting sind die Sicherung des künftigen Erfolgs des Unternehmens in China und auf seinen internationalen Exportmärkten sowie die Begrenzung von Umsatzverlusten durch die Bekämpfung von Zweitmärkten. Dazu kommen der Erhalt des Markenwertes und die Steigerung des Unternehmenswertes, der Schutz der internationalen Reputation des Unternehmens und die Vermeidung von Garantie- und Haftungsschäden.

Werden eines oder mehrere dieser Ziele verfehlt, so kann ein Unternehmen in seiner Entwicklung oder sogar in seiner Existenz gefährdet sein. Da die Installation eines funktionierenden ACF-Systems ohne die Unterstützung der Unternehmensleitung nicht möglich sein wird, ist bei der Festlegung der Ziele die Geschäftsleitung oder der Vorstand die wichtigste Instanz.

Nach der Beschreibung der Ziele sollte die vom Unternehmen gewählte Strategie des Anti-Counterfeiting dargestellt werden. Sie bildet die Grundlage für die Maßnahmen. Zur Beschreibung der Strategie gehört auch die Darstellung der zulässigen oder untersagten Taktiken und Strategeme. Wenn mehrere Strategievarianten oder strategische Optionen zugelassen werden, sind diese zu beschreiben.

Grundlage eines pro-aktiven und effizienten Anti-Counterfeiting ist eine transparente und verständliche Kommunikation. Deshalb müssen die relevanten Kategorien sauber abgegrenzt werden, bevor eine quantitative Erfassung oder qualitative Bewertung der Fälschungen durchgeführt werden kann. Was ist ein Plagiat, was ein Overrun? Die Vielfalt der Fälschungen auf dem chinesischen Markt macht es oft schwierig, eine klare Strukturierung vorzunehmen. In der Praxis der Unternehmen kann man häufig auch Kommunikationsdefizite beobachten. Verschiedene Gruppen reden entweder gar nicht miteinander, oder sie verwenden unterschiedliche Begriffe und verstehen sich deshalb nicht. Dadurch bleiben viele Potenziale zur Bekämpfung des Counterfeiting ungenutzt. In diesem Abschnitt werden daher die Begriffe klar definiert und abgegrenzt.

Zur Kommunikation gehören auch die Grundsätze für die Erkennung, Analyse und das Reporting von Fälschungsfällen. Anti-Counterfeiting ist ein kontinuierlicher Prozess im Sinne eines Regelkreises. Dabei ist die Informationsbeschaffung oft die schwierigste Phase im gesamten ACF-Prozess und eine Schlüsselfunktion des Systems, da dieser Schritt die Basis für die nachgelagerten Schritte liefert. Das Handbuch muss darstellen, wie diese Informationen grundsätzlich beschafft, analysiert und weitergegeben werden. Beim Reporting der Informationen zur Produkt- und Markenpiraterie sind zu berichtende Inhalte, Zusammenfassungen und Verdichtungen, Formen der Berichte, Berichtswege und -perioden sowie Berichtgeber und -empfänger zu beschreiben.

Den Grundsätzen für die Erkennung, Analyse und Kommunikation folgt die Darstellung der Aufbau- und Ablauforganisation des Anti-Counterfeiting. Das Handbuch muss genau zeigen, wie das ACF in die bestehende Organisation des Unternehmens eingebettet ist. Dazu gehören die beteiligten Abteilungen und Bereiche, eingebundene Stellen, Verantwortlichkeiten und Weisungsbefugnisse. Der ACF-Prozess ist in seinen Teilprozessen, Erfolgsmessungen und Ergebnissen darzustellen, darüber hinaus sind Prozessverantwortliche (Process Owner) sowie zeitliche und räumliche Vorgaben zu dokumentieren. Es kommt darauf an, das ACF-Management als einen kontinuierlichen Prozess im Sinne eines Regelkreises in allen Prozessschritten genau zu beschreiben.

Im Anschluss werden die bei der Bekämpfung der Produkt- und Markenpiraterie eingesetzten juristischen, betriebswirtschaftlichen, technischen und politischen Maßnahmen dargestellt. In diesem Teil sollten auch die Aktivitäten zur Abstimmung der einzelnen Maßnahmen durch die zuständige organisatorische Einheit (Task Force oder Controlling) skizziert werden. Die Beschreibung des ACF-Monitoring- und Frühwarnsystems schließt das Handbuch ab. Dabei sollte der Prozess der Erhebung, Analyse und Kommunikation der Daten möglichst genau beschrieben werden. Wenn das System durch IT unterstützt wird, sind die eingesetzten Systeme zu beschreiben.

16. Monitoring als Frühwarnsystem

Kein System funktioniert ohne Kontrolle. Das gilt auch für das Anti-Counterfeiting. Deutsche Unternehmen müssen in China permanent überprüfen, ob und wie die eingesetzten ACF-Maßnahmen auf den Fälschermärkten wirken. Viele Einzelmaßnahmen verpuffen ohne eine nennenswerte Wirkung, manche haben sogar unerwünschte Nebenwirkungen. So kann der angegriffene Fälscher seine zerstörte Fertigung in einer anderen Region des Landes einfach wieder aufbauen, um von dort aus im Verbund mit anderen Plagiatoren umso stärker zuzuschlagen. Oder er beantragt beim chinesischen Patentamt die Löschung des deutschen Schutzrechtes.

Den Markt ständig im Blick zu haben und die Vorgänge zu verstehen, ist eine Herausforderung, vor der jedes deutsche Unternehmen mit Geschäftsaktivitäten in der Volksrepublik China steht. Doch wie soll man auf den komplexen und dynamischen chinesischen Märkten die durchgeführten Maßnahmen regelmäßig auf ihre Wirksamkeit überprüfen – in einem Land mit einer geografischen Fläche von 9.596.960 km², 23 Provinzen, 661 Städten, 49 Millionenstädten und einer Bevölkerung von 1,3 Milliarden Menschen?

Nicht nur die Komplexität des chinesischen Marktes scheint vielen Unternehmen problematisch, sondern auch die langfristigen Investitionen in ein leistungsfähiges Kontrollsystem. Wir hören in China manchmal das Argument, dass es den deutschen Unternehmen an Zeit und Geld fehle, ein solches Überwachungssystem aufzubauen, stellen dem aber die folgenden Argumente gegenüber:

- In der ökonomischen Kalkulation steht den Investitionen in ein ACF-Monitoringsystem nicht der kurzfristige Verlust von Umsätzen gegenüber, sondern die Beschädigung der Marke und die Demontage des Unternehmens in China. Dort geht es nicht um schnelle Profite, sondern um ein langfristiges und nachhaltiges Engagement. Für deutsche Unternehmen kommt es darauf an, sich auf dem chinesischen Markt durchzusetzen, dort zu verbleiben und profitabel zu wachsen. Dazu braucht das Management aber langfristig ausgelegte Steuerungsinstrumente.

- Wir müssen auch davon ausgehen, dass die Produkt- und Markenpiraterie weiter zunimmt und noch professioneller und intelligenter wird, beispielsweise im Rahmen internationaler Piratennetzwerke und organisierter Kriminalität. Die massiven Vorleistungen der westlichen Unternehmen in Innovationen und Marken sind für Plagiatoren einfach zu verlockend, um links liegen gelassen zu werden. Unsere Gesprächspartner bestätigen diesen Trend. Das bedeutet, dass die betroffenen Unternehmen ihre Gegenmaßnahmen durch leistungsfähige Informationssysteme professioneller machen müssen.

- Schließlich geht es beim Kampf gegen die Fälscher auch um Unternehmensethik. Wir haben in unseren Gesprächen festgestellt, dass immer weniger deutsche Manager bereit sind, sich von cleveren chinesischen Kopisten noch länger an Nase herumführen zu lassen. Viele Führungskräfte haben die Nachahmung ihrer Technologien, Produkte und Designs bislang toleriert, doch nun scheint die Schmerzgrenze überschritten zu sein. Gegen clevere Piraten gewinnt man aber nicht mit Entrüstung, sondern mit Intelligenz und Strategie.

Abgestimmte ACF-Maßnahmen machen nur dann Sinn, wenn ihre Effektivität ständig überprüft wird. Dazu ist ein Monitoringsystem zu installieren, welches das Unternehmen regelmäßig mit den relevanten Informationen versorgt. Das permanente Feedback aus diesem Kontrollsystem erlaubt es dem Eigentümer der Schutzrechte, sehr schnell Veränderungen der Situation zu erfassen, seine Strategien zu korrigieren und die Maßnahmen anzupassen. Das Monitoring sollte als Frühwarnsystem ausgelegt werden, um neu auftretende Fälschungen rechtzeitig erkennen und die damit verbunden Risiken mit Hilfe der zuvor organisierten Instrumente abwehren zu können, bevor größerer Schaden eintritt.

In vielen Unternehmen werden Informationen über den Fälschermarkt erst dann recherchiert, wenn ein akuter Handlungsbedarf besteht, es also schon zu Fälschungen gekommen ist. In diesen Fällen beauftragt die Unternehmensleitung oft schnell die Rechtsabteilung, den Vorfall genauer zu untersuchen. Dann werden hektisch Telefonate geführt und rasch Marktberichte zusammengesucht, die in einen Ad-hoc-Bericht münden. Diese Informationen können aber nur für kurzfristige taktische Reaktionen verwendet werden, aber nicht für ein langfristiges und strategisch ausgerichtetes Vorgehen. Die Reaktion des Unternehmens ist nur ein einmaliger Vergeltungsschlag, der größtenteils im Blindflug durchgeführt wird.

Für Joseph Torrents, Generaldirektor der in China aktiven Germans Boada S. A., kommt es darauf an, das Wettbewerbsumfeld und damit auch die tatsächlichen und potenziellen Fälscher immer im Blick zu haben und über ihre Pläne, Leistungen und Kompetenzen Bescheid zu wissen. Dies sei für jedes Unternehmen von strategischer Bedeutung. Nur eine konsequente, systematische und professionelle Beobachtung des Marktes eröffne einem Hersteller die Möglichkeit, sich gegen Piraten abzusichern und so die eigenen Marktanteile zu sichern oder auszubauen.

Torrents hat zu diesem Zweck in Barcelona eine firmeninterne Sonderabteilung aufgebaut, die weltweit ausschließlich für die Registrierung von Schutzrechten, die Marktbeobachtung und die Verfolgung von Pirateriefällen zuständig ist. Das Informationszentrum erinnert an eine große, mit vielen Computern ausgestattete Bibliothek, in der sich sämtliche Unterlagen wie Registrierungen, Informationen über Fälscher und Gerichtsurteile in meterhohen Regalen stapeln. Hier laufen alle Fäden zusammen. Zwei Mitarbeiter sammeln alle Informationen über konkrete Verletzungsfälle, analysieren das Material und fertigen sogar demografische Counterfeiting-Karten an, auf denen die Wege der Fälschungen von der Fabrik zum Versand rekonstruiert werden.

Die ersten Hinweise kommen häufig von Messen. Torrents schickt seine Manager deshalb auf Fachmessen, wo sie sich als interessierte Kunden ausgeben und am ersten Messetag mit wachen Augen sämtliche Aussteller und ihre Produkte prüfen. Dabei stoßen sie nicht nur auf Produktkopien, sondern auch auf nachgeahmte Messestände, kopierte Marketinginstrumente wie Kataloge oder täuschend ähnliche Logo-Imitationen. Wird eine Fälschung entdeckt, ziehen die Manager sofort einen Notar hinzu, der nach der Besichtigung des Fälscher-Messestandes einen Public Notary Report verfasst. Mit diesem Report und anderen Beweisdokumenten wie Fotos oder Urkunden wendet sich das Management umgehend an die Messeveranstalter, um weitere Schritte einzuleiten.

Als das Counterfeiting auf dem chinesischen Markt immer massiver auftrat, organisierte Torrents im Jahr 2004 eine dreimonatige Inspektionstour durch das Reich der Mitte, um Fälscher aufspüren zu können. Diese Reise hat sämtliche Zellen des Counterfeitingsnetzwerkes identifiziert und damit greifbar gemacht, wodurch die Leistungsfähigkeit des Monitoringsystems weiter erhöht wurde. So sind beispielsweise 20 % der Fälscher von Germans Boada in der Provinz Jiangsu angesiedelt, 80 % in Zhejiang. Diese Ergebnisse ermöglichen es dem Unternehmen, gezielt weitere Erkenntnisse zu sammeln, bis die Beweise für eine rechtliche Verfolgung ausreichen.

Planung des Monitoringsystems

Bei der Planung eines ACF-Monitoringsystems muss im ersten Schritt ermittelt werden, welche Informationsbedürfnisse das Management hat. Diese sind in der Regel von der Situation des Unternehmens, das heißt dem Ausmaß von Fälschungsvorfällen und der weiteren Bedrohung durch das Counterfeiting, abhängig. Dabei gibt es unterschiedliche Erkenntnisinteressen. So benötigt der Leiter der Forschungs- und Entwicklungsabteilung eines Anlagenbauers andere Informationen über Fälscher als der Marketingleiter eines Konsumgüterherstellers. Welche Informationen sind wirklich erforderlich? Bei zu vielen oder widersprüchlichen Anforderungen ist die Relevanz der einzelnen Informationen zu gewichten. In dieser Phase ist die direkte Kommunikation zwischen den Führungskräften und den betroffenen Fachabteilungen sehr wichtig.

Bei der Planung des Monitoring müssen zahlreiche Parameter festgelegt werden:

- Beobachtungsbereiche: Was soll observiert werden?
- Frühwarnsignale: Welche Indikatoren werden als Frühwarnsignale definiert?
- Toleranzgrenzen: Welche Werte lösen Alarme aus?
- Beobachtungsperiode: Wie oft, das heißt in welchen zeitlichen Intervallen, sind die Informationen zu recherchieren?
- Beobachter: Wer ist dafür zuständig?
- Berichtsform: Mit welchen Medien berichtet diese zuständige Person (persönlich, telefonisch, schriftlich oder per E-Mail etc.)?
- Berichtsweg: An wen berichtet der Beobachter?
- Interne Anreicherung: Mit welchen internen Informationen werden die Marktinformationen verbunden?
- Bündelung: Wie werden verschiedene Informationen aus unterschiedlichen Quellen zusammenfassend bearbeitet?
- Bewertung: Nach welchen Kriterien werden die Informationen bewertet?

■ Datenbank: Welche Informationen werden in einer Pirateriedatenbank abgelegt?

■ Entscheidungsvorbereitung: Wie werden die Informationen für die Leitungsebene zur Entscheidungsfindung aufbereitet?

Die Funktion der Frühwarnung spielt im Monitoring des Counterfeiting eine herausragende Rolle. Ein Frühwarn- oder Alertsystem zielt darauf ab, negative Einflüsse rechtzeitig zu erkennen, so dass eine nennenswerte Beeinträchtigung der Geschäftstätigkeit oder ein größerer Schaden verhindert werden können. Dabei werden schwache Signale, durch die sich Störungen ankündigen, durch ein strategisches Radar mit einem ausreichenden zeitlichem Vorlauf erkannt.

Die für die Frühwarnung im Bereich der Produkt- und Markenpiraterie wichtigen Beobachtungsbereiche sind alle Orte, an denen Fälschungen aufgetreten sind oder auftauchen könnten: die Räumlichkeiten der Zulieferer, des Handels und der Endkunden des Unternehmens, Messen, Lager und Hallen von Transporteuren oder das Internet. Auch in der chinesischen Presse können sich Frühwarnsignale aus dem Umfeld des Unternehmens finden, beispielsweise Berichte über neu aufgetauchte Plagiate in einer bislang unverdächtigen Region.

Erhebung der Daten

Sind die Beobachtungsbereiche definiert, müssen systematisch Beobachtungen durchgeführt und Daten erhoben werden. Dazu sind Datensammler zu installieren, die die gesuchten Marktdaten systematisch beschaffen. Bei Monitoringsystemen sind sinnvolle Aussagen nur dann möglich, wenn die Daten vieler, örtlich voneinander entfernter Sensoren an einem zentralen Punkt zusammenlaufen, das System also ein breites Gesichtsfeld hat. Dafür kann es nötig sein, eine eigene Erhebungsinfrastruktur aufzubauen, wobei es sich anbietet, bereits bestehende Kommunikationswege zu nutzen und Daten einzubeziehen, die von Quellen kommen, die schon vor der Einrichtung des Frühwarnsystems bestanden.

Es gibt für deutsche Unternehmen in China zahlreiche Quellen, die zur Erhebung von Piratendaten eingesetzt werden können. Dazu gehören die eigenen Lieferanten, Mitarbeiter des Vertriebsaußendienstes, von Groß- und Einzelhändlern, Handelsgesellschaften, Importeuren und Exporteuren sowie von Kunden und Partnern. Auch Personen im Umfeld anderer ausländischer Unternehmen kommen als Informanten in Frage, beispielsweise im Rahmen einer Aufklärungskooperation von Unternehmen mit ähnlichen oder komplementären Produkten oder Dienstleistungen (Autoersatzteile, Zubehör, Betriebsstoffe). Selbst Fälschungs-Informationsnetzwerke konkurrierender Unternehmen sind denkbar. Eine herausragende Rolle spielen ACF-Organisationen wie das Quality Brands Protection Committee, bei dem unzählige Informationen über Produkt- und Markenpiraten zusammenlaufen.

Deutsche Unternehmen, die sensible Daten allein recherchieren wollen, können ein Netzwerk freier chinesischer Mitarbeiter aufbauen, die als Fake-Scouts in den ihnen zugeteilten Gebieten gezielt nach Plagiaten und Fälschern suchen und nur bei Erfolg honoriert werden. Voraussetzung für den Erfolg ist jedoch, dass die Informanten geschult sind, damit sie Plagiate, Markenkopien und fälschungsrelevante Vorgänge überhaupt erkennen können. In diese Richtung wirkt die Firma Grohe, die regelmäßig Seminare für die lokalen chinesischen Behörden durchführt, in denen sie ihre Produkte, ihr Markenlogo und die Verpackungen vorstellt. Grohe erhält nicht selten durch die chinesischen Behörden einen Hinweis auf mögliche Schutzrechtsverletzungen.

Folgende Methoden der Informationsbeschaffung sind je nach Unternehmen und Situation möglich und sinnvoll:

- In den relevanten Regionen Chinas ein Netz von Beobachtern (Scouts) aufbauen (auch mit Studenten), die systematisch Verkaufsstellen scannen und Fälschungen melden. Die Scouts werden geschult und nur bei Entdeckung honoriert.
- Einsatz eines firmeninternen Ermittlers, der ständig Inspektionsreisen durchführt. Diese Methode wird oft von chinesischen Unternehmen angewandt.
- Buchung einer chinesischen Firma, die sich darauf spezialisiert hat, als Frühwarner für andere Unternehmen zu arbeiten.
- Einsatz eines Wirtschaftsdetektivs.
- Einsatz der eigenen Vertriebsmitarbeiter in den einzelnen Verkaufskanälen.
- Regelmäßige Überprüfung relevanter Messen und internationaler Ausstellungen.
- Enge Zusammenarbeit mit Mitarbeitern der lokal ansässigen Außenhandelskammern, von Branchenverbänden und Organisationen, die sich mit der Piraterie auseinander setzen.
- Nutzung des Kontaktnetzwerkes, das sich innerhalb der in China etablierten Industriezonen etabliert hat.
- Gezielte Recherchen in den industrietypischen Standorten nach Fälschern und Plagiatoren.
- Ausleuchten der bekannten Fälscherhochburgen (Piracy Districts).
- Regelmäßige Kontakte zum chinesischen Zoll.
- Regelmäßige Kontakte zu lokalen chinesischen Behörden.
- Regelmäßige Telefonumfrage bei vertrauenswürdigen Zulieferern, Kunden, Händlern und Partnern.
- Systematische Internetrecherchen.
- Überraschende Kontrollen bei Zulieferern.
- Stichproben im chinesischen Handel.
- Auswertung chinesischer Presseberichte zum Counterfeiting.

Die nachfolgende Grafik zeigt ein Counterfeiting-Alertsystem, bei dem die Mitarbeiter des Vertriebsaußendienstes bei ihrer Tätigkeit einen Teil ihrer Zeit dafür verwenden, regionale Märkte auf Fälschungsaktivitäten hin zu kontrollieren. Werden sie fündig, berichten sie sofort oder im nächsten Meeting an ihren Gebietsleiter, der die Daten sammelt und an den Regionalleiter weiterleitet. Dieser bewertet sie und gibt die relevanten Informationen an den ACF-Bereich in der Unternehmenszentrale weiter.

Jeder Vertriebsmitarbeiter im Außendienst kann Beobachter werden. Die Gebietsleiter übernehmen die Funktion der Frühwarnmanager, der Regionalleiter trägt als Führungskraft die Gesamtverantwortung für den Prozess der Früherkennung. Im Normalfall wird nur der kleine Dienstweg durchlaufen. In strategisch heiklen Fällen und bei akuten Problemen muss der ACF-Bereich in der Zentrale eingeschaltet werden, wobei formale Berichtsstrukturen überwunden und institutionalisierte Kommunikationswege abgekürzt werden sollten. Die Information muss von den Berichtsempfängern stufenweise verdichtet werden, um Kumulationseffekte erfassen und Übersichtlichkeit bewahren zu können.

Es gibt zahlreiche Warnhinweise, auf die Beobachter achten sollten. Dazu gehört die Entwicklung wichtiger Lieferanten, Subunternehmer und Händler. Wie sieht deren finanzielle Situation aus? Gibt es Anzeichen für Kosten- oder Qualitätsprobleme? Hat das Unternehmen vor, Akquisitionen zu tätigen oder Allianzen zu bilden, die dazu führen könnten, dass Fälscher in die Wertschöpfungskette eindringen? Bei Allianzen und Akquisitionen stellt sich immer die Frage nach den Motiven und Zielen. Auch Verschiebungen in der Lieferanten- oder Händlerstruktur, die Änderung in der Wahr-

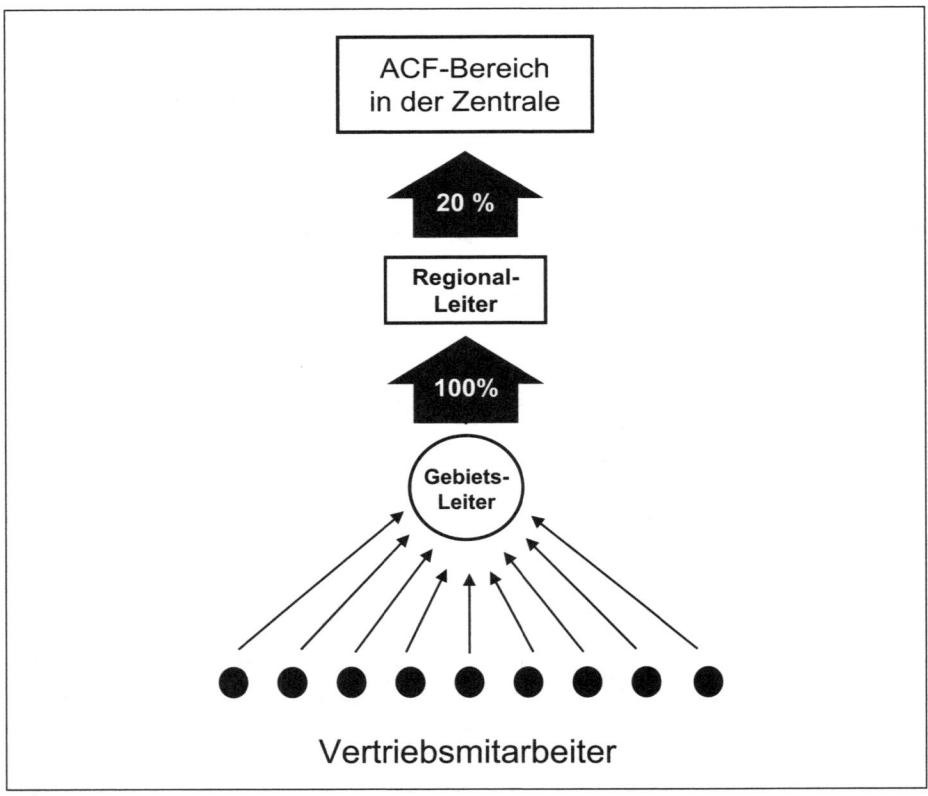

Vertriebsmitarbeiter als Beobachter von Fälscheraktivitäten.

nehmung der Chinesen über das eigene Unternehmen, seine Dienstleistungen oder Produkte geben Signale. Ein frühes Warnsignal ist auch, wenn Fälschungen von Konkurrenten aus der gleichen Branche auf dem Markt auftauchen.

Auf Messen und internationalen Ausstellungen trifft ein Unternehmen nicht nur seine Mitbewerber, sondern auch seine Fälscher. Um Fälschungen erkennen zu können, sollten deutsche Unternehmen nur eigenes und gut ausgebildetes Personal entsenden. Es muss sich in den technischen Details der Produkte auskennen und zudem in der Lage sein, schnell, aber unauffällig zu beobachten. Sinnvoll ist, mit der Recherche bereits am Tag vor der Messeeröffnung zu beginnen. Zu diesem Zeitpunkt sind die meisten Aussteller mit dem Aufbau ihrer Stände beschäftigt und achten weniger auf ihre Produkte und Kataloge. Für den Informanten ist es daher leichter, die Produkte, Markenzeichen und Broschüren unbeachtet in Augenschein zu nehmen. Wichtig ist, auf die Form der Verletzung von Schutzrechten zu achten.

Zu den Basisinformationen, die auf Messen gesammelt und dokumentiert werden müssen, gehören der Name und die Adresse der Firma, die juristische Person, Fotoaufnahmen der Objekte, Kataloge und nach Möglichkeit Warenproben oder Muster. Diese Beweismittel sind für weitere Aktionen und rechtliche Schritte entscheidend. Zudem ermöglichen sie eine ausgedehntere Recherche, die auf das Netzwerk des Fälschers zielt. Mit Hilfe dieser Informationen ist es auch leichter, weitere Details von den Zollbehörden (wie offizielle Import- oder Exportrechnungen), den Patentämtern (registrierte Rechte des Fälscherunternehmens) oder den weltweiten Messeveranstaltern (Teilnahme des Fälschers) zu erhalten. Bei den chinesischen Autoritäten können deutsche Unternehmen Vertrauen aufbauen, wenn sie solche wertvollen Details über Produkt- und Markenpiraten weitergeben.

Es ist nicht immer möglich, die Verletzungen von Schutzrechten bereits auf den Messen auszumachen. Sie werden oft erst entdeckt, wenn die Fälschungen bereits im Handel aufgetaucht sind. In diesen Fällen sollten die beobachtenden Personen zurückhaltend reagieren und ihre Entdeckung nicht in Anwesenheit des Verkäufers oder des Ladenbesitzers mitteilen. Das Ziel muss sein, zuerst geschickt an weitere Informationen über die Hintermänner der Verkäufer zu kommen. Gerade in kleinen Verkaufsgeschäften ist es in China nicht allzu schwierig, Erkundigungen über den Distributor oder Exporteur einzuholen. In manchen Fällen kann ein Unternehmen auch bereits vom Ladenbesitzer erste beweiskräftige Unterlagen wie Fotos oder Verkaufsdokumente erhalten. Sind diese Informationen gesichert, können die zuständigen Ansprechpartner im Unternehmen kontaktiert werden, die über die weiteren Schritte entscheiden.

Das Internet ist in China ein wichtiges Instrument, mit dem man den Markt regelmäßig und gezielt auf Plagiate und Fälscher überprüfen kann. Das gilt besonders für Handelsplattformen wie alibaba.com, auf denen sich tausende chinesischer Unternehmen treffen. Das Monitoring des Internet ist besonders dafür geeignet, solche Unternehmen im Auge zu behalten, die in der Vergangenheit bereits Schutzrechte verletzt haben oder gegenwärtig sehr aktiv sind, gegen die aber nicht genügend Beweise vorliegen. Handelsgesellschaften sowie Importeure und Exporteure haben ihre Produktlisten mit Fotos und Beschreibungen im Internet ausgestellt, so dass gezielt recherchiert werden kann.

Technology Watch ist eine weit verbreitete Methode des Monitoring großer Unternehmen, die viele mittelständische Unternehmen noch nicht anwenden. So kann ein deutsches Unternehmen durch die systematische Überprüfung der veröffentlichten chinesischen Eintragungen von Schutzrechten feststellen, ob ein chinesisches Unternehmen auffällig ähnliche Technologien, Designs oder Marken angemeldet hat. Wendet man diese Vorgehensweise dauerhaft und offensichtlich an, so wird sich die Nachricht, dass das deutsche Unternehmen seine Rechte engagiert schützt, in der Branche nachhaltig verbreiten. Diese Botschaft dringt auch zu solchen Kunden vor, die zwar mit dem Gedanken gespielt haben, bestimmte Techniken oder Produkte zu kopieren, dann aber aufgrund des publizierten Engagements lieber davon ablassen. Damit hat Technology Watch eine strategische Signalfunktion.

Geht es darum, weitere Informationen über ein bereits als Fälscher identifiziertes Unternehmen zu sammeln, sollten die folgenden Daten erhoben werden:

- Unternehmensgröße
- Produktvielfalt und Schwerpunkte im Sortiment
- Marktanteil
- Anteil am Fälschermarkt
- Vertriebswege
- Kundengruppen
- Umgang mit den Kunden
- Preispolitik, Lockangebote
- Marketing- und Verkaufsaktionen
- Eingebundene Handelsgesellschaften

Die erhobenen Informationen und ihre Quellen sollten in einer Fälscherdatenbank gespeichert werden, damit sie auch für spätere Auswertungen zur Verfügung stehen. Durch die Aufbewahrung sind Vergleiche alter Piraterifälle mit aktuellen Fällen möglich, inklusive der Identifikation von Lieferanten und Händlern der Fälscher. Durch diesen historischen Vergleich können auch Schwachstellen im Unternehmen erkannt werden. Hat der Pirat wieder an derselben Stelle angesetzt?

Berücksichtigung internen Wissens

Wenn ein deutsches Unternehmen Piraterievorgänge angemessen einschätzen will, sollte es nicht nur auf externe Informationen, sondern auch auf die intern vorhandenen Daten zurückgreifen. Bei vielen Mitarbeitern ist historisches Wissen aus dem eigenen Unternehmen vorhanden, beispielsweise über die in der Vergangenheit aufgetretenen Counterfeiting-Fälle, die Methoden ihrer Bekämpfung und die Ergebnisse der Maßnahmen. Sogar die Namen von Piraten sind in vielen Unternehmen bekannt. Dazu kommt das Wissen, das Mitarbeiter aus ihrem Umfeld erhalten, beispielsweise von Mitarbeitern anderer ausländischer Firmen, die vom Counterfeiting betroffen sind. Vieles davon ist dokumentiert. Es gibt meistens einen umfangreichen Schriftverkehr oder interne Statistiken, die entsprechende Anfragen oder Reklamationen erfassen.

Analyse aller Daten

Die Analyse untersucht, beurteilt und interpretiert die gesammelten Daten. Sie stellt die Informationen aus externen und internen Quellen in den Unternehmenskontext und sucht nach Mustern. Dadurch erhält das Unternehmen wertvolle Informationen über die Struktur und das Auftreten der Fälscher, ihren Operationsradius und das Ausmaß des möglichen Schadens, die in Entscheidungshilfen umgewandelt werden.

Während die Erhebung der Informationen relativ gut in Routineprozesse eingebettet werden kann, müssen die eingegangenen Informationen von kompetenten Mitarbeitern auf ihre Qualität und Bedeutsamkeit individuell geprüft werden. Die Beurteilung der Informationsqualität erfolgt nach der Aktualität, Relevanz, Vergleichbarkeit, Vollständigkeit, Zuverlässigkeit und Richtigkeit. Bei der Beurteilung der Relevanz geht es beispielsweise um die Frage, ob ein einziges auftauchendes Plagiat bereits wichtig ist oder erst eine ganze Sendung, die bei einem Händler entdeckt wird. Oder darum, wie ernst die unwesentliche Nachahmung eines Designs oder ein ähnlicher Markenname zu nehmen sind. Bei der Zuverlässigkeit entsteht die Frage, ob der Beobachter unbeeinflusst war.

Frühwarnsysteme legen für jedes Beobachtungsfeld immer Toleranzbereiche mit kritischen Grenzwerten fest, innerhalb deren keine Maßnahmen ausgelöst werden. Fachleute und Führungskräfte versuchen abzuwägen, wie groß das Bedrohungspotenzial eines Fälschungsvorganges ist. Außerdem muss geprüft werden, in welchem Verhältnis der mögliche Schaden des Vorganges zum Aufwand der ACF-Maßnahmen steht. Nicht jeder Vorgang lohnt sich, verfolgt zu werden. Vieles sollte vorerst nur beobachtet werden.

Reporting der Informationen

Um als Entscheidungsgrundlage verwertet werden zu können, muss das erarbeitete Wissen den Entscheidungsträgern in ansprechender Form zur Verfügung gestellt werden. Dabei gibt es unterschiedliche Anforderungen, der Umfang und der Inhalt der Reports variieren je nach Zielgruppe und Zweck. Das ACF-Reporting gewinnt durch die Einbeziehung von Planwerten eine weitere Dimension. Dadurch werden beispielsweise Aussagen generiert, die auf fälschungsbedingte Abweichungen bei Umsätzen oder Marktanteilen in den einzelnen Geschäftsbereichen zielen.

Bei kritischen, strategisch relevanten Vorgängen sollte ein Berechtigungskonzept Rechte und Sperrungen einzelner Berichtsempfänger vorsehen, so dass ausgewählte

Informationen nur von bestimmten Benutzergruppen gesehen oder geändert werden können und die Sicherheit vertraulicher Daten gewährleistet ist. Das ACF-Reporting sollte einen festen Katalog von Standardberichten mit einem festem Aufbau vorsehen, die zu klar definierten Zeitpunkten abgerufen und einem festen Verteilerkreis zugänglich gemacht werden. Neben den festen Standardberichten soll jeder Anwender die Möglichkeit haben, sich eigene Berichte zusammenzustellen, um neue Pirateriefälle bearbeiten und Lösungen (lessons learned) dokumentieren zu können.

Zielgruppe im Unternehmen	Spezifische Ansprache
Vorstand, Geschäftsführung, Top-Management	Persönliche Ansprache, Kurzinfos
Management, Führungskräfte	Ausführliche Berichte und Analysen über Fälscher
Mitarbeiter	Warnhinweise (Fake Alerts) im Newsletter oder Intranet

ACF-Berichte für Führungskräfte und Mitarbeiter

Eine gute organisierte und strukturierte Archivierung der erfassten Dokumente ist wichtig, um alle Verdachtsmomente registrieren und bei Verletzungen von Schutzrechten umgehend reagieren zu können. Das ACF-Reporting sollte mit der Wettbewerbsbeobachtung des Unternehmens verbunden sein, weil in China Fälschungen nicht selten von Konkurrenten angeboten werden.

IT-Unterstützung

Die Zunahme und Qualifizierung des Counterfeiting zwingt die Unternehmen dazu, schneller zu reagieren und schlagkräftiger zu agieren. Ein softwaregestütztes Informationssystem kann dabei wertvolle Hilfe leisten. Gerade in global agierenden Unternehmen ist die notwendige Effizienz im Kampf gegen die Plagiatoren nur mit einer geeigneten Softwareunterstützung zu erreichen. Auf komplexen Fälschermärkten schafft erst die moderne Informationstechnologie die erforderliche Transparenz und erlaubt eine schnelle und wirkungsvolle Reaktion auf Produkt- und Markenpiraterie. Das Informationssystem ergänzt beim Kampf gegen Plagiatoren menschliche Fähigkeiten wie Intuition, Spürsinn, Erkennen von Mustern oder Feststellen von Analogien und Zusammenhängen. Dadurch kann es die mit dem Anti-Counterfeiting beauftragten Mitarbeiter bei der Aufbereitung der gesammelten Daten massiv unterstützen.

Eine umfassende Datenbank macht es auch möglich, die chinesischen Behörden in ihrem Kampf gegen das Counterfeiting zu unterstützen und rechtliche Schritte gegen Fälscher mit gerichtsfesten Daten zu untermauern. Darüber hinaus verringern sie die

Wahrscheinlichkeit von Fehlentscheidungen, da sie objektive Informationen liefern. In großen Unternehmen ist der einzelne Entscheider aufgrund der zunehmenden Komplexität und Dynamik der Produkt- und Markenpiraterie nicht selten überfordert. Erst die Verbindung von objektiven Informationen aus internen Datenbanken, Berichten der Mitarbeiter sowie subjektiven Erfahrungen und Informationen der Entscheider macht Anti-Counterfeiting effektiv und effizient.

Ein Management-Informationssystem (MIS), das inhaltlich richtige und relevante Informationen zeitgerecht und formal adäquat zur Verfügung stellt, erfasst und verarbeitet sowohl interne Daten aus den betrieblichen Informationssystemen als auch externe Daten aus dem Vertrieb und der Marktforschung sowie Informationen aus öffentlich zugänglichen Quellen. Wichtig ist, dass die Berichte des Außendienstes, des Vertriebs, der Händler und Kunden regelmäßig in das Informationssystem eingespeist werden. Ein solches IT-System erlaubt es der Unternehmensleitung, die aktuelle Situation des Unternehmens hinsichtlich der Verletzung seiner Rechte am geistigen Eigentum durch Produkt- oder Markenpiraten jederzeit abrufen zu können. Es führt auch dazu, dass die Unternehmensführung für alle Facetten des Counterfeiting sensibilisiert wird und sich intensiver mit diesem Phänomen beschäftigt.

Die Informationen aus der Datenbank eignen sich auch für die Pressearbeit, für das Lobbying sowie als Vergleichsdatenbank für die Gremien- und Verbandsarbeit. Eine Folge ist, dass sich der subjektive Informationsbedarf des Unternehmens vergrößert, weil jetzt die Komplexität der Situation transparenter wird und die Beteiligten das Ausmaß des Problems besser erfassen können. Sie fragen gezielter nach ergänzenden Informationen. Dazu kommt, dass auch die Nachfrage der chinesischen Presse nach aktuellen Informationen über Fälschungsfälle groß ist. Es vergeht kaum ein Tag, an dem chinesische Medien nicht über Produkt- und Markenpiraterie berichten. ACF-Datenbanken von Unternehmen können das gefragte Wissen zur Verfügung stellen.

Ein wirkungsvolles IT-System sollte mindestens

- die konkreten Vorfälle der Produkt- und Markenpiraterie erfassen und auswerten;
- das ACF-Reporting, also verdichtete Berichte für die Geschäftsführung, spezifische Analysen für das Management und Alerts für die Mitarbeiter abbilden;
- eine Aggregation des Volumens und der Risiken des Counterfeiting leisten;
- die relevanten Kennzahlen darstellen und
- das gesamte System des Anti-Counterfeiting dokumentieren.

Die wichtigsten Strukturdaten, die festgehalten werden müssen, sind:

- Die Bezeichnung und eine kurze Beschreibung des Falles oder Risikos;
- die betroffene Variable der Unternehmensplanung, beispielsweise der Umsatz, der Marktanteil, die Produkthaftung oder das Markenimage;
- der Unternehmensbereich oder das strategische Geschäftsfeld, in dem das Plagiat auftritt oder auftreten kann;
- der ACF-Prozessverantwortliche, der für die Überwachung des Falles oder Risikos zuständig ist;

- die verantwortliche Führungskraft;
- der Überwachungszyklus und
- die Berichtsperiode.

Entscheidung und Feedback

Auf der Basis der berichteten Informationen kann sich das Management für bestimmte Maßnahmen entscheiden und die entsprechenden Anweisungen top-down an die für die Umsetzung zuständigen Mitarbeiter weiterleiten. Sie erhalten bottom-up ein Feedback über die Wirkung der Maßnahmen und die Effizienz des ACF-Systems. Das Feedback beantwortet die folgenden Fragen:

- Wie haben die Fälscher und Mitbewerber auf die Handlungen reagiert? Hatte die Maßnahme den gewünschten Effekt?
- Welche Entscheidung wäre besser gewesen?
- Welche Informationen oder Analysen hätte zu einer besseren Entscheidung geführt?
- Muss die Strategie geändert werden?
- Wie kann der ACF-Prozess verbessert werden?

Das permanente Feedback aus den Märkten führt zu einer kontinuierlichen Feinabstimmung des Anti-Counterfeiting-Systems, das sich dadurch ständig weiterentwickelt und an die Veränderungen der Fälschermärkte anpasst. Erst das Monitoring macht das Anti-Counterfeiting zu einem lebenden System, das mit der Komplexität und Dynamik der Märkte Chinas Schnitt halten kann.

17. Königsweg Marke

Wir gehen davon aus, dass Marken in China massiv an Bedeutung gewinnen werden – mehr noch als in den USA und in Europa. Es sind das Aufholen des chinesischen Wettbewerbs in Sachen Qualität, das Überangebot an Produkten und der damit verbundene ruinöse Preiswettbewerb, die auch deutsche Unternehmen in China und auf anderen Märkten zwingen, die Stärke ihrer Marken auszuspielen. In vielen Branchen können in China betriebswirtschaftlich sinnvolle Preise nur noch erzielt werden, wenn zu einem qualitativ hochwertigen Produkt ergänzende Dienstleistungen und die Qualitäten einer starken Marke angeboten werden. Auch in den meisten Bereichen können deutsche Unternehmen in China nur noch mit Hilfe anspruchsvoller Dienstleistungen und starker Marken Marktanteile verteidigen und profitabel wachsen.

Über die Marke kann auch der Kampf gegen Piraten wirksam geführt werden. Wenn der chinesische Handwerker den deutschen Hersteller seiner Bohrmaschine nicht einordnen kann, wird es ihm auch egal sein, wenn der Motor der Maschine eine Fälschung ist. Man muss das Original kennen, wenn man das Plagiat erkennen und ablehnen will. Man muss wissen, was eine echte Heidelberger Druckmaschine, eine elektrische Zahnbürste von Braun oder eine Rolex bedeutet und wofür sie steht, bevor man die Fälschung identifizieren kann. Erst die Marke gibt einem Produkt die Persönlichkeit und die Kontur, die es von einem Plagiat differenziert.

Markensysteme sind Festungen gegen Piraten

Die Täuschung des Konsumenten durch gefälschte Markenprodukte, die von der authentischen Marke kaum noch zu unterscheiden sind, lässt sich durch starke Markensysteme mit hochwertigen Dienstleistungskomponenten verhindern. Während chinesische Plagiatoren die deutschen Produkte und Designs oft relativ einfach und schnell kopieren können, ist ihnen die Imitation eines umfassenden Markensystems hoher Qualität nicht möglich. Fälscher können zwar Markenprodukte oder Markierungen kopieren, aber keine Markensysteme und hochwertigen Dienstleistungen. Denn Markensysteme sind komplexe und einzigartige Vertrauenssysteme in den Köpfen der Konsumenten und Kunden. Sie sind Beziehungsnetzwerke, die aus Produkten und komplementären Dienstleistungen wie Schulung, Beratung, Kundendienst, Hotline-Support oder Updates bestehen und deshalb eine enge Interaktion mit den Kunden erfordern. Dazu kommen ausgeprägte psychologische Merkmale wie der Stil und die Atmosphäre des Markensystems.

All diese Elemente sind in ihrer Gesamtheit nicht mehr zu kopieren. Wer kann schon ein komplexes System imitieren, das aus vielen, aufeinander abgestimmten Produkt- und Dienstleistungskomponenten besteht und das durch einen besonderen Stil und eine spezifische Atmosphäre gekennzeichnet ist? Ein Unternehmen, das ein solches

Markensystem aufbaut, hebt sein Produkt auf eine höhere Ebene, die durch größere Komplexität, die Ergänzung durch Dienstleistungen und den Einbezug psychologischer Aspekte gekennzeichnet ist. Dadurch erhöht das Unternehmen deutlich die Eintrittsbarrieren für Fälscher, die vor einem solchen System passen müssen. Sie können dieses System nicht mehr kopieren, sie wollen es aber auch nicht. Chinesische Produkt- und Markenpiraten sind industrielle Hersteller und Handwerker, die im Dienstleistungsbereich große Defizite haben und die von der Welt der Markenpsychologie meilenweit entfernt sind. Ein Kranz aus Dienstleistungen und die Psychologie der Marke ersetzen im Kampf gegen Produkt- und Markenpiraten den politischen Zaun des Protektionismus.

Chinesen fordern Marken

Der Aufbau starker Marken kommt in China den Bedürfnissen breiter Konsumentenschichten und neuer Kundengruppen entgegen. Chinesische Konsumenten und Industriekunden sind anspruchsvoll geworden. Sie suchen Marken, weil diese Qualität garantieren und damit das in vielen chinesischen Märkten hohe Risiko des Einkaufs reduzieren. Darüber hinaus befriedigen starke Marken die Nachfrage der wachsenden Mittelschicht nach Statussymbolen und der jungen Konsumenten nach Lifestyle- und Kultmarken. Marken ermöglichen dem einzelnen Konsumenten im kollektivistischen und uniformen China eine Individualisierung, die ihn nicht in die soziale Isolation führt. Schließlich bringen sie Farbe in den oft grauen und tristen chinesischen Alltag, der außerhalb der schillernden Metropolen vorherrscht.

Doch wer sind die neuen, nach Marken fragenden Konsumenten? Die klassischen demografischen Segmentierungsansätze sind in China nicht mehr zielführend. Denn in den sich schnell entwickelnden Märkten im Osten und im Süden des Landes sind völlig neue Konsumentengruppen entstanden, die oft nur noch mit Hilfe psychografischer und ethnografischer Methoden zu erfassen sind. Dazu gehören

- die aufsteigende neue Mittelklasse;
- politische und unternehmerische Eliten;
- sich emanzipierende Frauen;
- die älter werdenden Einzelkinder der Generation Y oder
- Kinder, die als „kleine Kaiser" das Konsumverhalten der Eltern nachhaltig prägen.

Hinzu kommen neue Lebensstil-Gruppen wie Traditionalisten, die Status-quo-Bewahrer, das Übergangssegment, die Modernen oder die Generation Y. Sie unterscheiden sich markant in der Kaufkraft und im Konsumentenverhalten, beispielsweise in der Wahl von Marken und in der Akzeptanz westlicher Produkte.

Junge Menschen, die viele chinesische Städte zahlenmäßig dominieren, bilden als Szenen zusätzliche Kundensegmente. Ein Beispiel sind die rund 56 Millionen Online-Chatter, die in rund 15.000 chinesischen Internetforen permanent Informationen austauschen – auch über Unternehmen und Marken. Herauszufinden ist auch, wie die chinesische Landbevölkerung markenstrategisch erschlossen werden kann. Der Abbau der wirtschaftlichen Kluft zwischen Ost und West ist ein erklärtes Ziel der Zentralregierung, und europäische Unternehmen haben zunehmend westchinesische Standorte im Visier. Sie wissen, dass auch die rund 600 Millionen chinesischen Bauern zukünftig mehr und anders konsumieren werden. Die neuen Segmente sind Treiber und Formgeber des Markenkonsums. Deutsche Unternehmen müssen diese Konsumentengruppen in ihre strategische Markenplanung mit einbeziehen, indem sie bei der Entwicklung und Führung von Marken angemessen segmentieren und auf Consumer Insights zielen.

Unterschiedliches Konsumentenverhalten

Eine chinesische Studie zum Konsumentenverhalten zeigt es deutlich: Obwohl die Chinesen die funktionalen Eigenschaften ausländischer Marken höher bewerten als die der inländischen Marken, wird ihr Einkaufsverhalten mehr von den symbolischen und sozialen Eigenschaften der Marken bestimmt. Qualitäts- und funktionsorientierte Positionierungsstrategien ausländischer Marken greifen in China deshalb zu kurz. Ausländische Marken dürfen nicht mehr ausschließlich über Qualitäts- oder Nutzenargumente positioniert werden, sondern sollen einen symbolischen und sozialen Mehrwert bieten. Dazu brauchen die Unternehmen kulturelles und soziales Wissen und Engagement.

Bei der Definition eines solchen Mehrwerts ist zu beachten, dass Chinesen im Markenkonsum keine Individualität und Distinktion, sondern Ähnlichkeiten mit anderen Menschen und Zugehörigkeiten zu sozialen Gruppen ausdrücken. Kollektivismus ist ein zentraler Wert. Marken müssen in China deshalb auf das Gemeinsame und Populäre zielen und dabei Harmonie und Gruppenerfahrung betonen. Die Ansatzpunkte für die symbolische und soziale Positionierung von Marken sind vielfältig. Dazu gehören besonders die konfuzianischen Werte wie

- die Achtung des Kindes vor den Eltern;
- Respekt vor Älteren und Traditionen;
- die Zugehörigkeit zur Familie und deren Stabilität und Vertrautheit;
- Zurückhaltung und Bescheidenheit des Einzelnen;
- Selbstkontrolle und Konfliktvermeidung;
- die Wahrung des Ansehens anderer Menschen oder
- das Ideal der Bildung und der Glaube an die Formbarkeit des Menschen.

Jüngere Werte wie Modernität, Technologieorientierung und ein neuer Patriotismus überlagern diese traditionellen chinesischen Wertorientierungen. Deutsche Marken stehen vor der Herausforderung, beide Wertkomponenten zu integrieren. Dazu kommen aktuelle stabilitätsorientierte gesellschaftliche Normen wie Gesundheit, soziale Sicherheit und Wohlfahrt sowie Beschäftigung und Bildung. Sie gewinnen in China an Bedeutung, wie der aktuelle Gesundheitsboom und die steigenden Verkaufszahlen bei den Lebensversicherungen zeigen. Hier können Marken Sicherheit, Stabilität und Selbstbestimmung vermitteln.

Symbolischer Markenkonsum basiert in China auf der gelungenen Mischung traditioneller und moderner Komponenten. Es kommt darauf an, chinesischen Konsumenten die Umsetzung wichtiger gesellschaftlicher Normen zu ermöglichen und gleichzeitig ihrer Nachfrage zu entsprechen, die auf materialistische Bedürfnisbefriedigung, Hedonismus und sozialen Status zielt.

Positionierung von Marken

China ist ein Vielvölkerstaat mit extremen regionalen Disparitäten und deshalb alles andere als ein einheitlicher Binnenmarkt. Mit rund 70 Regionen, 56 ethnischen Gruppen und 80 Sprachen ist der chinesische Markt wesentlich komplexer als der europäische. Diese Komplexität führt zu einem unterschiedlichen Konsumentenverhalten. So gelten Chinesen aus dem Nordosten des Landes zwar als aktive, modernen Produkten und Konsumformen gegenüber aufgeschlossene Menschen, sie sind im Einkauf aber deutlich konservativer und weniger auslandsorientiert als ihre Landsleute in den wohlhabenden ost- und südchinesischen Küstenregionen. Während die Konsumenten in Peking eher überlegt und sachlich einkaufen, sind Shanghainesen modebewusst und immer auf der Jagd nach einem Schnäppchen. Die Einwohner von Guangzhou gelten als lebhaft und materialistisch – mit einer Tendenz zu Impulskäufen. Sie haben ein neues Produkt des Eiscremeherstellers Wall`s, das in Shanghai begeistert angenommen wurde, spontan abgelehnt.

Deutsche Markenunternehmen, die in China Marktanteile erhalten und ausbauen wollen, müssen diese ausgeprägten regionalen Unterschiede des Landes berücksichtigen. Dies gilt nicht nur für Konsumgütermarken, sondern auch für Investitionsgüter. Sie sollten ihre Marken aber nicht als reine Regionalmarken positionieren. In China empfiehlt sich die Kombination einer überregionalen Positionierung der Marke mit der regionalen Anpassung von Produkteigenschaften, Vertriebskanälen, Logistik und Kommunikation. Die überregionale Positionierung der Marke ist effizient, weil sie auf weit verbreitete Kaufmotive zielt und landesweit bekannte Kommunikationsinhalte verwenden kann. Dadurch kann sie eine kritische Masse von Markenkapital (Brand Equity) generieren.

Die Positionierung einer Marke sollte in China identitätsbasiert erfolgen, das heißt auf der historisch gewachsenen Substanz des Unternehmens, seiner Produkte oder Marken beruhen. Identität steht für Eigenschaften, Rollen und Werte der Marke und beantwortet die Fragen wie, was und wer eine Marke ist. Identität klammert die Vielfalt. Die Quellen für eine identitätsbasierte Positionierung sind reichhaltig. Die Geschichte und Tradition eines Unternehmens gehören ebenso dazu wie chinesische Mythen und Archetypen, nationale Identitätsmuster oder namhafte Persönlichkeiten und Tiercharaktere. Auch chinesische Rollenbilder eignen sich hervorragend zur Markenpositionierung.

Markenlogistik und -distribution

Die Verfügbarkeit ist ein konstitutives Element von Marken. Marke kann nur sein, was auch präsent, das heißt auf dem Markt sichtbar und verfügbar, ist. Logistik und Distribution sind deshalb Schlüsselfaktoren für den Markenerfolg. Das gilt ganz besonders in China, wo der Transport und die Verteilung von Waren nach wie vor auf rechtliche, infrastrukturelle und organisatorische Probleme stoßen – besonders außerhalb der Boomregionen an der Süd- und Ostküste. Nicht nur Produktmarken, auch Dienstleistungsmarken sind in China oft nur an wenigen Orten verfügbar.

Zu den größten Herausforderungen deutscher Unternehmen gehören eine veraltete oder gänzlich fehlende Transport-Infrastruktur, fragmentierte, nicht integrierte und ineffiziente lokale Transportsysteme sowie noch immer vorhandene rechtliche Einschränkungen im Vertrieb. Die rund 70.000 registrierten Logistikdienstleister Chinas beschränken sich auf einfache Transport- und Lagerfunktionen, die überwiegend in Handarbeit erfüllt werden. Im Vertrieb mangelt es an Kanälen sowie qualifizierten und zuverlässigen Distributoren, Händlern und Verkaufsstellen. Trotz Liberalisierung des Vertriebes gibt es noch immer zahlreiche Handelshemmnisse, und eine Kontrolle über die Führung der eigenen Marke im chinesischen Handel ist kaum möglich.

Deutsche Unternehmen können diese Herausforderungen der Markenführung in China nur dann meistern, wenn sie ihre Logistik und Distribution ausbauen und sich dabei nicht scheuen, auch unkonventionelle Wege zu gehen. Im Mittelpunkt stehen

- der Aufbau einer eigenen Vertriebsorganisation;
- die Etablierung eigener Vertriebsgesellschaften (Foreign Trade Operators; FTO);
- die Stärkung des Direktvertriebs;
- die Einrichtung eigener Shops und Ladenketten sowie
- die Nutzung internationaler Logistikdienstleister.

Aufgrund der Spezifika des chinesischen Marktes sind in vielen Bereichen Kombinationen unterschiedlicher Vertriebselemente oft besonders erfolgreich: zentrale und dezentrale Organisationseinheiten, eigene Niederlassungen und chinesische Agenten, europäische oder amerikanische Experten und einheimische Mitarbeiter.

Markenkommunikation

Die Markenkommunikation in China unterscheidet sich von der Markenkommunikation westlicher Prägung. Sie ist symbolischer und beziehungsorientierter, aber auch erklärender. Sie appelliert nicht zuerst an das Individuum, sondern an die gruppenbezogene, regionale und auch nationale Zugehörigkeit der Konsumenten. Die kollektivistische Prägung der Chinesen bringt es mit sich, dass chinesische Konsumenten weitaus mehr informelle Informationsquellen nutzen und auf Meinungen und Empfehlungen des sozialen Umfeldes reagieren als europäische oder amerikanische Konsumenten.

In China sollte sich Markenkommunikation deshalb mehr auf Mundpropaganda und Dialoge konzentrieren und nicht zu sehr auf gefällige, spektakuläre und persuasive Massenwerbung setzen, die schnell verkaufen will. Die Erfahrung zeigt, dass aufdringliche Werbung auch in China zunehmend wirkungslos ist und sogar abgelehnt wird – bis hin zur Begrenzung von Außenwerbung durch die chinesische Zentralregierung. Auch in China ist die Kommunikation von Marken heute weniger monologische Massenkommunikation, sondern zunehmend dialogische und interaktive Beziehungskommunikation mit den folgenden Besonderheiten:

Identität statt Image: Der Aufbau und die Aufrechterhaltung eines künstlichen Images macht in China immer weniger Sinn. In den meisten Märkten existieren zu viele ähnliche Markenimages wie modern, hochtechnologisch oder distinktiv, und der schnelle und permanente Wandel der chinesischen Wirtschaft und Gesellschaft zerstört Images schneller, als sie aufgebaut wurden – für viel Geld und mit viel Zeit. Images sind bunte, aber kurzlebige Seifenblasen, die in einem turbulenten Umfeld schnell zerplatzen. Ganz anders ist die Identität, die sich in Eigenschaften, Rollen und Werten einer Marke offenbart. Wie, was und wer ist eine Marke? Identität offenbart die Substanz der Marke, sie beruht immer auf Herkunft, Geschichte und Persönlichkeit und bildet deshalb eine stabile und nachhaltige Basis, die mehr ist als eine oberflächliche Erscheinung. Identität korrespondiert stark mit chinesischem Fühlen, Denken und Handeln, das eher langfristig an Geschichte und Tradition orientiert ist.

Einsatz von Persönlichkeit: Der Einsatz von Personality ist in China ein wirksames Mittel der Markenkommunikation. Ein eindrucksvolles Beispiel gibt die chinesische Unternehmerin Yue-Sai Kan, deren starke Persönlichkeit die Kosmetikmarke Yue-Sai weitgehend geprägt hat. Bekannte und charismatische Unternehmer, Führungskräfte oder andere Personen eignen sich in China hervorragend dazu, eine starke Markenidentität zu entwickeln und aufrechtzuerhalten. Konsumenten und Kunden vertrauen Menschen eher als anonymen Unternehmen aus einer fremden Kultur. Menschen haben einen Charakter, sie stehen für etwas und geben der Marke ein unverwechselbares Gesicht.

Story Telling: Identität, Persönlichkeit und Charakter sind qualitative Kategorien, die durch Fakten nicht angemessen kommuniziert werden können. Es sind Geschichten, die Identitäten, Persönlichkeiten und Charaktere wirkungsstark transportieren. In China ist das Erzählen von Geschichten weit verbreitet und für Unternehmen oft die einzige wirksame Methode, um in einem informationsüberfluteten, wettbewerbsintensiven und turbulenten Umfeld überhaupt noch Aufmerksamkeit zu erhalten. Geschichten haben auf Menschen eine dauerhafte Wirkung, weil sie Gefühle und Gedanken ansprechen, lebendige Bilder auslösen und Zusammenhänge schaffen. Kaum jemand erinnert sich heute noch an Fakten, aber jeder an eine bewegende Geschichte. Das Kind unterstützt seine gebrechlichen Eltern – China hat viele wirkungsvolle Stories.

Reputation und Mundpropaganda: China ist eine Printkultur und eine Erzählgesellschaft. Die Zeitung, das Kleingedruckte auf der Verpackung und die Meinung der

Familienmitglieder und Nachbarn haben in der Volksrepublik einen deutlich größeren Stellenwert als in Europa. Konsequenterweise muss das Management der Reputation im Portfolio der chinesischen Markenführung einen großen Raum erhalten. Presseartikel, Fachaufsätze, Vorankündigungen und emotionale Inszenierungen können in China intensive Mundpropaganda auslösen und damit eine große Öffentlichkeit erzeugen. Deutsche Unternehmen sollten deshalb in ihrer Markenkommunikation Public Relations, Word of Mouth sowie Lobbying betonen.

Inszenierung von Marken: Der Markenauftritt von Lenovo gibt ein Beispiel: China als High-Tech-Nation, die in die Zukunft strebt. Futuristisch, glitzernd, blau und silber – allerneueste Hochtechnologie von einer Nation, die in den Weltraum strebt. Marken werden heute inszeniert und auf der Bühne der Märkte wirksam in Szene gesetzt. Dieser Ansatz, der sich in den USA und in Europa immer mehr durchsetzt, ist in China besonders fruchtbar, denn Theatralik, Dramatisierung und Inszenierung sind tief in der chinesischen Kultur und in der Gesellschaft verwurzelt. Es gibt viele Vorlagen, die für die Inszenierung von Marken in China geeignet sind – von emotional bewegenden Alltagsepisoden bis hin zu aufwühlenden historischen Szenen. Bei der Inszenierung von Marken sind kulturelle Archetypen ebenso wichtig wie Mythen und Rituale, die die Markenloyalität fördern. Es ist eine Herausforderung für technologisch ausgerichtete deutsche Unternehmen, mit Hilfe chinesischer Muster starke Dramen zu inszenieren.

Eindrucksvolle Bilderwelten: Symbole und Bilder spielen in der chinesischen Kommunikation eine besondere Rolle, sie sind das Bühnenbild der Inszenierung. Die chinesische Kultur ist eine Symbol- und Bilderkultur, und Chinesen haben einen ausgeprägten Sinn für Ästhetik. Das bedeutet, dass die visuelle Seite der Markenkommunikation in China einen hohen Stellenwert einnimmt. Symbole, Zeichen und Bilder wirken intensiv, sie stehen in der Flut der Daten und Fakten wie ein Fels in der Brandung. Starke Bilder erzeugen Aufmerksamkeit, lösen Gefühle aus und haben eine nachhaltige Wirkung. Die visuelle Inszenierung macht Marken in China lebendig, erzeugt Interesse und fördert die Markenloyalität der Konsumenten und Kunden.

Integration der Kommunikation: Widersprüchliche und unbeständige Kommunikation zerstört bei den pragmatischen Chinesen sehr schnell das Commitment und behindert den Aufbau ihrer Loyalität. Wirksame Markenkommunikation sollte in China deshalb dem 360-Grad-Ansatz der integrierten Kommunikation folgen, der die Organisation, die Prozesse und die Inhalte der Markenkommunikation permanent miteinander abstimmt. Dazu gehört die Verknüpfung von Marketing-, Unternehmens- und Mitarbeiterkommunikation ebenso wie innovative Instrumente – beispielsweise Stakeholder Round Tables, Content Management oder Lead Management.

Branding: Namen, Logos und Verpackungen: „Wenn der Name nicht korrekt ist, dann ist alles andere auch nicht korrekt." Dieses Zitat von Konfuzius ist bei der Benennung von Marken in China wegweisend. Hier hat der Markenname einen wesentlich größeren Bedeutungsgehalt als im Westen. Er steht für die Identität der Marke und positioniert sie damit im Wettbewerb. Über den Namen können Marken

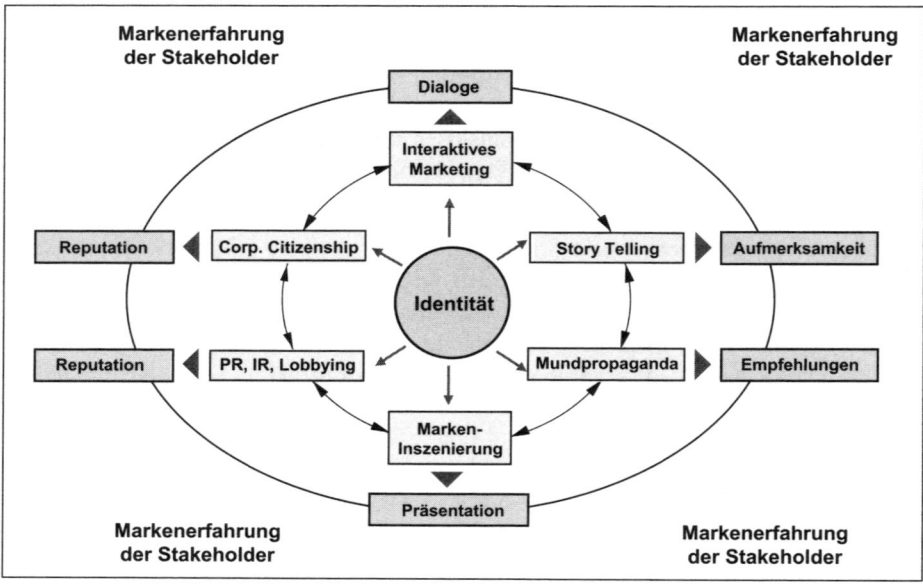

Die wesentlichen Bestandteile der Markenkommunikation.

auch re-positioniert und regional angepasst werden. Deutsche Markennamen können grundsätzlich phonetisch, semantisch oder phonetisch-semantisch ins Chinesische übersetzt werden. Dazu kommen weitere Unter-Strategien der Übersetzung. In jedem Fall müssen das semantische Umfeld des Wettbewerbs, Konnotationen und kulturelle Symbolgehalte berücksichtigt werden. Es ist in China nicht möglich, deutsche Markennamen ohne Berücksichtigung des kulturellen und wirtschaftlichen Kontextes zu übersetzen.

Der pictografische Charakter der chinesischen Sprache verleiht dem Markenlogo in China großes Gewicht. Es verweist als starkes Zeichen ähnlich wie der Name auf die Identität und Position der Marke. Konkrete, bildhafte Logos haben einen stärkeren Aufmerksamkeits- und Erinnerungseffekt als abstrakte Logos. Logos sollten prägnant, originell und lebendig sein und können traditionell chinesische mit modernen westlichen Elementen verknüpfen. Blend the best of East and West, lautet das Motto.

Die Verpackung von Markenprodukten gewinnt in China merklich an Bedeutung. Wegbereiter des neuen Trends sind die klassischen chinesischen Luxusartikel wie wertvoller Tee, historische Bücher, kalligrafische Materialien oder Produkte der traditionellen chinesische Medizin, deren ästhetisch anspruchsvolle Verpackungen eine lange Tradition besitzen. Markenverpackungen sollten den ästhetischen Bedürfnissen der Chinesen entsprechen. Sie sollten emotional, komplex und dekorativ sein und vielfältige Formen und Farben verwenden.

Die Markenpersönlichkeit erschwert die Imitation

Bei Konsumgütern gibt die Paulaner-Brauerei in München ein Beispiel. Das Unternehmen gründete seine erste chinesische Vertretung im Jahre 1992 in Peking in Kooperation mit Kempinski, fünf Jahre später wurde das erste Paulaner Brauhaus in Zusammenarbeit mit einem taiwanesischen Investor in Shanghai eröffnet. Das Geschäftsmodell beruht immer auf dem Prinzip eines Bierlieferungsvertrages. Die Paulaner Brauhaus Deutschland gründet Kooperationen mit Investoren, denen die Finanzierung und das Management eines Brauhauses und des zugehörigen Restaurants obliegt. Die Paulaner Brauhaus Deutschland GmbH unterstützt die chinesischen Kooperationspartner zwar im Management und im Marketing, die Kerntätigkeit der Deutschen liegt allerdings im Brauen und Liefern von Bier. Das Bier wird in den chinesischen Brauhäusern gebraut, und Dosenbier wird aus Deutschland importiert und über einen Agenten in Shenzhen an chinesische Supermarktketten und Gaststätten verkauft. Das Paulaner Brauhaus Shanghai macht innerhalb der Gruppe heute den weltweit größten Bierumsatz, weil die Marke in Shanghai nicht nur mit einer Niederlassung, sondern gleich mit drei Restaurants repräsentiert ist, die als etablierte Institutionen der Stadt Shanghai gelten.

Als weltweit bekannte Marke mit einer starken Identität sieht sich Paulaner in China immer wieder mit dem Problem des Counterfeiting konfrontiert. So gab es in der Vergangenheit mehrere Fälle, in denen chinesische Brauereien Niederlassungen mit dem Namen Paulaner eröffneten und den Kopf des Paulaner-Logos in ihr eigenes Logo integrierten. In Tianjin betreibt eine chinesische Brauerei neuerdings eine neue Niederlassung mit dem Namen der deutschen Marke und verwendet dabei auch Kopien der original Getränkekarte des Brauhauses in Shanghai. Vor einigen Jahren kam das deutsche Unternehmen einer chinesischen Fälscher-Brauerei nur deshalb auf die Schliche, weil die Chinesen versucht haben, über eine in Frankfurt ansässige chinesische Handelsgesellschaft beim deutschen Glashersteller 5.000 original Paulaner-Gläser zu bestellen. Die chinesische Handelsgesellschaft gab an, dass der Auftrag vom Paulaner Brauhaus in Beijing käme. Durch den Kontrollanruf des Glasherstellers bei Paulaner in Beijing wurde der Schwindel entdeckt.

In all diesen Fällen hat die deutsche Brauerei bislang auf weitreichende rechtliche Mittel verzichtet, in den meisten Fällen blieb es bei einem Mahnschreiben. Es ist das starke Markensystem, auf das Paulaner beim Kampf gegen die Piraten vertraut. Dazu gehören ein qualitativ hochwertiges Bier, ein ausgezeichneter Service im Restaurant, das gute bayerische Essen und eine angenehme, gemütliche Atmosphäre. All das macht Paulaner aus, nicht nur das Bier. Welcher Chinese ist in der Lage, dieses System mit seinem besonderen Charakter glaubhaft zu kopieren? Genau hier liegt auch der Grund dafür, dass sich die Mehrheit der Plagiate-Brauhäuser bisher nicht lange auf dem chinesischen Markt halten konnten. Wo Markensysteme im Spiel sind, hat das Counterfeiting kurze Beine.

Die wichtigste Anticounterfeiting-Strategie der Paulaner Brauhaus Deutschland GmbH ist demnach der Aufbau eines starken Markensystems, mit dem der Konsument eine herausragende Qualität, einen besonderen Charakter und ein spezifisches Konzept verbindet. Paulaner ist kein Massenprodukt und will in China auch nicht mit bekannten lokalen Biersorten wie Tsingtao konkurrieren. Das Unternehmen vermittelt seinen Angestellten, dass sie für eine besondere Marke arbeiten, die im Vergleich zu anderen Produkten einen hohen Qualitätsstandard gewährleistet. Zudem bindet Paulaner seine Angestellten mit ansprechenden Benefits und einem attraktiven Grundgehalt an das Unternehmen, das ein chinesischer Wettbewerber nicht ohne weiteres bieten kann. Auf diese Weise sichert das Unternehmen die firmeninternen Geheimnisse seiner Braukunst.

Markensysteme bei Investitionsgütern

Auch im Geschäft mit Gebrauchs- und Investitionsgütern spielt die Marke in China eine immer wichtigere Rolle. Denn mit der Entwicklung der Wirtschaft steigen die Ansprüche der Industrie, auch chinesische Manager wollen nur das Beste. Sie wollen nicht irgendeine Druckmaschine, sondern eine Maschine der Marke Heidelberger oder Roland. Gerade bei deutschen Unternehmen steht das Markensystem nicht nur für die Qualität des Produktes, sondern signalisiert auch Werte wie Kompetenz, Solidität oder Prestige.

Die Marke mit einer starken Identität und klaren Position erlaubt es deutschen Unternehmen in China deshalb auch, der chinesischen Markenoffensive Paroli zu bieten. Chinesische Wettbewerber entwickeln mit Nachdruck eigene Marken und verändern damit die Rahmenbedingungen der Märkte. Chinesische Unternehmen sind heute in der Lage, gute Qualität zu niedrigen Preisen anzubieten. Dadurch verlieren deutsche Produkte langsam ihren Wettbewerbsvorteil. Damit sie ihre Marktanteile verteidigen können, stärken deutsche Anbieter ihre Marken in China. Sie haben erkannt, dass bei wachsender Qualität der Chinesen nur der Mehrwert einer starken Marke den höheren Preis deutscher Produkte rechtfertigen kann. Wir sehen vier Ansätze im B2B-Branding:

- **Betonung der Unternehmensmarke**: Anbieter von Investitionsgütern ersetzen die Produktmarke durch die Unternehmensmarke (Corporate Brand), die in China eine große Rolle spielt. Unternehmensmarken fördern die Markenloyalität mehr als reine Produktmarken.

- **Vom Produkthersteller zum Dienstleister**: B2B-Hersteller positionieren sich in China zunehmend als Full-Service-Provider, die neben dem Markenprodukt auch komplementäre Dienstleistungen anbieten. Die chinesischen Defizite im Dienstleistungsbereich bieten hier vielfältige Ansatzpunkte.

- **Service-Branding**: Hersteller von Investitionsgütern markieren ihre ergänzenden Dienstleistungen. Zertifizierte und qualitätsüberwachte Markenservices werden gebrandet (Name, Logo, Outfit) und in Form von preisdifferenzierten Modulen angeboten. Dabei werden kostenlose oder preisgünstige Standardservices und hochpreisige Premiumservices unterschieden.

■ **Ingredient- und Co-Branding**: Unternehmen werten ihre Industrieprodukte durch in China relevante Zutaten oder Bestandteile auf. Das Gleiche gilt für die Kooperation mit namhaften chinesischen Marken.

Wenn Garantie- und Serviceleistungen in den Vordergrund des Nutzenversprechens gestellt werden, kann ein differenzierter Wertbeitrag hinsichtlich des Produkts oder auch ganzer Produktgruppen geschaffen werden. Gleichzeitig können Käufer von Fälschungen von diesen Leistungen ausgegrenzt werden. Ein solches Servicepaket kann aus vielen unterschiedlichen Komponenten bestehen. So bietet die Einrichtung einer Kunden-Hotline dem Endkunden die Möglichkeit, sich bei Problemen direkt an den Originalhersteller zu wenden. Diese Dienstleistung kann durch den Hersteller dadurch gesichert werden, dass der Service nur nach Angabe einer Original-Seriennummer in Anspruch genommen werden kann und somit nur den Käufern von Originalen zur Verfügung steht.

Auch Service-Center können sehr gut für das Anti-Counterfeiting genutzt werden. Der deutsche Maschinenbauer Trumpf leistet in seinem Shanghaier Job-Shop, einer Mischung aus Fabrik, Showroom und Trainingszentrum, Überzeugungsarbeit in Sachen Produkt- und Markenpiraterie. Chinesische Unternehmer können dort Maschinenstunden mieten und sich so von der Qualität der hochtechnologischen Maschinen überzeugen, ohne die teuren Anlagen gleich kaufen zu müssen.[1] Das macht sie für den Unterschied von Original und Fälschung sensibel.

Hilti, ein führendes Unternehmen auf dem Gebiet der Befestigungs- und Abbautechnik, geht bei der Markenführung besonders geschickt vor. Das Unternehmen bietet keine einzelnen Produkte wie etwa Bohrmaschinen an, sondern ein komplettes System aus Produkten, Dienstleitungen und Image. Dazu gehören

■ ein sehr breites Sortiment aus elektrischen Maschinen für Handwerker wie Bohrmaschinen, Schwing- und Trennschleifer oder Elektroschrauben inklusive Zubehör;
■ Befestigungsmaterial wie Schrauben oder Dübel;
■ ein Kundendienst;
■ telefonische Beratung und Online-Dienste;
■ Kundenschulung in eigenen Hilti-Schulungszentren;
■ Software für Architekten und Bauunternehmer sowie Beratungsdienstleistungen für die Bau- und Handwerksbranche.

Das Image des Unternehmens zielt auf Maskulinität und Stärke, die auch durch die rote Farbe signalisiert werden. Der bekannte rote Koffer mit der markanten Aufschrift Hilti, der sich durch alle Bereiche des Unternehmens zieht und für die Corporate Identity des Unternehmens steht, symbolisiert auch Hilfe und Unterstützung des Kundenservice.

Durch Schulungen vor Ort oder im eigenen Service-Center können den Kunden einerseits die Vorteile und der richtige Umgang mit den eigenen Produkten erläutert

---

1 Bartsch: Trainingslager China, brand eins 03/05, S. 88.

werden. Andererseits binden solche Veranstaltungen die Teilnehmer an das Produkt und an das Unternehmen, wodurch das Vertrauensverhältnis gestärkt wird. Darüber hinaus stellt Hilti seinen Kunden verschiedene kostenlose Dokumente, Bedienungs-anleitungen und Software zum Download zur Verfügung, die im Zusammenhang mit den Produkten genutzt werden können.

Eine weitere wichtige Säule des Hilti-Konzepts ist die Gestaltung des Sortiments rund um die angeboten Geräte, von den entsprechenden Werkzeugen über Zubehör bis hin zu Verbrauchsmaterialien. Hilti bietet seinen Kunden praktisch alles, was sie zum Messen, Positionieren, Meißeln, Bohren, Befestigen, Installieren, Trennen, Schleifen und Abdichten brauchen. Die einzelnen Produkte lassen sich zu umfassenden Syste-men zusammenfügen und bieten dem Kunden hohen wirtschaftlichen Mehrwert. Er arbeitet effizienter und spart so Zeit und Geld.

All diese Komponenten bilden zusammen ein integriertes Vertrauenssystem, das von Produktpiraten nicht mehr gefälscht werden kann. Denn welcher chinesische Pirat kann schon ein umfassendes Produktsortiment mit Zubehör und Verbrauchsmaterial, Garantieleistungen, einem qualifizierten Kundendienst, Kundenschulung, einer 24-Stunden-Hotline, Beratungsleistungen inklusive Software und Updates und vielem mehr überzeugend und gewinnbringend fälschen? Und welcher Pirat will es?

18. Implementierung des Anti-Counterfeiting

Anti-Counterfeiting-Projekte sind relativ komplex. Wir empfehlen, bei der Entwicklung und Implementierung eines ACF-Systems für den chinesischen Markt in zehn Schritten vorzugehen. Im Kick-off-Meeting werden zusammen mit der Unternehmensleitung eine erste Standortbestimmung vorgenommen, der Rahmen des Projektes abgesteckt und die Workshops vorbereitet.

In der erfolgskritischen zweiten Phase ist wichtig, dass alle Beteiligten im Projekt involviert sind, also auch Controller, Außendienstmitarbeiter des Vertriebs oder externe Patentanwälte. Sie alle müssen ins Boot geholt werden und sich dem Committment der Unternehmensleitung und der wichtigsten Stakeholder sicher sein. Wenn bei einzelnen Teilnehmern Befangenheit aufgrund heikler Informationen zu erwarten ist, sollten die Daten mit Hilfe der METAPLAN-Technik anonym erhoben werden. Es ist wichtig, dass die Situation des Unternehmens hinsichtlich der Produkt- und Markenpiraterie völlig transparent gemacht wird. Projekterfahrungen zeigen, dass in den Unternehmen oft nur die Spitze eines Eisberges sichtbar ist.

Bei der Erfassung und Erörterung der Ziele kann auf vorhandenes internes Material des Unternehmens und auf Strategievorschläge der Berater zurückgegriffen werden. Hier kommt es darauf an, dass die Unternehmensleitung die gewählte(n) ACF-Strategie(n) ausdrücklich genehmigt. Gesetzte Ziele müssen positiv formuliert werden und erreichbar sein, damit die Mitarbeiter motiviert auf sie hinarbeiten können.

In den Projektphasen vier bis acht werden in Zusammenarbeit mit den betroffenen Bereichen, Fachabteilungen und Externen systematisch die juristischen, betriebswirtschaftlichen, technischen und politischen Maßnahmen sowie das Monitoringsystem entwickelt. Bei der Maßnahmenentwicklung müssen die personellen, zeitlichen und finanziellen Ressourcen des Unternehmens berücksichtigt werden. Die Maßnahmen sollten nach ihrer Funktion, ihrer Kombinierbarkeit und ihren Vor- und Nachteilen bewertet werden.

Phase neun ist sensibel, weil es um organisatorische Veränderungen im Unternehmen inklusive der veränderten Zuständigkeiten, Verantwortungen und Weisungsbefugnisse geht. Auch hängen der Berichtsweg, auf dem Informationen über Fälschungen an die Führungsebene weitergegeben werden, und die Behandlung dieser Vorfälle im Unternehmen von der Vertraulichkeit der Informationen ab.

Das System muss vor der Implementierung, die zum großen Teil in China stattfindet, formal von der Unternehmensleitung angenommen werden, um die Unterstützung der Mitarbeiter sicherzustellen und das Potenzial für später auftretende Konflikte zu reduzieren. Schließlich muss das System im Unternehmen implementiert, überprüft und nach einer gewissen Zeit vermutlich angepasst werden. Dazu sind Verfahren zu entwickeln, mit deren Hilfe der Fortschritt im ACF-Prozess gemessen und über notwendige Änderungen entschieden werden kann. Die nachfolgende Grafik zeigt die zehn Phasen im Überblick.

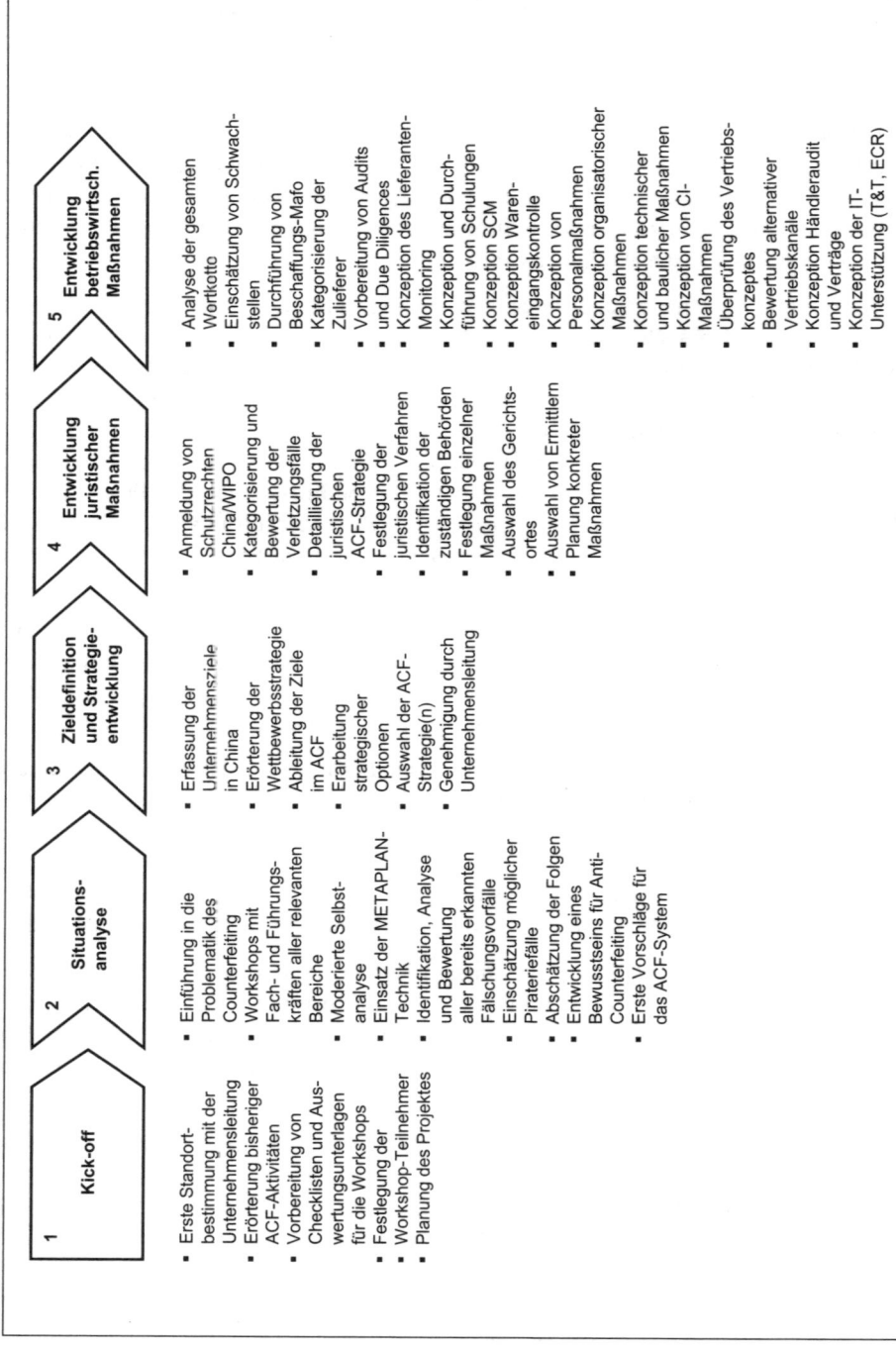

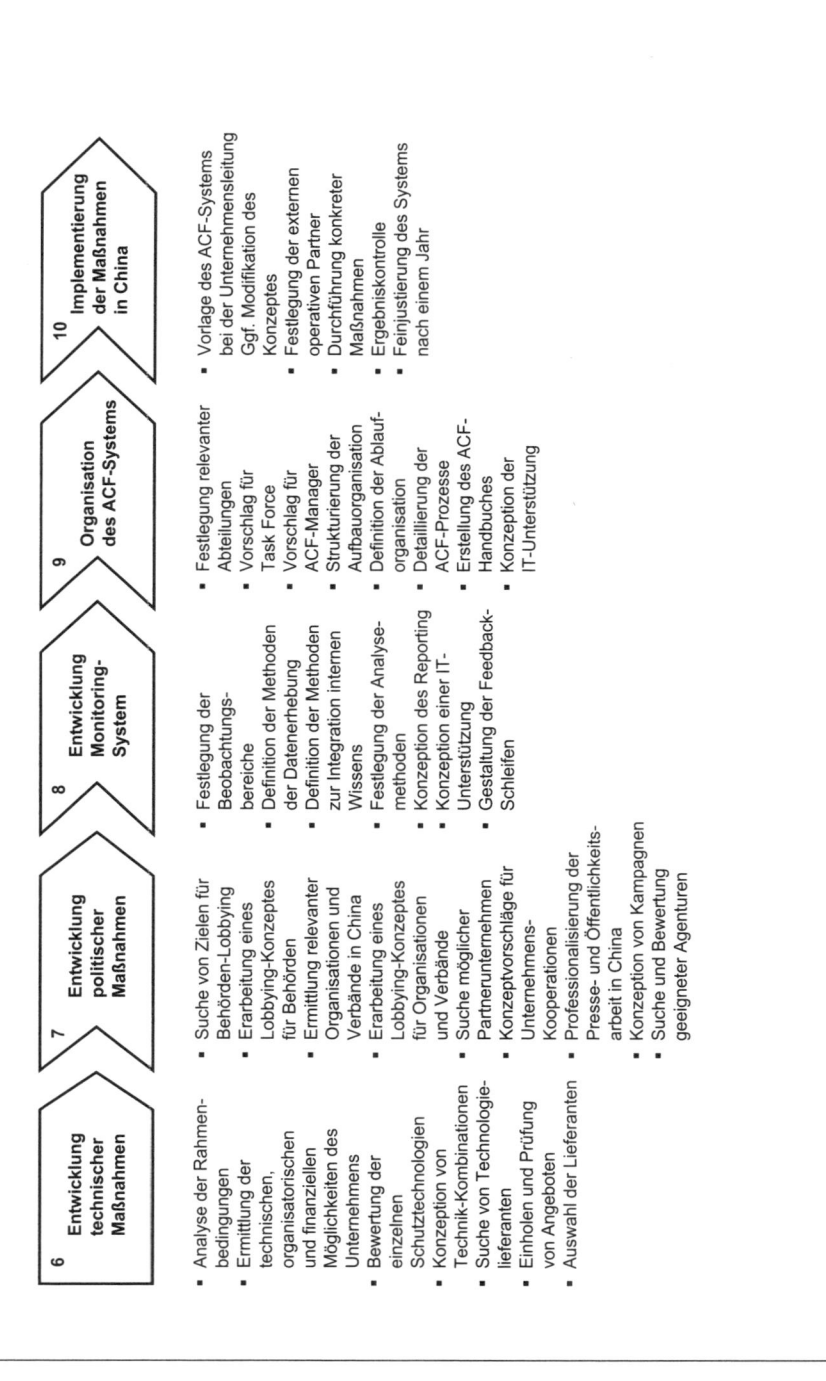

6   Entwicklung technischer Maßnahmen

- Analyse der Rahmenbedingungen
- Ermittlung der technischen, organisatorischen und finanziellen Möglichkeiten des Unternehmens
- Bewertung der einzelnen Schutztechnologien
- Konzeption von Technik-Kombinationen
- Suche von Technologielieferanten
- Einholen und Prüfung von Angeboten
- Auswahl der Lieferanten

7   Entwicklung politischer Maßnahmen

- Suche von Zielen für Behörden-Lobbying
- Erarbeitung eines Lobbying-Konzeptes für Behörden
- Ermittlung relevanter Organisationen und Verbände in China
- Erarbeitung eines Lobbying-Konzeptes für Organisationen und Verbände
- Suche möglicher Partnerunternehmen
- Konzeptvorschläge für Unternehmens-Kooperationen
- Professionalisierung der Presse- und Öffentlichkeitsarbeit in China
- Konzeption von Kampagnen
- Suche und Bewertung geeigneter Agenturen

8   Entwicklung Monitoring-System

- Festlegung der Beobachtungsbereiche
- Definition der Methoden der Datenerhebung
- Definition der Methoden zur Integration internen Wissens
- Festlegung der Analysemethoden
- Konzeption des Reporting
- Konzeption einer IT-Unterstützung
- Gestaltung der Feedback-Schleifen

9   Organisation des ACF-Systems

- Festlegung relevanter Abteilungen
- Vorschlag für Task Force
- Vorschlag für ACF-Manager
- Strukturierung der Aufbauorganisation
- Definition der Ablauforganisation
- Detaillierung der ACF-Prozesse
- Erstellung des ACF-Handbuches
- Konzeption der IT-Unterstützung

10   Implementierung der Maßnahmen in China

- Vorlage des ACF-Systems bei der Unternehmensleitung
- Ggf. Modifikation des Konzeptes
- Festlegung der externen operativen Partner
- Durchführung konkreter Maßnahmen
- Ergebniskontrolle
- Feinjustierung des Systems nach einem Jahr

Literaturverzeichnis

Aktion Plagiarius e.V. (2004): Pressemitteilung vom 20.02.2004, online im Internet, URL: http://www.plagiarius.com/presse_11.html, abgerufen am 22.12.2005.

Amtsblatt der Europäischen Union: Richtlinie 2004/48/EG des europäischen Parlaments und des Rates vom 29. April 2004 zur Durchsetzung der Rechte des geistigen Eigentums.

Anand, B., Galetocic, A. (2005): Stoppt die Ideendiebe. In: Harvard Business Manager, 26.04.2005, S. 2–10.

A.T. Kearney (2005): Creating Value through Strategic Supply Management: Assessment of Excellence in Procurement 2004, Chicago.

Backman, M., Butler, C. (2003): Big in Asia. 5 Strategies for Business Success, New York.

Baehr, H. (2005): Gewerblicher Rechtsschutz in China, online im Internet, URL: http://www. lawyers-poppe.de/publikationen_details.php?Kunde=405&Modul=13&Art=0&ID=296& GID=118, abgerufen am 8.01.2006.

Bauer, J., Diem, A. (1997): Das Arbeitsgesetz der Volksrepublik China, NZA 1997, S. 978.

Bartsch, B. (2005): Trainingslager China, brand eins 03/05, S.88.

Beuchert, T., Laumann, D., Towfigh, E. (2002): Schiedsgerichtsbarkeit in der Volksrepublik China, RIW 2002, S. 902.

Bielenberg, G. (2005): Warten auf die harte Währung. In: Absatzwirtschaft – Zeitschrift für Marketing 5/2005, S. 46.

Blume, A. (2004): Produkt- und Markenpiraterie in der VR China: Ausmaße, Recht & Rechtsdurchsetzung, Strukturen, online im Internet, URL: http://www.pfalz.ihk24.de/service-marken/presse/anhaengsel/pressemitteilungen/anhaengsel/Umfrage_China.pdf, abgerufen am 22.05.2005.

Bundesverband der Pharmazeutischen Industrie (2005): Positionspapier: Bekämpfung von Arzneimittelfälschungen und Schutz der Patienten, Berlin.

Business action to stop counterfeiting and piracy, online im Internet, URL: http://www.iccwbo. org/home/BASCAP/BASCAP_programme.pdf, abgerufen am 28.12.2005.

Chen, Ming-Jer: (2004): Geschäfte machen mit Chinesen, Frankfurt/Main.

Clark, A., Worsdall, A. (1998): Anti-Counterfeiting, Bristol.

Comité Colbert (2003): La contrefaçon en chine, Paris.

Davies, H., Leung, TH. K., u. a. (1995): The Benefits of „guanxi". The value of relationships in developing the Chinese market. In: Industrial Marketing Management, 24. Jg.

Dayal- Gulati, A., Lee, A. Y. (2005): Kellogg on China. Strategies for Success, London.

Dietz, A. (1983): Zur Neuregelung des Warenzeichenrechts und einiger Elemente des Rechts gegen unlauteren Wettbewerb in der Volksrepublik China, GRURInt 1983, S. 846.

Dietz, M., Lin, S., Yang, L. (2005): Protecting intellectual Property in China. Litigation is no substitute for strategy. In: McKinsey Quarterly, 2005 Nr. 3.

Dutoit, B. (1989): Joint Ventures and Intellectual Property, IIC 1989, S. 439.

Eban, K. (2005): Dangerous Doses. How Counterfeiters Are Contaminating America's Drug Supply. Orlando u. a.

Eisenberg, U., Puschke, J., Singelnstein, T. (2005): Überwachung mittels RFID-Technologie – Aspekte der Ausforschung und Kontrolle mit neuartigen Funk-Chips, ZRP 2005, S. 9.

Falder, R. (2005): Produktpiraten mit Arbeitsrecht in die Schranken weisen, CHINACON-TACT 2/2005, S. 24.

FDA Counterfeit Drug Task Force Interim Report, online im Internet, URL: http://www.fda.gov/oc/initiatives/counterfeit/report/interim_report.pdf, abgerufen am 10.01.2006.

Federal Bureau of Investigation (2005): Italian organized crime, online im Internet, URL: http://www.fbi.gov/hq/cid/orgcrime/lcn/ioc.htm, abgerufen am 13.12.2005.

Fischer, S., Eck, R., Richter, H. (2005): Was sich gegen Produkt- und Markenpiraterie tun lässt. In: Harvard Business Manager: China, S. 116–137, Frankfurt\Main.

Food and Drug Administration (2004): Combating Counterfeit Drugs. A Report of the Food and Drug Administration, Rockville MD.

Fuchs, H. J. (2004): How to Build a Brand in China? Business Forum China, German Industry & Commerce China, S. 32–34, Shanghai.

Gao, G., Ting-Toomey, S. (1998): Communicating effectively with the Chinese, London.

Güldenberg, H. (1999): Der volkswirtschaftliche Wert und Nutzen der Marke, GRUR 1999, S. 843.

Heath, C. (1997): Gewerblicher Rechtsschutz in Südostasien- Ein Überblick, GRURInt 1997, S. 194 f.

Heuzeroth, T. (2005): Produktpiraten geraten außer Kontrolle, online im Internet, URL: http://www.wams.de/data/2005/04/03/620924.html, abgerufen am 02.1.2006.

Hofsteede, G. (2001): Lokales Denken, globales Handeln. Interkulturelle Zusammenarbeit und globales Management, Mainz.

Hong, X., Chengsi, Z. (2002): Chinese Intellectual Property Law in the 21. Century, Hong-kong.

Hopkins, D., Kontnik, L. und Turnage M. (2003): Counterfeiting Exposed. Protecting Your Brand and Customers, Hoboken.

International Chamber of Commerce (2001): Anti-Counterfeiting Technology. A Guide to Protecting and Authenticating Products and Documents, Paris.

International Chamber of Commerce (2005): Intellectual Property: Source of innovation, creativity, growth and progress, Paris.

International Trademark Association (1998): The Economic Impact of Trademark Counterfeiting and Infringement on Worldwide Sales of Apparel and Footwear, New York.

International Trademark Association (2005): Report on Anticounterfeiting in Selected Countries, online im Internet, URL: http://www.inta.org/downloads/tap_2005acecreport.pdf, abgerufen am 11.12.2005.

Interpol (2003): The Links Between Intellectual Property Crime and Terrorist Financing, online im Internet, URL:
http://wwwc.house.gov/international_relations/108/nob0716.htm, abgerufen am 12.08.2005

Interpretation by the Supreme People's Court and the Supreme People's Procuratorate on Several Issues Regarding the Application of Specific Laws in Handling Criminal cases Involving Infringement on Intellectual Property Rights, aus: Beijing Review No.5, 03.02.2005.

Kaufmann, L., Panhans, D. u.a. (2005): China Champions. Wie deutsche Unternehmen den Standort China für ihre globale Strategie nutzen, Wiesbaden.

Kennedy, S. (2005): The Business of Lobbying in China, Cambridge.

Kozel, I.(2001): VR China. Rechtstipps für Exporteure, Köln.

Kröger, B., Bausch, T. (1997): Produktpiraterie im Patentwesen, GRURInt 1997, S. 321.

Kutschker, M. (1997): Management in China. Die unternehmerischen Chancen nutzen, Frankfurt/Main.

Landesamt für Verfassungsschutz Baden-Württemberg (2004): Know-how-Schutz. Handlungsempfehlungen für die gewerbliche Wirtschaft, Stuttgart.

Li, J. (1997): Das chinesische Gebrauchsmusterrecht, GRURInt 1997, S. 232.

Liu, X. (1999): Rechtsschutz von Unternehmensgeheimnissen. Vergleichende Untersuchung zum Schutzniveau des chinesischen Rechts im Vergleich mit dem deutschen und amerikanischen Recht, Frankfurt/Main.

Luttmer, N. (2005): Chinesen bescheren Hongkong Boom. In: Financial Times Deutschland vom 31.03.2005, S. 16.

Lutz, A. (1997): Plagiate im Produktdesign, Köln.

Maul, K.-H., Maul, C. (1999): Produktpiraterie im Pharma-Bereich – Sanktionsbedarf und Schadensquantifizierung, GRURInt 1999, S. 1059.

Moga, T.T. (2005): Design Patents in China – The Underutilized IP Tool, online im Internet, URL: http://www.usembassy-china.org.cn/ipr/DesignPatentsinChina.ppt, abgerufen am 31.05.2005.

Nestler, C., Salvenmoser, S. (2005): Wirtschaftskriminalität 2005. PricewaterhouseCoopers AG in Zusammenarbeit mit der Martin-Luther-Universität Halle-Wittenberg, Frankfurt\Main.

Paradies, P. (1999): Trademark Counterfeiting, Product Piracy, and the Billion Dollar Threat to the U.S. Economy, London.

Pattloch, T. (2003): Die Neuordnung des internationalen Technologietransfers in der VR China, GRURInt 2003, S. 695.

Quality Brands Protection Committee (2005): QBPC Awards Enforcement Best Cases for IPR Protection at its 5th Anniversary Celebration, online im Internet, URL: http://www.qbpc. org.cn/en/about/press/releases/bestcases05en, abgerufen am 08.12.2005.

Regulations of the People's Republic of China Governing Customs Protection of Intellectual Property Right. In: Beijing Review No.4, 27.01.2005.

Reisach, U., Tauber, T., Xuan, X.(1997): China. Wirtschaftspartner zwischen Wunsch und Wirklichkeit, Wien.

Shaojie, C. (1996): Border Enforcement of Intellectual Property Rights in China, IIC 1996, S. 490.

Shoukang, G. TRIPs and Intellectual Property Protection in the People's Republic of China, GRURInt 1996, S. 292.

Shoukang, G. (2001): Schutz von Urheberrechten im Cyberspace – Neueste Entwicklungen in der Volksrepublik China, GRURInt 2001, S. 1011.

Siedenbiedel, C. (2004): Im Scheinwerferlicht. Gefälschte Parfums, Handtaschen und Thermoskannen, aus: Frankfurter Allgemeine Zeitung vom 31.08.2004, online im Internet, URL: http://www.faz.net/s/RubBEFA4EA6A59441D98AC2EC17C392932A/Doc~E6557FDB 90809433FB181391AD324D2F8~ATpl~Ecommon~Scontent.html, abgerufen am 10.11.2005.

Sieren, F. (2005): Der China Code. Wie das boomende Reich der Mitte Deutschland verändert, Berlin.

Trappe, J. (2004): Praktische Erfahrungen mit chinesischer Schiedsgerichtsbarkeit, SchiedsVZ 2004, S. 142.

Ulfkotte, U. (2005): Wirtschaftsspionage. Wie deutsche Unternehmen von ausländischen Geheimdiensten ausgeplündert und ruiniert werden, München.

United States Department of Justice (2004): Report of the Department of Justice's Task Force on Intellectual Property, Washington, D.C.

Union des Fabricants (2003): Counterfeiting & Organised Crime, Paris.

Volksrepublik China: Vorschriften zur Registrierung von Markenlizenzvereinbarungen, GRURInt 1998, S. 628

v. Keller, E., Wei, J., Drinkuth, H. (2005): Intellectual Property Protection in China. Playing Weiqi, the Game of Enclosures, online im Internet, URL: http://www.rolandberger.com/pdf/rb_press/public/RB_China_IP_Protection_20050204.pdf, abgerufen am 09.01.2006.

v. Welser, M. (2005): Die neue europäische Produktpiraterieverordnung. In: EWS 5/2005, Frankfurt/Main.

Widmer, R., Ye, F. (2001): Die Haftung für Vertragsverletzung nach dem Vertragsgesetz der VR China, RIW 2001, S. 844.

Wirtschaftswoche (2005): Gefährlicher Genuss. 30.6.2005, Nr.27, S. 62–70.

Wirtschaftswoche Sonderausgabe China (2005). 27.10.2005. Nr. 01/2005.

White Paper der International Anti-Counterfeiting Coalition: The Negative Consequences Of International Intellectual Property Theft: Economic Harm, Threats To The Public Health And Safety, And Links To Organized Crime And Terrorist Organizations, online im Internet, URL: http://www.iacc.org/WhitePaper.pdf, abgerufen am 15.12.2005.

Yu, X. (2000): Parallelimporte im Recht des geistigen Eigentums Chinas und dessen Entwicklungstendenzen, GRUR Int. 2000, S. 619 ff.

Zhang, E. (2004): Legal Protection of Databases in China, IIC 2004, S. 365.

Zhou, L. (2002): China Court Cases on intellectual property rights, Beijing.

Zinser, A. (2002): Der Beitritt der Volksrepublik China zur WTO, rechtliche Rahmenbedingungen und Auswirkungen, EuZW 2002, S. 208.

Rechtsquellen

Abkommen von Nizza vom 15. Juni 1957 über die internationale Klassifikation der Waren und Dienstleistungen für die Eintragung von Marken in der in Genf am 13.05.1977 beschlossenen und am 02.10.1979 geänderten Fassung, BGBl. 1981 II, S. 358; 1984 II, S. 799.

Abkommen von Locarno zur Errichtung einer internationalen Klassifikation für gewerbliche Muster und Modelle vom 08.10.1968, geändert am 02.10.1979, BGBl. 1990 II, S. 1677.

Allgemeine Grundsätze des Zivilrechts der VR China vom 01.01.1987, deutsche Übersetzung abrufbar unter http://www.jura.uni-goettingen.de/chinarecht/zivilrecht.htm, besucht am 03.01.2006.

Arbeitsgesetz der VR China, verabschiedet vom Ständigen Ausschuss des Nationalen Volkskongresses am 05.07.1994, in Kraft seit 01.01.1995, deutsche Übersetzung abrufbar unter http://lehrstuhl.jura.uni-goettingen.de/chinarecht/940705b.htm.

Arbitration Rules CIETAC in englischer Sprache abrufbar unter http://www.cietac.org.cn/english/rules/rules.htm, besucht am 29.12.2005.

Ausführungsordnung zum Vertrag über die internationale Zusammenarbeit auf dem Gebiet des Patentwesens vom 19.06.1970 in der ab 01.01.2004 geltenden Fassung, BGBl. 1976 II, S. 649, S. 721 ff.

Bekanntmachung über den Übergang der Souveränitätsrechte für Macau von Portugal auf China sowie über die Fortsetzung der Anwendung von Verträgen auf die Sonderverwaltungsregion Macau durch China, BGBl. 2003 II, S. 789 ff.

Berner Übereinkunft zum Schutz von Werken der Literatur und Kunst vom 09.09.1886, RGBl. 1887, S. 493, zuletzt revidiert in Paris am 24.07.1971, BGBl. 1973 II, S. 1071, geändert durch Beschluss vom 02.10.1979, BGBl. 1985 II, S. 81.

Beschluss des Ständigen Ausschusses des Nationalen Volkskongresses über die Bestrafung von Urheberrechtsverletzungsstraftaten, deutsche Übersetzung in GRURInt 1994, S. 829.

Bestimmungen über die Durchführung internationaler Urheberrechtsübereinkommen vom 25.09.1992, deutsche Übersetzung abgedruckt in GRURInt 1993, S. 147.

Bestimmungen zur Wahrung gewerblicher Schutzrechte durch den Zoll vom 01.03.2004, englische Übersetzung abrufbar unter http://www.chinaiprlaw.com/english/laws/laws 19.htm, besucht am 11.01.2006.

Budapester Vertrag über die internationale Anerkennung der Hinterlegung von Mikroorganismen für die Zwecke von Patentverfahren vom 28.04.1977, BGBl. 1980 II, S. 1104, für Deutschland in Kraft seit dem 20.01.1981.

Durchführungsbestimmungen zum Patentgesetz der Volksrepublik China, deutsche Übersetzung abgedruckt in GRURInt 2002, S. 243.

Durchführungsverordnung zum Markengesetz der VR China vom 15.09.2002, deutsche Übersetzung in GRURInt 2003, S. 223.

Durchführungsverordnung zum Urheberrechtsgesetz der Volksrepublik China vom 05.09.2002, deutsche Übersetzung in GRURInt 2003, S. 1008.

Gesetz der VR China gegen den unlauteren Wettbewerb vom 02.09.1993, deutsche Übersetzung abgedruckt in GRURInt 1994, S. 1001.

Gesetz über Betriebsgeheimnisse vom 17.01.1996, deutsche Übersetzung in GRURInt 1996, S. 256.

Gesetz über den Schutz von Marken und sonstigen Kennzeichen (MarkenG) vom 05.10.1994, BGBl. 1994 I, S. 3082.

Gesetz über die Haftung für fehlerhafte Produkte (ProdHaftG) vom 15.12.1989, BGBl I 1989, S. 2198.

Interpretation by the Supreme People's Court and the Supreme People's Procuratorate on Several Issues of Concrete Application of Laws in Handling Criminal Cases of Infringing Intellectual Property vom 21.12.2004, abrufbar unter http://www.chinaiprlaw.com/english/laws/laws20.htm, besucht am 11.01.2006.

Interpretations of the Supreme People's Court of Several Issues Concerning the Application of the Law to the Trial of Civil Dispute Cases Involving Trademarks vom 16.10.2002, abrufbar unter http://www.chinaiprlaw.com/english/laws/laws15.htm, besucht am 09.01.2006.

Madrider Abkommen vom 14. April 1891 über die internationale Registrierung von Marken in der in Stockholm am 14. Juli 1967 beschlossenen und am 2. Oktober 1979 geänderten Fassung, BGBl. 1970 II, S. 293, 418, BGBl. 1984 II, S. 799.

Markengesetz der Volksrepublik China vom 27. Oktober 2001, deutsche Übersetzung in GRURInt 2002, S. 489.

Methodik zur Eintragung von Verträgen über die Erlaubnis zur Nutzung von Warenzeichen vom 01.08.1997, englische Übersetzung abgedruckt in China Law and Practice 3/1998, S. 40 ff.

New Yorker Übereinkommen über die Anerkennung und Vollstreckung ausländischer Schiedssprüche vom 10. Juni 1958, für die BRD in Kraft getreten am 28.09.1961, BGBl. 1961 II, S. 122.

Gesetz über die Organisation der Volksgerichte vom 01.01.1980, englische Übersetzung abrufbar unter http://www.novexcn.com/organic_law.html, besucht am 10.01.2006.

Pariser Verbandsübereinkunft zum Schutz des gewerblichen Eigentums vom 20.03.1883, in der Fassung von Stockholm vom 14.07.1967, BGBl. 1970 II, S. 391, ber. BGBl. 1985 II, S. 975. Erstreckung auf Macau ab 20.12.1999, BGBl. 2002 II, S. 1582, Anwendung in der SAR Hongkong ab 01.07.1997, BGBl. 2002 II, S. 2499.

Patentgesetz der Volksrepublik China vom 12.03.1984 in der Fassung vom 05.08.2000, deutsche Übersetzung abgedruckt in GRURInt 2001, S. 541 ff.

Verordnung (EG) Nr. 1383/2003 des Rates vom 22. Juli 2003 über das Vorgehen der Zollbehörden gegen Waren, die im Verdacht stehen, bestimmte Rechte geistigen Eigentums zu verletzen, und die Maßnahmen gegenüber Waren, die erkanntermaßen derartige Rechte verletzen (ProduktpiraterieVO), ABl.EG L 196/7.

Produktqualitätsgesetz der VR China, verabschiedet am 22. Februar 1993, Neufassung in Kraft seit 01. September 2000. Deutsche Übersetzung abrufbar unter http://lehrstuhl.jura.uni-goettingen.de/chinarecht/930222.htm, besucht am 10.06.2005.

Protokoll zum Madrider Abkommen über die internationale Registrierung von Marken vom 27.06.1989, BGBl. II 1995, S. 1017.

Regeln zum Schutz von Computer-Software, vom 01.01.2002, deutsche Übersetzung abrufbar unter http://lehrstuhl.jura.uni-goettingen.de/chinarecht/011220.htm.

Schiedsverfahrensgesetz der VR China, verabschiedet vom Ständigen Ausschuss des Nationalen Volkskongresses am 31.08.1994, deutsche Übersetzung abrufbar unter http://www.jura.uni-goettingen.de/chinarecht/1994.zip, besucht am 05.01.2006.

Strafgesetzbuch der Volksrepublik China vom 01.07.1979 in der Fassung vom 14.03.1997, englische Übersetzung abrufbar unter http://www.qis.net/chinalaw/prclaw60.htm, besucht am 23.12.2005.

Straßburger Abkommen über die Internationale Patentklassifikation vom 24.03.1971, geändert am 02.10.1979, BGBl. 1975 II, S. 283, 1984 II, S. 799.

Urheberrechtsgesetz der Volksrepublik China in der Fassung vom 27.10.2001, deutsche Übersetzung abgedruckt in GRURInt 2002, S. 23.

Übereinkommen vom 29.10.1971 zum Schutz der Hersteller von Tonträgern gegen die unerlaubte Vervielfältigung ihrer Tonträger, BGBl. 1973 II, S. 1670.

Verfassung der Volksrepublik China vom 04.12.1982, englische Übersetzung abrufbar unter http://english.people.com.cn/constitution/constitution.html.

Verordnung über den Schutz von Computersoftware, deutsche Übersetzung abgedruckt in GRURInt 2003, S. 47.

Vertrag vom 19. Juni 1970 über die internationale Zusammenarbeit auf dem Gebiet des Patentwesens, BGBl. 1976 II, S. 664, geändert am 22.03.2002, BGBl. 2002 II, S. 727.

Verwaltungsprozessgesetz der VR China vom 04.04.1989, deutsche Übersetzung abrufbar unter http://www.jura.uni-goettingen.de/chinarecht/890404.htm, besucht am 11.01.2006.

Welturheberrechtsabkommen vom 06.09.1952, BGBl. 1955 II, S. 102, revidiert in Paris am 24. Juli 1971, BGBl. 1973 II, S. 1069, 1111.

Zivilprozessgesetz der VR China vom 09.04.1991, deutsche Übersetzung abrufbar unter http://www.jura.uni-goettingen.de/chinarecht/910409.htm, besucht am 15.12.2005.

Herausgeber/Autoren

Dr. Hans Joachim Fuchs, Diplomingenieur und Wirtschafts-
wissenschaftler, ist Gründer und geschäftsführender Gesell-
schafter der CHINABRAND Consulting Limited in München
und Shanghai. Schwerpunkte seiner Beratungstätigkeit sind Wettbewerbsstrategien, der Aufbau von Vertriebssystemen sowie die
Führung von Marken in China und Asien. Dr. Fuchs war bei der
Verlagsgruppe Handelsblatt, der Prognos AG, Braxton Associates
und Deloitte in Führungspositionen tätig und ist registrierter
Consultant der Asian Development Bank (ADB).

Jörg Kammerer ist Diplom-Wirtschaftsjurist und als Assistent der
Geschäftsführung der Sonepar Deutschland GmbH in Düsseldorf
tätig. Die Schwerpunkte seiner Tätigkeit liegen im Business Pro-
cess Reengineering. Als freier juristischer Berater unterstützt er
CHINABRAND beim Aufbau unternehmensspezifischer Anti-
Counterfeiting-Systeme.

Xiaoli Ma, Senior Manager bei CHINABRAND, studierte in
China Betriebswirtschaft und absolvierte ihren MBA in Deutschland. Frau Ma hat langjährige Berufserfahrung in den Bereichen
Markteintrittsstrategien, Aufbau von Vertriebskanälen und
Markenkommunikation in Asien. Sie hat bei Robert Bosch, DaimlerChrysler, T-Systems International und MTU Projekte durchgeführt.

Ina Melanie Rehn, Sinologin, ist Senior Sales & Marketing Manager bei E-Trade2China in Schanghai. Davor war Frau Rehn bei
der KME Maschinenbau AG in Shanghai als Referentin für Asien
sowie bei der CGA Ingenieure AG in Chongqing, der Suncam Ltd.
in Shanghai und der Hamberger Industriewerke GmbH in Shanghai als Beraterin tätig.